여제의 일본사

여성권력자의 계보를 따라
일본을 다시 읽는다

여제의 일본사

글쓴이 하라 다케시
옮긴이 박이진 주미애 김수용 박시언

성균관대학교
출 판 부

차
례

일러두기

* 역대 천황이나 황후, 장군 등의 인명이나 번역어에 대한 보충설명은 본문 내에서 [본문주]로 처리했다.
  예) 세이네이(淸寧) 천황[444-484, 제22대 천황, 재위480-484년]
      황태후[등태후]
* 각주는 역자주로 인물이나 사건 등에 대해 특기할 만한 시항을 기술했다.
* 연도 표기: 원서는 구력이 쓰인 1872년(明治5)까지는 인물의 생몰년을 표시하지 않고 연호우선으로,
  태양력으로 바뀐 1853년(明治6) 이후에는 서력우선으로 표기. 중국이나 조선의 연도도 같은 기준으로
  원호, 서력을 표기. 번역문에서는 서력을 표시하고 괄호 속에 원호를 넣는 식으로 모든 표기를
  대체했다.
* 인용문의 구한자는 신한자로 대체했다.
* 인용문의 경우, 한국에 번역된 책은 한국어 번역본을 참조하고 각주에 그 출처를 표기했다. 그 외에는
  원서 일본어에 기준해 번역했다.
* 인명, 지명을 제외한 고유명사는 한글발음과 원어, 원어발음을 병기했다.
  예) 『본조문수(本朝文粹, 혼초몬즈이)』
      원호(院號)의 경우도 동삼조원(東三條院, 히가시산조인)
      원정(院政, 인세이), 여어(女御, 뇨고) 등

알려지지 않은
여성 권력자의 계보

일본에서 여성의 정치참여는 현저하게 뒤처져 있습니다.

그러나 일본에서 여성이 줄곧 권력에서 멀리 떨어져 있던 건 아닙니다.

오히려 고대부터 근대까지 여성 천황이나 황후, 황태후, 장군의 정실이나

모친 등의 여성 권력자, 곧 여제(女帝)는 끊임없이 존재했습니다.

분명 남계 이데올로기에 의해 은폐된 역사가 있을 것입니다.

그 역사를 찾기 위해서는 천황 이외의 권력자에게도

주의를 기울여야 하고, 동시에 중국이나 한반도의 여러 왕조

그리고 류큐(현 오키나와) 왕국 등의 역사와도 비교해야 합니다.

여성 정치가가 적은 일본

일본에서 여성의 정치참여는 현저하게 뒤처져 있습니다. 실제 세계 각국 의회의 여성의원 비율을 조사한 여성 정치참여지수(Women in national parliaments)[1]에 의하면, 일본은 193개국 가운데 164위를 기록하고 있습니다[2017년 7월 1일 현재].

   이 자료는 일원제 의회 또는 하원[일본은 중의원][2]의 여성의원 수를 비교한 것으로 세계 전체의 여성의원 비율이 23.6%인데 반해, 일본은 9.3%로 평균을 크게 밑돌고 있습니다. 동아시아 내에서 비교하더라도 일본은 72위의 중국(24.2%), 117위의 한국(17%), 123위의 북한(16.3%)에 미치지 못합니다. 비교범위를 조금 더 넓혀보면, 동아시아에서 여성의원의 비율이 가장 높

1   http://archive.ipu.org/wmn-e/classif.htm

2   일본 의회는 양원제로, 상원에 해당하는 참의원과 하원에 해당하는 중의원으로 구성되어 있다.

은 곳은 대만으로 일본의 4배에 달하는 38.1%입니다.

왜 일본에서는 여성 정치가가 이토록 적은 것일까요?

그 이유는 '남성은 밖에서 일하고, 여성은 가정을 지킨다.'고 하는 성역할 분업관이 존재하여 '정치의 세계는 남성의 것'처럼 여기기 때문입니다. 분명 이러한 성역할 분업관은 산업혁명 이후 서양에서 강화되었습니다. 그러나 그렇다고 해서 '메이지 근대화가 진행되는 가운데 서양의 산업자본주의와 동시에 수입된 이러한 사고(衛藤幹子 『政治学の批判的構想』)' 때문에 일본에서도 성역할 분업관이 정착을 했다고 볼 수만은 없습니다. 왜냐하면, 제1장에서 설명하겠지만 동아시아 성역할 분업관의 대부분은 유교에서 유래했기 때문입니다. 그러나 역사적으로 유교가 일본보다 훨씬 뿌리 깊게 전해져 온 중국이나 한반도에서 오히려 여성의원을 더 많이 배출한 것을 고려하면, 여성의원이 적은 이유를 유교에서만찾을 수도 없습니다. 특정한 정치사상으로는 환원되지 않는 일본 고유의사정이 있다고 봐야 할 것입니다.

남계 이데올로기에 은폐된 역사

예전부터 동아시아의 국가에는 어디든 군주에 상응하는 인물이 있었습니다. 그러나 19세기에서 20세기에 걸쳐 모두 일본에 병합되거나 공화정으로 이행하여 사라진 결과, 지금은 일본에만 '군주'가 존재합니다[북한도 왕조국가로 볼 수 있지만, 여기에서는 제외한다].

일본의 현 황실전범(皇室典範)[3]은 황위 계승의 자격을 황통에 속한 남

10

계의 남성만으로 인정하고 있습니다. 그러나 현재, 황족의 남자는 황태자[2019년 5월 1일에 즉위한 나루히토(德仁) 천황][4]와 황태자의 동생 아키시노노미야[秋篠宮, 1965~] 그리고 아키시노노미야의 아들인 히사히토 친왕[悠仁親王, 2006~, 친왕은 본처 소생의 황자나 황손을 이르는 칭호이다]과 헤이세이(平成) 천황의 동생 히타치노미야[常陸宮, 1935~]밖에 없습니다. 따라서 시간이 지나면 현재 가장 나이가 어린 히사히토 친왕밖에 남지 않게 되는 사태가 예상되기 때문에, 황위 계승의 자격을 여성으로 넓혀 여성 천황은 물론 여성 천황이 낳은 여계(女系) 천황도 용인해야 한다는 의견이 나오고 있습니다.

하지만 이런 의견에 대해서는 보수파를 중심으로 뿌리 깊은 반대가 있습니다. 일본에서는 예로부터 '만세일세[萬世一系, 유사 이래 천황가의 세보가 하나로 이어져 왔다는 이념]' 즉, 남계에 의한 황위계승이 지켜져 왔고, 또 지금까지 미망인(未亡人)이나 미혼 여성에 한해 예외적으로 인정해온 여성 천황을 어떠한 유보도 없이 인정해 버릴 경우 어쩔 수 없이 여계 천황을 용인해야 하는데, 이는 '국체(國體)'의 파괴를 의미한다는 주장입니다.

시선을 잠시 유럽으로 돌려보면 지금도 국왕이 존재하는 나라가 많이 있습니다. 그 왕실에서는 여성

3 일본의 황위계승 순위 등 일본 황실의 제도와 구성에 대해 정해놓은 일본의 법률이다. 현재의 황실전범은 1947년 1월 16일 일반 법률의 하나로서 공포되었다.

4 이 책이 저술된 2017년 9월 당시는 헤이세이(平成) 천황의 시대로 2019년 5월 1일 천황의 자리에 오른 나루히토 천황, 즉 지금의 레이와 천황은 당시 황태자 지위에 있었다.

이나 여계의 국왕이 거의 인정되고 있으며, 여성의 정치참여도 증가하고 있습니다. 앞서 언급한 자료에 의하면, 스웨덴은 6위(43.6%), 스페인은 14위(39.1%), 네덜란드는 27위(36%), 영국은 40위(32%)를 기록하고 있습니다. 이렇게 보면 여성이나 여계의 천황을 인정하지 않는 의견이 여전히 영향력을 지니고 있다는 자체가, 일본에서 여성의 정치참여가 부진한 사실과 연결된다고 생각할 수 있습니다.

그러나 일본에서 여성이 줄곧 권력에서 멀리 떨어져 있던 건 아닙니다. 오히려 고대부터 근대까지 여성 천황이나 황후, 황태후 또는 장군[將軍, 쇼군]의 정실이나 모친 등의 여성 권력자, 곧 여제(女帝)가 끊임없이 존재했습니다. 분명 남계 이데올로기에 의해 은폐된 역사가 있을 것입니다. 그 역사를 찾기 위해서는 천황 이외의 권력자에게도 주의를 기울여야 하고, 동시에 중국이나 한반도의 여러 왕조 그리고 류큐[琉球, 현 오키나와] 왕국 등의 역사와도 비교해야 합니다.

권력구조의 네 가지 유형

일본에서 권력자라 함은 고대에는 천황이나 귀족, 중세나 근세에는 주로 무가(武家) 그리고 근대에 와서 다시 천황이라는 이미지가 있습니다.

천황은 오늘날까지 줄곧 세습으로 계승되고 있습니다. 그러나 고대부터 근세에는 생전 퇴위를 하여 태상천황(太上天皇), 즉 상황(上皇)에 오르는 천황이 절반 이상이었습니다. 출가해서 법황(法皇)이 되는 경우도 적지 않았습니다. 이 점은, 황제나 국왕의 종신 재위를 원칙으로 하는 중국이나 한반도의 왕조, 또 류큐 왕국과도 대조적입니다. 오늘날 헤세 천황[明仁, 1933~, 제125대 천황·현재 상황, 재위1989.1~2019.4]이 밝힌 생전 퇴위는 19세기 전반기의 고카쿠 천황[光格, 1771~1840, 제119대 천황, 재위1779~1817] 이래 처음 있는 일이 됩니다.

권력을 잡은 고대의 귀족으로는 후지와라(藤原) 가문이 있고, 중세나 근세의 무가로는 가마쿠라 시대의 미나모토(源) 가문과 호조(北条) 가문, 무로마치 시대의 아시카가(足利) 가문, 그리고 아즈치모모야마 시대의 오다 노부나가(織田信長, 1534~1582)나 도요토미 히데요시(豊臣秀吉, 1537~1598), 에도 시대의 도쿠가와(德川) 가문 등을 들 수 있습니다. 이들 정권은 천황과 마찬가지로 세습을 원칙으로 했습니다. 세습할 인물을 후계자로 앉히지 못한 오다 노부나가는 극히 예외적인 경우이고 도요토미 가문도 도쿠가와 가문에 의해 멸망하게 되지만, 도요토미 히데요시도 아들 히데요리(秀頼, 1593~1615)를 후계자로 삼으려 했습니다.

호조 가문이나 아시카가 가문, 도쿠가와 가문 중에는 종신 재위한 장군이나 집권[執権, 싯켄, 가마쿠라 막부에서 장군 대신 실제 정치를 총괄한 직책]도 있고, 생전 퇴위한 장군이나 집권도 있었습니다[본서에서는 장군과 집권을 포함해 재위, 퇴위라는 개념을 사용한다]. 또 출가한 장군이나 집권도 있습니다. 이 또한 천황과 공통된 점입니다. 천황과 무가를 불문하고 고대부터 근대까지의 세습왕권을 종신 재위로 볼 것인지 그렇지 않으면 생전 퇴위로 볼 것인지 이러한 관점에서 총체적으로 파악할 필요가 있는 것입니다.

일본에서 생전 퇴위가 가장 많이 반복된 예는 헤이안(平安)부터 에도(江戸)시대까지 이어진 원정[院政, 인세이, 상황이나 법황의 거처인 원(院)에서 정치를 하는 것]에서 찾아볼 수 있습니다. 원정은 원칙적으로 천황의 부친이나 조부, 증조부에 해당하는 남성이 권력을 잡게 됩니다. 한편, 종신 재위를 원칙으로 하는 중국이나 한반도의 왕조에서는 남성 황제나 국왕이 재위 중에 사망하면, 왕후 가운데 후대의 황제나 국왕의 모친 또는 조모에 해당하는 여성[황태후, 태황태후, 대비, 대왕대비]이 권력을 잡는 일이 종종 있었습니다. 제1장에서 자세히 다루겠지만, 이러한 정치는 '임조칭제(臨朝稱制)' 또는 '수렴청정(垂簾聽政)'이라 부르며, 중국과 조선에서 행해졌습니다. 다시 말해 일본에서는 넓은 의미의 '부권'이, 중국이나 조선에서는 넓은 의미의 '모권'이 권력 장악에 용이한 그런 구조가 존재했던 것처럼 보입니다.

그러나 실제로는 그렇게 단순하지 않았습니다. 중국이나 조선과 달리 일본에서는 고대나 근세에 여성 천황이 10대[명수로는 8명]나 있었습니다. 또한 설사 천황이 되지 못하더라도 중국이나 조선과 마찬가지로 넓은 의미의 '모친'으로서 권력을 거머쥔 여성이 고대부터 근대에 걸쳐 몇 명이나 있었습니다. 황제나 국왕, 천황, 장군, 등이 종신 재위하는 경우와 생전 퇴위의 경우를 가로축에 놓고, 황제, 국왕, 천황, 장군, 그리고 그들의 정실부인을 포함해 '부친'이 권력을 잡을지, 그들의 '모친'이 권력을 잡을지를 세로축으로 설정하여 좌표를 그려보면 〈그림1〉과 같은 네 가지 유형(사분면)이 드러납니다.

원정은 제2유형에 해당합니다. 천황이 생전 퇴위하는 동시에 천황의 '부친'이 권력을 잡기 때문입니다. 단, 원정이라 하더라도 시라카와 상황·법황[白河, 1053~1129, 제72대 천황, 재위1073~1087]과 같이 상황이나 법황이 절대적인 권력을 잡던 때도 있고, 가마쿠라 시대 이후처럼 막부가 더

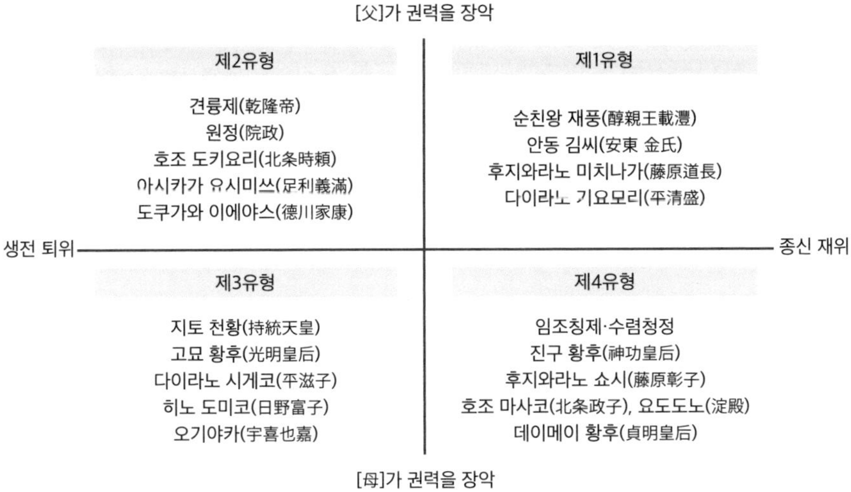

제2유형	제1유형
견륭제(乾隆帝)	순친왕 재풍(醇親王載灃)
원정(院政)	안동 김씨(安東 金氏)
호조 도키요리(北条時頼)	후지와라노 미치나가(藤原道長)
아시카가 유시미쓰(足利義滿)	다이라노 기요모리(平清盛)
도쿠가와 이에야스(德川家康)	

생전 퇴위 ─────────────────── 종신 재위

제3유형	제4유형
지토 천황(持統天皇)	임조칭제·수렴청정
고묘 황후(光明皇后)	진구 황후(神功皇后)
다이라노 시게코(平滋子)	후지와라노 쇼시(藤原彰子)
히노 도미코(日野富子)	호조 마사코(北条政子), 요도도노(淀殿)
오기야카(宇喜也嘉)	데이메이 황후(貞明皇后)

[母]가 권력을 장악

〈그림1〉 권력구조의 네 유형

강력한 권력을 가진 때도 있습니다.

또한, 생전 퇴위를 하면서 권력을 유지한 호조 도키요리(北条時頼, 1227~1263)나 아시카가 요시미쓰(足利義滿, 1358~1408), 도쿠가와 이에야스(德川家康, 1542~1616), 중국 청나라의 건륭제(乾隆帝, 1711~1799) 등도 제2유형에 속합니다. 다만, 건륭제의 경우는 중국 황제 가운데 소수의 예외에 불과합니다.

한편, 임조칭제나 수렴청정은 제4유형에 해당합니다. 중국이나 한반도에서 이런 형식의 정치가 많이 행해졌는데, 일본에서도 제1장 이후에 다루게 될 진구 황후(神功皇后)나 후지와라노 쇼시(藤原彰子, 988~1074), 호조 마사코(北條政子, 1157~1225), 요도도노(淀殿, 1569?~1615) 등이 여기에 들어

갑니다. 예를 들어, 미나모토노 요리토모(源賴朝, 1147~1199)의 정실이었던 호조 마사코는 요리토모 사후에 장군인 요리이에(賴家, 1182~1204)와 사네토모(実朝, 1192~1219)의 어머니로서 권력을 잡았고, 도요토미 히데요시의 측실이었던 요도도노 또한 히데요시 사후에 남겨진 외아들 히데요리의 어머니로서 권력을 잡았습니다. 또 수렴청정이라고 할 수는 없지만, 쇼와(昭和) 천황[1901~1989, 히로히토(裕仁), 제124대 천황, 재위126~1289]의 어머니로 '기원(祈)'의 주체가 된 데이메이(貞明) 황후[1884~1951, 사다코(節子), 제123대 다이쇼 천황의 황후·쇼와 천황의 생모]도 이에 속한다고 할 수 있습니다.

　제1유형은 황제의 아버지 이외에 황후나 왕후의 아버지인 외척이 해당됩니다. 구체적으로는, 청나라 말기의 순친왕 재풍[醇親王載灃, 선통제 부의(宣統帝溥儀)의 부친], 19세기 조선의 외척인 안동 김씨, 일본 헤이안 시대의 후지와라노 미치나가(藤原道長, 966~1028)나 다이라노 기요모리(平淸盛, 1118~1181) 등이 있습니다. 안동 김씨의 일원인 김조순(金祖淳, 1765~1832)은 종신 재위한 국왕 순조[純祖, 1790~1834, 조선 제23대 왕, 재위1800~1834]의 장인으로서 권력을 쥐었습니다. 또 후지와라노 미치나가나 다이라노 기요모리는 종신 재위한 고이치조 천황[後一条, 1008~1036, 제68대 천황, 재위1016~1036][5]과 안토쿠 천황[安徳, 1178~1185, 제81대 천황, 재위1180~1185]의 장인 또는 외조부로서 권력을 잡았습니다.[6]

　제3유형에 해당하는 것은 일본이나 류큐 왕국의 여성 천황, 황후, 황태후, 왕비, 장군의 정실부인 정도입니다. 황제나 국왕의 생전 퇴위가 거의 없는 중국과 조선의 황후나 왕후 등은 여기에 해당되지 않습니다. 구체적으로 말하자면 일본의 지토 천황[持統, 645~703, 제41대 천황, 재위

690~697], 고묘 황후[光明, 701~760, 제45대 쇼무(聖武) 천황의 황후], 다이라노 시게코(平滋子, 1142~1176), 히노 도미코(日野富子, 1440~1496) 류큐의 오기야카[宇喜也嘉, 제2쇼씨(尚氏) 왕조 초대 쇼엔왕(尚円王)의 왕비, 3대 쇼신왕(尚真王)의 황태후] 등이 여기에 속합니다. 그 가운데 고묘 황후는 남편인 쇼무 천황[聖武, 701~756, 제45대 천황, 재위724~749]이 퇴위하고 나서, 고켄 천황[孝謙, 718~770, 제46대 천황, 재위 749~758]의 모친의 자격으로 권력을 잡았습니다.

종신 재위를 원칙으로 하는 중국이나 조선에서는 기본적으로 황제나 국왕 자신이 권력을 장악했습니다[이것은 모든 유형에 해당한다]. 그 이외에는 제4유형이 압도적으로 많고 제1유형도 존재합니다. 건륭제와 같이 예외는 있지만 제1유형과 제4유형을 거의 벗어나지 않습니다. 반면 일본은 제2유형에 해당하는 원정이 많고, 천황이나 장군 자신이 권력을 가졌다고 해도 모든 유형에 분포되어 있다는 점이 중국이나 조선과 다릅니다.

그러나 실제 역사는 이처럼 좌표로 말끔하게 나눌 정도로 단순하지 않습니다. 예를 들면 '부친'과 '모친'이 동시에 권력을 잡는 경우, 즉 동시대에 두 유형으로 권력이 분산된 경우도 있었습니다.

일본에서는 제1유형의 후지와라노 미치나가와

5 혹은 사실상 종신 재위한 이치조(一条) 천황이나 고스자쿠(後朱雀) 천황

6 단, 후지와라노 미치나가는 생전 퇴위한 산조(三条) 천황의 장인이고, 다이라노 기요모리는 생전 퇴위한 다카쿠라(高倉) 천황의 장인이기도 하므로, 제1유형과 제2유형에 걸쳐 있다고 볼 수도 있다.

제4유형의 후지와라노 쇼시가 동시대의 인물입니다. 쇼시는 미치나가의 장녀로 이치조 천황의 중궁[中宮, 황후와 동격인 후(后)]이 되었고, 고이치조 천황과 고스자쿠 천황의 생모였기 때문에 천황의 어머니와 외조부가 동시에 권력을 잡게 된 것입니다. 제2유형의 고시라카와[後白河, 1127~1192, 제 77대 천황, 재위1155~1158] 상황·법황과 제3유형의 다이라노 시게코 또한 동시대 인물입니다. 시게코는 고시라카와 천황이 양위 후에 맞은 비(妃)로 다카쿠라 천황의 생모이기 때문에, 천황의 어머니와 아버지가 동시에 권력을 잡게 되는 경우입니다. 조선에서는 제1유형의 안동 김씨의 정치와 제4유형의 수렴청정이 모두 19세기 전반에 이루어졌습니다.

군주나 장군 등이 생존 중이거나 재위 중에 '처(妻)'가 권력을 잡은 경우도 있었습니다. 통상적으로는 군주나 장군 등의 사후나 퇴위 후에 '처' 혹은 '모친'이 권력을 잡지만, 그렇지 않더라도 군주나 장군 등이 병에 걸려 정사를 돌볼 수 없게 되거나 전쟁 등으로 장기간 부재할 경우 처의 집안인 외척이 권력을 장악하기 위해 '남편'이 생존 중이거나 재위 시절부터 권력을 잡은 것입니다. 일본의 지토 천황이나 히노 도미코, 기타노만도코로[北政所, 섭정을 하거나 권력을 가진 처를 이르는 높임말. 그러나 일반적으로 도요토미 히데요시의 정실을 가리킴]나 데이메이 황후, 중국의 여후[呂后, ?~BC180, 중국 전한의 황후], 조선의 민비[명성황후, 1851~1895, 고종의 왕비] 등이 이에 해당합니다. 이 가운데 지토 천황이나 히노 도미코, 데이메이 황후와 여후는 남편의 사후에도 '모친'으로서 큰 영향력을 가졌지만, 기타노만도코로는 남편이 사망한 이후에 출가해서 권력을 잃었고, 민비는 남편이 재위 중에 암살당했습니다.

'모친'의 권력

이처럼 중국이나 조선에서 여성이 권력을 잡기 위해서는 '모친'이라는 것이 하나의 조건이 되어왔습니다. 일견 '부친'이 권력을 잡는 일이 많아 보이는 일본에서도 여성이 '모친'의 자격으로 권력을 잡는 일이 고대부터 근대까지 있었습니다. 그러나 〈그림1〉에서 알 수 있듯이 그 구조는 중국이나 조선과는 상당이 다른 모습을 보입니다.

그 차이는 대략적으로 중국이나 조선에서 여성이 '모친'으로서 권력을 잡는 것은 제4유형이 압도적으로 많은 데 비해, 일본에서 여성이 '모친'으로서 권력을 잡는 형태는 제3유형과 제4유형에 걸쳐 있다는 것입니다. 중국이나 조선에서는 보기 드문 권력자의 생전 퇴위라는 관습이 일본에서는 정착한 것으로, 원정과 같이 '부친'이 권력을 잡는 정치 형태가 오랫동안 지속되는 동시에 한편, 퇴위한 여성 천황이나 퇴위한 천황의 부인(后), 퇴위한 장군의 부인 등이 권력을 잡는 일도 가능했던 것입니다.

이 책에서는 제3유형과 제4유형에 해당하는 '여제(女帝)'의 일본사를 고대로부터의 시간과 동아시아라는 공간의 양방향의 관점을 엮어가면서 주의 깊게 살펴보고자 합니다. 이러한 고찰을 통해 일본에서 여성의 정치 권력이 어떻게 변천해 왔는지 그리고 왜 현재 일본은 동아시아 가운데에서도 여성의 정치참여가 뒤처지고 있는지에 대한 문제뿐만 아니라, 오늘날 황실에서 일어나고 있는 문제를 생각하는 데도 유익한 관점을 제공할 수 있기를 기대합니다.

필자의 전공 분야는 일본 정치사상사로 주로 근대 이후의 천황제를 연구해 왔습니다. 전공 이외의 시대에 대해서는 1차 사료 이외에 근래의

7   전문수록 궁내성 홈페이지 http://www.kunai-cho.go.jp/page/okotoba/detail/12

뛰어난 선행 연구에서 큰 도움을 받았습니다. 관련된 연구를 언급할 경우에는 학자의 이름과 도서명, 논문명을 명기하고 필요에 따라 원문과 번역문을 인용했습니다. 중국이나 조선에 대해서도 마찬가지입니다. 현대 중국어나 한국어로 작성된 연구도 적절히 언급하고 있습니다. 한국어 문헌은 필자가 직접 번역했습니다만, 중국어 문헌에 대해서는 요시노 마야(吉野まや) 씨의 도움을 받았습니다.

제가 전공 이외의 시대로 범위를 확장할 필요성을 새삼 절감한 것은 2016년 8월 8일에 발표된《상징으로서의 책무에 관한 천황폐하의 말씀(象徴としてのお努めについての天皇陛下のおとば)》때문이었습니다. 여기서 헤이세이 천황은 "이번에 우리나라의 유구한 천황의 역사를 새삼스럽게 돌아보며"라고 말한 바 있습니다.[7] 학자들도 근대 이후만이 아니라 전근대를 포함한 '일본의 유구한 천황의 역사'를 관통해 사고하지 않으면 안 된다는 것을 통감했습니다.

제1장

여성 천황이 계속 등장한 시대

: 나라 시대까지

동아시아에서는 여성이 권력을 잡는 것에 대해
모두 기피하는 것처럼 보이기도 합니다.
하지만 실제로는 중국, 한반도, 일본열도에서
여성 황제나 국왕, 천황이 나란히 옹립된 시기가 있었습니다.
그때가 7세기입니다. 그렇다고 해서 여성이 권력을 가지고 있었던
시기가 반드시 여제가 나란히 등장한 예외적인 시대에 한정된 것은
아니었습니다. 공식적으로는 남성의 지배를 존중하면서
황후나 여후인 채로 '모친'으로서 권력을 잡는 것이 가능했기 때문입니다.

'여제'가 나란히 즉위한 시대

유교 사회에서는 예로부터 남녀의 차이가 설파되어 왔습니다.『역경(易經)』계사전상(繫辭傳上)편에는 '하늘은 높고 땅은 낮으니, 건괘와 곤괘가 정해지고'라며 남성을 '하늘', 여성을 '땅'으로 규정했습니다.『예기(禮記)』의 혼의(昏義)편에는 "남녀의 분별이 있고 난 뒤, 부부의 의가 있으며" 혹은 "천자(天子)는 양도(陽)를 다스리고, 후(后)는 음덕(陰)을 들며, 천자는 외치를 들고, 후는 내직을 듣는다."는 구절이 있고, 같은『예기』의 내칙(內則)편에는 "남자는 집 안의 일을 말하지 않으며, 여자는 밖의 일을 말하지 않는다."라는 구절이 있습니다. 남녀의 '다름(別)'이나 천자=양도, 후=음덕이 강조되며, 남자나 천자는 '집 밖(外)', 여자나 후[왕후]는 '집 안(內)'에 위치하는 것이 당연하여 '집 밖'의 일로 여겨지는 정치는 남성의 전유물이 되는 것입니다.

　『역경』이나『예기』와 비견할 만한 유교 경전의 하나인『상서(尚書)』

1 한대(漢代) 이전까지는
'서(書)'라고 불렸는데, 이후
유가 사상의 지위가 상승함에
따라 소중한 경전이라는 뜻
을 포함해 한대(漢代)에는《상
서(尙書)》라 하였다. 송대(宋
代)에 와서《서경(書經)》이라
부르게 되었는데, 현재는《상
서》와《서경》두 명칭이 혼용
되고 있다.

2 한때는 국가의 명칭을
은(殷)이라고 부르기도 했다.
하지만 은은 상왕조의 마지막
수도일 뿐이며, 은(殷)이라는
명칭은 상(商) 왕조가 멸망한
뒤 주(周)에서 상의 주민들을
낮게 호칭하던 것에서 비롯된
것이다. 따라서 정확한 명칭
은 상(商)이다.

(『서경(書經)』)[1]의 「목서(牧誓)」에는 "암탉은 새벽에 울
지 말아야 하니, 암탉이 새벽에 우는 것은 집 안의 다
함이다."라는 구절이 있습니다. 요즘 말로 '암탉이 울
면 집안이 망한다.'는 말이 됩니다. 이것은 실제 그 존
재가 확인된 가장 오래된 중국왕조로 여겨지는 은
(殷)[2]의 마지막 왕인 주왕[紂王, 재위BC1075~BC1046]이 여
자의 말만 믿고 어지러운 정치를 편 것을 비판하는
내용입니다. 물론 여기서 암탉은 여성을 의미합니다.
즉, 여성이 정치에 참견하면 좋을 게 없다는 하나의
교훈입니다.

　이러한 유교 경전의 경구는 유교의 발생지인 중
국뿐 아니라, 같은 유교문화권에 속하는 조선이나 일
본에도 전파되었습니다. 여기에서 말하는 중국, 조선,
일본은 특정 왕조나 국호를 가리키는 것이 아니라 동
아시아에 위치한 중국, 한반도, 일본열도라는 지리적
인 명칭을 의미합니다.

　따라서 동아시아에서는 여성이 권력을 잡는 것
에 대해 모두 기피하는 것처럼 보이기도 합니다. 하
지만 실제로는 중국, 조선, 일본에서 여성 황제나 국
왕, 천황이 나란히 옹립된 시기가 있었습니다. 그때가
7세기입니다. 참고로 일본에서 '천황'이라는 호칭이
성립한 시기는 7세기 스이코(推古) 천황[554~628, 제33대

천황, 재위592~628]의 시대나 덴무(天武) 천황[?~686, 제40대 천황, 재위673~686]의 시대로, 그 이전에는 '대왕(大王, 오오키미)'이라는 호칭이 사용되었지만, 본서에서는 '천황'이라는 호칭으로 통일해 사용하고자 합니다.

7세기 전반, 중국에서는 당(唐)이 통일국가를 건설하고, 조선에는 신라, 백제, 고구려 삼국이 존재했습니다. 그 가운데 백제와 고구려는 7세기 후반에 차례로 멸망했으며 이후 신라가 한반도를 통일했습니다. 이 한반도 통일보다 반세기 가까이 앞선 632년, 원호로는 건복(建福) 49년, 신라에서는 선덕왕[善德王, ?~647, 제27대 국왕, 재위632~647][3]이라는 여왕이 즉위하여 15년간 재위한 데 이어, 647년[仁平14]에는 진덕왕[眞德王, ?~654, 제28대 국왕, 재위647~654][4]이라는 여왕이 즉위 후, 7년간 재위했습니다.

또한, 중국 역사상 유일한 여제로 알려진 무측천[武則天, 624~705, 당나라 초대 황제, 재위690~705][5]이 즉위하여 국호를 당(唐)에서 주(周)로 바꾼 것은 690년[天授元年]입니다. 일본에서 최초의 여성 천황인 스이코 천황이 재위 중 서거한 것이 628년[推古36]입니다. 고교쿠(皇極) 천황[594~661, 제35대·37대 천황, 재위642~645, 655~661][6]은 642년[皇極元年]에 즉위했으며, 이후 다시 사이메이(齊明) 천황으로 즉위한 때가 655년[齊明元年]

3 한국 최초의 여왕이다. 한국에서는 주로 '선덕여왕(善德女王)'이라고 하지만 이 책에서 중국, 일본의 제왕(帝王)을 칭하는 용어 자체에 성별의 구분이 없기 때문에 '여왕'이라는 명칭은 사용하지 않았다.

4 한국의 두 번째 여왕이다. 사촌 언니인 선덕왕의 유언에 따라 즉위하였으며, 『삼국사기(三國史記)』에 성골 출신의 마지막 왕으로 기록되어 있다.

5 한국에서는 주로 '무후(武后)' 또는 '측천무후(則天武后)'라 하지만, 중국에서는 '무측천'이라 한다. '무후'나 '측천무후'는 황후인 것이 전제가 되는 것이고, 이에 대해서 중국에서는 그녀가 황후로서만이 아니라, 황태후 및 황제가 되었다는 역사적인 사실에 입각하여 조금 더 포괄적인 용어를 사용하고 있다고 볼 수 있다. 이 책에서는 역사적인 사실에 가장 부합하고 또한 그에 상응하는 호칭이라고 할 수 있는 '무측천'을 사용한다.

6 처음에는 다카무코 왕과 결혼하였으나, 남편과 사별한 후 작은아버지뻘인 제34대 조메이 천황의 황후가 되었다. 남편 조메이 천황이 죽은 뒤 즉위하여 고교쿠 천황이 되었고, 재위 중에 발생한 '을

사의 변' 후에 황위를 동생 고
토쿠 천황에게 양위하였다.
하지만 고토쿠 천황이 죽자,
사이메이란 이름으로 다시 천
황의 자리에 올랐다. 이로써
일본 역사상 최초로 생전 양
위를 하고, 두 번이나 천황의
자리에 오른 천황이 되었다.

입니다. 지토 천황이 즉위한 것이 무측천이 즉위한
해와 같은 690년[持統4]입니다. 따라서 7세기는 조선,
중국, 일본에서 거의 동시에 '여제'가 출연한 시기입
니다.

7세기부터 8세기에 걸쳐 일본에서는 여성 천황
이 6명이나 탄생했습니다. 게다가 여성이 더 장수하
는 경향이 있었기 때문에, 지금 열거하는 고교쿠·사
이메이 천황이나 고켄(孝謙) 천황[718~770, 제46대·48대
천황, 재위749~758, 764~770]·쇼토쿠(称德) 천황과 같이 일
단 퇴위한 후에 다시 즉위한 여제도 있습니다. 그러
므로 수적으로는 6명이지만, 대수로 말하자면 8대에
이릅니다.

요컨대 고대는 동아시아에서 여성이 황제나 국
왕, 천황으로서 권력을 잡는 경우가 많았던 시대라고
할 수 있습니다. 그렇다고 해서 여성이 권력을 가지고
있었던 시기가 반드시 여제가 나란히 등장한 7세기와
같이 예외적인 시대에 한정된 것은 아니었습니다. 공
식적으로는 남성의 지배를 존중하면서 황후나 여후인
채로 '모친'으로서 권력을 잡는 것이 가능했기 때문
입니다. 이를 역사적으로 바꿔 말하자면, 황제나 국왕
또는 천황이 되지 못하고 황후나 왕후인 채로 권력을
장악하는 경우가 많았다고 볼 수 있습니다.

동아시아와 유럽의 유사점

이 점은 동아시아뿐 아니라 프랑스 같은 유럽의 왕국에서도 그러했습니다. 장-크리스토프 뷔송(Jean-Chris-tophe Buisson)과 장 세빌리아(Jean Sévillia)[7]가 엮은 『왕비들의 최후의 날들(Les derniers jours des reines)』 상권 '서문'에는 다음과 같이 쓰여 있습니다.

> 프랑스는 여성에 의한 왕위계승을 금지하는 살리카(Lex Salica)법을 따랐기 때문에, 프랑스의 왕비가 끝까지 권력 계승을 두고 고민하는 하는 상황을 다루는 책을 출간한다는 것은 생각할 수도 없다. 중세 프랑스 격언 '백합은 실을 잣지 않는다.'가 이 모든 것을 말해주고 있다.(백합은 프랑스 왕가의 상징. 실을 잣는(뽑는) 일은 전형적인 여성의 일. 전체적으로 여성은 왕위를 이을 수 없다는 깃을 의미한다.) 하지만 왕좌에 앉지는 못해도 실질적인 권력을 행사한 왕비는 적지 않다. 적어도 몇몇은 노련한 충언자로 활약했고, 때로는 그 이상의 존재이기도 했다. (『王たちの最期の日々』.)

동아시아와 마찬가지로 유럽에서도 여성의 열등함이 강조되어 왔습니다. 고대 그리스의 철학자 아리스토텔레스는 "남성은 천성적으로 우월하고, 여성은

[7] 프랑스 역사를 전문으로 하는 작가이자 저널리스트들이다. 2015년에 『왕비들의 최후의 날들』을 발간했다. 이 책은 고대부터 20세기까지 세계에서 유명한 20명의 여왕과 왕비의 인생과 죽음이 세계사에 미친 영향이 무엇이었는지 제시하고 있다.

열등하므로 남성은 지배하고 여성은 지배받아야 한다."(『政治學』, 牛田德子訳)라고 서술하고 있으며, 구약성서 창세기에서도 여성은 출산의 고통과 동시에 남성의 지배 아래 놓이게 됩니다. 프랑크 왕국의 법전에서 유래한 살리카법은 바로 이러한 전통을 따른 것입니다.

그러나 여왕이 되지는 못했어도 권력을 행사한 왕비는 있었습니다. 『왕비들의 최후의 날들』에서는 프랑스에서 권력을 행사한 왕비로 앙리 2세[Henri II, 1519~1559, 재위1547~1559]의 왕비 카트린느 드 메디시스[Catherine de Médicis, 1519~1589, 섭정1560~1573][8], 루이 13세[Louis XIII, 1601~1643, 재위1610~1643]의 왕비 안 도트리슈[Anne d'Autriche, 1601~1666, 섭정1643~1651][9], 루이 16세[Louis XVI, 1754~1793, 재위1774~1791]의 왕비 마리 앙투아네트[Marie Antoinette d'Autriche, 1774~1793][10], 나폴레옹 3세[Napoleon III, 1808~1873, 재위1848~1852, 1852~1870]의 왕비 외제니 드 몽티조[Eugénie de Montijo, 1826~1920][11] 등에게 각각 그 지면을 할애하고 있습니다. 그밖에도 왕의 애인까지를 포함하면 루이 15세 [Louis XV, 1710~1774, 재위1715~1774]의 총애를 받아 후작부인 칭호를 얻은 퐁파두르 부인[Marquise de Pompadour, 1721~1764][12] 등을 들 수 있을 겁니다. 이 책에서는 일본 및 일본과 관계 깊은 동아시아의 여러 왕조

---

8 1559년에 남편인 앙리 2세가 사망하여 같은 해 그녀의 장남 프랑수아 2세가 즉위하게 되지만 기즈 가문의 세력이 강력했기 때문에 카트린느 드 메디시스는 바로 실권을 잡지 못했다. 프랑수아 2세가 일찍 죽고 차남인 샤를 9세가 즉위하면서 본격적으로 섭정을 하게 된다. 이후 샤를 9세가 세상을 떠나고 앙리 3세가 즉위하게 되면서 섭정을 그만두지만, 이후로도 정치적인 힘을 발휘했다.

9 여성의 통치를 불신하였던 루이 13세는 사망 직전 안 도트리슈의 섭정을 막으라는 유언을 남겼지만, 결국 왕의 유언은 파리 고등법원에서 폐기되고 1651년 루이 14세의 친정이 시작되기까지 섭정을 했다. 그러나 그녀는 이후에도 계속 강력한 영향력을 행사하였다.

10 오스트리아 여왕 마리아 테레지아의 막내딸이다. 프랑스혁명이 시작되자 파리의 왕궁으로 연행되어 시민의 감시 아래 생활을 하다가 국고를 낭비한 죄와 반혁명을 시도하였다는 죄명으로 처형되었다.

11 나폴레옹 3세는 그녀와 중요한 문제에 대해 상의를 했다고 한다. 나폴레옹 3세의 부재에 해당하는 1859년과 1865년, 1870년에 대신 섭정을 했다.

를 중심으로 검토하고 있으므로 프랑스에 관해서 더는 언급하지 않겠습니다만, 이러한 서양 여러 나라의 사례 검토를 기반으로 한 여성 권력자에 관한 향후 연구의 진전을 기대해 봅니다.

각지에 전승된 진구 황후

고대 천황제에서 여성 권력자의 계보를 따라가면 3~4세기에 활약한 것으로 알려진 진구 황후와 마주하게 됩니다.[13]

　기기[記紀, 『古事記』와 『日本書紀』를 합하여 부르는 명칭]에 의하면 진구 황후는 주아이(仲哀) 천황[?~200, 제14대 천황, 재위192~200]의 황후로 오진(應神) 천황[200~310, 제15대 천황, 재위270~310]의 어머니입니다. 또 『일본서기(日本書紀, 니혼쇼키)』에 의하면, 주아이 천황 사후에 오진 천황을 임신한 몸으로 한반도에 출병하여 신라를 항복시키고, 고려[고구려]와 백제로부터 조공의 서약을 받는 이른바 '삼한정벌(三韓征伐)'을 이룹니다. 그 후 귀환하여 오진 천황을 낳은 후에도 백세 가까이 살며 69년간이나 섭정(攝政)[14]의 지위에 있던 인물이기도 합니다.

　현재 학계에서는 실존했던 가장 오래된 천황을 게이타이(繼體) 천황[450?~531, 제26대 천황, 재위507~531]

을 하였으며, 막대한 영향력과 권력을 가지고 있었다.

12 루이 15세의 총애를 받아 후작부인의 칭호를 받았다. 국왕의 정치에도 참여한 그녀는 약 15년간 권세를 누리면서 왕정(王政)의 인사(人事)마저 결정하였다. 오스트리아 계승 전쟁 후에는 프로이센의 프리드리히 2세의 권세를 견제하기 위하여 숙적 오스트리아와 제휴하여, 외교혁명이라고까지 일컬은 국가외교의 전환을 추진하였다. 그러나 그녀의 외교혁명이 7년 전쟁의 실패로 인해 수포로 돌아갔고, 오랜 세월의 사치 생활로 소모한 막대한 낭비 등이 후일 프랑스혁명을 유발한 원인의 하나가 되었다.

13 요시에 아키코(義江明子)가 『만들어진 히미코(つくられた卑弥呼)』에서 말하는 것처럼 3세기 전반에 활약한 야마타이국(邪馬台国)의 여왕 히미코를 비롯한 여성 수장이 권력을 잡았다는 설도 있지만, 여기에서는 논외로 한다.

14 군주국가에서 국왕이 어려서 즉위하거나 병 또는 그 밖의 사정이 생겼을 때 국왕을 대리해서 국가의 통치권을 맡아 나라를 다스리는 일 또는 그 사람을 말한다.

으로 인정하는 경향이 크기 때문에, 계보 상 그 이전에 해당하는 진구 황후는 실재하지 않았다고 해석하는 것이 자연스러울 것입니다. 그러나 나라 시대부터 쇼와 시대에 걸쳐 진구 황후는 실재하는 것으로 알려졌으며, 삼한정벌 역시 역사적 사실로 누차 언급되어 왔습니다.

더욱 주목하고 싶은 것은 서일본 일대에 진구 황후와 연관된 지명(地名)이나 민간전승, 아울러 진구 황후를 모시는 신사가 아주 많다는 점입니다. 특히, 규슈에서 진구 황후는 성모(聖母)로 추앙받고 있습니다. 예를 들어 후쿠오카현(福岡県) 가스야군(糟屋郡) 우미마치(宇美町)는 그 이름대로 진구 황후가 오진 천황을 낳은 장소로 알려졌고[15], 삼한정벌의 거점이 있었던 곳으로 알려진 후쿠오카시 히가시구(東区) 가시이(香椎)에는 본디부터 진구 황후를 주제신(主祭神)으로 모시는 가시이궁(香椎宮)이 있습니다.

이외에도 현재 효고현(兵庫県) 남부에는 지역 이름이 된 효고나 강 이름이 된 무코(武庫)라는 지명이 있습니다. 『섭진국풍토기(摂津国風土記, 셋쓰노쿠니후도키)』[16]에 의하면 진구 황후가 무기를 묻었던 장소를 무코라 했으며 현재는 이를 효고라고 칭합니다. 그밖에도 지금의 사가현(佐賀県)에 위치한 우레시노(嬉野) 온천의 예를 들 수 있습니다.『비전국풍토기(肥前国風土記, 히젠노 쿠니후도키)』[17] 소노기군(彼杵郡)에 "동쪽 변방에 온천이 있는데 사람의 병을 치유하는 데 효험이 있다."라고 기록된 곳이 바로 후루유(古湯)로, 우레시노 온천 여관 조합 홈페이지에는 규슈로 돌아온 진구 황후가 부상 당한 병사를 온천에 들어가게 한 뒤, 얼마 후 상처가 나은 것을 보고 "아 우레시이노(오, 기쁘구나)"라고 말한 것이 '우레시노 온천'의 유래가 되었다고 기록되어 있습니다.

17 옛 지방 이름으로 지금의 사가현(佐賀県)과 나가사키현(長崎県)의 일부 지역에 전해 내려오는 풍토기를 가리킨다.

〈사진 1〉 하치만 총본산 우사 신궁(八幡總本宮, 宇佐神宮)

18 『고사기(古事記)』와 『일본서기(日本書紀)』 등에 기록되어 있는 고대 일본의 대표적 영웅이다. 부친인 게이코 천황은 그를 서쪽(규슈)으로 보내어 구마소타케루 형제를 정벌케 하였다. 구마소를 정벌하고 돌아온 그는 다시 게이코 천황의 명을 받고 동쪽의 12개국을 평정했다.

19 남편인 야마토타케루의 고귀한 사명을 완수시키기 위해서 자신의 몸을 바다에 던져 거친 바다를 진압했다고 전한다. 야마토타케루는 그녀의 희생 덕분에 무사히 사명을 다할 수 있었다고 한다. 옛날부터 일본 여성의 모범이자 영웅으로서 사랑받고 있다.

신사의 경우에도 진구 황후를 모시는 신사는 오진 천황을 제외하면 역대 어느 천황보다도 많습니다. 오진 천황의 신령은 하치만신(八幡神), 이른바 무사의 신입니다. 오이타현(大分県) 우사시(宇佐市)의 하치만 총본산 우사신궁(宇佐神宮, 사진 1 참조)을 비롯해, 도쿄부(東京府) 야와타시(八幡市) 이와시미즈 하치만궁(石清水八幡宮)이나 가나가와현(神奈川県) 가마쿠라시(鎌倉市)의 쓰루가오카 하치만궁(鶴岡八幡宮) 등 '하치만'이라 이름 붙은 신사는 모두 오진 천황이 주제신입니다. 우사신궁처럼 오진과 진구를 함께 모신 신사도 제법 있지만, 오진 천황의 뒤를 이어 진구 황후를 모시는 신사가 서일본에 많은 것입니다.

그렇다면 동일본에서 진구 황후와 같이 『일본서기』나 『고사기(古事記, 고지키)』에 전설처럼 남아 있는 여성으로는 또 누가 있을까요. 게이코(景行) 천황[BC13~130, 제12대 천황, 재위71~130]의 황자이자 주아이 천황의 아버지로 알려진 야마토타케루(日本武尊, 倭建命, 72?~113?)[18]의 비(妃)인 오토타치바나히메(弟橘媛, 弟橘比売命)[19] 정도만 발견됩니다.

그러나 그마저도 오토타치바나히메의 전설은 기껏해야 지금의 이바라키현(茨城県), 지바현(千葉県), 가나가와현에만 한정되어 있습니다. 반면, 진구 황후의

32

전설은 시가현(滋賀県)에서 나가사키현(長崎県)에 이르기까지 서일본 일대에 전파되어 있기 때문에 그 규모가 완전히 다릅니다.

진구 황후의 삼한정벌

진구 황후는 『고사기』에서 식장대비매명(息長帶比賣命), 『일본서기』에서는 기장족희황존(気長足姫皇尊)으로 등장합니다. 표기는 다르지만 이들 모두 '오키나가타라시히메노미코토'로 읽으며 『일본서기』에서는 독립된 한 권으로 기록하여 천황과 동격으로 취급하고 있습니다. 황후이지만 이렇게 특별한 취급을 하는 데에는 몇 가지 이유가 있습니다.

그 가장 큰 이유로는 앞서 언급했던 삼한정벌을 들 수 있습니다. 『일본서기』에 의하면 '진구 황후가 진두에 서서 신라정벌에 나서 그들을 굴복시키고 나아가 고구려, 백제에 조공을 서약하게 했다.' 즉, 전쟁에 이기고 돌아온 것으로 되어 있습니다. 게이타이 시건 천황을 포함해 여대 천황 중에 외국으로 전쟁을 나가 이기고 돌아온 기록을 가진 천황은 없습니다.

『일본서기』제9권의 「진구 황후 섭정전기(神功皇后攝政前記)」에는 "나는 부녀로서, 더구나 불초하다. 그러나 잠시 남자로 가장하여 웅대한 계략을 세우겠다." 즉, "나는 여성이며 또한 미숙하다. 그렇지만 잠시 남자의 모습으로 변장하여 강하고 용감한 전략을 세울 것이다."라는 진구 황후의 말이 쓰여 있습니다. 다시 말해, 남장을 하고 한반도로 향한다는 것입니다.

〈사진 2〉 친카이세키 하치만궁(鎭懷石八幡宮)

삼한정벌은 남편인 주아이 천황이 급서한 후, 신탁(神託)에 따라 진
구 황후가 감행한 것으로 알려져 있습니다. 즉 진구 황후는 신탁을 받은
샤먼인 동시에 정치 권력을 잡은 군사지도자이기도 한 것입니다. 『일본
서기』를 읽으면, 주아이 천황과 진구 황후는 마치 일부일처의 대등한 파
트너 관계를 구축하고 있으며 주아이 천황 사후, 진구 황후는 천황이 가
지고 있던 권력을 고스란히 물려받은 것처럼 보입니다.

게다가 출정 당시 진구 황후는 임신한 상태였습니다. 출정 도중에
출산하지 않도록 허리춤에 돌을 눌러 감아두어 출산을 늦췄다는 일화가
기기에 적혀 있습니다. '허리에 돌을 눌러 감는다.'는 이름에서 유래한

'친카이세키 하치만궁(鎭懷石八幡宮)'이라는 신사가 후쿠오카현 이토시마시(糸島市)에 있습니다.(사진2 참조)

덧붙여, 진구 황후의 전설이 뿌리내린 이토시마시를 무대로 하는 소설이 히가시 나오코(東直子)의 『실 숲 속의 집(いとの森の家)』입니다. 이 소설에서는 그 고장사람인 한 할아버지가 진구 황후에 대해 다음과 같이 말하는 장면이 있습니다.

먼저 죽은 남편을 대신해 여그 우물에서 염색한 갑옷을 입고 앞장섰다는기라. 그카고는 이기고 돌아왔다는기라. 뱃속에 아가 있었다 아이가. 돌아와가 사내 아를 낳았다는기라.

현지 방언이 섞인 할아버지의 말대로 무사히 규슈로 돌아온 진구 황후는 현 후쿠오카현 우미마치에서 오진 천황을 낳습니다. 이 때문에 삼한정벌은 진구 황후와 그 태내에 있던 오진 천황[태중의 천황]이 한 몸이 되어 완수했다고 말하는 것입니다. 하지만 기기를 읽어 보면, 오진 천황은 어떠한 역할도 담당한 바가 없습니다.

게다가 더욱 부자연스러운 점은 황태후가 된 진구 황후가 69년에 걸쳐 계속 섭정의 지위에 있었다는 것입니다. 『일본서기』에 의하면 오진 천황은 세 살에 정식으로 황태자가 되었으므로, 원래대로라면 오진이 적당한 나이가 될 때 실권을 물려줘야 하는 법입니다. 그러나 이후로도 오진 천황은 진구 황후가 사망할 때까지 전혀 권력을 잡지 못했습니다.

임조칭제와 수렴청정

진구 황후와 같이 모친[황태후]이 어린 아들[황제]을 대신해 정무를 보는 일은 중국에서는 종종 볼 수 있습니다. 이러한 정치형태를 '임조칭제' 또는 '수렴청정'이라고 합니다.

'임조칭제'와 '수렴청정'이 같은 의미로 쓰이는 경우가 있지만, 그 의미는 조금 다릅니다. 수렴청정은 '발을 드리우다(垂簾)'라는 표현에서 알 수 있듯이, 직접적으로는 권력을 가진 여성이 발을 사이에 두고 신하와 접촉하는 것을 가리킵니다. 본 장의 서두에 언급했듯이 '여자가 정치에 참견해서는 안 된다.'는 유교적인 사고가 근저에 있기 때문에, 발 뒤에 자리하고 있는 것입니다.

역사서 가운데 최초로 '수렴'이라는 용어가 사용되어 조정에 임하는 황후의 권력이 황제와 동등하다는 사실을 천명한 것은 당의 고종[高宗, 628~683, 제3대 황제, 재위649~683]과 무황후[훗날 무측천]의 시대였습니다. 구체적으로는 당나라가 성립해서 멸망할 때까지의 역사가 기록된 『구당서(舊唐書)』권5 「고종본기·하(高宗本紀 下)」 675년[上元2] 3월 정사조(丁巳條)에는 "천후, 어좌의 뒤에 발을 드리우고, 크고 작은 정치를 청단하다."라는 구절이 있습니다. 여기서 천후란 무측천을 가리킵니다.

또한, 수렴청정과 비슷한 정치형태는 고대 로마 제국에도 있었습니다. 네로 황제[Claudius Caesar Augustus Germanicus Lucius Domitius Nero, 37~68, 제5대 황제, 재위54~68][20]의 어머니인 아그리피나(Agrippina, 15~59)[21]는 '황제의 모군(母君)'이라 불리며 네로로부터 '최고의 어머니'라는 칭호를 받기도 했습니다. 이와 관련하여 역사가 장 루이 비뉴(Jean-Louis Vignes)는 이렇게 말합니다.

> 관례로 인정된 테두리를 넘지 않았지만, 그 어머니
> 는 모든 일에 얼굴을 내밀고 싶어 했다. 아우구스투스
> (Augustus, BC63~AD14)²² 이래의 전통으로 때때로 원로
> 원 의원들이 궁전에 소집되는 일이 있었는데, 그녀는
> 모습이 보이지 않도록 꾸민 문 뒤에서 그 회의를 들었
> 다. (『王たちの最期の日々』上)

고대 로마에서는 기원전 450년경 12표법²³이 제
정되어 가부장권이 성문화되었습니다. 여성이 황제
가 될 수 없다는 점에서는 로마 황제도 중국의 황제
[무측천을 제외한]와 같았습니다. 그런 이유로 로마에서
도 어머니가 아들을 섬기는 간접적인 방법으로 권력
을 잡았던 것입니다.

한편 임조칭제는 황제가 어리다는 등의 이유로
집정할 수 없을 때, 황태후가 조정에 나아가(臨朝) 명
령을 내리는(稱制) 등의 정무를 보는 것을 말합니다.
전국시대(戰國時代)나 한대(漢代)에는 황태후이더라도
'수렴'을 하지 않고 황제와 마찬가지로 직접 군신과
대면했기 때문에 임조칭제라 불렀습니다. 이 점에서
는 로마 제국으로 대표되는 동시대의 서양보다도 여

20 로마 제국의 제5대 황제
이자 율리우스-클라우디우스
(Julio-Claudian) 왕조의 마지
막 황제이다. 로마의 문화와
건축을 발전시키며 예술에 많
은 지원을 했다. 그러나 로마
에 대화재가 발생하여 민심이
혼란스러워지자 당시 신흥종
교였던 기독교에 책임을 덮어
씌워 기독교도를 대학살했다.
이로써 로마 제국 황제 중 최
초의 기독교 박해자로 기록되
었다.

21 로마 제국 율리우스-클
라우디우스 왕조의 황족으로
네로 황제의 모친으로 알려져
있다. 네로를 제위(帝位)에 오
르게 하였으나 네로의 사주를
받은 노예에게 피살되었다.

22 로마의 초대 황제로 본
명은 가이우스 율리우스 캐사
르 옥타비아누스(Gaius Julius
Caesar Octavianus)이다.

23 로마 최고(最古)의 성문
법(BC451~BC450)으로 12동
판법(銅板法, lex duodecim
tabularum)이라고도 한다. 법
에 관한 지식과 공유지 사용을
독점하였던 귀족이 평민의 반
항에 타협한 결과 제정되었으
며 시장(市場)에 공시되었다.

24 기원전 202년부터 기원
후 8년까지 중국을 지배하던
왕조이다. 유방이 항우와의
전투에서 승리하고 건국하였
으며, 장안(長安)을 수도로 하
였다.

25 중국 전한(前漢) 시대의
역사가이다. 사마천은 저술의
동기를 '가문의 전통인 사관
의 소명의식에 따라 《춘추》를
계승하고 아울러 궁형의 치욕
에 발분하여 입신양명으로 대
효를 이루기 위한 것'으로, 저
술의 목표는 '인간과 하늘의
관계를 구명하고 고금의 변화
에 통관하여 일가의 주장을
이루려는 것'으로 각각 설명
하고 있다.

26 사마천이 상고시대의 오
제(五帝)-한나라 무제 태초년
간(BC104~101년)의 중국과
그 주변 민족의 역사를 포괄
하여 저술한 통사로서 제왕
의 연대기인 본기(本紀) 12편,
제후왕을 중심으로 한 세가
(世家) 30편, 역대 제도 문물
의 연혁에 관한 서(書) 8편, 연
표인 표(表) 10편, 시대를 상
징하는 뛰어난 개인의 활동을
다룬 전기 열전(列傳) 70편,
총 130편으로 구성되어 있다.

27 번역은 『(완역) 사기 본
기』(사마천 지음, 김영수 옮김, 문
학동네, 2012) 2권을 참조했다.

28 중국 진(秦)나라 말기에

성이 권력을 잡는 것에 대한 금기가 약했다고 할 수 있을지 모릅니다.

여후의 임조칭제

임조칭제로 유명한 인물은 전한(前漢) 시대[24]의 여후(呂后, ?~BC180)입니다. 사마천(司馬遷, BC145?~BC86?)[25]의 『사기(史記)』[26]에는 여후의 공적을 기록한 「여태후본기(呂太后本紀)」편이 있는데, 여기에는 "원년(元年), 모든 호령이 태후로부터 떨어졌다. 태후를 제(制)라 칭했다."[27]라는 구절이 있습니다. 그 태후가 바로 여후입니다.

여후의 본명은 여치(呂雉)이며, BC202년에 유방[劉邦, BC247?~BC195, 전한(前漢)의 제1대 황제, 재위 BC202~BC195]이 항우[項羽, BC232~BC202][28]를 물리치고 전한의 초대황제가 되면서 중국에서 최초로 황후의 자리에 앉았습니다. 그때부터 여후는 국정을 돌보지 않는 유방을 대신하여 정치에 깊이 관여했습니다(郭茵『呂太后期の権力構造』). 이후 유방이 죽자, 자신과 일족[외척]이 권력을 잡기 수월하도록 일부러 어린 아들 혜제[惠帝, BC210~BC188, 전한(前漢)의 제2대 황제, 재위 BC195~BC188]를 즉위시키고 황태후가 되었습니다. 또한, 혜제가 죽은 뒤에도 태황태후가 되어 임조칭제를 이어갔습니다.

　황태후가 황제의 어머니 또는 선대 황제의 정실에게 부여되는 존칭인 데 반해, 태황태후는 황제의 조모 또는 선선대 황제의 정실에게 주어지는 존칭을 의미합니다[단, 태황태후를 포함하여 황태후라 부르는 경우도 있다]. 따라서 여후는 황후, 황태후, 태황태후로 살면서 사실상 황제와 같은 권력을 유지했던 것입니다.

　『사기』에는 「여태후본기」가 수록되어, 여후를 황제로서 다루는 대신에, 혜제는 본기에서 제외되어 있습니다. 이를 통해 사마천은 당대에 여후가 실질적인 황제였다고 생각하고 있었음을 알 수 있습니다. 또 후한(後漢) 시대[29]에 편찬된 역사서 『한서(漢書)』[30]에서도 여후는 「혜제기」권2에 이어 「고후기(高后紀)」권3인 황제의 전기를 기록한 「본기」에 수록되어 있습니다. 여기에는 "혜제가 죽고 태자가 황위에 올라 황제가 되었다. 어린 황제를 대신해 태후가 조정에 나와 천자를 대신해 섭정하였다."[31]라고 쓰여 있습니다. 즉, 태황태후이면서 황제와 같은 대우를 한 것입니다.

　그렇다면 임조칭제를 행한 여후는 실제로 어떤 행동을 취했을까요? 역사학자인 주쯔옌(朱子彦, 1949~)[32]의 『수렴청정(垂簾聽政)』에 흥미로운 기술이 있어 그 일부를 소개해 보겠습니다.

유방과 중국을 차지하기 위해 다툰 장수이다. 당초에는 유방과의 싸움에서 우세했으나 점차 불리한 상황에 몰리며 패하게 된다.

29　25년부터 220년까지 중국을 지배하던 왕조이다. 전한(前漢)이 신(新) 나라의 왕망(王莽)에 의하여 멸망한 이후, 한(漢) 왕조의 일족인 광무제 유수(光武皇帝劉秀)가 한 왕조를 부흥시킨 나라이다. 수도는 낙양(洛陽)이었고, 낙양이 전한의 수도 장안보다 동쪽에 위치했기 때문에 동한(東漢)이라고도 불린다.

30　역사가 반고(班固)가 저술한 기전체(紀傳體)의 역사서로, 12제기(帝紀)·8표(表)·10지(志), 70열전(列傳)으로 총 100권으로 이루어졌다. 『전한서(前漢書)』 또는 『서한서(西漢書)』라고도 한다.

31　번역은 『한서』(반고 지음, 노돈기·이리충 편집, 김하나 옮김, 팩컴북스, 2013)를 참조했다.

32　현재 상하이대학교(上海大學) 역사학부 교수이다. 역사상 존재했던 중국의 정치체제를 다루며, 특히 시대별 궁(宮)의 시스템과 여성의 정치, 수렴청정, 황후에 관한 연구를 하고 있다. 본서 저자가 인용한 『수렴청정(垂簾聽政)』에 해당하는 『垂帘听政制度述

论』은 1998년에 발간되었다.

33 서태후는 청나라 함풍제(咸丰帝)의 황후이다. 효흠(孝钦), 서황후(西皇后), 자희황태후(慈禧皇太后)라고도 한다. 또한 동치제(同治帝)의 어머니이자 광서제(光绪帝)의 양어머니로서 보수파 관료를 기반으로 한 철권통치로 청나라를 거의 반세기 동안 지배했다.

한대의 황태후나 태황태후는 임조칭제를 할 때 스스로를 〈짐(朕)〉이라 칭하며, 명을 내릴 때에도 〈제(制)〉라 하였다. 신하는 황태후나 태황태후를 〈폐하(陛下)〉로, 그리고 그의 죽음을 〈붕(崩)〉이라 칭했다. 황태후나 태황태후는 천자의 의관을 갖추고 종묘에 참배하며, 황제를 대신해 역대 황제의 제사를 지내는 것이 가능했다. 이처럼 임조칭제는 황제를 대신해 집정하는 것으로서 황권을 행사하고, 천하 신민을 통치하는 것이었다.

자신을 '짐'이라 칭하고 신하에게는 본인을 '폐하'라 부르게 하며 천자의 의관을 갖추고 종묘, 즉 선조의 제사를 지내는 사당에 참배도 하는 그야말로 진정한 황제와 다름없는 존재입니다. 이는 비단 여후뿐만이 아닙니다. 중국에서는 유교 경전의 교리에 반해, 수렴청정이나 임조칭제라는 형식을 통하여 명실상부한 권력자로서의 지위를 누린 여성이 고대의 여후부터 근대의 서태후[西太后, 1835~1908, 청나라 황후, 섭정 1861~1908][33]에 이르기까지 때때로 존재해 왔습니다.

여후와 진구 황후의 유사성

진구 황후는 그 실체가 확인되지 않은 데 반해, 여후
는 실존 인물이라는 점에서 차이가 있지만, 역사서에
서 천황이나 황제와 동등하게 간주하고 있다는 공통
점이 있습니다. 앞서 언급한 대로 『일본서기』제9권
에서는 진구 황후를 한 권으로 따로 마련하여 천황과
동격으로 다루고 있습니다. 한편, 나라 시대에 편찬된
『일본서기』에서 진구 황후를 다루는 데에는 여후를
황제로 간주한 『사기』나 『한서』의 영향이 있지 않을
까 싶습니다.

　『섭진국풍토기』를 보면 진구 황후는 '아키나가
타라시히메 천황(息長足比売命天皇)'으로 기록되어 있습
니다. 『협의물어(狭衣物語, 사고로모 모노가타리)』[34]나 『부상
략기(扶桑略記, 후소랴쿠키)』[35], 『우관초(愚管抄, 구간쇼)』, 『팔
번우동훈(八幡愚童訓, 하치만구도쿤)[36]』갑(甲), 『신황정통기
(神皇正統記, 진노쇼토키)』등 헤이안 시대부터 남북조(南北
朝) 시대[37]에 걸쳐 기록된 다수의 역사서나 역사 이
야기(物語)에도 진구 황후가 '여제' 또는 주아이 천황
을 이은 제15대 '천황' 혹은 '황제', '제왕'으로 기록
되어 있습니다. 참고로 북송 시대에 편찬된 『신당서
(新唐書)』권220 열전 제145 「동이(東夷)」에서도 "주아
이 천황 사후에 가이카[開化, BC208~BC98, 제9대 천황, 재

34 '모노가타리(物語, story)'
란 '모노(物 : 추상적인 어떤 것)'
와 '가타리(語り : 이야기)'의
복합어로, 일본 고유 산문 문
학의 한 형태이다. 『사고로모
모노가타리』는 헤이안 시대
의 작품이다.

35 진무 천황부터 호리카와
천황까지를 기록한 한문편년
체 역사서로서 헤이안 말기에
완성되었다.

36 가마쿠라 시대 중·후기에
완성된 하치만진(八幡神)의 영
험함과 신덕을 이야기한 지샤
엔기(寺社緣起)를 의미한다. 또
한 '우동훈(愚童訓)'이란 하치
만진의 신덕을 '어린 아이들도
이해할 수 있도록 설명했다.'
는 뜻이다. 특히 원구에 대한
기록으로 유명하며 그 중에서
도 쓰시마(対馬)·이키(壱岐)로
의 침입에 관한 사료로는 유
일하다고 전해진다. 저자는 불
명이나, 이와시미즈하치만궁
(石清水八幡宮)의 사승(社僧) 혹
은 사관(祠官)이 지은 것으로
추정하고 있다. 이 책은 2종으
로 나뉘는데, 분류상 갑종(甲
種)·을종(乙種)으로 구별되며,
갑종은 1308년부터 1318년,
을종은 1299년부터 1302년
무렵에 완성되었다.

37 1336년에 아시카가 다카
우지가 고묘 천황을 옹립해
북조(北朝)를 수립한 뒤 무로
마치 막부를 개창했고, 고다

이고 천황은 요시노에 남조를 수립해 왕조가 둘로 분열되었다. 이후, 1392년에 남조와 북조가 합쳐지기까지의 기간을 의미한다.

38 일본 에도 시대 전기 미토번(水戶藩)의 제2대 번주(藩主)이자 유학자이다. 미토고몬(水戶黃門)이라고 알려져 있다. 유학을 장려하고 열전(列傳) 편찬에 뜻을 두어 1657년 사국(史局)인 쇼코칸(彰考館)을 개설하였으며 1665년에는 중국 명나라의 유학자 주순수(朱舜水)를 초빙하여 가르침을 받았다. 일본의 역사서인 『대일본사(大日本史)』 편찬을 착수하였고, 『만엽집(萬葉集)』 등 고전 편주(編珠)에도 힘을 쏟았다.

39 막부 말기의 사가번사(佐賀藩士)이자 근대 일본의 역사학 선구자이다. 1871년에 특명 전권 대사 이와쿠라 사절단의 일원으로 구미를 시찰했다. 다양한 임무의 하나로 추밀기록 등 조사와 각국의 종교를 시찰하도록 임무를 받았다. 또한 사절기행을 모으는 일을 담당했으며, 각지에서 통계서, 개론서, 지리 역사서 등을 수집했다. 1878년에는 『특명 전권대사 미구회람 실기(特命全權大使 米欧回覧実記)』를 편찬했다.

위BC158~BC98]의 증손녀 진구를 왕으로 삼다."라는 기록이 나옵니다. 그런데 에도 시대에 들어서 도쿠가와 미쓰쿠니(德川光圀, 1628~1701)[38]가 편찬한 『대일본사(大日本史, 다이니혼시)』에서는 천황의 기록을 수록한 본기에서 제외하여서 후기전(后紀傳), 즉 황후나 왕후를 다루는 편으로 집어넣었습니다. 이에 대해서는 이후 4장에서 자세히 다루도록 하겠습니다.

역사학자 구메 구니타케(久米邦武, 1839~1931)[39]는 청일전쟁이 끝난 1895년[明治28]에서 1896년에 걸쳐 『사해(史海)』라는 잡지에 「진구 황후와 한나라 여후(神功皇后と漢の呂后)」라는 제목의 글을 연재했습니다. 이 글에서 구메는 "지금까지 학자들에게는 걸핏하면 여자를 억누르고 외척을 배척하려 한다고 보는 습관이 있기 때문에, 여기서 진구 황후와 한나라의 여후를 비교하여 예로부터 여권 억압이 얼마나 어려운 것인지 그 실정(또는 이치를)을 개론해 둔다."라며 진구 황후와 여후를 비교하고 있습니다. 아마도 이렇게 두 사람을 비교한 학자는 구메가 처음이 아닐까 싶습니다.

그 배경에는 위의 논문이 연재되던 19세기 말의 동아시아 정세가 있습니다. "청의 황제가 너무 어려 국모인 서태후가 오랜 기간 수렴으로 정사를 돌보고, 조선의 정치는 왕비 민 씨의 손에 좌우되었다."라는 구메 구니타케의 서술처럼, 당시 황후의 권력이 철저히 봉쇄되었던 일본과는 대조적으로 중국(청)에서는 서태후가, 조선에서는 민비가 권력을 잡고 있었습니다. 비록 구메가 이 논문을 쓴 직후에 민비는 암살되었지만, 당시에는 아직 생존해 있었던 시기입니다.

또한, 구메는 여성이 권력을 잡는다는 것이 국가의 쇠퇴로 보이지만, 실제는 그렇지 않았다며 이야기를 이어갑니다. 황제나 국왕이 어리면 어머니와 상의하여 정사를 결정하는 것이 '가족자연의 인정과 도리'이자 지극히 당연한 일이라고 서술합니다.

결국, 역사를 거슬러 올라가 보면 진구 황후와 전한의 여후는 닮은 점이 꽤 많습니다. 바로 이러한 점에서 동아시아에 공통된 '모친'의 권력을 발견할 수 있다고 구메는 말하려는 것입니다. 그렇다면 왜 중국이나 조선에서는 19세기 말까지 이러한 구조가 남아 있는 데 반해, 일본은 그렇지 않을까요? 이 질문에 대한 구메의 대답은 5장에서 다시 언급하겠습니다.

중국 가족법에 의한 황제와 황후의 관계

유교에서 여성은 권력을 가져서는 안 되는 존재로 여기고 있었습니다. 그럼에도 불구하고, 이미 유교가 정착된 중국이나 조선에서 반복적으로 임조칭제나 수렴청정이 이루어진 이유 중의 하나로는, 예로부터 가족법이 확립되어 있었다는 점을 들 수 있습니다. 이는 과연 무엇을 의미할까요?

40 일본학사원(日本學士院)
이 수여하는 상으로 1911년
에 창단했다. 일본학사원은
학술상 우수한 논문과 저서,
연구 업적에 대한 시상사업을
하고 있다. 매년 9건 이내의
시상을 한다.

중국과 조선에서 황제나 국왕은 종신 재위가 원
칙이었습니다. "중국에서는 진(秦)의 시황제[始皇帝,
BC259~BC210, 제31대 왕·중국 최초의 황제, 재위BC247~220]부
터 청(淸)의 선통제 부의까지 약 190명의 황제 가운데
A(종신)가 101명(53%), B(살해)가 39명(21%), C(실각)가
38명(20%), D(자발적 양위)가 12명(6%)이었다."(水谷千秋『女
帝と讓位の古代史』)라고 합니다. 14세기 말부터 20세기
초반까지 계속된 조선 왕조[1897년부터 1910년까지는 대한
제국 시기]에서도 27명의 국왕과 황제 가운데 자발적으
로 양위한 것은 초대부터 3대에 해당하는 태조[太祖,
1335~1408, 제1대 왕, 재위1392~1398], 정종[定宗, 1357~1419,
제2대 왕, 재위1398~1400], 태종[太宗, 1367~1422, 제3대 왕, 재위
1400~1418]밖에 없으며 이는 강제적으로 양위하게 된
국왕이나 황제를 포함해도 8명에 불과합니다. 그 이
외에는 모두 종신 재위를 했습니다.

이 때문에 황제나 국왕 사후에, 황후나 왕후였던
인물이 더 오래 살면 다음에 즉위하는 황제나 국왕을
대신해 권력을 잡는 경우를 다수 발견할 수 있습니다.
그것은 법으로 '처(妻)와 첩(妾)'이 확실히 구별되는 일
부일처다첩제(一夫一妻多妾制) 국가였기 때문입니다.

동양사학자 시가 슈조(滋賀秀三, 1921~2008)는 일본
학사원상(日本學士院賞)**40**을 수상한 저서 『중국 가족법

의 원리(中国家族法の原理)』라는 고전에서 "남편이 생존하는 이상, 아내의 존재는 그 그늘에 가려져 있는 것과 다를 바 없다. 한편 남편이 사망하고 과부(寡婦)가 되었을 때, 아내는 남편을 대신해 남편에게 속해 있던 것들을 포괄적으로 유지하는 데 아주 중요한 존재로서 드러난다."라고 적고 있습니다. 이어 만약 아들이 없으면 "남편에게 속한 것은 전부 아내의 수중으로 들어간다는 사실은 모든 시대와 지역에서 통용되는 중국인의 보편적인 법의식"이었으며, 설사 아들이 있더라도 "아버지의 대리자인 어머니가 존재하는 한, 더욱 아버지의 인격적 지배에서 해방되지 못한다."라고 합니다.

그것은 황제라도 마찬가지였습니다. 정식부인, 즉 정실은 황후[남편이 사망한 후에는 황태후]뿐으로 측실[후궁]과는 명확히 구분되어 왔습니다. 이러한 법의 뒷받침이 있었기 때문에, 황제가 죽은 뒤에도 황태후나 태황태후가 황제의 권력을 온전히 계승하여 어린 황제를 즉위시키고, 그를 대신하여 정치의 실권을 장악하는 일이 가능했던 것입니다.

다만, 황후와 황제의 생모가 다를 경우에는 생모가 황제로부터 황후와 동등한 대우를 부여받는 것이 한대부터 송대에 이르기까지 점차 일반화되었습니다. 시대를 거듭할수록 황제 생모의 지위가 상승해, 새로운 황제가 즉위한 후에는 적모(嫡母)와 생모가 모두 황태후가 되었습니다(前田尚美『〈嫡母〉と〈生母〉』).

조선에서도 정실 왕후인 정비(正妃)나 계비[繼妃, 정비가 사망하거나 폐위되어 두 번째 책봉된 왕비]와 측실의 구별은 명확했습니다. 정비나 계비는 국왕이 먼저 사망하면 대비(大妃)라 불렸습니다. 조선사를 연구하는 김수지

41 한국의 역사연구자이다.
본문에 기재되어 있는 『대비,
왕 위의 여자』에서 문헌이 기
록한 여성들의 궤적을 찾아보
고, 여성의 시각으로 한국사
를 해석하여 사료의 행간에서
당대를 호령하며 당당하게 살
아간 여성들의 흔적을 추적하
고 있다.

42 일본의 역사학자로 일본
고대사와 복식사(服飾史), 여
성사를 연구한다. 본서에 제
시된 『의복으로 다시 읽는 일
본사(衣服で読み直す日本史)』에
서는 인간 상호의 표지(標識)
인 의복을 통해 일본의 역사
를 재해석하고 있다.

(1968~)[41]는 『대비, 왕 위의 여자』에서 다음과 같이 서술하고 있습니다.

> 대비는 조선 왕실에서 실제로 왕보다 위에 있는 사람이었다. 그러므로 어떻게 보면 여성의 정치 사회 활동이 금지되어 있던 조선 시대에 여성으로서 오를 수 있는 최고 권력의 자리였다. 여기에 대비의 모순된 정체성이 숨어 있다. 왕비 때는 공식적으로 금지되어 있었던 정치에 남편이 죽은 뒤에는 전면 개입할 수 있었기 때문이다.

이 글을 통해 조선에서 대비의 지위는 중국의 황태후와 같았음을 알 수 있습니다. 다만 중국과 달리 조선에서는 아무리 국왕의 생모라 할지라도 측실인 경우는 대부분 측실로서 가장 높은 지위인 빈(嬪)이 되는 것이 그 한계였습니다. 다시 말해, 측실이 대비가 되는 것은 거의 있을 수 없는 일이었습니다.

최초의 여제 스이코 천황

『일본서기』에 기록되어 있는 진구 황후의 기술 부분만 보면, 분명 일본에도 중국과 유사한 임조칭제가 옛날부터 있었던 것처럼 보입니다. 그러나 사실 일본에서는 중국이나 조선과 달리, 부계제를 바탕으로 한 일부일처다첩제가 예로부터 정착한 건 아니었습니다. 이는 일본의 천황제는 일부다처제(一夫多妻制)로 정실이 없거나 아니면 반대로 두 명이 있기도 하는 등 천황과 황후가 일체(一體)의 관계로 전제되지 않은 시대가 오랫동안 이어졌기 때문입니다.

그러나 이것이 곧 남성과 비교하여 여성의 지위가 낮았다는 것을 의미하지는 않습니다. 오히려 고대 일본의 황후에 해당하는 기사키(キサキ)의 궁은 천황이 거처하는 궁과 떨어져 있었고, 경제적으로도 독립해 있었습니다. 부부 일체라는 토대 위에 황제와 황후가 함께 생활하던 중국과의 차이점은 바로 여기에 있습니다.

또한, 일본에서는 몬무(文武) 천황[683~707, 제42대 천황, 재위697~707]이 697년[文武元年]에 15세의 나이로 즉위할 때까지 어린 천황은 있을 수 없는 일이었고, 남녀 모두 40세 이상이 되어야만 천황이 될 자격이 생겼습니다(仁藤敦史『女帝の世紀』). 물론 혈통도 중요했지만, 혈통만으로 황위 계승자가 결정되는 건 아니었습니다. 그렇기 때문에 중국과는 달리 기사키가 천황이 되는 경우가 잇따랐다고 할 수 있습니다.

이렇게 생각하면 설령 중계역을 담당한 부분이 있다고 하여 여성 천황을 단순히 중계자로 간주하는 해석상의 문제점 또한 해명되리라고 봅니다. 의복사(服裝史)에 정통한 다케다 사치코(武田佐知子, 1948~)[42]는 일본 고대 여제의 의복이나 관(冠)이 남성 황제와 구별되어 있지 않았으며, 천황은 성(性)의 차이를 초월한 존재였다고 합니다(武田佐知子『衣服で読み直す日本史』).

덧붙여 여기에 표기된 나이는 '만 나이'가 아니라 '세는 나이'입니다. 따라서 몬무 천황의 경우에도 만으로는 13~14세에 즉위한 셈이 됩니다. 이하의 내용에서도 에도 시대까지의 인물 나이는 '세는 나이'로 표기하겠습니다.

최초의 여제로 알려진 스이코 천황 즉, 누카타베(額田部) 황녀는 긴메이(欽明) 천황[509~571, 제29대 천황, 재위539~571]과 기타시히메(堅鹽媛)의 딸로 태어나, 이복형제인 비다쓰(敏達) 천황[538~585, 제30대 천황, 재위 572~585]의 기사키[황후]가 되었습니다. 어머니인 기타시히메는 소가노 이나메(蘇我稻目, 506?~570)[43]의 딸이며, 기타시히메와 마찬가지로 긴메이 천황의 기사키가 된 오아네노키미(小妹君)는 그녀의 여동생, 소가노 우마코(蘇我馬子, 551?~626)[44]는 그녀의 오빠입니다.

기타시히메와 오아네노키미가 긴메이의 황후가 되어 기타시히메가 요메이(用明) 천황[?~587, 제31대 천황, 재위585~587]을 낳자 소가(蘇我) 가문은 외척의 자격으로 실권을 잡았습니다. 여기에서 외척의 남성이 권력을 장악하는 구조가 이미 나타났는데, 이때 비다쓰의 황후인 누카타베 황녀도 소가노 우마코와 함께 권력을 쥐었습니다.

그리고 요메이 천황이 사망한 후, 누카타베는 모

48

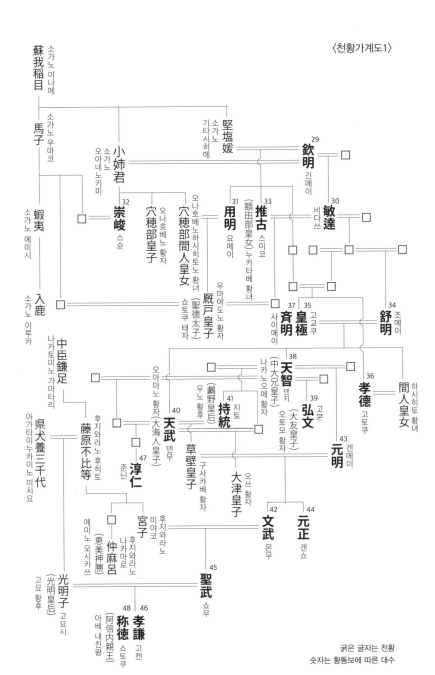

〈천황가계도1〉

굵은 글자는 천황
숫자는 황통보에 따른 대수

제1장 여성 천황이 계속 등장한 시대: 나라 시대까지　　49

45 야마토국·야마베군·가와
치국·시부카와군(大和国·山辺
郡·河内国·渋川郡) 부근을 본거
지로 한 유력한 호족으로 진
무 천황보다 앞서 야마토에
입성했던 니기하야히(饒速日
命)가 조상이라고 전해진다.

46 일본 아스카 시대의 정
치인으로 후지와라(藤原) 가
문의 시조이다. 원래 이름은
가미코(鎌子)였으나, 후에 가
마타리(鎌足)로 개명하여 주
로 그 이름으로 불렸다. 그러
나 덴지(天智) 천황에게서 후
지와라라는 호칭을 하사받
은 후에는 후지와라 가마타
리로 불렸다. 그는 나카노오
에 황자와 함께 정변을 일으
켜 소가(蘇我) 가문을 제거하
고, 645년경에 '다이카개신(大
化改新)'이라는 새로운 국가체
제를 건설하는 정치개혁을 추
진하였다. 이로 인해 중국 당
나라의 율령제도를 본뜬 천황
을 중심으로 한 중앙집권적
정치체제가 마련되었으며, 연
호를 창시하여 다이카(大化)
원년이라고 하고, 수도를 아
스카에서 나니와(難波, 현재 오
사카시)로 옮겼다.

노노베(物部) 가문[45]과 손을 잡고 황위를 노린 아나호베(穴穂部) 황자[?~587, 긴메이 천황의 황자]를 살해한 뒤 스슌(宗峻) 천황[?~592, 제32대 천황, 재위587~592]의 추대에도 가담했습니다. 중국과 같이 일부일처다첩제가 확립된 경우라면, 요메이 천황 사후에는 그의 황후이자 쇼토쿠태자[聖德太子, 574~622, 요메이 천황의 황자]의 생모로 알려진 아나호베노 하시히토(穴穂部間人) 황녀[?~622, 긴메이 천황의 황녀·요메이 천황의 황후]가 권력을 잡아야 마땅하지만, 그렇지 않고 선선대 천황의 황후인 누카타베 황녀가 권력을 장악해 우마코에 의해 스슌 천황이 살해된 직후 스스로 천황이 된 것입니다.

고대 여성사 연구자인 요시에 아키코(義江明子, 1948~)는 저서 『일본 고대 여제론(日本古代女帝論)』에서 "누카타베가 이복 오빠인 비다쓰의 기사키[황후]가 되었던 때는 18세, 비다쓰가 죽었을 때는 34세였다. 기사키로서의 경험과 지위에 더해, 비다쓰 사후에 왕위 계승 다툼 속에서 발휘된 통솔력으로 군신에 의해 옹립되어 39세에 즉위할 수 있었다."라고 적고 있습니다.

하지만 이렇게 말하면 스이코 천황의 시대에는 조카인 우마야도[厩戸, 쇼토쿠태자] 황자가 섭정으로 국정 전반을 운영했던 것이 아니냐는 반론이 있을지도 모릅니다. 그러나 최근의 연구에서는 스이코 천황을

허울뿐인 여제로 여기던 것을 부정하는 견해가 유력해지고 있습니다(荒木敏夫『可能性としての女帝』참고). 황후 시절부터 지속적으로 잡아 온 권력을 스이코가 포기하는 일은 없었기 때문입니다.

나카노오에 황자의 칭제

칭제[稱制, 제서(制書)를 이르는 말로 천자의 조칙이나 태후나 황태자의 명령]나 임조칭제라는 용어 자체는 『일본서기』에도 등장합니다. 그러나 그 의미는 중국과 다릅니다.

중국에서는 황제의 재위와 동시에 어리다는 등의 이유를 들어 그 이외의 인물이 집정하는 것을 의미하지만, 일본의 경우는 그렇지 않습니다. 『일본서기』에 칭제나 임조칭제라는 단어가 등장할 때는, 천황의 자리가 비어있는 채로 황태자나 황후가 집정하는 경우입니다. 나카노오에 황자[훗날이 덴지(天智) 천황, 626~672, 죠메이(舒明) 천황이 함기로 제38대 킨황, 제위 668~672]와 우노(鸕野) 황후[훗날의 지토 천황, 645~703, 덴무(天武) 천황의 황후이자 제41대 천황, 재위690~697]가 이에 해당합니다. 먼저 나카노오에 황자에 대해 살펴보겠습니다.

나카노오에 황자의 어머니는 고교쿠 천황입니다. 시대를 조금 거슬러 올라가 설명하면 고교쿠 천황은 죠메이(舒明) 천황[593~641, 제34대 천황, 재위629~641]의 기사키[황후]를 거쳐 천황에 즉위합니다. 그리고 645년[皇極4], 나카노오에 황자와 나카토미노 가마타리(中臣鎌足, 614~669)[46] 등이 궁중에서 소가 이루카(蘇我入鹿, 610?~645)를 암살하는 '을사의 변(乙巳の

47 645년경에 나카노오에 황자와 후지와라 가마타리가 당시 외척세력으로 조정을 장악하던 소가 이루카(蘇我入鹿)를 살해한 사건을 그 해의 간지(干支)를 따서 '을사의 변(乙巳の變)'이라고 한다. 이 사건은 스이코 천황이 후계자를 명확하게 지목하지 않고 643년에 사망하자 조정에서 황위계승분쟁이 일어나면서 시작되었다. 이후 나카노오에 황자는 자신의 삼촌인 가루(經) 황자를 고토쿠 천황으로 즉위시키고 자신은 황태자가 되어 정치적 실권자로서 권력을 행사했다. 이 사건을 계기로 소가(蘇我) 가문이 완전히 몰락하였고, 나카노오에 황자의 뜻에 따라 천황 중심의 정치를 개혁하는 '다이카개신(大化改新)'을 추진할 수 있는 배경이 만들어졌다.

48 일본 고대사를 전공으로 하고 있다. 본문에 인용되어 있는 『고대일본의 여제와 기사키(古代日本の女帝とキサキ)』에서 '여제는 무녀(巫女)이며, 중계(中繼)에 불과했다.'는 기존의 여제론(女帝論)에서 벗어나 '기사키 제도(キサキ制度)'의 관점을 통해서 고대 여제의 새로운 모습을 주장하고 있다.

変)[47]'이 일어나고, 이로 인해 남동생 고토쿠(孝德) 천황[596~654, 제36대 천황, 재위645~654]에게 양위합니다. 이것이 일본에서 최초로 이루어진 생전 퇴위라고 알려져 있지만, 사실 고교쿠는 고토쿠에게 천황의 지위를 온전히 넘긴 것은 아니었습니다.

왜냐하면, 고교쿠 천황은 양위 후에 고토쿠 천황으로부터 스메미오야노 미코토(皇祖母尊)라는 존호를 받았기 때문입니다. '조모(祖母)'는 왕모[王母, 할머니나 임금의 어머니]를 의미합니다. 이에 따라 역사학자인 도야마 미쓰오(遠山美都男, 1957~)[48]는 "그녀(고교쿠 천황)가 왕위를 넘긴 동생 고토쿠 천황보다 상위에 있다고 인식되어, 두 사람의 관계가 의제적(擬制的)인 모자관계로 받아들여졌다."라고 지적합니다(『古代日本の女帝とキサキ』). 즉, 누나와 남동생이 일종의 모자관계를 이루고 있어서 고교쿠 천황은 여전히 권력을 잃지 않았다고 할 수 있습니다.

고교쿠 천황은 남동생 고토쿠 천황이 사망한 후에, 다시 한번 사이메이라는 이름으로 천황의 자리에 올랐습니다. 그리고 백제로 지원군을 보내려고 준비하던 중에 아사쿠라노다치바나노히로니와노미야(朝倉橘広庭宮)에서 급사했습니다. 이곳은 현재 후쿠오카현 아사쿠라시(朝倉市)에 있는 '다치바나노히로니와 공원

(橘の広庭公園)'입니다. 필자도 방문한 적이 있습니다만, 공원 내에는 '다치바나노히로니와 사적(橘廣庭宮之蹟)'이라는 커다란 비석이 세워져 있습니다.

사이메이 천황이 죽고 나카노오에 황자가 즉위하지 않은 상태에서 칭제를 행한 일이 『일본서기』제27권 「덴지 천황 즉위전기(天智天皇卽位前紀)」에 기록되어 있습니다. 엄밀히 말하자면 '원래라면 천황이 되어도 좋을 인물이 천황이 되지 않고 사실상의 정무를 보는' 것이 『일본서기』에서 말하는 칭제 또는 임조칭제의 의미인 것입니다.

근래에 한동안 고토쿠 천황의 황후이자 덴지 천황의 여동생인 하시히토(間人) 황녀[?~665, 앞서 언급한 아나호베노 하시히토와는 다른 인물이다. 고토쿠(孝德) 천황의 황후로 조메이(舒明) 천황과 고교쿠(皇極) 천황의 황녀]가 전황의 자리에 오르지 않았을까 하는 추측이 있었습니다. 작가인 이리에 요코(入江曜子, 1935~)[49]는 이렇게 추정합니다.

당시 살아있는 대왕의 호칭은 스이코를 오하리다노미야(小墾田宮)에 하늘이 내린 대왕, 고교쿠를 노치노오카모토노미야(後岡本宮)에 하늘이 내린 대왕이라고 하는 것처럼, 왕조가 교체될 때마다 대표하는 궁의 이름으로 칭했다. 마찬가지로 훗날 『만엽집[萬葉集, 만요

49 일본의 논픽션 작가이다. 본서에서 제시된『고대 동아시아의 여제(古代東アジアの女帝)』에서는 동아시아에 많은 여제가 7세기에 등장했던 이유를 여제들의 삶과 당시의 시대 상황을 통해 설명하고 있다.

슈]』에서 나카츠스메라미코토(中皇命)로 기록된 야추지(野中寺)의 금강미륵보
살 반가사유상의 대좌에 중궁천황(中宮天皇)이라고 기록된 하시히토(間人)는
가설이지만 '이나부치노미야(稻淵宮)에 하늘이 내린 대왕'으로 불렸다고 본
다. (『古代東アジアの女帝』)

이어서 이리에는 "칭제란 '천황을 대신해 정무를 보는 것' 곧 대왕
의 존재가 전제되므로 '일본 고대에는 즉위식을 올리지 않고 정무를 본
다.'는 해석은 성립되지 않는다."고 말합니다. 이는 중국의 임조칭제에 가
까운 해석입니다. 다만, 이 경우에는 대왕이 된 사람이 황태자의 어머니
가 아니라 여동생이었습니다. 또 일본에서는 중국과 달리 여성이 기사키
[황후]에서 천황이 되는 일이 아스카, 나라 시대까지 이어져 왔습니다. 앞
으로 이야기할 지토 천황도 임조칭제를 거쳐 천황이 된 여성입니다.

여후와 지토 천황의 유사성

덴무(天武) 천황[631?~686, 제40대 천황, 재위673~686]의 기사키로 구사카베(草
壁) 황자[662~689, 덴무 천황의 황자·지토 천황의 아들]의 어머니이자, 몬무 천황
의 할머니인 지토 천황은 덴무 천황 시대에 '황후'로서 천황의 정치를 보
좌했습니다. 『일본서기』제30권 「지토 천황 칭제전기(持統天皇稱制前紀)」에
나오는 "황후는 처음부터 지금에 이르기까지 천황을 보좌하여 천하를
안정케 하였다. 천황을 모시고 있는 동안에도 항상 정사에 관해 언급하
며 많은 도움이 되었다."라는 대목이 이를 말해줍니다.

덴무 천황이 병으로 위독해지자 황후는 아들인 황태자 구사카베 황자와 함께 나라를 이끌게 됩니다. 덴무는 "천하의 일은 대소를 불문하고 황후와 황태자에게 보고하라."(『日本書紀』卷第29「天武(天皇)紀」)라는 유언을 남기고 죽었습니다. 그러나 덴무가 사망한 후, 구사카베 황자의 이복동생인 오쓰(大津) 황자[663~686, 덴무 천황의 황자]의 모반이 발각되자 황후는 구사카베 황자를 바로 즉위시키지 않고, 나카노오에 황자 때와 마찬가지로 임조칭제를 실시했습니다. 천황이 즉위하지 않고 정무를 돌본다는 점에서는 일본적인 칭제이지만, 황자를 대신해 어머니가 정치를 한다는 면에서는 중국적이라고도 할 수 있습니다. 머지않아 황자를 즉위시킬 계획이었으나 구사카베 황자가 병으로 급서했기 때문에 황후는 스스로 천황으로 즉위하게 됩니다.

지토 천황에 관한 흥미로운 논의가 역사학자 나오키 고지로(直木孝次郎, 1919~ 2019)[50]의 글 「지토 천황과 여태후(持統天皇と呂太后)」에 나옵니다.

우선 나오키는 『일본서기』 제30권 「지토 천황 칭제전기」에 주목합니다. 즉, "정치적으로 가장 중요한 점에 대해서는······ 여태후(呂后·高后)의 전기문(傳記文)이 채용되어 있다."며 『일본서기』「지토 천황 칭

50 일본의 역사학자이며 일본의 고대사 연구를 대표하는 연구자이다. 주요 저서에 『일본 고대국가의 구조(日本古代国家の構造)』(1958), 『지토 천황(持統天皇)』(1960), 『일본 고대의 씨족과 천황(日本古代の氏族と天皇)』(1964) 등이 있다.

제 전기」의 문장을 『사기』의 「여후본기(呂后本紀)」나 『한서』의 「고후기(高后紀)」에서 취했다고 지적합니다. 『일본서기』제9권의 진구 황후의 기술에도 『사기』나 『한서』의 영향이 있을 것이라는 얘기는 앞서도 언급한 바 있습니다.

더욱이 나오키는 "지토 또한 자신을 여태후에 견줄 생각이 없지 않았다."고 적고 있습니다. 지토 천황이 『사기』나 『한서』를 읽었다면 당연히 「여후본기」나 「고후기」도 읽었을 것이니, 여후를 의식하지 않았을까 하고 추정하는 것입니다.

그렇다면 두 사람이 완전히 같은 길을 걸었는가 하면 또 그렇지는 않습니다. 여후는 고조 유방이 사망한 후, 황자인 혜제 유영[劉盈, 혜제의 본명]이 황제에 즉위하면서 황태후가 되었지만, 지토 천황은 덴무 천황 사후, 아들인 구사카베 황자가 급서함에 따라 스스로 천황이 되었습니다. 이것이 두 인물의 차이입니다. 그러나 여성이면서 권력을 장악하고 강한 권력의 주체가 되어 갔다는 점은 같습니다. 이러한 나오키의 지적이 옳다고 전제한다면, 중국과 일본의 임조칭제가 똑같지는 않았다고 해도 일본 고대의 율령 천황제는 중국의 임조칭제에서 영향을 받았으므로, 두 사람 간의 관련성이 아주 없다고는 할 수 없습니다. 따라서 동아시아 전체가 하나의 문화권이며, 그 흐름 안에서 일본사를 같이 파악할 필요가 있습니다.

여제의 시대

지토 천황 통치기에 대륙에서도 중국의 유일한 여제 무측천이 탄생합니다. 그녀는 측천무후라고도 불렸는데, 최근에는 무측천이 일반적인 표현인 듯합니다. 그 이유는 무측천은 황제의 이미지가 강한 반면, 측천무후는 황후의 인상이 강해 황제로서 그다지 인정하고 싶지 않은 느낌이 포함되어 있기 때문입니다.

무측천은 655년[永徽6], 당의 고종 이치[李治, 고종의 본명]의 황후[무황후]가 되고, 690년[天授元年]에 주(周)[51]의 황제가 됩니다. 황제의 성이 이 씨에서 무 씨로 바뀌었으므로 유교에서 말하는 역성혁명에 해당합니다.

한편 지토 천황은 673년[天武2]에 황후가 되고, 686년[朱鳥元年]부터 임조칭제를 실시했습니다. 그것이 4년 성도 이어신 뉘인 690년[持統4]에 정식으로 전황이 되었습니다. 즉, 무측천이 황제가 되는 같은 해에 우연하게도 최고 권력자의 자리에 오른 것입니다.

그렇다면 지토 천황은 무측천의 존재를 알고 있었을까요?

『속일본기(續日本記, 쇼쿠니혼기)』권3, 몬무 천황의 기술에는 견당사(遣唐使)가 귀국하여 보고하는 조목이 나옵니다. 이 견당사는 702년[大寶2]에 중국으로 건너가 704년[慶雲元年]에 귀국했습니다.

51 역사가들은 이를 고대의 주(周, BC1046-BC771)와 구분하여 무주(武周) 혹은 후주(後周)라 부른다.

당나라에서 다자이후[大宰府, 후쿠오카현 중부에 위치한 지역]로 돌아온 견당집절사[遣唐執節使, 전권대사] 아와타마히토(粟田真人, ?~719)[52]는 처음으로 당에 도착했을 때의 일을 다음과 같이 적고 있습니다.

사람이 와서 묻기를 "어디에서 온 사신인가?"라고 하니, 대답하여 말하기를, "일본국의 사신이다."라고 하였다. 우리 사신이 도리어 묻기를 "이곳은 어느 주의 경계인가?"라고 하니, 대답하여 말하기를 "여기는 대주(大周)의 초주(楚州) 염성현[塩城縣, 현재의 강소성(江蘇省) 염성시(塩城市)]의 경계이다."라고 하였다. 다시 묻기를, "이보다 전에는 대당(大唐)이라 하고 지금은 대주(大周)라고 칭하니 국호는 어떤 까닭으로 바꿨는가?"하니, 대답하여 말하기를, "영순(永淳) 2년 천황태제가 죽고 황태후가 황위에 올라 성신황제[聖神皇帝, 무측천의 존호]라 칭하며 나라이름을 대주라고 하였다."라고 하였다.[53]

이상은 현대어로 번역한 것으로, 여기서 알 수 있는 점은 일본 조정에서는 견당사가 돌아온 뒤에야 무측천이 황제가 되었다는 사실을 알았다는 것입니다. 다시 말해서 지토 천황은 당시 무측천의 존재를 몰랐던 것입니다.

견당사가 귀국한 해가 704년, 지토 천황이 사망한 때는 그 2년 전인 702년이므로, 나오키 고지로의 말대로 지토 천황이 여후를 알고 있었다고 해도 동시대 중국에서 여성이 황제가 된 사실은 알지 못했습니다. 그렇지만 같은 시대에 생존했던 지토 천황과 무측천에게는 하나의 공통점을 발견할 수 있습니다.

'살아있는 신' 지토 천황과 '미륵보살' 무측천

이리에 요코는 지토 천황과 무측천이 즉위한 지토 천황 4년과 천수원년, 즉 690년을 '동아시아를 지배하는 여제에게 획기적인 해'였다며 다음과 같이 말합니다.

> 야마토에서는 지도가 천횡의 칭호 아래서 '살아있는 신(現御神)'으로서 치세를 펴고, 당에서는 무측천이 같은 해 9월 9일, 신황(神皇)이라는 칭호아래 '하생(下生)한 미륵보살'로서 당을 폐하고 주나라를 건국했다. ……모두 인간 이상의 존재인 '살아있는 신'과 '하생한 미륵보살'이라는 허구적인 형태를 취한 것은 의미가 깊다. (『古代東アジアの女帝』)

지토는 '살아있는 신'으로서, 무측천은 '하생한 미륵보살'로서 새로운 세상을 열었습니다. 여기에서 공통되는 지점은, 여성이 권좌에 오를 때 여성이라는 약점을 극복하기 위해 어떠한 이데올로기를 필요로 했는

가입니다.

중국의 황제는 유교의 영향으로 황제 본인이 하늘에 제사를 지냅니다. 이것을 교사제천(郊祀祭天), 줄여서 '교사(郊祀)'라고 합니다.

베이징(北京)에는 명청(明淸) 시대 황제가 하늘에 제를 올렸던 종교적인 장소인 천단(天壇)이 천단공원으로 정비되어 있습니다. 이 공원은 자금성(紫禁城)에서 남쪽으로 조금 떨어져 있습니다. 남쪽 교외(郊外)를 '남교(南郊)'라 하는데, 교외에서 지내는 제사이기 때문에 이것을 '교사'라 부르는 것입니다.

하지만 최근 연구에 따르면, 황제 자신이 반드시 교사에 참석한 것은 아니라는 사실을 알 수 있습니다 (金子修一『中国古代皇帝祭祀の研究』). 당대에는 황제를 대신해 관료가 참여하는 경우가 상당히 많았습니다. 즉, 대리 참배가 일상적이었습니다. 그런데 무측천은 직접 교사에 참석했습니다. 황제 스스로 제사를 진행하는 것을 '친제(親祭)'라 하는데, 이를 부활시킨 것입니다.

한편 지토 천황은 즉위 후 처음으로 지내는 신상제(新嘗祭)[54]에 해당하는 대상제(大嘗祭)를 691년[持統5] 11월 1일에 거행했다고 『일본서기』에 기록되어 있습니다. 무측천도 지토 천황도 제사를 직접 챙김으로써 자신이 황제 내지는 천황이라는 사실을 자각하는 동시에 주위 사람들에게 널리 인지시켰습니다. 제사에는 이렇듯 퍼포먼스적인 요소가 있었다고 생각합니다.

어머니에서 딸로 계승된 황위

지토 천황은 그 후, 손자인 몬무 천황에 양위하고 스스로 최초의 태상천황에 오릅니다. 태상천황은 701년[大寶元年] 다이호율령(大寶律令)[55]의 제정에 즈음하여, 「의제령(儀制令)」천자조(天子條)에 명시되었습니다. 역사학자 나카노와타리 슌지(中野渡俊治, 1972~)[56]는 '즉위한 군주의 존재를 기본법 내에 규정하고, 항상적인 존재로 상정한 것은 고대 일본이 규범으로 삼았던 중국에서도 보이지 않는 일본의 특징'이라고 말합니다(『古代太上天皇の研究』).

몬무 천황이 즉위하자 그의 황후인 후지와라노 미야코[藤原宮子, ?~754, 몬무 천황의 황후]의 아버지 후지와라노 후히토(藤原不比等, 659~720)[57]가 정치 무대에 등장합니다만, 지토 천황도 태상천황으로서 권력을 유지했습니다. 즉 지토, 몬무 천황, 그리고 외척인 후지와라노 후히토 이렇게 세 사람이 권력을 잡게 된 것입니다.

『속일본기』권2에 의하면, 지토 태상천황은 사망하기 직전인 702년[大寶2] 10~11월에 삼하(三河), 미장

55 701년에 반포된 일본 최초의 율령이다. 형법에 해당하는 6권의 율(律)은 당나라의 것을 거의 그대로 도입하였으나, 행정법과 민법에 해당하는 11권의 령(令)은 일본 사회의 실정에 따라 고쳐서 적용했다. 이로 인해 천황을 정점으로 관료 기구를 정립하여 중앙집권통치체제가 성립되었다. 이 율령의 반포와 시행으로 고대 일본은 본격적인 율령제 국가로 들어서게 되었다.

56 일본의 역사학자이다. 본서에 제시된 『고대 태상천황의 연구(古代太上天皇の研究)』에서는 나라 시대부터 헤이안 시대에 걸쳐서 율령법상의 규정, 『육국사(六國史)』 등의 사서(史書)에 나타나는 실태와 상표문(上表文) 등을 분석해 천황과 신하의 관계를 고찰하고 있다. 태상천황의 성립 배경·존재 의의부터 양위 후의 천황과 신하의 관계에 따라 태상천황 지위의 역사적 변천을 해명함과 동시에 태상천황이 황위계승과 천황의 정당성의 문제에 깊이 관여하는 양상을 밝히고 있다.

57 아스카 시대부터 나라 시대 초기에 활동한 공경(公卿)이다. 지토 천황에 의해 등용되었고 법률지식에 해박하여 판사(判事)가 되었다. 천황가의 두터운 신임으로 고속 승진을 하였고 701년 다이호

율령을 편찬하여 고대 일본이 율령국가로 초석을 다지는 데 기여하였다. 그의 영향력은 막강했으며 그의 주도로 나라(奈良)에서 헤이조쿄(平城京)로 수도를 천도하였다.

58 일본의 법제사학자이다. 저서 『천황제사론(天皇制史論)』에서는 시대를 초월하여 지속되는 천황제의 본질을 법제사의 관점에서 답기 위해 권위와 권력을 둘러싼 역사적 전모를 고대에서부터 통사적으로 서술하여 일본의 '지배와 법의 역사'를 밝혀내고 있다.

59 겐메이 천황은 710년에 후지와라쿄(藤原京)에서 헤이조쿄(平城京)로 천도하여 나라 시대(奈良時代, 710~794)를 열었다.

(尾張), 미농(美濃), 이세(伊勢), 이하(伊賀) 각국을 순행(巡幸)합니다. 구 삼하국에 속하는 아이치현(愛知縣) 도요카와시(豊川市)의 미야지(宮路)산은 이때 지토가 국견(國見)을 갔다고 전해지는 산으로, 산 정상에는 1916년[大正5]에 세워진 '미야지산 성적(宮路山聖蹟)' 비석이 남아 있습니다.

천황과 태상천황 두 명이 존재한다는 점에서 천황불친정(天皇不親政)의 원리를 발견한 것이 법제사학자 미즈하야시 다케시(水林彪, 1947~)[58]였습니다. 미즈하야시는 『천황제사론(天皇制史論)』에서 율령천황제에서 당의 법령에 없는 태상천황과 천황의 아내를 배출하는 후지와라 가문이 '천황 가문 속의 천황 이외의 자'로서 권력을 잡고, '천황 자신은 오히려 단순한 권위가 되는' 체제가 성립되어 에도 시대까지 이어지며 천황불친정의 원리가 성립했다고 해석했습니다.

몬무 천황이 이른 나이에 사망한 직후인 707년[慶雲4]에 겐메이(元明) 천황[661~721, 제43대 천황, 재위 707~715]이라는 여성 천황이 탄생했습니다. 겐메이 천황은 구사카베 황자의 부인이자 몬무 천황의 어머니로, 그의 치세 중에 와도카이친[和銅開珎, 일본 최초의 유통화폐]을 주조하고 또 헤이조쿄(平城京)[59]로 천도한 것으로 알려져 있습니다. 아들에서 어머니로 황위가 계승된 것입니다.

이 겐메이 천황이 특별한 것은 그때까지의 여성 천황과는 달리 황후를 거치지 않고 천황이 되었다는 점입니다. 게다가, 25세에 세상을 떠난 몬무 천황과 그의 적자인 쇼무(聖武) 천황 사이를 잇는 중계자적 역할을 수행하고 있었습니다. 그러나 실제로는 황위를 딸인 겐쇼(元正) 천황[680~748, 제44대 천황, 재위715~724]에게 이양하고, 자신은 태상천황이 되었습니다. 이번에는 어머니가 딸에게 황위를 계승하고, 태상천황과 천황이 모두 여성이라는 흔치 않은 시대가 도래한 것입니다.

당시는 남성에 비해 여성의 평균수명이 굉장히 길었기 때문에 이러한 현상이 발생했던 것입니다. 생몰 시기가 알려진 여성 천황이나 황후의 사망 나이를 보면 스이코 천황이 75세, 고교쿠·사이메이 천황이 68세, 지토 천황이 58세, 겐메이 천황이 61세, 겐쇼 천황이 69세, 쇼무 천황의 아내인 고묘 황후가 60세, 고켄·쇼토쿠 천황이 53세로, 모두 50세를 넘게 살았습니다.

한편 생몰 시기가 알려진 남성 천황이나 황자의 경우를 보면, 우마야도 황자[쇼토쿠태자]가 49세, 덴지 천황이 46세, 진신의 난(壬申の乱)[60]에서 패배하여 사망

[60] 627년에 일어난 고대 일본 최대의 내란이다. 덴지 천황이 죽은 뒤에 아들인 오토모(大友) 황자가 황위를 계승했지만, 이에 불만을 품은 덴지 천황의 동생 오아마(大海人) 황자는 지방 호족들의 지원을 받아 반란을 일으켰다. 결국 세타하시(瀬田橋) 전투에서 패배한 오토모 황자가 자결하면서 반란은 오아마 황자의 승리로 끝이 났다. 673년 오아마 황자가 제40대 덴무 천황으로 즉위하였다. 오토모 황자는 1870년에야 제39대 고분(弘文, 재위 672.1~672.8)으로 추존되었다.

나라 시대 준닌 천황 때인 764년에 조정의 실권자 후지와라노 나카마로(藤原仲麻呂)가 상황(上皇)의 지위에 있던 고켄 천황에 맞서 일으킨 반란이다. 고켄 천황과 준닌 천황 사이의 갈등이 계속되면서 조정과 왕실도 두 세력으로 나뉘어 대립하게 되었다. 후지와라노 나카마로는 상왕파 세력을 진압하기 위해 반란을 준비하고 있었으나, 이 사실이 고켄과 상황파에게 알려져 후지와라노 나카마로의 난은 진압당하고, 그의 세력은 모두 조정에서 쫓겨났다. 준닌 천황도 황위에서 쫓겨나 아와지국(淡路國, 현재 효고현 아와지섬)으로 유배되었으며 상황이었던 고켄 천황이 쇼토쿠 천황으로 다시 황위에 올랐다. 후지와라노 나카마로가 새로 부여받은 에미노 오시카쓰(惠美押勝)라는 성과 이름을 따서 '에미노 오시카쓰의 난'이라고도 한다.

한 고분(弘文) 천황[오토모황자(大友皇子), 648~672, 제39대 천황, 재위672.1~672.8]이 25세, 구사카베 황자가 28세, 몬무 천황이 25세, 오시카쓰의 난(惠美推勝の乱)[61]으로 폐위하여 아와지(淡路)에서 죽은 준닌(淳仁) 천황[733~765, 제47대 천황, 재위758~764]이 33세입니다. 쇼무 천황이 남성으로서는 장수한 편으로 56세까지 살았지만, 대부분 20대에서 40대 사이에 사망했습니다. 이처럼 여성이 상당히 장수했다는 사실을 한눈에 파악할 수 있습니다.

그렇게 되면 앞서 언급한 바와 같이 여성이 천황이 될 수 있는 연령적 조건에 도달하기 쉬울 뿐만 아니라, 일단 양위하고 나서 다시 천황이 되는 것도 가능합니다. 남성 가운데 이런 경우는 한 번도 없었습니다. 천황에 두 번 오른 것은 고교쿠·사이메이 천황과 고켄·쇼토쿠 천황으로, 두 명의 여성 천황뿐입니다.

겐메이 천황은 몬무 천황이 사망할 당시 적자인 쇼무 천황이 너무 어렸기 때문에 47세에 즉위하여 55세에 딸인 겐쇼 천황에게 양위하고 태상천황이 되었습니다. 어머니에서 딸로 황위계승이 이루어진 것은 이때뿐입니다.

겐쇼 천황은 36세에 즉위하여 724년[神龜元年] 45세의 나이에 양위하고 태상천황이 되어 69세까지 살았습니다. 그녀는 일생 독신으로 산 '히미코 형(卑彌呼型)'이라고 할 수 있는 최초의 천황입니다. 그때까지의 여성 천황은 모두 결혼해서 자녀를 낳았습니다. 그러나 겐쇼 천황 이후의 여성 천황은 모두 독신이며 자녀도 없습니다. 다만, 겐쇼 천황의 경우는 본래 조카인데도 불구하고 쇼무 천황을 '아가코(我子)'라 부르며 누나와 남동생 사이인 고교쿠 천황과 고토쿠 천황의 관계처럼 의제적인 모자관계를 구축했습니다.

생각해 보면, 쇼무 천황은 남성이지만 항상 유력한 여성들에게 둘러싸여 있었다고 할 수 있습니다. 그 이유는 태상천황이 된 겐쇼 천황이 있고 고묘 황후라는 총명한 황후가 있었으며 딸인 아베 내친왕[阿部內親王, 훗날의 고켄 천황]은 최초로 여성 황태자가 되었기 때문입니다.

'내재적 자원'과 '외압'에 의한 여성 천황 시대

앞서 702년[大寶2]에 파견된 견당사 이야기를 했는데, 이 견당사의 파견으로 인해 큰 변화가 있었습니다. 바로 '왜(倭)'에서 '일본(日本)'으로 국호가 바뀐 것입니다.

고대문학을 연구하는 고노시 다카미쓰(神野志隆光, 1946~)[62]는 저서 『'일본'이란 무엇인가(「日本」とは何か)』

62 일본의 고대문학자이다. 본서에 제시된 『'일본'이란 무엇인가(「日本」とは何か)』에서 고대에서부터 근대에 이르기까지 '일본'이라는 명칭을 사용한 이유와 '야마토(ヤマト)'와의 관계에 대해서 면밀한 사료해석을 통해서 밝혀내고 있다.

에서 "다이호(大寶)의 견당사가 '일본국(日本國)'이라 칭하고 이를 무후(武后)가 승인한 이후, '일본'이 된 것이 확실해 보인다. ……중국이 행한 최초의 유효한 인정이다."라고 말합니다. 견당사가 '일본국'이라는 이름을 짓고 무후, 즉 무측천이 이를 승인한 이후 '일본'이 되었다는 것은 다시 말해 중국에게 인정받지 못하면 안 된다는 국제관계를 보여줍니다.

이러한 역학관계 속에서 아와타 마히토가 귀국하여 중국에서는 무측천이라는 여성 황제가 탄생했고, 국호도 주(周)로 바뀌었다고 보고를 했습니다. 아와타 마히토가 귀국한 때가 704년[慶雲元年]이고, 겐메이 황제가 즉위한 것이 바로 3년 뒤인 707년[慶雲4]입니다.

일본 고대사를 전공한 아라키 도시오(荒木敏夫, 1946~)[63]는 이점에 주목하여 "주(당)의 '여주(女主)'에 의한 천하통치의 평가의 변화가 몬무 말기에 차기 왕위를 선정하는 문제에 있어서 전혀 무관했다고 생각하기는 어렵다."(『可能性としての女帝』)라고 말합니다. 즉, 겐메이 천황이 탄생한, 혹은 겐메이 이후에도 연이어 여성이 천황이 된 배경에 견당사의 보고가 있었기 때문이 아닐까 하고 추측하는 것입니다.

7세기에 일본이 율령제를 채용한 것은 애초부터

선진국인 중국처럼 되고 싶었기 때문입니다. 천황에 대해서도 '여왕'이 천하를 통치하게 된 중국과 맞추어야 하는 상황에서 기존과 마찬가지로 여성이 천황이 되어도 좋다는 생각이 생겨난다고 해도 이상한 일이 아니라는 것입니다.

조금 시대를 건너뛰게 됩니다만, 미우라 마리(三浦まり, 1967~)[64]의 편저 『일본의 여성의원(日本の女性議員)』에서는, 일본국 헌법에서 남녀평등이 규정된 것이 전쟁 전부터 이어져 온 부인참정권운동이라는 '내재적 자원'에 더해 패전에 의한 '외압'이 작용했기 때문이라고 기술하고 있습니다. 이 같은 원리가 겐메이 천황의 즉위에도 적용될 수 있지 않을까요? 즉, 스이코 천황 이래, 여성 천황이 이미 존재하고 있다는 '내재적 자원'에 더해서 당시 선진국이자 국제기준이 된 중국이라는 '외압'이 작용한 것이 여성 천황의 시대를 오래 지속시켰을 것이라는 말입니다.

64 일본의 정치학자로 젠더와 정치, 현대일본정치를 연구한다. 본서에 제시된 『일본의 여성의원(日本の女性議員)』에서는 여성의원이 적은 현상에 대해 '젠더의 벽'을 어떻게 넘어야 하는 가에 대한 문제의식을 피로하고 있다. 해외와의 비교사적 관점에서 국회의원에 대한 설문과 인터뷰를 바탕으로 일본의 여성의원의 과거와 현재, 미래를 고찰하고 있다.

무측천을 본받은 고묘 황후와 고켄 천황

무측천의 영향은 고묘 황후나 고켄 천황의 자선활동에도 나타납니다.

쇼무 천황의 황후인 고묘시(光明子), 즉 고묘 황후

는 후지와라노 후히토와 아가타이누카이노 미치요(県
犬養三千代, ?~733)[65], 즉 다치바나노 미치요(橘三千代)의
딸로서 황족이 아닌 인물로는 처음으로 황후가 된 여
성입니다. 말년인 758년[天平宝字2] 8월에 받은 정식 존
호는 덴뵤오신닌쇼(天平応真仁政) 황태후입니다. 또한,
쇼무와 고묘의 딸인 아베 내친왕은 사상 최초로 여성
황태자로 즉위하여 훗날 고켄 천황이 됩니다.

고묘 황후는 가난한 사람이나 병자, 고아 등 약
자를 위한 구제시설인 비전원(悲田院)이나 시약원[施藥
院, 병든 사람에게 약을 나눠주는 시설]을 세운 것으로 유명
한데, 이러한 자선사업은 무측천이 실시한 비전양병
방(悲田養病坊) 사업을 참고한 것이 아닌가 생각됩니다.
비전양병방은 비전원, 요병원[療病院, 병든 사람을 수용해
병을 치료하는 시설], 시약원을 겸한 일종의 종합 복지시
설로 사원에 설치되었습니다.

또한, 고묘 황후의 자선사업은 딸인 아베 황태자
에게도 계승되었습니다. 역사학자인 가쓰우라 노리
코(勝浦令子, 1951~)[66]는 저서 『고켄·쇼토쿠 천황(孝謙·称
德天皇)』에서 "아베 내친왕은 어머니가 힘을 쏟은 구제
활동이 중국 유일의 여성 황제가 실시한 정책의 영향
이라는 것을 배웠다."라고 밝히고 있습니다.

또 가쓰우라는 무측천과 고묘 황후, 아베 황태자

65 다치바나(橘) 가문의 실질적인 시조이자 아스카 시대 말기의 여관(女官)이다. 그녀는 덴무 천황 때부터 묘부(命婦)로서 궁중을 섬겼으며 후궁의 실력자로서 몬무 천황의 유모로 뽑히기도 할 만큼 황실과 깊은 관계에 있었다. 그녀는 미누(美努) 왕과의 사이에서 가쓰라기(葛城) 왕, 사이(佐爲) 왕, 이렇게 두 아들을 낳았는데, 694년에 미누 왕이 다자이노소치(大宰帥)로서 규슈로 부임해 간 뒤, 후지와라노 후히토(藤原不比等)의 부인이 되어 딸 고묘시(光明子)를 낳는다. 708년 대상제(大嘗祭)를 맞아, 덴무 천황 때부터 궁중을 섬겨온 미치요의 공적을 높이 산 겐메이 천황은 그녀에게 '다치바나노 스쿠네(橘宿禰)'라는 씨성(氏性)을 하사하였고, 이때부터 '다치바나노 미치요(橘三千代)'라고 불렸다.

66 일본의 고대사학자이다. 본서에 제시된 『고켄·쇼토쿠 천황(孝謙·称德天皇)』에서는 도쿄(道鏡)를 중용하여 독자적인 정치를 한 배경과 '왕권과 불교', '여성과 불교'라는 관점에서 그 시대의 실상을 파악하고 있다.

와의 공통점은 보살(菩薩)이 방편(方便)하여 여성이 된다는 불교의 여성관으로부터 영향을 받은 것이라고 지적합니다. 앞서도 말했듯이, 무측천은 황제로 즉위하자마자 여성이라는 결점을 극복하기 위해 미륵보살의 화신이라는 이데올로기를 이용했습니다. 당나라 궁정의 불교문화를 직접 수입한 아베 황태자는 이를 의식하여 여성도 천황이 될 수 있다는 사고방식을 배운 게 아닐까요?

아베 황태자는 이후 고켄 천황으로 즉위하고, 준닌 천황에게 이양하면서 본인은 출가를 합니다. 고켄이 불교에 빠진 것은 어머니의 영향이며, 그 배경에는 무측천이라는 존재가 있었습니다. 결국, 삶의 방식 자체에까지 무측천의 영향이 미쳤다고 볼 수 있습니다. 그러나 그것은 훗날 고켄 천황의 평가에도 크게 그림자를 드리우게 됩니다.

'선초'간의 대두

749년[天平勝寶元年], 쇼무 천황은 남성 천황으로는 처음으로 양위를 하고, 고켄 천황이 32세의 나이로 즉위했습니다. 이것으로 고켄 천황 이외에 출가한 쇼무 태상천황, 황태후가 된 고묘 황후, 그리고 고묘 황후의 조카인 후지와라노 나카마로(藤原仲麻呂, 706~764)[67] 네 사람이 대두하게 되는데, 그 가운데 가장 큰 권력을 잡은 이는 고묘 황후였습니다. 그때까지의 황후궁직[皇后宮職, 황후궁에 관한 사무를 담당하던 기관]을 자미중대(紫微中台)[68]로 개조하여 황태후의 가정기관(家政機関)과 더불어 정치·군사기관으로서의 역할을 겸비하는 등 권한을 강화시켰습니다. 장관에 해당하는 자미령(紫微

67 나라 시대의 귀족이자 정치가이다. 준닌 천황을 옹립하면서 막강한 권력을 휘둘렀으나 고묘 황후의 사망으로 그의 전제정치에 대한 귀족들의 저항이 심해졌다. 고켄 천황과의 권력 대립이 심화되어 반란을 도모했으나 사전에 발각되어 죽임을 당했다.

68 749년에 설치된 영외관(令外官)이다. 황태후의 가정기관(家政機關)으로서 체제를 지니고 있었지만, 사실상 고묘 황후의 신임을 얻었던 후지와라 나카마로(藤原仲麻呂) 지휘하의 정치·군사기관이나 다름없었다.

69 중국의 구칭(舊稱)이자 외국인이 중국을 일컫던 말이다.

70 일본 나라시(奈良市)에 있는 일본 불교 화엄종(華嚴宗)의 대본산(大本山)이다. 745년에 쇼무 천황의 발원으로 창건되었으며 이때 일본의 건축 활동이 최성기를 맞이하였다.

71 8세기 나라 시대의 문화가 집중적으로 형성되었던 쇼무 천황 시기의 연호인 덴표(天平)에서 따온 명칭이다. 덴표문화는 국제적인 성격이 풍부하며 귀족적 색채를 띠고 있으며 불교문화의 성격이 강한 것이 특징이다.

슈)에는 후지와라노 나카마로가 취임했습니다.

역사학자 미우라 히로유키(三浦周行, 1871~1931)는 고묘 황후가 진구 황후와 마찬가지로, 쇼무 천황이 사망한 뒤에 황태후로서 약 5년에 걸쳐 고켄 천황의 사실상의 섭정으로 활약했다는 점에 주목합니다. 아울러 '지나(支那)[69]의 전래 사상'인 '남존여비'의 입장에서 "고묘 황태후의 정치를 맹목적으로 비난하는 것은 결코 공정한 견해가 아니"(『日本史の硏究』第1輯)라고 말합니다.

고켄 천황 치세에 쇼무 천황이 이전부터 건립을 명령한 도다이지(東大寺)[70]의 대불이 완성되고, 덴표문화(天平文化)[71]가 전성기를 맞이합니다. 그 뒤, 41세에 고켄 천황은 일단 양위하고, 후지와라노 나카마로가 옹립한 덴무 천황의 손자인 준닌 천황이 일시적으로 황위에 오릅니다. 태상천황이 된 고켄을 가까이서 모신 사람이 승려 도쿄(道鏡, ?~772)[72]입니다.

후지와라에미노 오시카쓰(藤原惠美押勝)로 개명한 후지와라노 나카마로는 고켄 태상천황과 도쿄의 관계에 위기감을 느꼈습니다. 그 배경을 가쓰우라 노리코는 "오시카쓰는 무측천이 요승(妖僧) 설회의(薛懷義)를 총애한 스캔들이 연상되어 우려한 것이 아닐까"(『孝謙·称德天皇』)라고 지적합니다.

무측천은 요승을 상당히 총애했다고 알려져 있습니다. 그 사실을 알고 있던 오시카쓰는 고켄 태상천황에게 고언(苦言)을 고하여 둘의 대립 관계가 두드러지게 됩니다. 이후 고묘 황태후의 사망으로 인해 후원자를 잃은 오시카쓰는 궁지에 몰려, 정권을 찬탈하려고 반란[오시카쓰의 난]을 시도했으나 결국 실패하여 처형되었습니다. 이 사건으로 준닌 천황도 폐위되고 아와지에 유배되어 그곳에서 숨졌습니다.

그로 인해 고켄 태상천황은 또다시 쇼토쿠 천황으로서 즉위합니다. 이로써 여성 천황이 부활하게 된 것입니다. 이후 쇼토쿠는 남성에 못지 않은 여성에게 위계(位階)나 훈장(勳等)을 수여하고 율령제를 바탕으로 한 새 나라를 만드는 데 여성을 중용했습니다(『孝謙·称德天皇』).

그러나 쇼토쿠 이후, 에도 시대까지 일본에서 여성 천황이 등장하지 않습니다. 마찬가지로 중국에서도 무측천 이후 여성 황제가 없었습니다. 그 가장 큰 이유로 후세에 무측천과 쇼토쿠 천황의 부정적인 이미지가 형성되어 널리 퍼진 것을 들 수 있습니다.

부정적인 이미지란, 직접적으로 말하면 두 사람이 성호(性豪) 즉 '호색가'라는 의견입니다. 명나라 시대에는 『여의군전(如意君傳)』이라는 무측천을 주인공으로 하는 호색 소설(好色小說)이 등장했습니다. 한편, 쇼토쿠 천황은 헤이안 시대 초기의 설화집 『일본영이기(日本靈異記, 니혼료이키)』나 가마쿠라 시대 초기의 설화집 『고사담(古事談, 고지단)』등을 보면 상당히 에로틱하게 묘사되어 나옵니다. 이후 쇼토쿠 천황의 성호관(性豪觀)은 몇 번이고 재생산되어 메이지(明治)나 다이쇼(大正)기가 되어서도 반복적으로 회자되었습니다.

72 나라 시대의 쇼토쿠 천황의 총애를 받아 막강한 권세를 누렸던 승려이다. 그는 쇼토쿠 천황의 절대적 신임을 얻어 대신선사(大臣禪師)로 임명되어 문무백관의 배례를 받았다. 쇼무 천황이 서대사(西大寺)를 창건하는 데 도쿄가 큰 역할을 하였으며 천황에 준하는 법왕(法王)의 대우를 받았다. 770년 쇼토쿠 천황이 사망하자 그의 권세도 추락하여 좌천되었으며 이후의 행적은 알려지지 않고 있다.

73 769년 우사하치만구(宇佐八幡宮)의 신탁으로 인해 도쿄가 천황의 자리에 오를 뻔했으나 고켄 천황이 조서(詔書)를 내려 도쿄에게 황위를 맡기지 않겠다고 선언하는 것으로 마무리된 사건이다. 이 듬해 도쿄는 실각하여 시모쓰케(下野)국의 야쿠시지(藥師寺)로 유배되었다.

74 나라 시대 말기부터 헤이안 시대 초기의 귀족이다. 도쿄를 다음 천황으로 지명하게끔 했던 우사하치만구의 신탁을 재차 확인하도록 했다. 그 신탁이 잘못된 것으로 밝혀져 도쿄의 야망이 무너졌다.

75 류큐 왕국 최고의 신녀(神女)이다. 류큐 왕국의 최고 권력자인 국왕과 왕국 전역을 영적(靈的)으로 수호해야 했기 때문에 주로 왕족 여성이

물론 이 이야기들은 사실에 근거한 것이 아니었지만, 쇼토쿠 천황이 도쿄를 법왕으로 지정한 일이나 규슈 부젠(豊前)의 우사하치만구(宇佐八幡宮), 현재의 우사진구(宇佐神宮)로부터 '도쿄가 황위에 오를 것이다.'라는 신탁이 있다 하여 도쿄를 천황으로 만들려고 한 것은 분명합니다. 그러나 실제로는 '우사하치만 신탁 사건[73]'으로 알려져 있듯이, 이 계획은 와케노 기요마로(和氣淸摩呂, 733~799)[74]의 보고로 인해 실패하고 도쿄가 천황이 되는 일은 일어나지 않았습니다.

가쓰우라 노리코는 "'하늘'이 보내 준 사람이라면 황통이 아니더라도 황위 계승이 가능하도록 모색"(『孝謙·稱德天皇』)한 혁신적인 여성 천황이었다고 쇼토쿠 천황의 시도를 적극적으로 평가합니다. 여기에서 쇼토쿠가 다시 양위하여 도쿄가 천황이 되었다면, 왕조가 바뀌어 '만세일계'가 무너지게 됩니다. 만약 퇴위한 쇼토쿠가 불교식의 제사에 전념하고 도쿄가 천황으로서 정치를 수행했다면, 류큐 왕국의 기코에 오기미(聞得大君)[75]라 불리는 최고 신녀와 국왕의 관계처럼 샤먼적 여성과 그 보좌역으로서의 남성이라는 관계가 형성되었을 가능성도 있습니다.

그러나 종교학자인 아마 도시마로(阿満利麿, 1939~)[76]에 의하면 그러한 가능성은 없었다고 합니

다. "설령 스스로 불교도라 칭하는 천황일지라도 조정의 제사를 모두 불교식으로 바꾸는 일은 불가능"하며 "도쿄가 아무리 최고의 자리에 오른다 한들 조정의 제사를 불교식으로 변경하는 것은 불가능"했기 때문입니다(『日本精神史』). 도쿄의 실각과 쇼토쿠의 죽음을 계기로 조정을 중심으로 급속하게 불교 색채를 불식하고 신기제사(神祇祭祀)의 정비가 진행되었습니다. 민속학자 다카토리 마사오(高取正男, 1926~1981)[77]는 이를 신도(神道)의 성립으로 보기도 합니다(『神道の成立』).

진무 천황 이래 황통이 연면히 이어진 '만세일계'야말로 일본 '국체'의 중핵이라 보는 메이지 이후의 이데올로기를 비추어보면, 왕조의 교대는 결코 용인할 수 없는 일이었습니다. 이것이 승려 도쿄가 역저이 되고 아케노 기요마로는 충신으로 칭송을 받게 되는 이유입니다.

임명되었다. 다만 신녀의 임명권은 국왕에게 모조리 맡겨져 있었다. 또한, 류큐 전 지역 신녀의 정점에 서는 존재이며 명령 권한을 가졌다.

76 일본의 종교학자이다. 본서에 제시된 『일본정신사(日本精神史)』에서 일본인의 원초적인 신(神) 관념과 '보편적인 사상'의 연원을 민속학, 역사학, 종교사, 사상사 등에서 찾고 있다.

77 일본의 민속학자이자 역사학자이다. 본서에 제시된 『신도의 성립(神道の成立)』에서 신도(神道)란 자연 발생적인 고유한 신앙이 아니라 세속적 종교라는 것을 정치와 사상, 민속과 마음의 영역을 더해 밝혀내고 있다.

요시모토 다카아키의 '남도론'

평론가 요시모토 다카아키는 1960년대부터 80년대에 걸쳐서 '남도론(南島論)'을 비롯한 일련의 논고를 발표했습니다. 그 논고는 최근 『전남도론(全南島論)』으로 정리되었는데 천황제의 기원을 남도, 즉 남서제도(南

78 일본의 규슈 남단에서 대만 사이에 호상(弧狀)으로 배열된 열도이다. 오스미제도(大隅諸島)·도카라제도(吐噶喇諸島)·아마미제도(奄美諸島)를 합친 사쓰난제도(薩南諸島)와 오키나와제도(沖繩諸島)·사키시마제도(先島諸島)·센카쿠제도(尖閣諸島)를 합친 류큐제도(琉球諸島)로 나뉜다.

79 일본의 문예비평가이다. 요시모토 다카아키의 '남도(南島)'는 인간의 표현의 '원형(原形)', 더욱이 인간의 가족·친족·국가의 '기원(起源)'을 찾는 것이 가능한 장소였다. 그것은 동시에 자신의 시인으로서의 기원, 비평가로서의 기원이 세워지는 장소이기도 했다. 안도 레이지가 해설하고 있는 『전남도론(全南道論)』은 요시모토 다카아키의 이러한 표현의 '원형', 표현의 '기원'을 밝히고 있다.

西諸島)[78]에서 찾으려는 요시모토의 역사관이 여기에 잘 드러나 있습니다. 이 책의 해설에서 문예평론가 안도 레이지(安藤礼二, 1967~)[79]는 이렇게 말합니다.

열도(列島) 국가의 기원에는 〈모계〉제 사회가 자리매김하고, 그 가장 오래되고 전형적인 구조는 '〈자매(姉妹)〉가 신권을 장악할 때는 〈형제(兄弟)〉가 정권을 장악한다.'는 것이었다. 『고사기』에서는 아마테라스와 스사노오의 신화로 남아 있고, 『위지왜인전(魏志倭人傳)』에서는 히미코와 남동생—영적인 종교권력을 담당하는 여왕(姉)과 현실적인 정치권력을 장악한 그 파트너(弟)—의 관계성으로 남겨진 구조이다. 그렇지만 열도의 중심부에서는 어느 사이에 그 구조에 변화가 찾아왔다. 자매와 형제라는 '쌍(対)'이 천황이라는 '하나(一)'로 변모된 것이다. 그 변화는 〈모계〉사회에서 〈부계〉사회로의 변모와 평행한다…….

요시모토 다카아키는 열도에서 탄생한 국가가 변용을 거듭하면서도 현대까지 아직도 주술종교적인 공동의 환상임을 밝혔다. 그렇다면 왜 『공동환상론(共同幻想論)』에 이어 『남도론』을 써야만 했을까. 열도의 중심부에 형성된 천황제 국가는 역사 이전부터 오랫동안 이어진 〈모계〉제 사회에 '접목'되어서 그 구조를 신화로서 수탈했다. 새로운 체제에 불과했기 때문이다. 남도에는 그 '접목'된 천황제 국가를 쉽게 상대화할 수 있을 만큼 고층(古層)의 아시아적인 태초의 공동체를 고수한 체제가 유지되어 있었다.

남도에는 '〈자매〉가 신권을 장악했을 때는 〈형제〉가 정권을 장악하는' 〈모계〉제의 구조가 남아 있었습니다. 류큐 왕국의 기코에 오기미와 국왕의 관계도 그러합니다. "최초에는 왕인 자매가 기코에 오기미가 되었는데, 그 편이 지위도 더 높아서 그 신탁에 의해 왕이 정치권력을 발휘하는 형태"(『南島論』)였기 때문입니다. 그것이 열도에서는 야마타이국의 '히미코와 남동생'의 관계에서 보였던 것입니다.

그러나 최근의 연구에서는, 히미코가 단지 '영적인 종교권력을 담당한 여왕'이 아니라, 남동생과 마찬가지로 '정치권력'을 가지고 있었다는 것을 강조하는 학설이 유력합니다. 진구 황후 또한 히미코처럼 샤먼이면서도 정치권력을 가지고 있었습니다. 이 점에서 요시무토의 역사관 자체는 재검토될 필요가 있습니다.

또한, 열도의 중심부에서 구조의 변화가 찾아와 "자매와 형제라는 '쌍'에서 천황이라는 '하나'로 변모된 것"이라는 해석도 재검토가 필요하다고 생각합니다. 왜냐하면, 진구 황후 이후에도 천황의 '모친'[할머니나 수양어머니를 포함해]이 권력을 잡는 구조가 계속 남아 있다는 것은 본 장에서 서술한 대로입니다. 그것은 '남쪽'보다는 오히려 '북쪽', 즉 중국이나 조선과의 비교를 통해 명확해질 것입니다.

또한 원시적인 단계에서 모계제가 먼저 있고, 그것이 부계제로 이행했다는 요시모토 다카아키의 언설은 철학자 가라타니 고진(柄谷行人, 1941~) 역시 부정하고 있습니다. 가라타니에 의하면 어느 쪽도 아닌 상태가 먼저 존재했고 그다음에 단일계통[모계나 부계] 또는 쌍계(双系)라는 형태를 취하게 되면서, 중국이나 조선은 부계제, 일본은 부계와 모계가 혼재된 쌍계제가 되었다는 것입니다. 그리고 그것이 각각 가부장제로 이행한 것입니다(『戰前の思考』 및 『遊動論』).

요시에 아키코에 의하면, 쌍계제인 일본에서는 남녀의 연장자가 지휘, 통솔하고 남존여비 관념도 희박했다고 하는데, 고켄 천황이 무측천도 차용했던 '보살의 화신으로서의 여신(女身)'설을 받아들였다는 사실은, 8세기 중반 당시 중국적인 부계관념/남성우위의 사고가 지배층을 중심으로 일본에도 침투 중이었음을 방증합니다(『日本古代女帝論』).

그러나 가부장제로 이행하더라도 중국이나 조선에서 여성이 과부가 되면 권력을 잡게 된 것과 마찬가지로, 일본에서도 여성 연장자가 권력을 잡는 쌍계제의 정치문화가 사라진 것은 아닙니다. 다음 장에서는 헤이안 시대에 이러한 정치문화가 어떻게 계승되었는지 살펴보겠습니다.

제2장

모후(母后)가 권력을 잡은 시대
: 헤이안 시대

헤이안 시대에는 십관정치에서 원정으로의 이행에 따라
모계에서 부계로 권력이 이동하게 됩니다.
그러나 아무리 권력유지의 형태가 변했다고 해도
헤이안 시대에는 내내 여성이 천황의 모친 내지 준모(양어머니)로서
힘을 발휘할 수 있는 상황이 존재했습니다.
이는 쌍계제의 정치문화가 여전히 남아 있었기 때문입니다.

여성은 정말로 권력을 잃어버렸을까?

제1장에서는 나라 시대까지 여성이 어떻게 권력을 장악해왔는지 살펴보았습니다. 아스카나 나라 시대는 일본 역사상 유일하게 여성 천황이 연속하여 등장했던 시대로, 그 배경에는 중국이라는 대국의 영향이 적잖이 존재했음을 서술했습니다.

그러나 헤이안(平安) 시대[1]가 되면서 상황이 일변하여 중국과의 교역은 중단되고 또한 후지와라(藤原)[2]가 외척(外戚)으로서 실권을 쥐는 이른바 섭관정치(攝關政治)와, 천황의 아버지나 할아버지에 해당하는 남성이 상황(上皇)이 되어 권력을 쥐는 원정(院政, 인세이)[3]이 이루어지게 되면서 여성 천황은 더 이상 등장할 수 없게 됩니다. 이렇게 되면 일견 여성은 권력에

1 794년 간무 천황이 헤이안쿄(平安京, 京都)로 천도한 때부터 미나모토노 요리토모(源賴朝)가 가마쿠라 막부(鎌倉幕府)를 개설한 1185년까지의 시기를 말한다.

2 아스카 시대와 나라 시대에 이미 강력한 귀족으로 성장했던 천황의 외척이다. 천황가에 버금가는 강대한 귀족의 지위를 차지했다. 858년 후지와라 가문은 자신의 외손자를 천황으로 즉위시키고 섭정이 되었다. 황족이 아닌 신분으로는 최초로 섭정이 된 것이다. 884년에는 관백이 되어 다시 권력을 잡았다. 특히 969년 이후 천황은 모두 후지와라 가문의 딸이 낳은 황자가 즉위했고, 외조부인 후지와라 가문이 거듭하여 섭정과 관백이 되었다. 천황은 거

의 이름뿐이었으며 모든 정치
는 섭정과 관백에 의해 이루
어졌다. 이처럼 외척인 후지
와라 가문이 섭정과 관백으
로 11세기 말까지 권력을 독
점했다. 969년부터 100년에
가까운 시기의 정치를 섭정과
관백의 첫 글자를 따서 섭관
정치라 하며, 이 시대를 후지
와라 시대라고도 한다.

3 상황(上皇)이나 법황(法皇)
이 천황을 대신하여 그 거처인
원(院)에서 행한 정치이다.

4 군주국가에서 국왕이 어
려서 즉위하거나 병 또는 그
밖의 사정이 생겼을 때 국왕
을 대리해서 국가의 통치권을
맡아 나라를 다스리는 일 또
는 그 사람을 뜻한다.

5 일본 역사에서 성인이 된
천황을 보좌하는 관직이다.
헤이안 시대에 생겨난 직책으
로 표면적으로는 천황을 대
행하여 정무를 수행하였으나,
종종 정권의 실세로 행동하였
다. 관례상 후지와라(藤原) 가
문이 이 직책을 맡아왔다.

서 배제된 것처럼 여겨집니다. 과연, 당시 여성들은
실제로 권력의 자기장 밖에 존재했을까요?

　이에 관한 이야기가 그리 단순하지만은 않을 거
라 생각합니다. 분명 여성 천황이 표면적으로 그 모
습을 감춘 것은 사실입니다만, 당시 권력구조를 좀
더 자세히 짚어가다 보면 천황의 모친이나 조모 혹
은 모친으로 간주되는 인물이 헤이안 시대 이전과 비
슷한 형태로 여전히 천황의 배후에 존재했던 것을 알
수 있습니다. 게다가 이들이 추후 섭정(攝政, 셋슈)[4]이나
관백(關白, 간파쿠)[5]에 오른 후지와라나 상황보다 더 측
근에서 천황을 보좌했다는 것은 익히 알고 있는 사실
입니다.

나라 시대와의 차이

당시 수도를 헤이조쿄(平城京)에서 나가오카쿄(長岡京)
로, 다시 헤이안쿄(平安京)로 천도(遷都)했던 인물은 바
로 간무(桓武) 천황[737~806, 제50대 천황, 재위781~806]이
었습니다. 간무 천황은 나가오카쿄로 천도한 후 중
국 황제가 그러했던 것처럼 '교사제천(郊祀祭天)' 즉, 교
사(郊祀)를 수도(都)의 남쪽 교외 지역에서 두 번에 걸
쳐 행한 바 있습니다. 이는 곧 '하늘'로부터 천명(天命)

을 받은 천자(天子)로서 군림하고자 한 것입니다. 게다가 그는 황태자가 된 아테노(安殿) 친왕[훗날의 헤이제이(平城) 천황, 774~824, 간무 천황의 황자·제51대 천황, 재위806~809]에게 양위를 하지 않은 채, 종신 재위한 인물이기도 합니다. 이는 간무가 종신 재위를 원칙으로 하는 중국 황제를 모범으로 삼았기 때문입니다(『女帝と讓位の古代史』).

그러나 사실 간무 천황은 예외적이었습니다. 실제 헤이안 시대에는 생전 퇴위를 한 뒤 상황이나 법황이 되는 천황들이 잇따랐기 때문입니다. 그에 속하는 천황을 순차적으로 열거하면 다음과 같습니다. 헤이제이, 사가[嵯峨, 786~842, 제52대 천황, 재위809~823], 준나[淳和, 786~840, 제53대 천황, 재위823~833], 세이와[清和, 850~881, 제56대 천황, 재위858~876], 요제이[陽成, 869~949, 제57대 천황, 재위876~884], 우다[宇多, 867~931, 제59대 천황, 재위887~897], 다이고[醍醐, 885~930, 제60대 천황, 재위897~930], 스자쿠[朱雀, 923~952, 제61대 천황, 재위930~946], 레이제이[冷泉, 950~1011, 제63대 천황, 재위967~969], 엔유[円融, 959~991, 제64대 천황, 재위969~984], 가잔[花山, 968~1008, 제65대 천황, 재위984~986], 이치조[一條, 980~1011, 제66대 천황, 재위986~1011], 산조[三條, 976~1017, 제67대 천황, 재위1011~1016], 고스자쿠[後朱雀, 1009~1045, 제69대 천황, 재위1036~1045], 고산조[後三條, 1034~1073, 제71대 천황, 재위1068~1073], 시라카와[白河, 1053~1129, 제72대 천황, 재위1073~1087], 도바[鳥羽, 1103~1156, 제74대 천황, 재위1107~1123], 스토쿠[崇德, 1119~1164, 제75대 천황, 재위1123~1141], 고시라카와[後白河, 1127~1192, 제77대 천황, 재위1155~1158], 니조[二條, 1143~1165, 제78대 천황, 재위1158~1165], 로쿠조[六條, 1164~1176, 제79대 천황, 재위1165~1168], 다카쿠라[高倉, 1161~1181, 제80대 천황, 재위1168~1180] 등, 이들은 모두 남성입니다. 다만, 이들 중에 다

이고·이치조·고스자쿠·니조 등은 사실상 종신 재위를 유지하다가 사망 직전에 양위 또는 출가한 경우에 속합니다.

그렇다면 이처럼 양위하는 천황들이 줄을 잇게 된 이유에 대해 잠시 언급할 필요가 있습니다. 나중에 좀 더 자세히 살펴보겠습니다만, 여기에는 죽음을 부정(不淨)한 것으로 여기는 관념이 널리 퍼지면서 천황과 같이 청정(淸淨)해야만 하는 위치에 존재하는 인간은 '죽지 않는다.'는 사고방식이 확립되었기 때문입니다. 따라서 고이치조[後一條, 1008~1036, 제68대 천황, 재위 1016~1036]나 고레이제이[後冷泉, 1025~1068, 제70대 천황, 재위1045~1068]처럼 종신 재위했던 천황일지라도, 재위 중에 사망하게 되면 그 죽음을 당분간 비밀에 부쳐두고 마치 생존하는 듯이 양위 절차를 이행하는 '여재지의(如在之儀)'가 행해졌습니다(井上亮『天皇と葬儀』).

또한, 나라 시대의 태상천황과 크게 다른 점은 상황이 천황과 동거하지 않는다는 것입니다. 나라 시대는 태상천황과 천황이 동거하는 형태였으나 헤이안 시대가 되면서 천황과 그의 모친이 동거하는 형태로 바뀌게 됩니다. 게다가 천황의 모친은 대부분이 후지와라 가문 또는 다이라(平) 가문⁶ 출신의 인물들이 차지하게 됩니다.

화희등 황후에 비유되던 다치바나노 가치코

그러나 세상에는 늘 예외가 존재하는 법입니다. 바로 사가 천황의 황후인 다치바나노 가치코[橘嘉智子, 786~850, 사가 천황의 황후, 재위815~823]가 그 예외적 인물에 해당하는데, 그녀는 비다쓰 천황의 혈통을 이어받은 다치바나(橘) 가문[7] 출신의 황후입니다. 또한, 선종(禪宗) 계열의 단린지(檀林寺)라는 절을 세웠다고 하여 단린 황후라고도 불렸습니다. 참고로 현재 교토시(京都市) 우쿄구(右京区)에 위치한 진언종(眞言宗)[8] 계열의 단린지는 제2차 세계대전에서 패전한 이후에 재건된 것으로, 헤이안 시대의 단린지와는 직접적인 관계가 없습니다.

가치코는 사가 천황이 즉위한 후인 809년[大同4]에 부인(夫人), 즉 천황의 후궁이 되었으며 810년[弘仁元年]에 마사라(正良) 친왕[훗날의 닌묘(仁明) 천황, 810~850, 사가천황의 황자·제54대 천황, 재위833~850]을 낳습니다. 그녀가 황후가 된 것은 815년[弘仁6]의 일입니다. 이후 823년[弘仁14]에는 사가 천황이 준나 천황에게 양위하고 상황이 되는데, 이때 가치코는 황태후가 됩니다.

833년[天長10] 준나 천황이 닌묘 천황에게 양위하게 되자 가치코는 태황태후가 되었습니다. 중국과 마찬가지로 일본에서도 황태후는 천황의 어머니 내

7 제30대 비다쓰 천황의 증손(혹은 고손)인 미누왕(美努王)의 아내 아가타노이누카이노미치요(県犬養三千代)를 선조로 하는 가문이다.

8 중국의 밀교가 구카이(空海, 774~835)에 의해 전래된 이래 일본 불교의 한 종파를 이루었다.

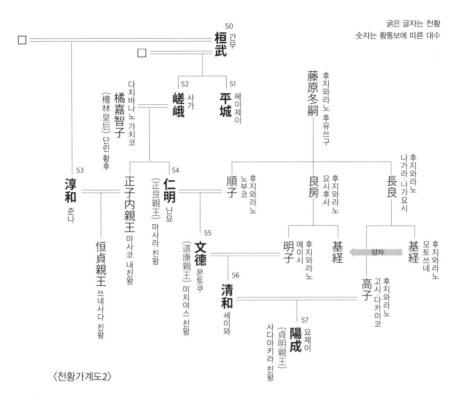

굵은 글자는 천황
숫자는 황통보에 따른 대수

〈천황가계도2〉

지 선대 천황의 정실을 일컫는 존칭인데 비해, 태황태후는 천황의 조모
나 선선대 천황의 정실에게 주어지는 존칭을 의미합니다. 한편, 양위한
천황은 선대 천황이든 선선대 천황이든 혹은 천황의 아버지이든 천황의
조부이든 모두 태상천황의 약칭인 상황이라 불렸습니다.

준나 천황은 양위 후에 상황이 되었습니다만, 사가 천황 역시 여전
히 상황으로 생존해 있었기 때문에 당시 한동안은 두 명의 상황이 존재
하던 시기가 있었습니다. 그러나 840년[承和7]에 준나 천황이, 2년 후인

842년[承和9]에는 사가 천황이 사망하게 되면서 이번에는 동시기에 상황이 단 한 명도 존재하지 않게 되었습니다. 따라서 이 시기 태황태후인 가치코의 영향력은 더욱 커지게 된 것입니다.

사가 천황의 사망 후 가치코는 미치야스(道康) 친왕[훗날의 몬토쿠(文德) 천황, 827~858, 닌묘 천황의 황자·제55대 천황, 재위850~858]을 태자로 옹립시키고자 후지와라노 요시후사(藤原良房, 804~872)[9]를 통해 정계 재편을 모색하게 됩니다. 이것이 바로 조와의 변(承和の変)입니다. 도모노 고와미네(伴健岑, ?~?), 다치바나노 하야나리(橘逸勢, ?~842) 등이 황태자 쓰네사다(恒貞) 친왕[825~884, 준나 천황의 황자]을 섬기면서 모반을 일으켜 형벌에 처해졌고 친왕 역시 폐위되었습니다. 이 사건은 조카인 미치야스 친왕을 황태자로 책봉하고자 했던 요시후사의 음모라고도 일컬어지는데, 가치코 역시 이 일에 가담한 바 있습니다.

앞서 몇 차례 언급했습니다만, 보통은 여성이 남성보다 오래 사는 편입니다. 이때 살아남은 여성이 결과적으로 권력을 장악하게 되는 형태가 실제 역사상에도 적잖이 존재합니다. 황후, 황태후 그리고 태황태후로서 권력을 유지해온 가치코야말로 그 좋은 예라고 할 수 있습니다.

9 헤이안 시대 초기부터 전기까지의 공경(公卿)이다. 황족 이외의 신하(人臣)로서 처음으로 섭정 자리에 올랐다.

10 일본의 고대사 연구자이
다. 일본 고대의 제도사(制度
史)와 일본 고대 여성사 연구
및 헤이안 시대의 귀족여성에
관한 연구가 있다. 뿐만 아니
라, 고대 일본과 중국의 가족·
혼인제도의 비교연구와 중국
의 예법과 일본 율령제를 비
교 연구하고 있다. 본서에 제
시된 『천황가에서 황후의 위
치(天皇家における皇后の位置)』
에서도 일본과 중국의 상황을
비교하고 있다.

879년[元慶3]에 완성된 『일본 몬토쿠 천황 실록
(日本文德天皇實錄)』권1을 보면 850년[嘉祥3] 5월 5일조에
"이때 사람들은 그녀를 한나라의 등황후(鄧皇后)에 빗
댄다."라는 기록이 있습니다. 이렇듯 가치코는 사후
에 후한(後漢) 화제(和帝)의 황후인 화희등(和熹鄧) 황후
(81~121)와 비교됩니다. 화희등 황후는 화제가 사망한
뒤 황태후[등태후]로서 임조칭제를 한 바 있습니다.

이에 관해서 고대사 연구자인 우메무라 게이코
(梅村惠子, 1947~)[10]는 "사가 천황이 중국식의 전제군주
로서 권력에 집중해 나가는 과정이라면, 다치바나노
가치코 역시 중국의 황후를 의식하여 행동한 것 같
다."라고 언급한 바 있습니다(『天皇家における皇后の位置』).
이 지점은 무측천을 의식하던 고묘(光明) 황후와 비슷
한 듯 보이지만, 사실 고묘 황후는 천황의 거처 황궁
(內裏, 다이리) 외부에 황후궁직과 자미중대를 두어 자
립된 경제기구를 운영하고 있었던 데 반해, 다치바나
노 가치코는 황궁에 본거지를 두고 사가 천황의 양위
후에도 남편과 동거하고 있었다는 것에 그 차이가 있
습니다(『女帝と讓位の古代史』). 이는 황후의 자립성이 매
우 약하며, 천황과 경제적인 면에서도 일체화되어 있
음을 의미합니다.

황후가 부재한 시대에 천황의 '모친'의 역할

가치코가 태황태후가 된 이후, 황가(皇家)에서는 한동안 새로운 황후를 들이지 않았습니다. 이처럼 황후의 부재 상태는 닌묘 천황 시기부터 우다(宇多) 천황[867~931, 제59대 천황, 재위887~897] 때까지 사실상 6대에 이르게 됩니다. 다시 말해, 닌묘 천황 이후 몬토쿠 천황 그리고 우다 천황에 이어 다이고 천황까지 6대 천황들은 모두 측실[후궁]이 낳았다는 것을 의미합니다.

제1장에서 언급한 바와 같이, 중국 왕조시대 때는 황후가 반드시 존재했으며 황제와 황후는 일대일 관계로서 황제가 바뀌면 황후도 같이 바뀌는 것이 기본 원칙이었습니다. 그러나 일본의 경우는 그렇지 않았습니다. 일본에서는 황후의 부재가 그다지 드문 일이 아니었기 때문에, 적잖은 천황들이 측실에게서 태어나게 됩니다. 또한, 황후를 중궁(中宮)이라 부르는 경우가 있었는데, 중궁은 본래 황후의 거처를 의미했습니다만 언제부터인가 황후의 별칭으로 사용되고 있었습니다.

여담입니다만, 2017년 8월 중국 하얼빈에 입점한 한 서점의 인물 코너에는 역대황제의 서가 외에 역대황후 관련 서가가 따로 마련되어 있었습니다. 게다가 역대황제 전기(傳記)를 망라한 『중국황제전전(中國皇帝全傳)』 외에도 『중국황후전전(中國皇后全傳)』이라는 책이 나란히 진열되어 있습니다. 이는 일본에서는 결코 생각할 수 없는 일입니다.

다시 본론으로 돌아가자면, 앞선 언급처럼 황후가 부재중인 시절에 권력에 가장 근접했던 존재는 역시 천황의 모친 즉, 측실이었습니다.

850년[嘉祥3]에 닌묘 천황이 사망하자 첫째 황자인 미치야스 친왕

사, 가족사, 여성사, 젠더론을
전공했다. 주로 헤이안 시대
를 연구하고 있으며, 대표적
으로『헤이안조의 어머니와
아들(平安朝の母と子)』,『헤이
안조의 여성과 남성(平安朝の
女と男)』,『헤이안조의 가문과
여성(平安朝の家と女性)』과 본
서에 제시된『헤이안 왕조사
회의 젠더(平安王朝社会のジェ
ンダー)』가 있다.

즉, 몬토쿠 천황이 즉위하게 되었습니다. 몬토쿠 천황 즉위에 대해 주목해야 할 것은 닌묘 천황의 여어(女御, 뇨고)이자 몬토쿠 천황의 모친인 후지와라노 노부코(藤原順子, 809~871)가 황태부인이 되었다는 사실입니다. 여어란 본래 천황의 침소에서 천황을 모시던 측실로 지위는 황후·중궁에 버금갑니다만, 이 시기에는 황후도 중궁도 모두 존재하지 않았기 때문에 당시로서는 최고의 위치를 의미했습니다. 그리고 본디 황태부인은 천황의 생모에게 주어지는 칭호로, 황태부인이 된 후지와라노 노부코는 854년[斉衡元年]에 황태후가 됩니다. 여어에서 황태부인을 거쳐 황태후가 된 경우는 후지와라노 노부코가 최초였습니다.

일본 여성사 연구자인 후쿠토 사나에(服藤早苗, 1947~)[11]는 "황태부인의 칭호를 수여했던 것은 천황 대권을 대행 또는 후견하는 권능의 부여를 의미함이 분명하다."라고 말한 바 있습니다(『平安王朝社會のジェンダー』). 어쩌면 이 시기에 상황이 존재하지 않았던 것이 결과적으로 후지와라노 노부코의 지위를 상승시켰을지도 모르겠습니다. 어찌 되었든, 상황의 대역으로서 천황의 모친이 등장하게 되는 일이 실제로 일어나게 된 것입니다.

후지와라노 노부코에서 후지와라노 메이시로의 권력이행

황태후가 된 후지와라노 노부코는 이후 세이와(淸和) 천황[850~881, 제56대 천황, 재위858~876]이 즉위할 때에도 후견인 역을 수행했다고 알려져 있습니다.

858년[天安2] 몬토쿠 천황이 재위 중에 사망하게 되자 세이와 천황은 불과 9세의 나이로 즉위하게 됩니다. 이는 15세 나이로 즉위한 몬무 천황보다도 어린 천황의 탄생을 의미합니다.

물론 이 시기에도 상황은 존재하지 않았습니다. 당시 세이와 천황은 황궁으로 거처를 옮기지 않은 채, 황태자 시절 머물던 동궁[東宮, 황태자의 거처]에서 계속 생활하고 있었습니다. 그러나 몬토쿠 천황이 사망한 지 이틀 후에 세이와 천황과 함께 가마를 타고 별궁 레이제이인(冷然院)에서 동궁으로 옮겨와 천황과 동거한 이가 있었습니다. 그런데 이때 동거한 인물이 생모인 후지와라노 메이시(藤原明子, 829~900)[12]가 아닌 조모 후지와라노 노부코였다는 데 주목할 필요가 있습니다. 역사학자 고우치 쇼스케(河內祥輔, 1943~)[13] 역시 이 점을 주시하여 "후지와라노 노부코는 어린 황제의 출현이라는 일련의 사태 속에서 분명 일정한 역할을 담당하고 있었음을 충분히 예상할 수 있다."라고 지적하고 있습니다(『古代政治史における天皇制の論理』增訂版).

12 후지와라노 아키라케이코라고도 불리며 몬토쿠 천황의 여어이며 세이와 천황의 어머니이다. 아버지는 후지와라노 요시후사이다. 후에 황태부인이 되고 결국에는 황태후가 된다.

13 일본의 역사학자이다. 본서에 제시된 『고대 정치사 속 천황제 논리(古代政治史における天皇制の論理)』에서는 아스카·나라·헤이안의 각 시대를 통해 일관되게 독특한 논리가 작용해 왔고, 그 기조에는 천황제의 가치관(직계주의)이 있음을 강조한다.

천황과 동거한 '모친'[이 경우는 조모] 역시 노부코가 최초였습니다. 최초라는 것은 차치하고서라도, 어찌하여 세이와 천황에게 있어 생모인 메이시가 아닌 조모 노부코가 동거의 대상이 되었던 걸까요? 이는 당시 메이시가 아직 황태후가 아닌 여어의 신분이었으며, 노부코 역시 즉시 태황태후가 되지 못하고 황태후에 머물러 있었기 때문입니다. 사실 정식으로 칭호를 부여받지 않으면, 황태후나 태황태후라는 지위에 오를 수 없습니다. 따라서 어린 세이와 천황이 즉위했을 시기에 여전히 황태후였던 노부코에 의한 임조청제가 이행되었을 가능성이 존재한다고 볼 수 있습니다.

그러나 그러한 상태가 오랫동안 지속되지는 않았습니다. 이는 노부코가 8개월여 만에 동궁을 나가면서 세이와 천황과 별거하게 되었는데, 이유인즉슨 즉위 당시에도 여전히 여어였던 메이시에게 노부코와 동등한 황태부인이라는 칭호가 수여되면서 노부코를 대신하여 메이시가 아들 세이와 천황과 동궁에서 동거하게 되었기 때문입니다.

그리고 864년[貞観6]에 노부코는 태황태후가, 메이시는 황태후가 됩니다. 다시 말해, 정식 칭호가 부여됨으로써 드디어 천황의 모친이 동궁이 아닌 황궁에서 천황과 동거하며 천황을 후견하는 체제가 정비되었던 것입니다.

메이시가 황태후가 되었던 시기는 섭관정치가 시작되는 시기와 맞물립니다. 여기서 잠시 시기를 거슬러 올라가 보면, 세이와 천황이 즉위하기 전인 857년[斉衡4]에 노부코의 오빠이자 메이시의 아버지인 후지와라노 요시후사(藤原良房)가 태정대신(太政大臣)[14]이 되었고, 이후 그는 세이와 천황의 즉위와 동시에 천황을 후견하기 시작합니다. 그리고 요시후사는 866년[貞觀8]에 황족 이외의 신하로는 최초로 섭정이 되었는데, 바로 이때부터 후지와라 가문에 의한 섭관정치가 시작됩니다.

섭관정치하에서는 섭정이나 관백이 된 외척 남성이 천황을 대신하여 정치의 실권을 장악하게 됩니다. 그러나 요시후사가 섭정이 되었다고 해서 황태후인 메이시가 세이와 천황의 후견인 역에서 물러난 건 아니었습니다. 즉, 섭관정치의 권력 구조는 단순히 외척 남성에게 모든 권력이 일원화되는 것이 아니었으며 천황 측근에서 후견하고 있던 모친을 포함하여 보다 복잡한 구조였다고 여겨집니다.

14 일본 율령제에서의 사법·행정·입법을 맡는 최고국가기관인 태정관(太政官, 다이조칸)의 최고장관을 태정대신(太政大臣, 다이조다이진)이라 칭한다.

15 헤이안 시대 공경이다. 섭정이었던 숙부인 후지와라노 요시후사의 양자가 되어, 요시후사가 죽은 후 세이와·요제이·고코·우다 천황에 이르기까지 4대에 걸쳐 조정의 실권을 쥐었다. 그는 요제이 천황이 난폭하다는 이유로 천황의 자리에서 물러나게 하였다. 그 도움으로 고코 천황이 즉위하면서 그에 대한 보답으로 일본 역사상 최초로 '관백'이라는 지위를 내렸고 이로써 '섭관정치'가 완전히 자리 잡게 되었다.

후지와라노 모토쓰네의 사표 속 '임조'의 의미

그런데 어째서 섭관정치에서도 천황의 모친은 여전히 권력을 유지할 수 있었다고 봐야 할까요. 이러한 생각을 뒷받침하는 일례로서 후지와라노 모토쓰네(藤原基經, 836~891)[15]가 섭정을 맡았던 시기의 일화가 하나 있습니다. 876년[貞觀18], 이번에는 세이와 천황이 9살의 황태자 사다아키라(貞明) 친왕 즉, 요제이 천황에게 양위하게 됩니다. 이로써 또 한 명의 어린 천황(幼帝)이

16 헤이안 시대 중기의 귀족·유학자·문인이다. 그가 지은 『본조문수(本朝文粹)』는 14권으로 이루어졌으며 헤이안 시대 초기에서부터 중기의 한시문 427편을 싣고 있다.

17 헤이안 시대의 귀족·학자·시인·정치가로서 학문의 신(神)으로 추앙받는 인물이다. 그는 우다(宇多) 천황의 총애를 받아 참의(參義)로 발탁되었으며 국가의 주요 의식과 인사를 담당하는 시키부(式部)가 되었다. 그러나 901년 후지와라노 도키히라(藤原時平)의 참소로 좌천된 뒤 903년 사망하였다. 그가 지은 『관가문초(菅家文草)』는 12권으로 자신이 지은 시와 산문을 모아두었다.

18 일본의 고대역사학자이다. 저서 『후지와라 요시후사·모토쓰네(藤原良房·基経)』에서는 외척으로서 권력을 장악하고 섭관정치의 토대를 쌓아올린 후지와라 가문의 인물들의 생애를 제시하고 있다.

탄생합니다. 이후 세이와 천황은 상황이 되어 후지와라노 모토쓰네를 섭정으로 임명했습니다. 그러나 이 과정에서 모토쓰네는 한 차례 사표(辭表)를 제출합니다. 물론 최종적으로는 섭정을 받아들였기 때문에 이 사표 제출이 형식적인 일에 불과했다고 생각합니다만, 여기서 흥미로운 점은 사표에 담긴 내용입니다.

> 삼가 앞선 기록들을 살펴보건대, 태상천황이 살아계실 적에 신하된 자가 섭정을 한다는 것은 들어본 바가 없다. 어린 천황이 즉위하실 때, 어쩌면 태후의 임조(臨朝)가 있어야 마땅하지 않겠는가. (『本朝文粹』卷四)
>
> 삼가 고사(故事)를 살펴보니, 황제의 어머니는 반드시 존위에 오르는 것이 마땅하다. 또한, 전례를 찾아보아도 어린 천황의 시대에는 황후(大后)가 임조함이 마땅하다.(菅原道真『菅家文草』卷十)

『본조문수(本朝文粹, 혼초몬즈이)』는 후지와라노 아키히라(藤原明衡, 989?~1066)[16]가 헤이안 초기부터 중기에 걸쳐 지은 한시문집이고, 『관가문초(菅家文草, 간케분소)』는 스가와라노 미치자네(菅原道真, 845~903)[17]가 저술한 한시문집입니다. 각기 표현은 조금씩 다르지만, 모두 같은 내용을 적고 있습니다.

위의 내용을 좀 더 알기 쉽게 설명해보면, 세이와가 상황으로 생존해 있을 때 섭정을 두어서는 안 되며, 요제이 천황이 아직 어릴 때는 그의 모친인 후지와라노 다카이코(藤原高子, 842~910)가 정치를 후견하는 것이 적합하다고 제안하는 것입니다. 요컨대 세이와 상황이 모토쓰네를 섭정에 임명하고자 했지만, 오히려 모토쓰네는 그것은 전례에 반하는 일이 아니냐며 제동을 걸고, 더 나아가 이러한 경우에는 황태후인 모친이 후견하는 것이 합당하다며 지적한 것입니다. 결국, 이 제안이 받아들여져 다카이코는 황태부인이 되고 모토쓰네는 섭정이 됩니다.

덧붙여 모토쓰네의 사표에 등장하는 '임조(臨朝)'라는 단어가 눈길을 끕니다. 이는 임조칭제를 언급하고 있음이 틀림없습니다만, 과연 모토쓰네가 전한(前漢) 이후의 중국의 임조칭제에 대해 얼마나 자세히 알고 있었을까요?

제1장에서 언급한 대로, 중국의 임조칭제는 어린 황제를 대신하여 황태후가 정치상의 명령을 내리고 집행하는 것을 의미합니다. 한편, 고대 일본에서는 천황이 부재한 경우에 황태자나 황후가 대신하여 정치를 이행하는 것을 뜻합니다. 그러나 모토쓰네의 사표에 등장하는 '임조'는 어린 황제를 대신하여 그 모친이 정치를 행하는 것을 뜻하므로, 고대 일본에서 통용되던 의미보다 중국식 해석에 더욱 가깝다고 할 수 있습니다.

견당사가 폐지된 것은 시기적으로 이보다 이후인 894년[寛平6]이기 때문에 그 전까지는 중국으로부터 새로운 정보가 유입되었을 가능성은 있습니다. 일본 고대사를 전문으로 하는 다키나미 사다코(滝浪貞子, 1947~)[18]에 의하면, 모토쓰네는 학문을 좋아하여 당의 백거이(白居易) 시문집(詩文集)인 『백씨문집(白氏文集)』을 거의 외고 있었다고 합니다(『藤原良房·藤原基經』). 그러나 이것만으로는 모토쓰네가 중국 사정에 얼마나 정통하고 있었는지 가늠하기 어렵습니다.

이어 후쿠토 사나에는 "중국의 태후임조(太后臨朝)는 선대 황제의 본처(嫡妻)로서의 기능과 성격을 가지고 있기 때문에 혈연에 의하지 않는 친자관계가 존재하는 것도 당연했다. 이에 반해 일본에서는 반드시 친모여야 하고, 친모를 황태부인·황태후로 삼아 천황의 대행 및 보좌역을 수행했다."(『平安王朝社會のジェンダー』)라고 합니다. 이는 중국과 일본의 임조칭제의 차이를 강조하고 있는 겁니다.

마찬가지로 어린 황제를 세우더라도 일본의 경우는 그 후견인 역을 반드시 생모 또는 조모가 맡아야 했으며, 따라서 혈연관계가 아닌 경우는 인정하지 않았던 셈입니다. 한편, 동시대 중국의 경우는 황태후에 해당하는 적모(嫡母)라는 자격이 가장 우선시되었기 때문에 굳이 혈연관계가 아니더라도 문제시되지 않았던 겁니다. 따라서 모토쓰네가 설령 중국 사정에 정통하여 '임조'라는 어휘를 사용했다 하더라도 결국 일본과 중국에서의 실태는 달랐음을 알 수 있습니다.

전환점이 된 세이와 천황의 즉위

세이와 천황의 즉위는 돌이켜보면 나라 시대와 헤이안 시대의 분명한 구별을 짓게 만드는 커다란 전환점이었다고 할 수 있습니다.

당시 몬무 천황은 15세의 나이로 즉위했으며, 이때 할머니 지토 천황이 후견인으로서 태상천황이 되었습니다. 그리고 몬무 천황이 사망했을 때는 적자(嫡子)인 오비토노미코(首皇子) 즉, 훗날 쇼무 천황이 아직 7살에 불과했기 때문에 다시 그의 할머니였던 겐메이 천황이 즉위합니다.

요컨대, 남성 천황이나 남성 천황 후보가 유소년일 경우는 그의 어머니나 할머니인 여성이 천황 또는 태상천황이 되어 그들이 성인이 될 때까지 기다리는 것이 관례였습니다. 그러나 이 전통은 세이와 천황 때에 끊기게 됩니다.

그 이유는 몬토쿠 천황이 사망한 데다가 당시 적자는 아직 어렸고 상황마저 부재한 경우가 발생했기 때문입니다. 그렇다면, 이 경우 어떻게 대처했을까요. 나라 시대까지의 전통에 따르면 세이와 천황이 9살이기 때문에 바로 즉위하지 않고, 대신 세이와 천황이 성인이 될 때까지 어머니나 할머니의 자격을 가진 여성을 천황 또는 태상천황으로 세워야 합니다. 그러나 이때는 그렇지 않았습니다. 일단 어린 황제가 그대로 즉위하고, 즉위하기 한 해 전에 외척 남성인 후지와라노 요시후사가 태정대신이 되어 훗날 섭정이 됩니다. 이로써 섭관정치라는 새로운 정치 형태가 생겨난 것입니다.

그렇다면 왜 여성 천황을 세우던 기존의 전통이 끊어지게 된 것일까요?

이에 대해 역사학자 고우치 쇼스케는 "여제를 세우려 해도 그 후보자로서 자격을 갖춘 인물을 찾을 수가 없었다."(『古代政治史における天皇制の論理』增訂版)라며, 당시 우연히 적임자가 없었음을 이유로 들고 있습니다. 분명 그때까지 여제는 모두 천황의 딸(황녀)이었으므로, 설령 천황의 어머

19 헤이안 시대의 공경·가
인이다. 후지와라노 우치마로
의 아들로 사가 천황으로부터
신임을 받아 810년에 설치된
구로도도코로(藏人所)의 책임
자가 되었다. 또한 825년(天長
2) 간무 천황 이래 공석이었
던 좌대신에 취임하면서 후지
와라노 홋케의 융성에 기초를
마련하였다.

20 헤이안 시대 말기부터
가마쿠라 시대 초기의 천태종
의 승려이며 아버지는 섭정관
백인 후지와라노 다다미치(藤
原忠通)이다.

21 헤이안 시대 섭관정치
시기의 지배 가문으로 군림했
으며 오섭가(五攝家)를 배출
하였다. 나라 시대의 태정관
의 관직 중 하나인 우대신(右
大臣) 후지와라노 후히토(藤原
不比等)의 차남인 후지와라노
후사사키(藤原房前)를 중시조
로 하는 후지와라 가문의 지
류이다.

니나 할머니라고 해도 후지와라노 요시후사의 딸인
메이시나 후지와라노 후유쓰구(藤原冬嗣, 775~826)[19]의
딸인 노부코가 천황이 될 수는 없었습니다.

그러나 보다 본질적인 이유를 생각할 필요가 있
습니다. 구체적으로 말하자면, 여기에는 여성 천황에
대한 기피 심리가 작용한 것으로 여겨집니다.

제1장에서 언급한 바와 같이 쇼토쿠 천황과 승
려 도쿄와의 관계가 헤이안 시대에 굉장한 스캔들로
서 많은 사람에게 회자되었던 사실은 사료(史料)를 통
해서도 확인되는 바입니다. 이로 인해 여성 천황에
대해 부정적이 이미지가 생겨났으리라는 것은 쉽게
상상할 수 있습니다. 가마쿠라 시대 초기 천태종의
승려 지엔(慈円, 1155~1225)[20]이 저술한 역사서『우관초
(愚管抄, 구칸쇼)』에는 간무 천황 이후, 헤이안쿄를 도읍
으로 정한 후부터 여제를 세우지 않고 아버지에게서
아들로 또는 형에게서 동생으로 이어지는 단절 없는
황위 계승이 이루어졌고, 그로써 국가는 더욱 안정되
었다고 적고 있습니다.

태정대신이나 섭정이 된 후지와라노 홋케(藤原北
家)[21] 일가의 남성들도 천황가를 대신하여 황위의 지
위에 결코 오르려 하지 않았습니다. 이는 승려 도쿄
가 한때 천황이 되려고 했다가 실각했던 사례가 있었

기 때문에 그와 같은 전철은 밟지 않겠다고 생각한 것이겠지요. 역사학자 미카와 게이(美川圭, 1957~)[22]는 "후지와라 가문은 신하의 지위에 투철하여 스스로 '즉위하지 않는 일족'으로서 자기규제를 했을 가능성이 높다."(『院政』)라고 말합니다.

　한때, 어린 나이에도 황제로의 즉위를 시행했던 사실은 후세에도 큰 영향을 미치게 됩니다. 이와 관련하여 고우치 쇼스케가 단적으로 언급한 내용을 소개하자면 다음과 같습니다.

22　일본의 역사학자이며 일본중세사를 전공했다. 본서에 제시된 『원정(院政)』에서 헤이안 후기에 본격적으로 상황이 전권(專權)을 쥐고, 가마쿠라 시대를 거쳐 에도 시대까지 이행하는 동안에 '원정' 자체는 변질했지만 계속 존속하는데, 여기서 퇴위한 천황이 권력을 잡는 이유와 그 권력구조는 어떤 것이었는지 구체적으로 밝히고 있다.

　　한번 어린 천황의 등장을 경험하고 나면, 이는 새로운 본보기로서 장차 대단한 선례로 인정받게 된다. 따라서 어린 천황의 즉위를 꺼리는 심리는 급속히 소멸해 왔다. 그렇게 되면 이제 여제(女帝)가 존재한 이유는 사라지게 되는 것이다. 따라서 세이와의 즉위로 인해 여제의 시대는 그 막을 내리게 되었다.(『古代政治史における天皇制の論理』增訂版)

　이렇게 해서 여제가 존속하던 시대는 막을 내리고 어린 남성 천황이 즉위하게 되면서, 그 모친과 외척의 남성이 실질적인 권력을 장악하는 시대가 시작된 것입니다.

23 일본의 고대사와 정치사 및 일본과 중국의 비교사 연구자이다. 일본 고대의 정치 기구와 의식(儀式), 천황제에 대한 연구를 비롯하여 동아시아의 예(禮)·의식·지배구조에 대한 비교연구를 했다. 본서에 제시되어 있듯이 섭관정치에 대해서는 그 성립의 역사적 의의를 모후(母后)와 연관시켜 연구하고 있다.

24 천황의 권위를 상징하는 옥좌 또는 즉위식에서 자신의 등극을 내외에 선언할 때 쓰는 대좌를 가리킨다.

어린 천황의 후견인이 되어 권력을 가진
후지와라노 온시와 후지와라노 센시

앞서 상황과 천황은 동거하지 않는다는 점이 바로 나라 시대와 헤이안 시대의 큰 차이점이라고 말한 바 있습니다. 대신 어린 천황과 동거한 이는 천황의 모친입니다. 일본 고대사를 연구하고 있는 후루세 나쓰코(古瀬奈津子, 1954~)[23]는 이 점에 주목하여 천황의 어머니인 "모후(母后)는 아들이 천황으로 즉위하면 황궁에서 함께 지내며 천황이 어릴 경우는 후견을 담당했다."(『攝關政治』)라고 지적합니다. 여제가 표면적으로 등장하지 않았지만 임조칭제라는 시스템 그 자체는 그대로 남아 있었던 겁니다.

이어서 후루세는 "모후는 천황과 일심동체로서 섭관보다 더 가까운 입장에서 천황을 보좌했다고 할 수 있다."(『攝關政治』)라고 부언합니다. 어린 천황의 경우, 그의 모친은 천황이 행차(行幸, 교코)할 때 같은 가마를 탔으며 즉위식에서도 천황과 함께 옥좌(高御座, 다카미쿠라)[24]에 올랐습니다. 이러한 행동으로부터 모후가 섭관의 임명 자체에도 상당한 영향력을 가지고 있었음을 짐작할 수 있습니다.

모후가 황궁에 거주하며 어린 천황을 후견하고 정치 활동을 한 사례는 그 후에도 다수 발견됩니다.

구체적인 예로는 먼저 스자쿠 천황, 무라카미(村上) 천황[926~967, 제62대 천황, 재위946~967]의 생모인 후지와라노 온시(藤原穏子, 885~954)를 들 수 있습니다.

온시는 923년[延長元年]에 그녀의 아버지 모토쓰네(基經)의 획책으로 다이고 천황의 중궁[황후]이 됩니다. 준나 천황의 황후인 마사코나이(正子內, 810~879)[25] 이후 거의 백 년 만에 천황의 배우자로서 황후가 된 격입니다. 훗날 스자쿠 천황과 무라카미 천황이 될 두 친왕을 온시가 잇따라 출산한 것은 이 이후의 일입니다.

온시는 930년[延長8]에 다이고 천황이 서거하게 되면서 황태후가 되었는데, 그녀는 946년[天慶9]에 황위를 계승한 스자쿠 천황에게 황태제(皇太弟), 곧 천황의 동생인 나리아키라(成明) 친왕[훗날 무라카미 천황]에게 양위할 것을 압박했다고 합니다. 이후 나리아키라 친왕이 무라카미 천황이 되면서 온시는 태황태후가 되었습니다. 이처럼 온시는 두 명의 천황의 생모로서 막강한 권력을 쥐고 있었으며, 그녀의 오빠이자 태정대신·섭정·관백이었던 후지와라노 다다히라(藤原忠平, 880~949)[26]와 함께 섭관정치의 기반을 마련한 인물로 알려져 있습니다.

천황의 모친으로서 상당한 권력을 휘두른 또 다

25 제52대 사가 천황의 황녀이며 어머니는 다치바나노 가치코이다. 제53대 준나 천황의 황후로 847년 책봉되었으며, 833년에는 황태후가 되었고 854년에는 태황태후의 자리까지 올랐다. 어머니가 같은 형제로는 제54대 닌묘 천황이 있다.

26 헤이안 시대 초기부터 중기까지의 공경이며 후지와라노 모토쓰네의 넷째 아들이다. 형인 후지와라노 도키히라(藤原時平)가 요절하고 조정(朝政)을 맡았다. '연희의 정치(延喜의治, 엔기노치)'라고 불리는 정치개혁을 실행하였으며 스자쿠 천황 시기에 섭정을 맡았고, 다음에는 관백으로 임명된다. 이후 무라카미 천황 초기까지 오랫동안 집권했다.

27 헤이안 시대의 귀족이자 정치가이다. 그의 딸 4명이 천황과 혼인하였으며 제68대 고이치조 천황, 제69대 고스자쿠 천황, 제70대 고레이제이 천황의 외조부로 당시 최고 실권자였다.

른 인물로 후지와라노 센시(藤原詮子, 962~1002)를 들 수 있습니다. 그녀는 엔유 천황의 여어이자 후지와라노 미치나가(藤原道長, 966~1027)[27]의 누이로, 이치조 천황의 생모이기도 했습니다.

센시는 986년[寬和2]에 아들 이치조 천황이 즉위하자 황태후가 되어 모후로서 천황을 움직일 정도의 영향력을 행사합니다. 이후 991년[正曆2]에 엔유 상황의 죽음을 계기로 출가를 하면서 모후의 자리에서 물러나게 됩니다. 그러나 기존처럼 출가하면서 정치의 중추에서 권력을 내려놓은 건 아니었습니다. 출가할 때 '원(院, 인)' 즉, 상황(上皇)에 비견되는 원호(院號)를 받아 동삼조원(東三條院, 히가시산조인)으로 불린 것만 보아도 알 수 있습니다. 이를 통해 중궁이나 황후, 황태후 그리고 태황태후 자리에서 퇴위한 이후 '○○원[인]'이라 이름하여 상황에 준하는 대우를 받게 되는 여원제(女院制, 뇨인세이)가 시작됩니다. 다시 말해서 남성의 '원[인]'에 대응하는 것이 '여원[女院, 뇨인, 院의 청호를 받은 천황의 생모 등의 존칭]'인 것입니다. 이 제도는 막부 말기까지 유지됩니다.

동삼조원이 된 센시의 권력은 점점 강해졌습니다. 그중에서도 그녀가 이치조 천황을 압박하여 동생 후지와라노 미치나가를 내람(內覽, 나이란)[28]·좌대신 자

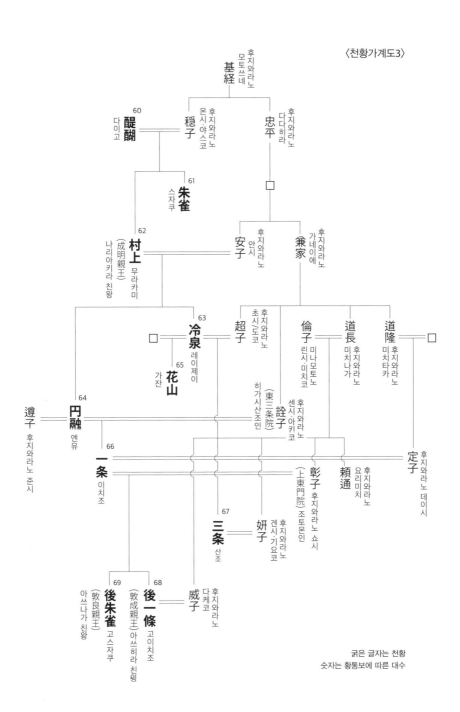

굵은 글자는 천황
숫자는 황통보에 따른 대수

28 태정관에서 천황에게 올리는 문서를 섭정·관백 등이 미리 살펴보는 등의 정무를 대행하는 일 또는 그 담당자를 일컫는다.

29 헤이안 시대의 귀족여성으로 후지와라노 미치나가의 정실이다. 아버지는 우대신(右大臣) 미나모토노 마사자네(源雅信)이며 어머니는 후지와라노 아츠코(藤原穆子)이다.

30 헤이안 시대의 관백 후지와라노 요리타다(藤原賴忠)의 딸로 엔유 천황의 중궁이다. 978년에 엔유 천황의 궁중에 들어가 여어가 되었으며, 982년에 중궁으로 책봉되었다. 990년에는 황후궁(皇后宮), 1000년에 황태후가 되었으며 1012년에는 태황태후가 되었다.

31 제66대 이치조 천황의 황후이다. 976년 후지와라노 미치타카(藤原道隆)와 다카시나노 기시(高階成忠女貴子)의 딸로 태어났다. 그녀는 990년 15세의 나이로 이치조 천황의 황후가 되었다.

리에 앉힌 일은 잘 알려진 일화입니다. 이는 천황의 어머니가 인사에까지 개입하고 있음을 알 수 있는 부분입니다.

섭관정치 전성기를 가져온 후지와라노 쇼시

센시의 조카인 후지와라노 쇼시(藤原彰子, 988~1074)는 후지와라노 미치나가와 그의 정실 미나모토노 린시(源倫子, 964~1053)[29] 사이에서 태어난 장녀로서, 999년[長保元年]에 입궁하여 이치조 천황의 여어가 됩니다.

이듬해인 1000년[長保2]에는 엔유 천황의 황후인 후지와라노 준시(藤原遵子, 957~1017)[30]를 황태후로, 이치조 천황의 중궁인 후지와라노 데이시(藤原定子, 977~1001)[31]를 황후로, 쇼시를 중궁으로 삼는 어명(宣命)이 내려집니다. 중궁은 황후와 같은 의미이므로, 당시는 한 명의 천황에게 두 명의 황후가 동시에 생기는 최초이자 이례적인 사태가 벌어진 것입니다.

고대사 연구자 우메무라 게이코는 "이러한 부분에서 분명히 귀족사회는 정처제(正妻制), 정확하게 말하자면 일부일처다첩제(一夫一妻多妾制) 원칙에 반하는 일부다처를 공인했다."(『天皇家における皇后の位置』)고 적고 있습니다. 중국이나 조선에서는 황제나 국왕의 정

실이 한 명밖에 없었으며, 그 외에는 모두 측실이 됩니다. 반면, 당시 일본에서는 천황이 정실을 둘이나 두고 있었습니다. 이 일이 일부일처다첩제를 지속해 오던 중국이나 조선과 결정적으로 달라지는 분기점이 되었습니다. 이후 산조, 고스자쿠, 고레이제이와 같은 천황의 시대에도 '두 황후의 병립'은 반복됩니다.

　　참고로 『원씨물어(源氏物語, 겐지모노가타리)』의 저자인 무라사키 시키부(紫式部, ?~1019)[32]와 『침초자(枕草子, 마쿠라노소시)』의 저자 세이쇼나곤(淸少納言, 966~1025)[33]은 각기 이치조 천황의 중궁과 황후를 섬겼던 여방(女房, 뇨보)이었습니다. 여방이라는 위치는 후비(后妃)와 사적인 관계로 맺어진 여성 고용인을 의미합니다. 무라사키 시키부는 후지와라노 쇼시를, 세이쇼나곤은 후지와라노 데이시를 각가 섬기고 있었습니다.

　　그러나 이후 쇼시입장에서는 다행으로 여길만한 사건이 발생하게 되는데, 이는 데이시가 중궁에서 황후가 된 바로 그해에 사망해 버린 것입니다. 데이시의 사망과 동시에 '두 황후의 병립'은 해소되고, 쇼시가 유일한 정실이 되었습니다. 쇼시는 1008년[寬弘5]에 아쓰히라(敦成) 친왕[훗날의 고이치조 천황]을, 그다음 해인 1009년[寬弘6]에는 아쓰나가(敦良) 친왕[훗날의 고스자쿠 천황]을 낳습니다. 그리고 1011년[寬弘8]에 이치조

32 헤이안 시대 중기에 활동한 소설가이자 시인이다. 후지와라노 다메토키(藤原為時)의 딸로 태어나 불우한 자신의 삶을 문학작품에 투영하여 표현했다. 어려서부터 재능이 뛰어나 학자인 아버지에게 한문을 배웠다. 이후 후지와라노 노부타카(藤原宣孝)와 결혼했으나 곧 사별했다. 그 뒤부터 『원씨물어(源氏物語)』를 집필하기 시작했다고 한다. 한편 재능을 인정받아 이치조 천황의 부인인 후지와라노 쇼시의 가정교사 일을 시작했는데, 이때 경험한 궁중생활을 서간문 형식으로 풀어낸 『무라사키 시키부 일기(紫式部日記)』를 저술했다.

33 헤이안 시대 중기의 작가이자 가인이다. 후지와라노 데이시를 섬기면서 경험한 궁중생활을 바탕으로 『침초자(枕草子)』를 썼다. 당시 귀족들의 생활, 연중행사, 자연관 등이 개성적인 문체로 엮어져 현재까지도 일본뿐만 아니라 세계 여러 나라에 번역되어 많은 사람들에게 애독되고 있다.

34 일본의 역사학자이다. 본서에 제시된 「섭관시대의 모후(攝關期の母后)」 연구는 2017년에 『헤이안조의 여성과 정치문화(平安朝の女性と政治文化)』로 나왔다. 이 책에서 섭관정치의 성립과 전개에 있어서 황후의 권한은 어떻게 변화했으며 천황의 처소(內裏後宮)에서 황후의 입장과 역할을 밝히고 있다.

천황이 서거하자, 이듬해에 그녀는 황태후가 되었습니다.

1016년[長和5]에 후지와라노 미치나가에 의해 산조 천황이 양위하게 되면서 고이치조 천황이 9살의 나이에 즉위하게 됩니다. 참고로 미치나가는 고이치조 천황의 중궁이 되는 다케코(威子, 1000~1036)의 아버지임과 동시에 고이치조 천황의 어머니인 쇼시의 아버지이기도 했습니다. 즉, 고이치조에게 미치나가는 장인이자 외조부이기도 했던 겁니다.

고이치조가 즉위했을 때, 쇼시는 어린 천황과 함께 옥좌에 오릅니다. 역사학자 쇼지 아야코(東海林亞矢子, 1969~)[34]는 "천황의 지위를 상징하는 다카미쿠라에 모후가 자리하는 일은 천황과의 동석(同輿) 이상의 의미를 지니는바, 모후 단 한 사람의 존귀성을 강렬한 인상으로 남게 하여 천황의 후견인으로서의 모후의 기능을 가시화한 것이다."라고 말합니다(『攝關期の母后』). 이어 후쿠토 사나에는 '후지와라노 미치나가가 1017년[寬仁元年]에 태정대신이 된 것도 쇼시의 결정에 의한 것이었다.'라고 합니다(『國母の政治文化』). 이는 센시에 이어 천황의 어머니가 인사권을 쥐고 있었기 때문입니다.

생각해보면 인사권만이 아닙니다. 미치나가와

쇼시 이 둘 가운데 보다 가까이서 어린 천황의 대리를 담당한 이는 쇼시였습니다. 이는 쇼시가 미치나가로부터 건네받은 문서를 그녀가 열람했다는 것만 보아도 자명한 사실입니다. 쇼시는 일상의 의식이나 정무 전반에 관여했던 겁니다.

　　1018년[寬仁2]에 태황태후가 된 쇼시는 고이치조 천황이 성년(元服)이 된 후에도 미치나가에 이어 섭정·관백이 된 동생 후지와라노 요리미치(藤原賴通, 992~1074)[35]와 함께 천황을 보좌하고, 상황이 부재하던 시절에 사실상 상황과 같은 역할을 담당했습니다. 1026년[萬壽3]에는 출가하여 상동문원(上東門院, 조토몬인)이라는 여원호를 내려받게 됩니다. 그리하여 이치조, 산조, 고이치조, 고스자쿠, 고레이제이, 고산조, 시라카와 등 7대 친황에 걸친 장구한 세월을 지내며 87세로 긴 일생을 마감하기까지 쇼시는 후지와라노 홋케 일가를 이끌며 섭관정치의 전성기를 유지함과 동시에 그 쇠퇴의 과정도 끝까지 지켜보게 됩니다.

여성 억압의 이데올로기로 사용된 산예·혈예

본론에서 조금 벗어난 이야기입니다만, '삼부정(三不淨)'이라는 불결함(穢, 게가레)[36]의 개념이 등장하게 된

35　헤이안 시대 중기에서 후기까지의 공경·가인이자 섭정·관백이다. 후지와라노 홋케 일가로 섭정 태정대신 후지와라노 미치나가의 장남이다.

36　예(穢)는 '더럽다.'는 뜻으로 죽음, 출산, 피가 상징하는 부정(不淨)을 의미한다.

경위에 대해 언급해두고자 합니다.

　삼부정이란 사예(死穢, 시에)·산예(産穢, 산에)·혈예(血穢, 게쓰에)를 가리킵니다. 사예는 남녀 모두에게 공통됩니다만, 산예나 혈예는 여성 특유의 것으로서 이는 때로 여성을 억압하는 장치로 작용했습니다.

　사실 여제가 연속되었던 아스카, 나라 시대의 기록에는 여성 특유의 불결함에 대한 언급이 없습니다. 그렇다면 이러한 개념이 언제부터 일본에서 유포되었던 것일까요.

　이에 관해 일본의 민속학자이자 역사학자인 다카토리 마사오는 그 개념의 성립을 신도(神道)가 성립하는 시기와 유사한 나라 시대 말기로 보고 있습니다.

> 길(吉)과 흉(凶), 청결(淨)과 불결(穢)과 같은 대립개념을 조작하여 금기의식의 누적뿐만 아니라, 그 과잉[원문에서는 架上-인용자 주]과 증식을 시작한 이는 이와 같은 어휘를 초래한 외래문화에 한층 더 발 빠르게 접촉할 수 있었던 귀족들이었다. 특히, 나라 시대 말기에 그들 사이에서 이러한 개념이 급속하게 퍼져 나간 이유는 앞서 서술했다.(『神道の成立』)

　다카토리가 여기서 말하는 '이유'란, 쇼무에서 쇼토쿠에 걸쳐 이루어진 불교정치의 반동으로서 귀족들 사이에서 중국의 유교나 음양도(陰陽道, 온묘도)가 수용되었는데, 여기에 불교적 개념인 정예(淨穢)와 같은 대비되는 감각이 더해져 금기의식의 비대화가 시작된 것을 가리킵니다. 그리고 대륙 문화를 일찌감치 접할 수 있었던 헤이조쿄 주변에 거주하던 귀족들이 바로 이러한 의식의 담당자가 되었다는 것입니다.

헤이안 시대로 들어서자 이 부정(不淨)의 개념은 명백히 명문화되게 됩니다. 9세기 전반에 편찬, 시행된 '홍인식(弘仁式, 코닌시키)'에서는 산예가 처음으로 규정되었으며, 이어서 9세기 후반의 '정관식(貞觀式, 조간시키)'에서는 임산부나 월경에 대한 기피, 즉 혈예가 규정됩니다. 중세 연구자 이토 기요시(伊藤喜良, 1944~)[37]는 "9세기 중반부터 10세기에 걸쳐 황궁이나 신에게 제사를 올리는 의식에서 피를 기피했음을 언급하고 있다. 이와 관련해서 '정관식'에서 회임이나 달거리(생리)에 대한 기피 조항이 성립됐다고 전해진다."라면서, 이러한 부정의 개념이 여성차별과 연관되어 있었나고 설명힙니다(「王權をめぐる穢れ 恐怖 差別」).

이는 동시에 천황이나 궁정은 '청정해야만 한다.'는 관념의 강화와 결부되어 있습니다. "부정(穢)의 관념이 비대해질수록, 그 반대급부로 의식되는 '청결(淨)·성스러움(聖)'의 관념 역시 그에 비례하여 극대화되어 간다. 다시 말해, 왕권의 성스러움(聖性)이 강하게 요구되었던 것이 10세기이고, 시대가 흐를수록 왕권뿐만 아니라 황궁이나 헤이안쿄의 '청결·성스러움'이 함께 요구되게 된 것이기 때문입니다."(「王權をめぐる穢れ

37 일본의 중세 연구자로 남북조동란·무로마치 시대 역사를 전공하고 있다. 일본 중세의 사회·문화와 국가를 고찰하며, 현대 사회와 문화, 국제관계를 연구해 왔다. 대표저서에 『남북조동란(南北朝の動亂)』,『일본중세의 왕권과 권위(日本中世の王權と權威)』,『아시카가 요시미쓰(足利義滿)』가 있다.

38 후지와라노 모로스케(藤原師輔)의 장녀이며 제62대 무라카미 천황의 중궁이다. 제63대 레이제이 천황과 제64대 엔유 천황의 생모이다.

이보다 구체적인 예는 『신도의 성립(神道の成立)』에 기록되어 있습니다. 예를 들어 964년[康保元年]에 무라카미 천황의 중궁인 후지와라노 안시(藤原安子, 927~964)[38]는 산예가 황궁에 누가 되는 것을 기피하여 주전료[主殿寮, 도노모료, 궁중의 가마·휘장·등촉 등의 배급을 담당하던 관청]를 해산실로 삼은 것도 그러하며, 또 그녀가 황녀를 출산한 직후 용태가 급변해서 사망하게 되었을 때, 천황은 사예를 두려워한 나머지 임종을 지키지 않았다고 기록되어 있습니다. 또한, 1011년[寬弘8]에 이치조 법황의 장송(葬送)에도 후지와라노 미치나가, 산조 천황, 아쓰히라 친왕, 이치조의 중궁이었던 후지와라노 쇼시 등이 같은 이유로 참석하지 않았다는 기록도 존재합니다.

부정[穢]을 기피하여 천황은 출산이나 장례가 이루어지는 현장에 가까이 가지 않는 관습이 헤이안 시대에 이미 정착되었던 겁니다. 이러한 부정의 개념이 천황의 양위를 정착시킴과 동시에 여성 천황을 기피하는 하나의 요인이 되었던 측면도 부정할 수 없을 겁니다.

참고로 현재도 천황이나 황후가 사망하면 그 뒤를 잇는 천황이나 황족은 1년간 궁중 제사에 참석하지 않습니다. 황후나 황태자비가 출산을 하거나 달거리를 할 때도 일정 기간 제사에 나가지 않습니다. 이 역시 부정을 기피하는 관례가 유지되고 있다고 볼 수 있습니다.

섭관정치에서 '원정' 체제로

다시 본론으로 돌아가, 섭관정치 이후의 동향에 대해 살펴보고자 합니다.

후지와라노 홋케 가문의 영화(榮華)는 고산조 천황의 즉위로 전환점을 맞게 됩니다. 고산조 천황은 후지와라노 홋케 출신의 외척이 없는 천황으로, 친정[親政, 천황이 직접 정치를 관장함]을 시행했습니다.

뒤를 이어 즉위한 시라카와 천황 역시 섭관가의 쇠퇴를 틈타 친정을 실시합니다. 그는 1086년[應德3]에 아들인 호리카와(堀河) 천황 [1079~1107, 제73대 천황, 재위1087~1107]에게 양위하고 상황이 된 뒤에도 여전히 정무를 집행했습니다. 이것이 본격적인 원정의 시작입니다. 이후 그는 1096년[永長元年]에 출가하여 법황이 됩니다.

시라카와 상황·법황은 호리카와, 도바, 스토쿠 천황의 3대에 걸쳐 43년간이나 원정을 실시했습니다. 이 원정은 1840년[天保11] 고카쿠 상황이 사망할 때까지 약 700여 년 동안 단속적(斷續的)으로 이어졌습니다.

그렇다면, 과연 원정은 무엇을 의미하는 걸까요. 이는 천황의 모친쪽 친족인 섭관가[후지와라 가문]로부터 천황의 부친 쪽 친족인 원(院)으로 권력이 이행하는 것을 의미합니다. 원정을 행하는 상황은 '천하를 다스리는 군주'라 불리는데, 이는 곧 천황의 지위가 추후 '천하를 다스리기'

〈천황가계도4〉

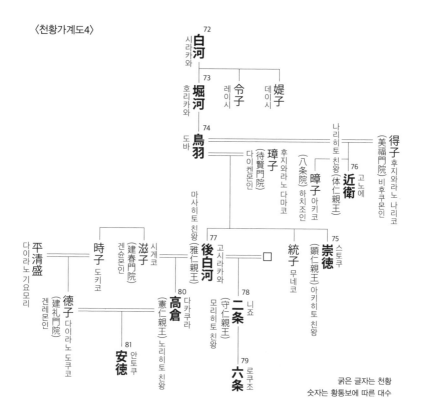

굵은 글자는 천황
숫자는 황통보에 따른 대수

39 준모(准母)란, 천황의 생모가 아닌 여성이 의사생모(擬似生母)가 되어 생모에 준하는 지위를 얻은 것이며, 그 중에서도 황후로서 책봉되는 경우를 준모입후(准母立后, 준보리쓰고)라고 한다.

40 일본의 고대중세사 연구자이다. 본고에 제시된 『중세

위한 과도기적인 것에 지나지 않게 되어, 천황은 실질적인 의미를 잃게 됩니다.

그러나 원정의 시작과 거의 동시에 준모입후(准母立后, 준보리쓰고)[39]도 등장하게 됩니다. 고대 중세사 연구자 구리야마 게이코(栗山圭子, 1971~)[40]는 저서 『중세왕가의 성립과 원정(中世王家の成立と院政)』에서 준모

입후에 관해 상세하게 설명하고 있습니다. 그 내용에 따르면, 준모입후란 결혼하지 않은 황녀(內親王)가 천황의 생모가 아님에도 불구하고 어머니에 준하는 황태후가 되는 겁니다. 1091년[寬治5]부터 1248년[寶治2]까지 준모입후의 예가 9차례나 있습니다. 후술하게 될 고시라카와(後白河)를 제외한 모든 천황은 15세 이하의 어린 천황으로, 그들은 생모가 없거나 혹여 생모가 있어도 후위(后位)에 오르지 않거나 또는 생모가 후위에 오른 경우일지라도 모두 원호(院號)를 하사 받아 황태후로 사망하는 경우입니다.

섭관정치 시대에 어린 천황의 후견인을 담당한 것은 어린 천황의 생모나 조모였습니다. 한편, 준모(准母)는 어린 천황의 생모나 조모도 아니거니와 본처도 아닙니다. 따라서 이러한 여성이 어머니에 준하여 황후에 오르는 일은 일본의 독특한 현상이었습니다.

그 최초의 예로 1091년[寬治5], 시라카와 천황의 양위에 이은 호리카와 천황의 시대를 들 수 있습니다. 호리카와 천황의 생모는 이미 사망했기 때문에 시라카와 상황의 황녀인 데이시[媞子, 1076~1096, 시라카와 천황의 첫째 황녀][41]가 동생 호리카와 천황의 준모로서 황후에 책봉되어 중궁이 되었습니다. 이는 천황의 배우자가 아닌 여성이 중궁 즉, 황후가 된 최초의 사례입니다.

왕가의 성립과 원정(中世王家の成立と院政)』을 통해서 원정(院政)의 기초였던 '家(이에)'의 형태란 어떠한 것이며 원궁(院宮)의 가정기관(家政機關)의 변용 및 왕가에서 태어나 섭정가 양녀로 들어간 사례, 준모입후, 천황의 생모의 정무 관여라는 요소를 검증함으로써 그 실태를 파악했다. 천황 일족이 중세적인 '이에'를 형성해 가는 과정을 밝히고, 왕가와 원정의 연관성을 논하고 있다.

41 헤이안 시대 시라카와 천황의 첫째 황녀이며, 어머니는 중궁인 후지와라노 겐시(藤原賢子)이다. 남동생인 호리카와 천황의 준모이자 중궁이다.

42 헤이안 시대 시라카와 천황의 셋째 황녀이며, 어머니는 중궁인 후지와라노 겐시이다. 남동생은 호리카와 천황이고 1107년에 도바 천황의 준모가 된다. 이후 황후가되며 1130년에는 태황태후가 된다.

이어서 1107년[嘉承2]에 5살짜리 도바 천황이 즉위하는 당일에 시라카와 법황의 황녀이자 큰어머니인(伯母)인 레이시[令子, 1078~1144, 시라카와 천황의 셋째 황녀]⁴²가 준모입후를 합니다. 8세의 나이로 즉위한 호리카와와 달리 도바는 혼자서 가마를 탈 수가 없었습니다. 따라서 즉위식에서 레이시는 도바와 같은 가마를 타고 옥좌에도 함께 앉았던 겁니다.

호리카와 천황이나 도바 천황 모두 어린 나이에 모친을 잃었습니다. 그들이 천황이 될 즈음 굳이 모친의 역할을 대리하고자 한 이유는 어떤 형태로든 그 역할을 담당할 만한 인물이 필요했다는 말이겠지요.

'국모'로 여겨진 후지와라노 나리코

도바 천황 시대에 권력을 장악하고 있던 인물은 시라카와 법황이었습니다. 1117년[永久5]에는 시라카와 법황의 양녀인 후지와라노 다마코(藤原璋子, 1101~1145)가 입궁하였으며, 이듬해에는 도바의 중궁으로 아키히토(顯仁) 친왕[훗날의 스토쿠 천황]과 마사히토(雅仁) 친왕[훗날의 고시라카와 천황] 등을 낳습니다[『고사담(古事談)』에는 아키히토 친왕이 시라카와 법황의 아들이라는 이야기가 전해지고 있다]. 도바는 1123년[保安4]에 스토쿠 천황에게 양위합니다만, 그 실권은 시라카와 법황이 계속해서 장악했습니다.

그러나 시라카와 법황이 사망하고 도바 상황이 1129년[大治4]부터 원정을 시작하자, 다마코를 대신해서 새로이 입궁한 후지와라노 나리코(藤原得子, 117~1160)가 도바의 총애를 받게 되어 아키코(暲子) 내친왕[1137~1211, 도바 천황의 황녀]과 나리히토(體仁) 친왕[훗날의 고노에(近衛) 천황, 1139~1155, 제76대 천황, 재위 1142~1155]을 낳게 됩니다. 1141년[永治元年]에 도바 상황은 스토쿠 천황에게 양위를 압박하여 3세였던 고노에(近衛) 천황을 즉위시키면서 나리코는 상황의 왕비, 즉 현대식으로는 상황후이자 황후로 추대됩니다. 이어 이듬해에 '나리코 황후 저주 사건(皇后得子呪詛事件)[43]'이 발각되면서 다마코가 출가의 궁지에 몰리게 되면서 나리코의 지위는 반석에 오르게 됩니다.

그러나 고노에 천황이 17세의 나이로 사망하게 되면서, 도바 법황은 나리코와 함께 정권 구상을 재검토합니다. 『우관초』에 의하면, 이때 도바 법황은 고노에 천황과 마찬가지로 나리코가 낳은 아키코를 여제로 옹립시킬 경우까지 고려한 듯합니다. 그러나 황자와 황손이 여럿 존재했던 탓에 굳이 아키코를 여제로 세울 필요는 없었습니다. 결국, 훗날 고시라카와

43 고노에 천황의 즉위 이후 나리코(得子)를 표적으로 한 저주 사건의 배후가 다마코(璋子)라는 풍문이 돌았다. 결국 권세를 잃은 다마코는 이듬해인 1142년에 출가를 하고 3년 후에 사망했다.

천황의 첫 번째 황자로, 모친이 사망해 나리코의 양자로 들어왔던 모리히토(守仁) 친왕[훗날의 니조(二條) 천황]을 천황으로 세우려 합니다. 그에 앞서 부친을 천황으로 삼을 필요가 있었기 때문에 마사히토 친왕을 먼저 그 중계 역할인 천황[고시라카와 천황]으로 즉위시킵니다.

도바 법황이 1156년[保元元年]에 사망한 직후 호겐(保元)의 난44이 일어납니다. 그럼에도 불구하고 나리코는 여전히 권력을 장악하고 있었습니다. 그 증거로 1158년[保元3] 1월에 고시라카와 천황이 나리코를 '국모'로서 배알하기 위해 행차(朝覲行幸)했던 것을 들 수 있습니다.

구리야마 게이코는 "나리코는 모리히토뿐만 아니라, 고시라카와와도 의제적(擬制的)인 친자관계를 설정함으로써 모리히토에게 황위 계승을 이어가려던 당시의 정권 속에 고시라카와의 입지를 세워주려 노력했다."라고 말합니다(『中世王家の成立と院政』). 다시 말해서 나리코는 '모친'의 권력을 최대한 행사하여 훗날 니조 천황뿐만 아니라, 본래 엄연히 다마코라는 생모가 존재하는 고시라카와에 대해서도 생모 대역을 행하고자 했던 것입니다.

그러나 고시라카와는 그 후 불과 1개월 후에 누

나인 무네코[統子, 1126~1189, 제77대 고시라카와 천황의 준모·도바 천황의 황녀]를 스스로 준모로 삼습니다. 그러나 이 경우는 더 이상 어린 천황이 아님에도 불구하고 준모를 세운 극히 이례적인 경우라 할 수 있습니다. 이는 '모친'의 권력 강화를 도모하는 나리코에게 대항하기 위해 고시라카와가 굳이 준모를 내세웠던 것입니다. 구리야마는 "고시라카와가 누나를 옹립한 데에는 다마코[待賢門院, 다이켄몬인]의 소생자(所生子)와의 연대를 복원함과 동시에 도바의 황통과는 다른, 어머니 다마코와 증조부 시라카와의 권위를 잇는 별개의 황통을 지향하는 고시라카와의 의지가 함의되어 있던 게 아닐까?"(『中世王家の成立と院政』)라고 추측하고 있습니다.

정무를 대행한 다이라노 시게코

1158년[保元3] 8월, 고시라카와 천황이 양위하여 상황이 되면서 나리코의 계획대로 모리히토 친왕이 천황[니조 천황]이 됩니다. 그러나 나리코는 1160년[永曆元年]에 44세로 사망합니다. 그녀의 속박에서 해방된 고시라카와 상황은 다이라노 기요모리(平清盛, 1118~1181)[45]의 정실인 도키코(時子, 1126~1185)의 이복 여동생 다이라노 시게코(平滋子, 1142~1176)를 총애하게

됩니다. 다이라노 시게코는 1161년[應保元年]에 훗날
다카쿠라(高倉) 천황이 되는 노리히토(憲仁) 친왕을 낳
습니다. 그녀는 1167년[仁安2]에 정식으로 고시라카와
상황의 여어가 되며, 이듬해인 1168년[仁安3]에는 다
카쿠라 천황 즉위와 동시에 황태후가 되었습니다. 그
리고 1169년[嘉應元年]에 원호(院號)를 하사받아 건춘문
원[建春門院, 젠슌몬인]이 됩니다. 그 직후에 고시라카와
상황도 출가하여 법황이 되었습니다.

가마쿠라 시대 초기에 성립한 『다마키와루(たま
きはる)』[46]라는 회상록이 있습니다. 저자는 건춘문원을
섬기던 겐고젠(健御前, 1157~?)[47]이라는 여성입니다. 그
내용 중에 "전반적인 정치를 비롯하여 세세하고 자세
한 것까지 시게코의 마음이 미치지 않는 바가 없다고
뭇사람들 역시 그리 여기는 듯하다."(『たまきはる』)라는
구절이 있습니다. 즉, 누구나 인정할 정도로 시게코는
대단한 권력을 가지고 있었음을 짐작할 수 있습니다.

구리야마 게이코 역시 "시게코는 고시라카와
의 부재 시에 정무 운영을 대행하는 기능을 다 했다
고 평가할 수 있다."고 적고 있습니다(『中世王家の成立と
院政』). 고시라카와는 서둘러 양위하여 증조부인 시라
카와와 마찬가지로 상황과 법황이 되어 원정을 실시
했습니다. 그러나 그렇다고 해서 그가 언제나 황거

(都) 내에서 실권을 잡고 있던 것은 아니었습니다. 그는 역대 상황이나 법황 중에서도 가장 많은 서른네 번이나 구마노(熊野)로 참배를 갔기 때문에 그때마다 황거를 떠나 있었고 그의 부재중에는 시게코가 고시라카와의 정무 운영을 대행했던 겁니다.

다이라노 기요모리와 도키코 부부의 딸로서 다카쿠라 천황의 중궁이 되어 안토쿠 천황을 낳게 되는 다이라노 도쿠코[平德子, 1155~1213, 제80대 다카쿠라(高倉) 천황의 황후] 역시 시게코와 조건상 매우 흡사한 경우에 속합니다. 그러나 어떤 결정적인 차이가 두 사람의 생애를 크게 좌우하게 됩니다.

원정 체제하에서 천황의 모친인 여성이 권력을 장악함에 있어 남편인 천황[또는 상황, 법황]의 존재를 간과할 수 없었습니다. 시게코의 경우는 고시라카와가 장수하여 그 대행으로서 권력을 휘두를 수 있었던 데 반해, 도쿠코는 일찍이 다카쿠라를 여의게 됩니다. 또한, 도쿠코의 경우 다카쿠라의 사망과 거의 동시기에 다이라(平氏) 가문의 정권이 붕괴했기 때문에 권력을 장악하지 못한 채 정치의 중추에서 멀어질 수밖에 없게 됩니다.

중국 수렴청정과의 차이

지금까지 살펴본 바와 같이, 헤이안 시대에는 섭관정치하에서 천황의 모친이 된 후지와라 가문의 여성들이 상당한 권력을 손에 쥐고 있었음을 알 수 있었습니다. 후지와라노 쇼시가 이치조 천황의 중궁이 되고 더 나

아가 황태후, 태황태후, 상동문원[조토몬인]으로서 정치에 깊숙이 관여했던 시기에 중국에서는 수렴청정이 시행되고 있었습니다.

중국에서는 907년[天祐4]에 당나라가 멸망하고 960년[建隆元年]에 북송(北宋)이 건국됩니다. 송나라에서는 모두 9명의 모후(母后)가 수렴청정을 실시합니다.

중국 북송의 3대 황제였던 진종[眞宗, 968-1022] 이후, 1022년[乾興元年]에 4대 황제 인종[仁宗, 1010-63]이 즉위하자, 진종의 황후였던 장헌명숙[章獻明肅, 968-1033]이 황태후[章獻劉太后, 장헌류태후]가 되어 정치를 행하였습니다. 이는 황제의 서거 후, 측실이 낳은 인종이 13세의 나이로 즉위하고, 황후가 황태후가 되어 실권을 쥐게 되는 전형적인 수렴청정의 패턴입니다.

후지와라노 쇼시와 장헌명숙 황후는 같은 시대를 살았습니다만, 894년[寛平6]에 견당사가 폐지된 이후 일본과 중국 간의 정식 외교 관계는 없는 상태였으므로 서로가 상대의 존재를 알지 못했다고 봅니다. 이런 점에서는 제1장에서 언급한 아스카, 나라 시대처럼 중국의 정치가 일본에 영향을 미치지는 않았던 겁니다.

따라서 보다 자세하게 비교, 검토해보면 중요한 차이점을 발견할 수 있습니다. 그중 하나는 송대의 수렴청정에서는 황제의 외척이 철저하게 배제되어 일본의 섭관정치나 다이라 가문의 정권과 같은 외척이 권력을 장악하지 않았다는 점입니다.

미국의 연구자 존 W. 채피(John W. Chafee, 1948~)[48]는 송대의 수렴청정에 대해 "송대에는 법률과 전통 덕분에 황후의 절정기나 수렴청정 시기에도 외척은 거의 예외 없이 정치적으로 영향력을 갖기에 부족한 존재

였다. 아울러 송대의 수렴청정에서 황후는 권력과 개인적 권위를 두드러지게 행사했다.”(『宋代における垂簾聽政(皇后攝政)』)라고 적고 있습니다.

또 하나의 다른 점은 중국 황제는 기본적으로 종신 재위하며 원정을 하지 않는다는 것입니다. 따라서 황제가 일찍 사망하면, 다음 황제를 누구로 정할 것인지에 대한 결정권을 포함하여 황제가 가진 권력은 수렴청정을 실시하는 황태후에게 그대로 계승됩니다. 장헌명숙 황태후의 경우도 그녀가 내리는 명령은 황제의 명령과 동일한 '성지(聖旨)'(『垂簾聽政』)로 불렸습니다.

한편, 일본에서는 천황의 외척이 권력을 가진 데다가 외척의 권력이 쇠퇴한 후에도 양위하여 상황에 오르는 천황이 잇따랐기 때문에 황태후나 태황태후가 천황의 권력을 고스란히 계승한 수가 없었습니다. 이점에 있어서는 일본의 여성이 권력을 장악할 수 있는 조건이 더욱 엄격했으며, 게다가 섭관정치에서 원정으로 바뀌면서 그 조건이 한층 더 까다로워졌다고 할수 있습니다.

구리야마 게이코는 섭관기와 원정기의 국모의 차이에 대해 다음과 같이 설명합니다.

원정기(院政期)의 국모가 갖는 권력 행사의 특질은 천

48 미국의 역사학자이며 특히 중국의 송대를 중심으로 연구하고 있다. 송대 중국인의 문화사와 생활사, 황실 등을 그동안 사료로서의 가치를 제대로 인식하지 못하고 있던 이견지(夷堅志) 등의 지괴(志怪) 소설류 및 광범위하게 존재하는 지방지를 전체적으로 분석하는 방법을 동원해 연구한다.

황의 〈모친〉임과 동시에 원(院)의 〈처〉여야 비로소 기능할 수 있다는 것이었다. 섭관기(攝關期)의 국모가 천황의 〈모친〉으로서 천황과의 직접적 관계를 바탕으로 국정에 참여하는 데에 반해…… 원정기 국모의 권력은 천황의 〈모친〉이라는 것만으로는 발현할 수 없으며, 부원(父院)의 존재를 전제로 하고 그 권위로부터 정당성을 부여받아서 발동했다. 애초에 천황의 〈모친〉이 될 수 있는…… 그 자체가 원(院)에 의한 선별의 결과이며, 국모의 존립 그 자체는 원(院)이 좌우했다. (『中世王家の成立と院政』)

이와 같은 지적처럼, 천황의 모친이라는 것만으로도 권력을 휘두를 수 있었던 섭정기와 상황이나 법황의 존재를 필요로 했던 원정기와는 그 차이가 분명히 존재했던 겁니다. 그러나 보다 거시적으로 생각해 보면, 섭관정치에서 원정으로 바뀌어도 천황의 모친이 권력을 쥘 수 있는 여지가 있었다는 점에서 어느 정도 연속성이 있다는 견해도 아주 불가능한 건 아닙니다.

지금까지는 섭관정치에서 원정으로의 이행에 따라 모계(母系)에서 부계(父系)로 권력이 이동했다는 것이 주된 논조였습니다. 그러나 아무리 권력유지의 형태가 변했다고 해도 헤이안 시대는 내내 여성이 천황의 모친 내지 준모로서 힘을 발휘할 수 있는 상황이 존재했습니다. 이는 쌍계제(雙系制)의 정치문화가 여전히 남아 있었기 때문입니다.

그렇다면 이 같은 현상은 이후 본격적인 무가사회(武家社會)의 도래로 인해 어떻게 변화되었을까요? 다음 장에서는 중세의 권력 구조와 여성에 초점을 맞추어 이야기해 보겠습니다.

제3장

장군 등의 모친이 힘을 가졌던 시대

: 가마쿠라·무로마치·아즈치모모야마 시대

무가사회라고 하면 귀족사회보다 강한 가부장제의 특징이
먼저 떠오르기 마련입니다.
그러나 가마쿠라 시대에서 아즈치모모야마 시대까지의 역사를 돌아보면,
실제로 시대마다 강력한 권력을 장악한 여성들이 출현합니다.
그렇다면 이 여성들은 부권이 강성했던 무가사회에서 어떠한 형태로
권력을 손에 넣을 수 있었을까요? 무가사회는 장군의 모친이 권력을
장악할 수 있었습니다. 이는 부계제가 확립된 중국이나
조선의 임조칭제 또는 수렴청정과 유사한 구조가 존재했기 때문입니다.

귀족사회에서 무가사회로의 이행

헤이안 시대 말기에 대두되기 시작한 무사(武士)에 의해 동국(東國)의 가마쿠라(鎌倉)[1]에 새로운 정권이 탄생하고, 바야흐로 시대는 헤이안에서 가마쿠라로 변해가고 있었습니다. 이는 곧 귀족사회에서 무가사회로의 이행을 의미합니다.

무가사회라고 하면 귀족사회보다 강한 가부장제의 특징이 먼저 떠오르기 마련입니다. 그 근거 중의 하나가 바로 혼인형태의 변화입니다.

헤이안 시대 귀족사회에서 아내방문혼[2]이 처가살이혼[3]으로 변해가는 이행의 흔적이 발견되긴 하지만, 그래도 기본적으로 아내 쪽에 거점을 두는 혼인생활이 유지되어 왔습니다. 그러나 무가사회에서는

1 미나모토노 요리토모(源賴朝)가 다이라(平氏) 가문을 멸망시키고 일본 최초의 무가 정권인 가마쿠라 막부를 세운 1180년대부터 1333년까지를 막부가 있던 소재지의 이름을 따서 '가마쿠라 시대'라고 부른다.

2 츠마도이콘(妻問い婚), 또는 가요이콘(通い婚)을 말한다. 남녀가 결혼 후에도 각자의 집에서 살다가 신랑이 신부의 집을 방문하여 부부관계를 유지하는 혼인 형태이다. 일본의 야마토 시대에 성행하여 헤이안 시대까지 천 년이 넘게 이어졌다. 여기서 태어난 자식들은 어머니와 생활을 하였으며, 이것은 모계 제도의 흔적이 남아 있는 혼인 형태로서 여성이 혼인의 주체로 주도적인 역할을 한다는 점이

큰 특징이다.

3 무코토리콘(婿取り婚)이라고 부른다. 데릴사위로 사위가 아내의 집으로 들어가는 혼인 형태이며 귀족계층을 제외한 평민 가정에서는 '시집살이혼'을 대신했다. 이는 일본 사회에서 주요한 혼인 형태로 오랫동안 지속되었다.

4 요메토리콘(嫁取り婚)을 말한다. 무사계급의 출현과 더불어 나타났으며 여성이 남성의 집으로 들어와 살게 되는 혼인 형태이다.

5 오다 노부나가(織田信長)와 도요토미 히데요시(豊臣秀吉)가 정권을 잡았던 시대이다. 대체로 오다 노부나가가 아시카가 요시아키(足利義昭)를 추방한 1573년부터 도쿠가와 이에야스(德川家康)가 에도 막부를 수립한 1603년까지를 이른다.

6 가마쿠라 막부를 창립한 제1대 장군이다. 1180년에 군사를 일으켜 다이라 가문을 멸망시키고 전국적으로 무사 정권의 기초를 닦았으며, 막부라고 하는 독자적인 무사 정권의 지배기구를 만들어 이후 무로마치 막부, 에도 막부로 이어지는 일본의 무사 정권의 시대를 열었다.

7 1336년부터 1573년까지

남편이 토지를 벗어날 수 없기 때문에 아내가 남편의 거주지로 이전하여 동거하는 시집살이혼4이 점차 확산되기 시작합니다. 혹자는 이러한 형태를 근거로 부권(父權)이 보다 강했다는 견해를 내세우기도 합니다.

그러나 가마쿠라 시대에서 아즈치모모야마(安土桃山) 시대5까지의 역사를 돌아보면, 실제로 시대마다 강력한 권력을 장악한 여성들이 출현합니다. 그 필두에 선 이가 바로 가마쿠라 막부의 초대 장군(將軍, 쇼군) 미나모토노 요리토모(源賴朝, 1147~1199)6의 정실인 호조 마사코(北條政子, 1157~1225)이며, 그 밖에 무로마치(室町) 막부7의 8대 장군 아시카가 요시마사(足利義政, 1436~1490)8의 정실인 히노 도미코(日野富子, 1440~1496)와 전국시대를 제압한 도요토미 히데요시(豊臣秀吉, 1537~1598)9의 측실[후궁]인 요도도노(淀殿, 1569?~1615)10 등이 이에 속합니다. 이 여성들은 요즘 방영하는 대하드라마에서도 자주 등장하는 인물로서, 모두 나라를 움직인 '강한 여성'으로 묘사되곤 합니다.

그렇다면 이 여성들은 부권이 강성했던 무가사회에서 어떠한 형태로 권력을 손에 넣을 수 있었을까요?

여기서 다시 중심키가 되는 것이 바로 '모친'입니다. 헤이안 시대 후기 섭관정치에서 원정으로 정치

형태가 이행함에 따라 천황의 모친[국모, 황태후]이 권력을 장악할 수 있는 조건이 상당히 까다로워진 것에 비해, 가마쿠라 시대에 성립한 본격적인 무가사회는 장군의 모친이 권력을 장악할 수 있게 되었습니다. 이는 부계제가 확립된 중국이나 조선의 임조청제 또는 수렴청정과 유사한 구조가 존재했기 때문입니다.

장군의 미망인으로서 권력을 쥔 호조 마사코

귀족사회에서 무가사회로의 이행은 여러 가치관이나 관습의 충돌을 낳았는데, 미나모토노 요리토모와 호조 마사코의 결혼이 그 대표적인 예입니다.

앞서 무가사회의 성립으로 혼인형태에도 변화가 생겼다고 말했습니다만, 이는 결국 부부관계에도 커다란 영향을 미치게 되었습니다. 다시 말해, 아내가 남편의 거주지로 이주하여 동거하게 되면서 남편은 대외 활동을 담당하고 아내는 집안을 책임지는 역할분담이 생겨난 것입니다. 부부가 각자의 역할을 담당하여 하나의 가계(家)를 유지하게 되면 부부간의 일대일 관계가 강해지기 마련입니다. 이는 아내나 첩이 여러 명 있는 것을 당연시 여겼던 귀족사회와는 크게 다른 점이라 할 수 있습니다.

일본을 통치한 막부이다. 교토(京都)의 아시카가 다카우지(足利尊氏)가 정이대장군(征夷大将軍)이 되어 무로마치 막부를 개설한 이후 15대 장군인 아시카가 요시아키가 오다 노부나가 타도를 위해 군사를 일으켰다가 패배하고 교토에서 탈출하면서 멸망하기까지의 시기이다.

8　막부의 제8대 장군이다. 오닌의 난(応仁の乱)을 수습하지 못한 채 1473년에 아들인 요시히사(義尚)에게 장군직을 물려주고 부인 히노 도미코에게 사실상 후견인 역할을 맡겼다.

9　일본의 무장이자 정치가이다. 1558년 오다 노부나가를 섬긴 이후 거듭 공을 세워 중용되기 시작하였으며, 1573년 아자이(浅井) 가문을 멸망시켰다. 1582년 '혼노지의 변(本能寺の変)'으로 오다 노부나가가 사망하자 곧바로 배신자 아케치 미쓰히데(明智光秀)를 죽였다. 이 일을 계기로 권력을 장악하게 되고, 노부나가의 아들들을 제거하고 도쿠가와 이에야스 등 각 지역의 다이묘들을 굴복시켜 일본 국내 통일을 달성했다.

10　부친은 오다니성(小谷城) 성주인 아자이 나가마사(浅井長政)로, 히데요시의 공격을 받아 사망했다. 이후 히데요

시의 보호 하에 들어갔으며 히데요시의 측실이 되어 히데요리를 낳았다. 히데요시가 사망한 후 히데요리를 후견하며 오사카성(大阪城)의 실권을 잡았지만, 도쿠가와 이에야스와의 전투에서 패해 히데요리와 함께 자결하였다.

11 옛날 일본의 지방행정 구분이었던 영제국(令制国, 료우세이코쿠, 일본 고대 율령제 하에서 영에 의해 정해진 행정 단위) 중 하나로, 동해도(東海道)에 해당한다.

12 일본의 역사학자로 일본 중세사와 여성사를 연구하고 있다. 본서에 제시된『호조 마사코(北条政子)』에서 가마쿠라 막부의 초창기를 이끌고 격동의 시대를 살아온 호조 마사코의 정치적 수완과 심성, 생활을 통해 그녀의 새로운 모습을 재조명하고 있다.

이즈국(伊豆國)[11]의 호족(豪族) 집안에서 태어난 호조 마사코는 바로 그와 같은 무가사회풍의 부부관계를 보고 자랐습니다. 한편, 미나모토노 요리토모는 1147년[久安3]에 교토에서 태어나 일부다처제를 따르는 귀족사회 속에서 성장했습니다. 즉, 두 사람은 완전히 다른 가치관을 가진 세계에서 나고 자랐던 겁니다.

사실 요리토모가 호조 마사코와 결혼한 후에도 다른 여성과 관계를 가졌던 것은 익히 알려진 사실입니다. 그리고 마사코도 요리토모의 그런 부정(不貞)에 대한 분노를 굳이 감추려 하지 않았습니다.

여성사를 연구하는 노무라 이쿠요(野村育世, 1960~)[12]는 저서 『호조 마사코(北條政子)』에서 "동국(東國)에서는 이미 남편(一夫)과 아내(一婦)가 강하게 결합하여 가정을 이루고 집안을 함께 꾸려나가는 형태가 일반화되었다. 따라서 마사코에게 남편의 여성 관계는 불륜 외에 그 무엇도 아니었던 것이다."라고 적고 있습니다. 여기서 '불륜'은 너무나도 현대적인 표현이긴 합니다만, 어쨌든 부부간의 결속이 강한 동국 출신의 마사코에게 요리토모의 행동은 결코 용납하기 어려운 일이었던 것입니다.

그 후 1199년[建久10]에 요리토모가 급사하여 마사코는 미망인(後家, 고케)이 되었습니다. 이때 가장권

(家督)은 장남인 요리이에(賴家, 1182~1204)[13]가 이어받고 마사코는 출가하여 비구니(尼)가 되지만, 그 영향력은 오히려 점차 강해졌습니다.

그렇다면 요리토모가 사망한 후 마사코의 힘이 더 강성해진 건 왜일까요? 그 이유를 알아보기 위해서는 당시의 미망인이 어떤 존재였는지 이해할 필요가 있습니다.

노무라 이쿠요는 "중세의 미망인은 남편을 잃은 집안의 가장으로 가옥이나 대지, 영유지 등의 재산을 모두 관리하며 자식들을 감독하고 상속(讓與)을 이행할 수 있는 막강한 존재였다. 자식들에게도 절대적 모권을 갖고 군림하는 실질적이자 정신적인 지배자였다."(『北條政子』)라고 말합니다. 이는 일부일처다첩제가 확립되어 있던 중국이나 조선에서 황제나 국왕이 죽은 후, 미망인인 황태후나 대비가 실권을 잡는 임조칭제나 수렴청정과 매우 흡사합니다.

또한, 일본중세사 연구자인 다바타 야스코(田端泰子, 1941~)[14] 역시 "마사코가 중대사를 재정하고 중신(重臣)들을 통해 이를 집행하며 군대를 움직일 수 있는 강력한 권한을 가질 수 있던 것은 선대 장군의 미망인, 즉 고케라는 위치에 의거하고 있기 때문이다. 이는 일반적으로 무사계급의 집안에서 남편이 죽은 후

13 가마쿠라 막부의 제2대 장군으로 아버지는 초대 쇼군인 미나모토노 요리토모이고, 어머니는 호조 마사코이다. 권력을 강화하려고 했으나 외척 호조 가문과 무사(御家人, 고케닌)들의 반발로 인해 뜻을 이루지 못하고, 결국 장군직을 박탈당한다. 이후 슈젠지(修禪寺)에 유폐됐다가 호조 가문에 의해 암살당하고 만다.

14 일본 중세사와 여성사를 연구하고 있다. 본서에 제시된 『여인 정치의 중세(女人政治の中世)』에서 장군의 정실과 미망인(고케), 생모로서 무사계급의 여성이 어떻게 정치에 관여했는지 밝히고 있다.

아내가 미망인으로서 최고 결정권을 쥐는 형태가 장군가(将軍家)에서도 나타났다는 말이 된다."(『女人政治の中世』)라고 합니다.

황태후[국모·모후] 외에도 상황[父院, 은퇴해 원의 자리에 앉은 부친]이나 외척[攝關, 후견인격의 섭정과 관백]이 공존했던 교토의 조정과 달리, 가마쿠라의 장군가에서는 상황이나 외척에 상응하는 존재가 없었습니다. 그만큼 미망인이 권력을 장악하기에 보다 용이한 조건이었다고 할 수 있겠습니다.

『우관초』에서의 여성 권력자에 대한 평가

가마쿠라 시대 초기 역사서인 『우관초』권6에는 마사코에 대해 다음과 같이 기록되어 있습니다. 인용 내용이 다소 긴 편입니다만, 현대어로 번역하여 소개하고자 합니다.

사네토모(実朝)의 세상이 되어 제대로 막부정치(幕政)의 처리가 이뤄지고 있었으나, 호조 도키마사(北條時政)의 딸인 사네토모(実朝)·요리이에(頼家)의 모친(마사코)이 아직 생존해 있었기 때문에, 사네토모의 모친 세상이었다고 할 수 있다. 도키마사의 아들 요시토키(義時)라는 자에 대해 천황께 말씀드려 이번에도 또 급작스럽게 높은 신분이 되어 우경권대부[右京權大夫, 우쿄곤노카미]라는 관직을 맡았으니, 이들 누이와 형제[실제로 마사코는 요시토키의 누나]가 관동(関東)의 정무를 쥐고 있었던 것이다. 교토에서는 교니이[卿二位, 후지와라노 겐시(藤原兼子)]가 확고부동한 실권을 잡고 있었다. 일본국은 여인이 최후를 마무리하는 나라라는 것은 이제 분명한 진실이라 해야 하지

않을까.(慈圓『愚管抄 全現代語譯』, 大隅和雄譯)

위의 내용은 미나모토노 사네토모(源実朝, 1192~1219)[15]가 3대 장군이 되었으나, 이는 곧 사네토모의 모친인 마사코의 세상이 되었음을 의미한다고 설명하고 있습니다. 또한, 교토에서는 후지와라노 겐시(藤原兼子, 1155~1229)가 권력을 장악하고 있었다는 것도 적고 있습니다.

황태후가 아님에도 고토바(後鳥羽) 천황[1180~1239, 제82대 천황, 재위1183~1198]의 유모인 후지와라노 겐시가 얼마나 권력을 가지고 있었는지는 가인(歌人)으로 알려진 후지와라노 사다이에(藤原定家, 1162~1241)[16]의 일기『명월기(明月記, 메이게쓰키)』의 내용을 통해서도 짐작힐 수 있습니다.

1203년[建仁3] 정월 13일조에는 "지금에 있어서는 권문(權門)의 여방(女房)이 전적으로 고하신다."(『訓讀 明日記』第2卷)라고 나옵니다. 그 전년도까지는 고토바 상황의 외척인 미나모토노 미치치카(源通親, 1149~1202)가 권력을 쥐고 있었습니다. 미치치카가 사망하자 미치치카의 의붓 여동생인 겐시에게로 권력이 이동하여 지금에 이르르는 '권문의 여방', 바로 겐시가 독점적으로 정치를 도맡았다는 말입니다.

15 가마쿠라 막부의 제3대 장군이다. 초대 장군인 미나모토노 요리토모의 차남으로 제2대 장군인 미나모토노 요리이에가 쫓겨난 후 외척인 호조 가문에 의해 옹립되었다. 실질적인 권력은 호조 가문이 쥐었으며, 1219년에 쓰루가오카하치만구(鶴岡八幡宮)에서 요리이에의 아들인 구교(公曉)에 의해 암살당했다. 이로 인해 가마쿠라 막부의 미나모토노(源) 가문의 장군은 단절되었다.

16 헤이안 시대 말기부터 가마쿠라 시대 전기까지의 공가이자 가인(歌人)이다. 조정의 주요 관직을 역임하는 동시에 많은 와카(和歌)를 남겼다.

더욱 흥미로운 것은 이처럼 가마쿠라나 교토에서도 여성이 권력을 갖고 있는 상황을 받아들여 지엔이 '일본국은 여인이 최후를 마무리하는 나라라는 것은 이제 분명한 진실이라 해야 하지 않을까'라고 언급한 부분입니다. 즉, '동서(東西) 양쪽에서 모두 여성이 권력을 잡는 현상이 실제로 일어났다. 이는 여성을 애써 치켜세우고자 하는 게 아니라 실제로 그런 결과가 나타났다.'는 실감이 고스란히 전해 옵니다.

지엔이 이와 같은 글을 쓴 것은 아스카에서 나라 시대에 걸쳐 여제(女帝)가 지속되고, 헤이안 시대는 천황의 모친이 권력을 가지고 있었다는 역사에 근거한 것이라 할 수 있겠지요. 비록 무가사회라 할지라도 커다란 역사적 흐름에서 비춰보면 장군의 모친인 마사코가 권력을 갖는 것이 조금도 이상한 일이 아니었던 것입니다.

무측천과 여후에 비견된 호조 마사코

호조 마사코의 권력이 얼마나 강했는가를 잘 보여주는 당대 문헌으로 가마쿠라 시대 초기에 성립한 군기물어(軍記物語, 군키모노가타리)[17]인 『증아물어(曾我物語, 소가모노가카리)』를 들 수 있습니다. 이 이야기에는 마사코와 요리토모 간의 연애에 대해서도 기록하고 있는데, 그중 가장 주목되는 부분은 권제3의 1절입니다.

애초에 이역(異域)의 측천 황후는 남편을 존중하여 황제의 자리에 오르시고, 우리나라 진구 황후는 주아이 천황의 뒤를 이어 여성의 몸으로 세상을 다스리셨다. 지금, 호조(北條)의 공주 또한 일본국의 수령방백(受領仁)이나 막부(将軍家)의 높은 지위에 오르심이 마땅한 상서로운 기운이시다…….(『曾我物語』)

여기서는 제1장에서 언급한 무측천[측천무후]이 진구 황후와 나란히 등장하고 있습니다. '호조의 공주'는 호조 마사코를 가리킵니다. 마지막 문장을 현대어로 번역하면 다음과 같습니다.

"지금, 호조의 공주도 일본국의 정무를 담당하는 막부의 훌륭한 어전(御殿)에 머물 만한 상서로운 전조를 갖고 있다."

이는 남편이 사망한 후 세상을 다스린 무측천이나 진구 황후에 빗대면서 요리토모의 사망 후 마사코의 권력이 얼마나 막강했는지를 강조하고 있는 것입니다.

조금 다른 이야기입니다만, 메이지(明治)부터 쇼와(昭和) 초기에 걸쳐 활약한 역사가 다케코시 요사부로(竹越與三郎, 1865~1950)[18] 역시 1896년[明治29]에 간행된 『이천오백년사(二千五百年史)』에서 호조 마사코와 무측천을 비교합니다. "그 마사코의 위세와 권위, 뛰어

17 가마쿠라 시대부터 무로마치 시대에 걸쳐 기록된 역사상의 전투를 소재로 한 문예 중의 하나이다. 실제 역사적 사실을 바탕으로 하고 있으나, 설화적 소재나 허구가 섞여 있는 경우도 있다. 당대 전쟁에 관련한 역사적 배경을 살필 수 있는 사료로서의 가치가 있다.

18 일본의 역사학자이며 사상가, 식민학자, 정치가이다. 전후에 공직 추방 지정을 받아 모든 직을 사임했다. 메이지·다이쇼(大正)·전전 쇼와 시대에 걸쳐서 언론계를 이끌었으며, 자유제국주의에 기인한 독자적인 문명사관에 대한 많은 저술을 했다.

19 가마쿠라 막부의 제6대 장군이다. 고사가 천황의 제1황자로, 황족으로서는 최초로 장군이 되었다.

난 재능에 비길 자로는 측천무후가 있다. 그러나 측천의 과감함과 용단에 북인(北人)다운 검소함까지 갖추고 있어 부화[浮華, 겉만 화려하고 실속이 없음]의 세속적 삶에 함몰하지 않고, 측천의 사치와 음란함마저 없었다. 그녀는 수차례 그의 자제를 경계하며 살벌(殺伐)과 쟁탈을 일삼는 가마쿠라의 정치세계에 조화와 인정(人情)을 가져오게 한 가장 중요한 요소가 되었다."(『二千五百年史』三) 즉, 다케코시는 사치가 극에 달하고 음란했던 무측천보다 검소하고 조화와 인정을 중시 여긴 호조 마사코가 더 뛰어나다고 평가하고 있는 것입니다.

또한, 초대 장군인 요리토모부터 6대 장군 무네타카(宗尊) 친왕[1242~1274, 제88대 고사가(後嵯峨) 천황의 황자][19]에 이르기까지 가마쿠라 시대의 역사를 담은『오처경(吾妻鏡, 아즈마카가미)』에도 호조 마사코가 종종 등장합니다. 그 중 유명한 것은 1221년[承久3]에 고토바 상황이 군사를 일으켰던 '조큐(承久)의 난' 때에 호조 쪽의 군세를 고무시킨 마사코의 일화입니다. 당시의 느낌으로 감상하길 바라는 마음에 원문 그대로 인용하고자 합니다.

모두 마음을 하나로 하여 들으라, 이것이 마지막 말

일지니. 옛날 우대(右大, 우다이) 장군이 역적(朝敵)을 정벌하고 관동(關東)을 초창한 이래, 관위든 봉록이든 그 은혜가 산악(山岳)보다 높고 명발(溟渤)보다 깊었으나, 그에 보답하고 감사하는 뜻은 참으로 얕았다. 그런데 지금 역신(逆臣)의 참언으로 부당한(非義) 윤지(綸旨)[20]가 내려졌다. 명예를 아끼는 자들은 속히 히데야스(秀康)·다네요시(胤義)를 토벌하여 3대 장군의 유적(遺跡)을 보전해야 할 것이다. 다만, 원중(院中)으로 가고자 희망하는 자는 바로 지금 분명하게 말하라……. (『吾妻鏡』四)

20 선지(또는 관선지)가 천황의 명을 조정의 태정관(太政官, 다이조칸)을 통해 전달하는 복잡한 형식의 문서라면, 윤지는 천황의 명을 측근 장인(藏人, 구로도)을 통해 간편하게 내리는 형식의 문서를 말한다.

위에서 '옛날 우대(우다이) 장군'은 미나모토노 요리토모를, '명발(溟渤)'은 큰 바다를 의미합니다. 미나모토노 요리토모가 역적을 정벌하고 가마쿠라에 막부를 연 이후의 은혜를 강조함과 동시에, 참언(讒言)으로 인해 도리에 어긋난 윤지(綸旨)를 내린 원인을 제공한 역신 후지와라노 히데야스(藤原秀康, ?~1221)와 미우라 다네요시(三浦胤義, 1185?~1221)를 숙청하도록 하고, 만일 상황 고토바의 군세에 붙고자 한다면 즉시 요청하라고 명령한 당찬 마사코의 말이 문안을 위해 무리지어 있던 무사들에게 전달되어 큰 감동을 불러 일으켰던 것입니다. 이 말을 들은 무사들은 감동이 벅차올라 그저 눈물만 하염없이 흘리며 아무런 대답도 하

21 일본 가마쿠라 막부에서 장군을 도와 정무를 통괄하던 직책을 말한다. 초대 집권은 미나모토노 요리토모의 장인 호조 도키마사, 2대 집권은 호조 요시토키였다. 이처럼 가마쿠라 막부의 집권은 호조 가문이 대대로 계승했으며, 집권정치는 가마쿠라 시대에만 있었고, 이것은 헤이안 시대의 섭관정치와 구별되는 현상이었다. 다만, '집권'이라는 단어는 조정에서도 사용되었던 단어로서 가마쿠라 막부의 독자적인 직책명은 아니었다.

22 호조 마사코의 동생으로, 가마쿠라 시대 막부의 장군의 정무를 대리하는 집권으로 활동했다. 천황이 막부 타도를 위해 일으킨 '조큐의 난'에서 완승하여 호조 집권 정치의 기초를 확립하였다.

23 고사가 천황의 중궁으로 훗날 황태후가 된다. 고후카쿠사 천황과 가메야마 천황의 생모이다.

지 못한 채 오로지 목숨 바쳐 그 은혜를 갚고자 맹세를 했다고 합니다. 무사가 조정에 전면적으로 대항하는 역사상 최초의 전투에서 호조 쪽이 승리를 거둔 배경에는 마사코의 동생인 2대 집권(執權)[21] 호조 요시토키[北條義時, 1163~1224][22] 그리고 그의 장남으로 3대 집권자가 된 야스토키(泰時, 1183~1242)의 통솔력은 물론이거니와 요리토모의 미망인이자 '비구니장군(尼将軍, 아마쇼군)'이라 불렸던 마사코의 존재감 역시 크게 작동했으리라 봅니다.

한편, 패한 조정 쪽에선 고토바, 쓰치미카도[土御門, 1195?~1231, 제83대 천황, 재위1198~1210], 준토쿠[順得, 1197~1242, 제84대 천황, 재위1210~1221], 이렇게 세 명의 상황이 폐위되면서 조정의 권력이 현저히 실추되었습니다. 이후에도 원정 자체는 지속되었고, 제2장에서 다룬 준모입후도 1248년[宝治2]에 고후카쿠사(後深草) 천황[1243~1304, 제89대 천황, 재위1246~1260]의 모후(母后)인 사이온지 기쓰시(西園寺姞子, 1225~1292)[23]가 대궁원[大宮院, 오미야인, 태황태후·황태후의 높임말]이 되면서, 쓰치미카도 상황의 황녀인 기시(曦子) 내친왕[1224~1262, 쓰치미카토 천황의 황녀·고사가 천황의 준모]이 입후(立后)하기까지 지속되었습니다(『中世王家の成立と院政』). 그러나 막부의 권력은 강화되는 반면, 천황과 상황의 권력은 점

차 약화되어 갔습니다. 이로 인해 천황의 모친에 상
응하는 여성이 권력을 장악하는 일은 더욱 어렵게 된
것입니다.

1225년[嘉祿元年]에 호조 마사코는 69세의 나이로
사망했습니다. 당시의 『오처경』에는 다음과 같이 기
술되어 있습니다.

24 일본의 역사학자로 일본
중세사와 도시사(都市史), 가
마쿠라 시대 정치사를 연구하
고 있다. 본서에 제시된『호조
도키요리(北条時賴)』에서 가마
쿠라 중기의 집권으로서 권력
을 쥐고, 집권을 사인한 이후
에도 가마쿠라 막부의 최고
권력자였던 호조 도키요리의
생애에 대해 밝힌다.

전한(前漢)의 여후(呂后)와 같이 천하를 집행하시며, 또
한 진구 황후가 부활하신 듯 우리나라의 황기[皇基, 치
국의 기초]를 옹호케 하셨다.

이번에는 무측천을 대신하여 전한의 여후가 등
장하고 있습니다. 그리고 『증아물어』와 마찬가지로
진구 황후가 인용되고 있는 것도 주목할 만합니다.
'부활하신 듯'이라는 부분은 진구 황후의 환생을 뜻
합니다. 다시 말해서 마사코가 여후나 진구 황후에게
필적할 만한 인물로 여겨지고 있던 것입니다.

5대 집권 호조 도키요리(北条時賴, 1227~1263)는
1256년[康元元年]에 호조 나가토키(北條長時, 1230~1264)
에게 양위한 후 출가했습니다. 자발적으로 양위한 집
권은 도키요리가 처음입니다. 중세사 연구자인 다카
하시 신이치로(高橋慎一郎, 1964~)[24]는 "실제로는 집권직

에서 은퇴 후에도 도키요리는 막부의 실권을 계속 쥐
고 있었기 때문에 집권의 교체는 형식적인 것이었다.
……도키요리의 진정한 목적은 어린 적자인 도키무
네를 하루빨리 후계자로 지명하여 도키무네로의 권
력이양을 보다 순조롭고 평화롭게 실현하고자 한 것
이다……. 도키요리는 조정에서 '원정'과 같은 상황을
만들어 내고자 했던 것이다."(『北條時頼』)라고 적고 있
습니다. 즉, 도키요리에게 있어서 양위란 호조 마사코
와 같은 '모친'이 아니라, 도쿠소[得宗, 호조 가문 본가 혈통
의 당주]인 '부친'이 권력을 계속해서 장악하기 위한 수
단에 지나지 않았던 것입니다. 이후부터 원정기의 천
황과 마찬가지로 양위하고 나서 출가하는 집권이 잇
따르게 됩니다.

대외적 위기 때마다 부상하는 진구 황후

진구 황후의 삼한정벌은 국가의 대외적 위기 때마다
언급되어 왔습니다. 그 최대의 위기는 가마쿠라 시대
의 원구(元寇, 겐코)[25]였는데, 헤이안 시대에도 신라의
해적이 빈번히 쓰시마(対馬)나 기타큐슈(北九州) 등을
공격했습니다. 901년[延喜元年]에 완성된 『일본 3대 실
록(日本三代實錄)』은 세이와 천황, 요제이 천황, 고코 천

황의 3대를 다룬 역사서로, 그 중 권17의 870년[貞觀 12] 2월 15일조에 등장하는 무나카타노 오카미(宗像大神)에 대한 고문[告文, 임금이 신하에게 훈시하는 글]에는 신라의 침입(入寇)에 대한 내용이 자세하게 기록되어 있습니다.

이 고문에서 주목되는 것은 '우리 황태신(皇太神)은 입에 올리기에도 황송하리만치 대대일희(大帶日姬)의 저 신라인을 항복시켰을 때, 함께 힘을 더해주시어 우리 조정을 구하고 지켜주셨다[원문은 선명체(宣命體)[26]].'라는 구절입니다.

여기서 '황태신(皇太神)'은 무나카타노 오카미를 가리키며, '대대일희(大帶日姬)'는 현재 후쿠오카현 무나카타(宗像)시에 있는 무나카타타이샤(宗像大社)에서 모시고 있는 미하시라(三柱)의 여신(女神)의 총칭입니다. 위의 내용을 풀이하자면, 진구 황후와 무나카타노 오카미가 서로 힘을 합쳐 신라를 항복시키고 일본을 구했다는 의미입니다. 신라 해적들로부터의 위협이 진구 황후가 삼한정벌을 일으키게 만든 계기가 되었다고 말하고 있는 것입니다.

이와 유사한 일이 원구 때에도 반복되었습니다. 원구 이후 1308년[延慶元年]부터 1318년[文保2] 사이에 완성된 『팔번우동훈(八幡愚童訓, 하치만구도쿤)』 갑(甲)이라

26 선명체는 한문체의 조칙 등에 쓴 일본식 이두체를 말한다.

는 이와시미즈하치만궁(石淸水八幡宮)의 영험기(靈驗記)에는 '제15대 제왕(第十五ノ帝王)'으로 진구 황후가 등장합니다. 진구 황후를 주아이 천황에 이은 15대 천황으로 여기고 있는 것입니다.

『팔번우동훈』갑에서는 '몽고의 배(蒙古ノ船)'를 '대보살의 영험(大菩薩ノ靈驗)' 즉, 오진 천황의 영험함으로 물리친 것에 대해 칭송하고 있습니다. 그러나 삼한정벌의 언급에 있어서 실제 주역인 오진 천황보다 그 보좌역이었던 진구 황후를 더 치켜세우고 있는 기술이 눈에 띕니다. 이와 관련한 일례를 들자면 다음과 같습니다.

> 지금의 황후가 궁전(弓箭)을 메고 이국을 토벌하심은 한가본조(漢家本朝)에도 전례가 없고, 여인 무릇 지아비도 이루지 못한 일이다. 만약 황후가 여인이라 하여 궁전을 들지 아니했다면, 천하는 삽시간에 이적에게 패하여 일본은 순식간에 멸망했을 것이다. 우리나라가 지금의 우리나라로 존재하는 것은 황후의 은덕이시다.(『八幡愚童訓』甲)

즉, "진구 황후처럼 궁시(弓矢) 즉, 활과 화살을 들고 이국을 토벌하는 것은 '한가본조(漢家本朝)' 즉, 중국이나 일본에도 그 전례가 없다. 만약 황후가 여성이라 하여 활과 화살을 들지 않았다면, 일본은 '이적(異賊)'에게 패하여 이내 멸망해버리고 말았을 것이다. 우리나라가 오늘날과 같을 수 있는 것은 진구 황후의 덕이다."라고 적고 있습니다. 이 부분만 읽어보아도 진구 황후에게 얼마나 극찬을 보내고 있는지 알 수 있습니다. 그리고 결국 이토록 위대한 진구 황후에게서 태어난 이가 바로 오진(應神)

천황이었다고 말하고 싶었던 겁니다.

또 그 앞의 구절에서는 7세기에 북인도를 통일한 하르샤 바르다나(Harsha Vardhana) 왕조의 계일대왕[戒日大王, 바르다나 왕][27]이나 기원전 3세기에 중국을 통일한 진(秦)의 시황제, 기원전 5세기에 오(吳)나라의 부차[夫差, 중국 춘추시대의 오나라 왕]를 토벌한 월왕(越王) 구전[勾錢, 勾踐의 오식으로 보인다] 등에 진구 황후를 비교하면서 고명한 남성보다 진구 황후가 훨씬 뛰어나다고 말하고 있습니다. 여후나 무측천 등의 여제가 아니라 남성과 진구 황후를 비교하고 있다는 점이 이 사료가 가지는 특유한 발상이라 생각합니다.

게다가 『팔번우동훈』갑에서 주목해 볼 내용은 '진구 황후가 해수를 올리고, 분에이(文永) 때는 맹화(猛火)를 내고, 고안(弘安) 때는 대풍(大風)을 일으켰다. 물, 불, 바람의 삼재앙이 거말(劫末)과 같으니 신의 뜻(神慮)이 여기 있음이라.'는 구절입니다.

내용인즉슨, 진구 황후가 바닷물을 상승시키고, 원(몽고) 나라로부터 첫 습격을 받았던 1274년[文永11]의 '분에이 전투(文永の役)[28]'때는 거센 불을 일으켰으며, 두 번째 1281년[弘安4]의 '고안 전투(弘安の役)[29]'때에는 폭풍을 일으켰다는 말입니다. 또한 '거말(劫末)'이란 이 세상의 종말을 의미합니다. 중세문화사 연구

27 고대 북인도의 초대 통일 왕조인 바르다나의 왕이며, 재위기간은 606년부터 647년까지이다. 6세기 중엽부터 후나(Huna)족의 침입을 받게 된 굽타 왕조가 점차 그 권력이 약화됨에 따라 인도 북부에서는 지방 봉건제후 세력들이 봉기하여 서로 세력다툼을 하게 되었다. 그 중 권력을 잡은 하르샤 바르다나는 606년부터 41년간 북인도 지방을 다시 통일하여 지배하게 되었다.

28 한국에서는 '여원 연합군의 일본원정', 중국에서는 '원일전쟁(元日戰爭)'이라고 부른다. 이는 1274년과 1281년의 2차에 걸쳐 원나라와 고려의 연합군이 일본을 정벌하려 했던 사건이다. 각각 '분에이 전투'와 '고안 전투'라고 일컫는다. 고려와의 전쟁이 끝나고 강화가 성립됨에 따라 원은 일본 지배로 눈을 돌렸다. 당시 원의 세조(世祖)는 일본에 항복할 것을 권했으나, 일본이 그 요구에 불응하자 원은 무력을 동원해 일본을 굴복시키기로 하고 대규모의 원정군을 파견했다. 1274년에 1차로 일본을 침략하였으나, 막대한 비용이 소비되고 전투 내내 벌어진 재해로 지속적인 피해를 입었다.

29 원이 1281년에 2차로 일본을 침략했으나, 태풍으로

인하여 실패하고 말았다. 여기에는 해상 기후에 대한 인식의 결핍으로 인한 원인이 있었지만, 동시에 당시 일본의 가마쿠라 막부의 완강한 저항과 일본 정벌에 전력을 기울일 수 없었던 원의 국내 사정에도 원인이 있다.

30 일본의 중세문화연구자이다. 주로 진구 황후의 연구와 일본 고대·중세사, 문화사, 일본 여성사 전반을 연구하고 있다. 진구 황후가 중세 사회의 여성 정치인의 귀감으로 여겨졌다고 보고 있다.

31 원(元)나라의 15대 황제이다. 재위기간은 1333년부터 1367년까지이다. 명나라 황제의 아들이자, 기황후의 배우자이다.

32 1340년 막내딸이 원나라 순제의 후궁으로 뽑혔다가 황후가 되어 태자를 낳자 원나라는 그를 영인왕(寧人王)으로, 부인을 왕대부인으로 하였으며, 선조 3대를 왕의 호로 추존하였다.

33 원나라의 황제 순제의 계후이다. 대대로 황후를 배출한 콩기라트(Qonggirad) 부족 출신이다. 맞이한 순서로 따지면 디나슈리 카툰(Данашири, 1321년-1335년)의 폐위 후 맞이한 두 번째에 해당하며, 제1황후가 된다.

자인 우에지마 마유미(上嶋真弓, 1964~)[30]는 "물론 하치만대보살(八幡大菩薩)의 신위(神威)도 기록되어 있지만, 물·불·바람의 삼재앙(三災)을 조종하여 몽고를 굴복시킨 이가 바로 진구 황후라고 기록되어 있다. 이 시점에서 황후는 이미 영험한 '신'이 되어 있다."(『中世にお ける神功皇后の認識と評價)』)라고 지적합니다.

'몽고를 격퇴시킬 수 있었던 것은 진구 황후의 힘이 있었기 때문이다.' 이처럼 진구 황후는 전쟁에 강한 신으로서 적을 격퇴시켜 준다는 일종의 신앙은 제5장에서도 다루겠지만 태평양전쟁 말기까지 계승되는 것을 볼 수 있습니다.

원나라 기황후

원구는 실패로 끝났지만 몽고는 고려를 때때로 침략했으며, 고려 왕실과 원나라 황제가인 쿠빌라이 가문은 인척관계를 구축했습니다. 그 와중에 고려의 공녀(貢女)로 원의 궁정에 헌상되어 황제인 순제(順帝, 1320~1370)[31]에게 총애를 받은 여성이 있습니다. 이는 바로 고려인 기자오(奇子敖, 1266~1328)[32]의 딸 기 씨[奇 氏, 이름은 불명]입니다.

기 씨는 순제의 황후인 바얀 후투그(伯顏忽都皇后,

1324~1365)[33]의 뒤를 잇는 제2황후가 되어 황태자 아유르시리다르(愛猷識里達獵, 1338~1378)[34]를 낳습니다. 아유르시리다르가 1353년[至正13]에 황태자가 되면서 기 씨는 생모로서 권력을 확대해 나갑니다. 그리고 바얀 후투그가 죽자 황후[完者忽都皇后 奇氏, 올제이 후투그]가 되었습니다만, 1368년[至正28]에 주원장(朱元璋, 1328~1398)[35]이 이끄는 명나라 군대가 수도인 대도[大都, 현재 베이징(北京)] 교외까지 들어와 압박하자, 순제는 황후와 황태자를 데리고 수도를 떠나게 됩니다. 그로부터 2년 후, 순제는 내몽고에서 사망하고 아유르시리다르가 황제 소종(昭宗)이 되어 뒤를 이었습니다. 그런데 이 시기는 이미 초대 황제 홍무제(洪武帝)로 즉위한 주원장에 의해 명나라가 중국 전토를 통일한 이후로 원나라의 운명은 다한 상태였습니다.

　　기 씨가 언제 어디에서 사망했는지는 확실하지 않습니다. 다만, 기 씨가 원나라 황제가의 외척이 되면서 고려의 정치에 일정한 영향을 주었습니다. 기 씨의 오빠인 기철(奇轍, ?~1356)[36]을 비롯한 일족이 고려에서 권세를 휘두르고 국왕 공민왕(恭愍王, 1330~1374)[37]에게도 신하의 예를 취하려 하지 않았기 때문에 공민왕은 기철 일파를 처단하게 됩니다. 사상사가(思想史家)인 강재언(姜在彦, 1926~2017)[38]은 "1392년

34 북원(北元)의 제2대 황제이며 몽고제국의 제16대 황제이다. 재위기간은 1370년부터 1378년에 해당하며, 기황후가 그를 낳고 나서 제2황후로 책봉되었다.

35 중국 명나라의 초대 황제이다. 홍건적에서 두각을 나타내어 각지 군대를 굴복시키고 명나라를 세웠다. 동시에 북벌군을 일으켜 원나라를 몽고로 몰아내고 중국의 통일을 완성시켰으며, 한족(漢族) 왕조를 회복시킴과 아울러 중앙집권적 독재체제의 확립을 꾀하였다. 재위기간은 1368년부터 1398년이고, 연호는 홍무(洪武)이다.

36 고려의 정치가였으며, 원나라 순제의 황후였던 기황후의 친정 오빠였다. 원나라와 고려에서 관직을 부여받았으나 누이동생인 기자오가 원나라로부터 영안왕에 책봉되자, 원나라에서는 고려에 사는 황실의 일원으로 대우받았다. 그러나 누이동생의 세력을 믿고 권세를 부려 역란의 음모가 발각되어 처형당했다.

37 고려의 제31대 왕이다. 재위기간은 1351년부터 1374년이다. 고려 말에 원나라 지배에서 벗어나고자 과감한 개혁 정치를 단행한 인물이다.

38 조선 근대사와 사상사 연

구자이다. 본서에 제시된 『역사이야기 조선반도(歷史物語 朝鮮半島)』에서 한반도는 중국의 영향과 압력, 일본과의 교류와 다툼이 약 2000년간 지속되었는데, 이러한 상황 속에서 한글과 같은 독자적인 문화를 유지해 온 한반도의 역사를 섬나라 일본과의 차이를 통해 파악하고 있다.

39 고다이고 천황이 1333년 가마쿠라 막부를 타도하고 천황 친정체제를 추진한 정치 개혁이다. 1318년에 즉위한 고다이고 천황은 1324년에 '쇼추의 변(正中の變)'과 1331년에는 '겐코의 변(元弘の變)'을 일으켰으나, 두 변란은 모두 실패로 돌아가고 오키(隱岐) 섬에 유배되었다. 유배된 지 2년 만인 1333년에 오키 섬을 탈출하고 반(反)막부 세력을 결집하여 1335년에 가마쿠라 막부를 멸망시키는 데 성공하였다. 가마쿠라를 멸망시키고 교토로 돌아온 고다이고 천황은 섭정과 관백의 직위를 없애고 천황이 주체적으로 정치를 운영할 수 있게 하였다. 무가정권이 성립된 이후 정치에서 소외되었던 공가(公家) 세력을 적극적으로 등용하였으며 천황 친정의 원칙을 위하여 중앙과 지방의 정치조직을 개편하였다. 이러한 개혁이 시작되었던 1334년에 연호를 '겐무(建武)'로 정하면서 이 새로운 정권

에 반원친명파(反元親明派)에 의한 역성혁명(易姓革命)으로 조선 왕조가 탄생했지만, 그로 인한 다툼은 1356년의 기 씨 일족 숙청으로부터 시작됐다고 해도 과언이 아니"라고 적고 있습니다(『歷史物語 朝鮮半島』). 또한, 이 처단에 대해 원망을 품은 기 씨가 공민왕의 폐위를 순제에게 공작하고 순제는 원의 군대를 고려에 파견했습니다만, 이는 결국 실패로 끝나고 맙니다. 동아시아에서는 유럽과 달리, 타국의 여성이 국경을 넘어 황후나 왕후가 되는 경우가 결코 흔한 일이 아닙니다. 따라서 기황후(奇皇后, ?~?)의 경우는 예외적 상황이라 할 수 있습니다. 어쩌면 나라는 달라도 동아시아에서 수렴청정이라는 정치문화가 공유되었기 때문에 기황후와 같은 여성이 등장했다고 할 수 있을지 모르겠습니다.

아노 야스코와 사이온지 야스코

잘 알려진 바와 같이, 가마쿠라 시대의 천황가는 고사가(後嵯峨) 천황[1220~1272, 제88대 천황, 재위1242~1246]의 황자인 고후카쿠사(後深草) 천황[1243~1304, 제89대 천황, 재위1246~1260]을 선조로 삼는 지명원 계통[持明院統, 지묘인토]과 그의 동생 가메야마(龜山) 천황[1249~1305, 제

90대 천황, 재위1260~1274]을 선조로 삼는 대각사 계통[大覺寺統, 다이카쿠지토]에 의한 양통질립(兩統迭立)의 상태가 계속되었습니다. 대각사 계통의 고다이고 천황은 원정의 중지 즉, 천황 친정을 부활시켜 겐무의 신정(建武新政)[39]을 시작했습니다. 그러나 아시카가 다카우지(足利尊氏, 1305~1358)[40]의 이반(離反)으로 불과 3여 년 만에 붕괴하고 맙니다. 다카우지는 원정을 부활시키고 지명원 계통의 고곤(光嚴) 상황[1313~1364, 남북조 시대의 북조 제1대 천황, 재위1331~1333]을 '천하를 다스릴 군주'로 삼고, 그 동생인 고묘(光明) 천황[1322~1380, 남북조 시대의 북조 제2대 천황, 재위1336~1348]을 즉위시켜서 고묘로부터 정이대장군(征夷大將軍, 세이이타이쇼군)직을 임명받습니다. 한편, 고다이고는 요시노(吉野)로 거처를 옮겨 대각사 계통의 정통성을 주장했기 때문에 북조(北朝)와 남조(南朝) 두 개의 왕조가 병존하게 되었습니다.

고다이고에게는 정실인 중궁 기시(禧子, 1303~1333)[41] 외에 오키(隱岐)로 유배되기 전부터 총애해왔던 여성이 있었습니다. 기시의 시중을 드는 여방(女房, 뇨보)의 내시(內侍, 나이시)로서 황궁(御所, 고쇼)에 들어가 많은 황자와 황녀를 낳고 황후에 버금가는 지위인 준후(准后)가 된 아노 야스코(阿野廉子, 1301~1359)입니다. 1339년[延元4]에 고다이고가 죽자 야스코의 막내

으로 시작된 정치개혁을 '겐무신정' 또는 '겐무중흥'이라고 한다.

40 무로마치 막부의 초대 장군이다. 재위기간은 1338년부터 1358년이다. 고다이고 천황과 가마쿠라 막부 사이의 싸움에서 처음에는 막부 측에 섰으나 이후 유배지를 탈출한 천황이 전국에 막부 토벌의 명령을 내리자 고다이고 천황 측으로 돌아서 가마쿠라 막부를 멸망시키는데 결정적 공헌을 했다. 그러나 공경 중심의 논공행상에 대한 불만과 자신의 야심을 실현시키기 위해 천황의 겐무 신정에 반대하며 거병하였다. 이후 고다이고 천황을 내쫓고 고묘 천황을 즉위시킨 다음 자신이 장군의 자리에 올랐다.

41 본명은 사이온지 기시(西園寺禧子) 혹은 후지와라노 기시(藤原禧子)라고 불린다. 고다이고 천황의 여어에서 중궁이 되었다. 1319년에 입후(立后)되고, 1333년에 황태후가 되었다.

시 고다이고 천황의 남조를
이끈 실질적인 지도자였다.
천황 가문의 복귀를 위해 가
마쿠라 막부와 계속 투쟁했으
며, 한때 기습 공격으로 교토
를 차지하기도 했다. 남조의
세력을 위해 많은 노력을 했
으나 끝내 뜻을 이루지 못했
다. 저서로는 『신황정통기(神
皇正統記)』가 있다.

43 일본의 역사학자이다. 본
서에 제시된 『중세를 산 여성
들(中世に生きる女たち)』에서
중세의 권력의 중심에 있거나
주변에 존재했던 여성들을 비
롯하여 공가(公家)·무사·서민
의 아내와 비구니의 모습을
묘사한다. 특히 모성·가정(家
政)·성(性)·사랑을 둘러싼 각
종 일화를 전개하고 있다.

아들 노리요시(義良) 친왕[1328~1368, 고다이고 천황의 황자·
제97대 천황, 재위1339~1368]이 천황[後村上天皇, 고무라카미 천
황]이 되었습니다만, 그로부터 1359년[正平14]에 야스
코가 사망하기까지 20년간, 그녀는 국모로서 뿐만 아
니라 신대현문원(新待賢門院, 신타이켄몬인)이라는 여원(女
院)으로서 기타바타케 치카후사(北畠親房, 1293~1354)[42]와
함께 남조를 지탱해 나갔습니다. 이후 1354년[正平9]
에 치카후사가 사망하자, 야스코의 권력은 점점 강
성해졌습니다. 중세사학자인 와키타 하루코(脇田晴子,
1934~2016)[43]는 "전란 중에 있던 고무라카미에게 있어
모후인 야스코는 아버지의 생전의 모습과 이상(理想)이
느껴지는 존재인 동시에 현실적 배려와 지침(指針)을
해 주는 사람이었다."라고 합니다(『中世に生きる女たち』).

또한, 1351년[正平6]부터 그 이듬해에 걸쳐 '쇼헤
이 일통(正平一統)'이라 불리는 남북조의 통합이 실현
됩니다. 교토를 제압한 남조군에게 아시카가 다카우
지가 항복하고, 북조의 스코(崇光) 천황[1334~1398, 남북
조 시대의 북조 제3대 천황, 재위1348~1351]을 폐위시키는 등
남조에 의한 천하 통일이 이루어졌습니다. 그러나 통
일은 불과 수개월 만에 붕괴됩니다. 남조 쪽은 지명
원 계통의 황족들이 다카우지에 의해 재차 추대되지
않도록 고곤, 고묘, 스코 세 명의 상황과 황태자였던

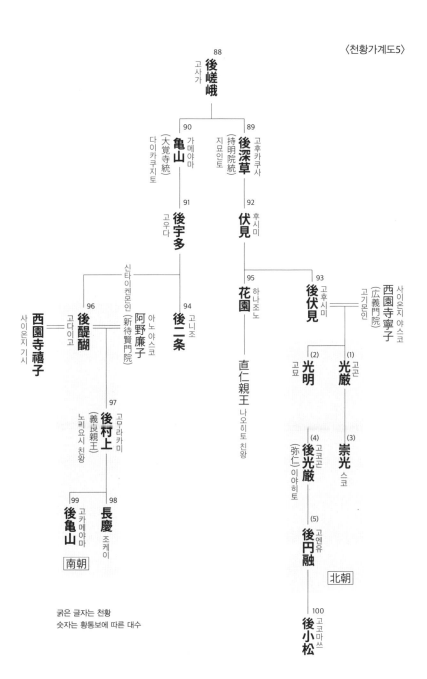

〈천황가계도5〉

88 後嵯峨 고사가

89 後深草 고후카쿠사
(持明院統) 지묘인토

90 亀山 가메야마
(大覚寺統) 다이카쿠지토

91 後宇多 고우다

92 伏見 후시미

93 後伏見 고후시미

94 後二条 고니조

95 花園 하나조노

96 後醍醐 고다이고

신타이켄몬인 (新待賢門院)

阿野廉子 아노 야스코

西園寺禧子 사이온지 기시

西園寺寧子 사이온지 야스코
(広義門院) 고기몬인

(1) 光厳 고곤

(2) 光明 고묘

(3) 崇光 스코

97 後村上 고무라카미
(義良親王) 노리요시 친왕

直仁親王 나오히토 친왕

(4) 後光厳 고코곤
(弥仁) 이야히토

98 長慶 조케이

99 後亀山 고카메야마

南朝

(5) 後円融 고엔유

北朝

100 後小松 고코마쓰

굵은 글자는 천황
숫자는 황통보에 따른 대수

44 무로마치 막부의 제
2대 장군이다. 재위기간은
1358년부터 1367년이다.
1333년 고다이고 상황을 토
벌하기 위하여 부친 다카우지
가 가마쿠라 막부군 총대장으
로 상락했을 때, 모친과 함께
인질로서 가마쿠라에 억류되
었다.

45 일본의 역사학자이다. 본
서에 제시된 『무로마치의 왕
권(室町の王権)』에서 천황제도
의 분기점이라고 할 수 있는
오에이(応永, 1394~1428) 시대
에 군림한 아시카가 요시미쓰
와 이에 대항한 유력 수호(守
護, 슈고) 그룹의 협의 속에서
천황가 존속의 배경을 파악하
고 있다.

나오히토(直仁) 친왕[1335~1398, 제95대 하나조노(花園) 천황의 황자]을 납치하여 요시노(吉野)로 돌아갔습니다.

온갖 계책이 바닥난 아시카가 다카우지의 아들 요시아키라(義詮, 1330~1367)[44] 등이 가까스로 납치를 면한 고곤의 둘째 황자 이야히토[彌仁, 훗날의 고코곤(後光嚴), 1338~1374, 고곤 천황의 황자·남북조 시대의 북조 제4대 천황, 재위 1352~1371]를 찾아냅니다. 그리고 이야히토를 천황[後光嚴天皇, 고코곤 천황]으로 옹립할 즈음, 고후시미(後伏見) 상황[1288~1336, 제93대 천황, 재위1298~1301]의 여어(女御)이자 고곤과 고묘의 생모이기도 하며, 고코곤에게는 조모가 되는 사이온지 야스코(西園寺寧子, 1292~1357)가 '천하를 다스릴 군주'가 되어 원정을 시작하게 됩니다. 사이온지 야스코는 황위계승이나 인사 등의 정무에 몰두하여, 1353년[正平8]에 고코곤에게 정무권을 이양한 후에도 1357년[正平12] 사망할 때까지 북조를 이끌어가는 가장(家督者)으로서 계속해서 군림했습니다.

중세사학자인 이마타니 아키라(今谷明, 1942~)[45]는 사이온지 야스코의 등장을 '쇼토쿠(称德) 천황 이래 600년 만에 탄생한 여성 국왕'으로 보고, "위기 때마다 여성이 추대된다는 히미코(卑弥呼, ?~242?) 이래의 잠재적 전통이 아이러니하게도 이러한 형태로 출현했다."라고 지적합니다(『室町の王権』). 그러나 히미코나

146

쇼토쿠 천황까지 거슬러 올라가지 않아도 천황의 '모친'에 해당하는 황태후나 황후 그리고 여원(女院)이 때로는 천황이나 상황 그리고 법황을 대신하는 권력을 쥔 사실은 이 책에서 지금까지 서술해온 그대로입니다. 아노 야스코나 사이온지 야스코는 '부친'의 권력이 증대하는 헤이안 후기 이후의 원정 시대에도 완전히 사라지지 않았던 황실의 정치문화 속에서 당연히 부상할 수밖에 없던 인물이 아닐까요?

46 남북조 시대의 종지부를 찍은 무로마치 막부의 장군이다. 무사와 귀족을 아우르는 강력한 정치권력을 구축하였으며, 막부 재정의 기틀을 마련하였다. 재위기간은 1368년부터 1394년이지만, 요시모치(義持)에게 장군직을 물려준 이후에도 최고 권력자로서 군림하였다.

대마도 정벌과 진구 황후

1392년[明德3]에 3대 장군 아시카가 요시미쓰(足利義滿, 1358~1408)[46]의 중개로 남조의 고카메야마(後龜山) 천황[1350~1424, 제99대 천황, 재위1383~1392]이 교토로 귀환하고, 북조의 고코마쓰(後小松) 천황[1377~1433, 북조 제6대·제100대 천황, 재위1382~1412]에게 신기[神器, 황위의 상징으로 칼, 구슬, 거울]가 양위됨으로써 남북조는 드디어 통합하게 됩니다. 그러나 15세기가 되자 이번에는 조선이 쓰시마를 침략하는 사건이 발생합니다. 1419년[應永26]에 일어난 '오에이의 외관(応永の外寇)', 즉 대마도정벌[己亥東征, 기해동정]이 일어나게 된 것입니다. 이때도 진구 황후의 존재가 재차 부상했습니다.

법제사학자 다카타니 치카(高谷知佳, 1980~)[47]에 의
본서에 제시된 『'괴이'의 정치
사회학(『怪異』の政治社会学)』을 하면 무로마치 시대에 교토에는 괴이한 소문이 넘쳐
통해서 기괴한 전란의 시절을
살았던 무로마치 시대 사람들 났다고 합니다(『怪異の政治社會學』). 심지어 그러한 소문
이 생각했던 이형(異形)과 원
령, 중세 고유의 심성(心性)을 을 민중이 만들어 내는 것이 아니라, 유력한 절이나
도시민(都市民)의 시선과 권
력이 교착하는 점을 주목하여 신사에서 때마다 발생하는 사건들을 시의적절하게 이
파악하고 있다.
용하여 자신들을 어필할 목적으로 종종 소문을 유포

시켰다는 것입니다.

그런 와중에 조선에 의한 쓰시마습격(對馬襲擊)은

그들에게 절호의 소재거리가 되었습니다. 그 일례로

현재 효고현 니시노미야시(兵庫県西宮市)에 있는 히로

타샤[廣田社, 현재 히오타신사(廣田神社)]에서 퍼트린 소문을

들 수 있습니다. 내용인즉슨, 당시 히로타샤에서 수

십 명의 기마병이 출발했는데 그들 가운데 대장(大将)

으로 보이는 여성 무사가 한 명 있었다고 합니다. 그

들은 이 풍문을 즉시 무로마치 막부에 보고했습니다.

사실 이 같은 행동에는 그들 나름의 이유가 존재했습

니다. 이는 『일본서기』제9권과 『섭진국풍토기』일문

(逸文)에도 기록된 바와 같이, 히로타샤는 진구 황후의

삼한정벌과 깊은 관계를 맺고 있는 신사였기 때문입

니다. 따라서 당시 쓰시마습격을 기회 삼아 사람들로

하여금 삼한정벌이나 원구를 연상케 하여 진구 황후,

더 나아가 자신들의 신사를 어필하고자 했던 겁니다.

이와 더불어 조선이 쓰시마에서 철수했던 일에 관해서도 새로운 풍문이 퍼져나가기 시작했습니다. 이는 고하나조노(後花園) 천황[1419~1471, 제102대 천황, 재위1428~1464]의 아버지인 후시미노미야 사다후사 친왕(伏見宮貞成 親王, 1372~1456)[48]의 일기 『간문어기(看聞御記, 간몬교키)』에 적혀 있는 「탐제주진장(探題注進狀, 단다이추신조)」[49]에 잘 기록되어 있습니다. 여기에는 "대장(大将)으로 보이는 자는 여인이었다. 그 역량은 감히 가늠할 수조차 없었다."라고 기록되어 있습니다. 이는 진구 황후로 여겨지는 한 여성이 초인적인 활약을 하여 적을 물리쳤다는 내용입니다(太田弘毅『倭寇』).

그러나 당시 쓰시마에 인접한 규슈에서 보내온 주진장(小弐氏注進狀)에는 진구 황후가 아닌 스가와라노 미치자네의 신위(神威)가 적혀 있었습니다. 히로타샤는 이 같은 내용의 주진장을 발 빠르게 입수하여 스가와라노 미치자네를 진구 황후로 고쳐서 「탐제주진장」으로 삼을 만한 소재를 만들어 낸 후, 그것을 온 교토 내에 유포한 것입니다. 앞서 언급한 후시미노미야 사다후사 친왕이 보고 옮겨 적었다는 「탐제주진장」도 어쩌면 이것이었을 가능성이 있습니다(瀬田勝哉『增補 洛中洛外の群像』).

이처럼 누차 천황에 비견되었던 진구 황후 덕에

48 무로마치 시대의 황족으로 출가 후 법명(法名)은 도킨뉴도 친왕(道欽入道親王)이다.

49 탐제(探題)는 가마쿠라·무로마치 시대에 막부가 지방 요지에 둔 지방 관직을 일컬으며, 주진장(注進狀)은 제반 사항에 관해 기록한 일종의 보고 문서를 뜻한다.

권 정치를 펼치던 제6대 장군
아시카가 요시노리에게 불만
을 품은 수호(守護, 슈고) 아카
마쓰 미쓰스케(赤松満祐)가 요
시노리를 암살하고 영지 하리
마(播磨)에서 막부 측 토벌군
에게 패하여 전사하기까지 벌
어진 소란을 말한다. 이 사건
으로 아시카가 장군가의 권
위가 크게 실추되고 수호대
명(守護大名, 슈고다이묘)의 합
의제가 부활하였다. 주모자인
아카마쓰 가문은 이 일을 계
기로 완전히 몰락하게 된다.
또한 이해 8월 토벌군이 하리
마 등지로 출정한 틈을 타서
'가키쓰 농민봉기(嘉吉の土一
揆)' 사건이 발생하여 이들의
요구를 받아들이는 덕정령(徳
政令)을 발포하게 된다.

적을 격퇴할 수 있었다는 언설이나 풍설은 헤이안 시
대부터 무로마치 시대에 걸쳐 대외적 위기가 인식될
때마다 재생산되었던 것입니다.

히노 시게코의 등장

무로마치 시대에도 가마쿠라 시대의 호조 도키요리
처럼 양위한 후 출가하는 권력자가 등장합니다. 그
선구자로는 3대 장군 아시카가 요시미쓰를 들 수 있
습니다. 요시미쓰 역시 출가한 후에도 권력을 그대로
유지하며 자신을 스스로 법황에 비긴 사실은 익히 알
려진 일입니다. 그러나 무로마치 시대에는 가마쿠라
시대의 집권만큼 장군의 '양위→출가'의 형태가 정착
되지는 못했습니다.

이로 인해 호조 마사코처럼 어린 장군의 어머니
가 권력을 장악하는 미망인 여성이 등장하기 시작합
니다. 6대 장군 아시카가 요시노리[足利義教, 1394~1441,
재위 1428~1441]의 측실로 7대 장군 요시카쓰[義勝,
1434~1443, 재위1442~1443]와 8대 장군 요시마사의 생모
인 히노 시게코(日野重子, 1411~1463)가 그러합니다.

1441년[嘉吉元年]에 '가키쓰의 난(嘉吉の乱)[50]'으로
요시노리가 살해되자, 이를 잇는 장군으로 요시카쓰

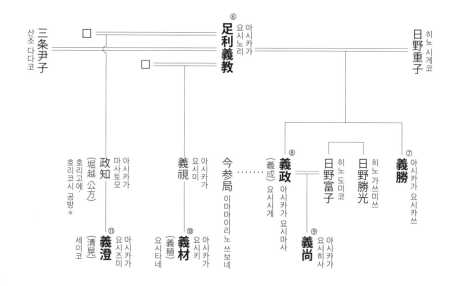

〈무로마치 장군 가계도〉   *중세의 지방수령

가 결정되었습니다. 이것이 계기가 되어 생모인 시게코가 각광을 받게 됩니다.

요시카쓰가 성인식[元服, 옛날 남자의 관례]을 치른 것은 1442년[嘉吉2] 11월 7일의 일입니다. 당시 9세였던 요시카쓰는 시게코와 동행하는 모습이 상당히 눈에 띄었다고 합니다. 그러나 그는 성인식 후 1년도 지나지 않은 1443년[嘉吉3] 7월 21일에 덧없이 유명을 달리하고 맙니다. 곧바로 다음 장군으로 요시카쓰의 동생 요시시게[義成, 훗날의 요시마사]가 선택되었는데, 당시 그의 나이는 8살이었습니다. 따라서 시게코는 다시 요시시게의 보좌역을 맡아 나란히 여러 장군가를 방문하게 됩니다.

요시마사가 실제로 장군이 된 것은 1449년[寶德元年] 4월에 정이대장

후지와라 홋케(藤原北家)
의 분가(分家) 중 하나인 히노
(日野) 가문은 아시카가 장군
가의 인척 가문이자 정실을
배출하던 가문이었다.

군으로 임명되고 나서입니다. 같은 해 8월에 요시노
리의 정실이었던 산조 다다코(三條尹子, ?~1449)마저 죽
자, 장군의 생모인 시게코의 위치는 부동의 존재가
됩니다.

그러나 요시마사의 유모이자 첩인 이마마이리노
쓰보네(今参局, 1426?~1459)가 요시마사에게 심심찮게
참견을 하게 되면서, 요시마사는 점차 쓰보네의 의견
에 귀를 기울이게 됩니다. 그로 인해 생모인 시게코
와 유모 쓰보네와의 대립이 일어납니다. 시게코는 요
시마사의 정실로 히노(日野) 가문[51] 출신의 히노 도미
코를 맞아들여 맞서봅니다만, 그럼에도 불구하고 쓰
보네의 영향력은 더 강해져갔습니다.

두 여성 간의 치열한 다툼은 쓰보네의 죽음으로
종결됩니다. 발단은 다음과 같습니다. 1459년[長禄3]
에 히노 도미코가 낳은 아이가 요절하자 시게코가 이
를 두고 쓰보네의 저주라고 주장하는 바람에 쓰보네
는 비와코(琵琶湖)의 오키노시마(沖ノ島)로 유배되었습
니다. 유배지로 가는 도중 쓰보네는 자해를 하여 결
국 죽음에 이르게 됩니다. 이는 어쩌면 시게코 입장
에서는 상대가 시의적절하게 죽어주었다고 볼 수 있
지 않을까요? 물론 만년에는 쓰보네의 원령(怨霊) 때
문에 꽤나 괴로워했다고 전해집니다만, 어찌되었든

자신의 권력은 지킬 수 있었습니다.

남편이 죽은 후 미망인이 되어 권력을 잡게 되는 시게코가 권력을 장악하기까지의 이러한 과정은 호조 마사코와 유사한 점이 많습니다. 다시 말해, 생모가 어린 치세자(治世者)를 대신하여 후견인으로서 권력을 손에 넣는다는 구조는 무가사회에서도 뿌리 깊게 유지되었다고 할 수 있습니다.

히노 도미코의 '수렴청정'

히노 시게코가 사망하고, 마치 그 뒤를 이어 받듯이 권력의 자리에 오른 이는 앞서도 잠시 나왔던 히노 도미코입니다.

아시카가 요시마사(足利義政)한테는 아들이 없었기 때문에 의붓동생인 요시미(義視, 1439~1491)[52]를 후계자로 정했습니다만, 그 직후에 히노 도미코가 아들[후에 요시히사(義尚)]을 출산했습니다. 도미코는 자신의 아이를 장군의 자리에 앉히려고 일을 꾸미고, 여기에 수호대명[守護大名, 슈고다이묘, 봉건영주]인 호소카와 가쓰모토(細川勝元, 1430~1473)[53]와 야마나 소젠(山名宗全, 1404~1473)[54]이 개입하는 바람에 오닌의 난(応仁の乱)[55]이 일어났다고 전해집니다. 일례로, 역사학자 미

52 무로마치 막부 6대 장군인 아시카가 요시노리의 아들이다. 이복형으로 7대 장군 요시카쓰와 8대 장군 요시마사가 있으며, 아들로는 10대 장군 아시카가 요시타네(足利義稙)가 있다.

53 무로마치 시대의 수호대명이자, 장군가인 아시카가 가문의 방계로 관령(管領, 간레이)직을 돌아가며 맡는 세 가문 중 하나인 호소카와 가문의 당주이다. '오닌의 난'에서 동군 총수로서, 야마나 소젠과 대립하였다.

54 무로마치 시대의 수호대명이다. 당시 야마나 소젠에 의해 야마나 가문이 부흥하자 이를 경계한 호소카와 가쓰모토와 대립이 깊어졌다. '오닌의 난'에서 서군의 총수가 되었다.

55 무로마치 시대인 1467년부터 1477년까지 11년 동안 지속된 내란으로 전국시대가 시작되는 계기가 되었다. 제8대 장군인 아시카가 요시마사의 후계자 선정 문제를 둘러싸고 요시미를 지지하는 동군의 총수인 호소카와 가쓰모토와 요시히사를 지지하는 서군의 총수인 야마나 소젠의 대립이 표면화 되면서 지방의 수호대명들도 가담하게 되었다. 결국 1473년에 호소카와 카쓰모토와 야마나 소젠

이 모두 죽고, 1474년에 요시마사가 요시히사에게 장군의 지위를 넘기고 물러나자, 서서히 군대는 철수했다. 이로써 일본 사회는 극심한 혼란의 전국시대로 접어들게 되었다. 동군과 서군이 세력을 넓히는 과정에서 기존의 격식을 무시하고 무사들을 등용했기 때문에 막부의 지배체제가 붕괴되었고, 수호대명의 지배력도 약화되어 그들의 가신이 세력을 키워 스스로 영주가 되는 경우도 빈번해졌다. 또한 교토도 11년 동안이나 전투가 계속되면서 큰 피해를 입었다. 한편, '오닌의 난'에서는 정규 무사가 아닌 아시가루(足輕)라고 불리는 보병들이 활약하면서 전투의 양상도 변화했다. 무사들의 일대일 전투에서 보병들의 집단전투로 전투 양상이 바뀌었는데, 이는 전국시대에 새로운 군사 지도자들이 출현하는 계기가 되었다.

56 근대사학의 선구자인 미우라 히로유키의 '인물론'으로, 시대배경에 대한 깊은 실증연구에서 증명된 것으로 날카로운 역사 안목이 돋보인다고 평가된다.

우라 히로유키(三浦周行)는 1916년[大正5]에 출판된 『신편 역사와 인물(新編歷史と人物)』[56]이라는 저작에서 다음과 같이 서술합니다.

신불(神佛)에 담은 기원의 효과로 아들을 얻은 도미코는 인정에 따라 이 아이에게 가독(家督)을 물려주고 싶었다. 요시마사도 같은 생각이었지만, 그렇게 되면 요시미에게 미안한 기분이 들어서 그럴 수 없었다. 이를 간파한 도미코는 요시미의 보호자 격인 호소카와 가쓰모토에 맞서기 위해 야마나 소젠을 자기편으로 끌어들여 후원했다. 요시마사는 묵묵히 그녀의 생각대로 둘 수밖에 없었던 것이다. 이리하여 두 남자(雄)의 다툼은 두 집안(畠山)의 싸움으로 번지고, 여기에 영지를 가진 무사[大名, 다이묘]들의 상속 문제와 막부 권신의 세력 다툼처럼, 여러 복잡한 사정이 얽히고설켜 오닌(応仁)·분메이(文明)의 내란이 일어났다. 이 활극의 흑막에 도미코가 있었던 것을 그 누가 모를 수 있겠는가. 그 붉은 얼굴의 승려[아카뉴도(赤入道)]라는 별명을 가졌던 소젠도 그렇고 가쓰모토도 그렇다. 어느 누구든 간에 모두 그녀에게 조종당한 꼭두각시에 불과한 것이다. (「日野富子」)

그러나 최근에는 이러한 견해에 대한 비판도 이루어지고 있습니다. 중세사 연구자 고자 유이치(吳座勇一, 1980~)[57]에 의하면 요시미의 처가 도미코의 여동생이며 또 둘의 관계가 꼭 그렇게 나쁘지만은 않았다고 합니다.

도미코는 요시히사가 성장할 때까지 중계자의 위치에서 요시미의 장군 취임을 지지한 입장에 있었고, 애초부터 자신의 아이를 장군의 자리에 앉히기 위해 획책을 하지도 않았던 것입니다.(『応仁の乱』). 그렇다고 하면, 확실히 1467년[応仁元年]에 내란이 발발한 후 차기 장군의 자리를 노린 요시미가 실각하기는 하지만, 내란의 흑막에 도미코가 있었다고 하는 미우라 히로유키의 말은 수정되어야 할 것입니다.

도미코는 1471년[文明3] 요시마사와 처음으로 별거의 길에 들어섭니다. 원래 두 사람이 살고 있던 곳은 '꽃의 황궁(花の御所, 하나노고쇼)'으로 불리던 무로마치테이(室町第)였으나, 요시마사는 이곳을 나와 호소카와 가쓰모토의 새로 지은 저택으로 옮기게 됩니다.

이 불화의 원인으로 무로마치테이에 동거하고 있던 고쓰치미카도(後土御門) 천황[1442~1500, 제103대 천황, 재위1464~1500]과 도미코가 뒤에서 밀통한다는 소문도 제기되었습니다. 그러나 그것은 '오닌의 난'으로

57 일본의 역사학자이다. 본서에 제시된 『오닌의 난(応仁の乱)』을 통해 '오닌의 난'이 널리 알려진 것에 비해 그 실체는 충분히 알려져 있지 않다며, 난의 구체적인 원인과 과정 및 종결된 배경을 알아보고, 그토록 장기화된 이유를 밝히고 있다.

궁궐이 소실되어 무로마치테이에 고쓰치미카도 천황과 고하나조 상황이 일시적으로 피난하면서, 아시카가(足利) 장군[58] 일가와 천황 일가가 동거하는 사태가 벌어졌기 때문입니다.

게다가 이 시기의 천황가는 후원자였던 아시카가 장군가가 힘을 잃음에 따라 역사상 최악의 경제적 곤궁에 빠졌고, 고쓰치미카도나 그 뒤를 잇는 고카시와바라[後柏原, 1464~1526, 제104대 천황, 재위1500~1526], 고나라[後奈良, 1497~1557, 제105대 천황, 재위1526~1557] 세 명의 천황은 생전 퇴위를 하고 싶어도 자금 마련이 어려워 종신 재위를 하지 않을 수 없었습니다. 이 때문에 고쓰치미카도의 전대(前代)에 해당하는 고하나조노 이후, 오다 노부나가(織田信長, 1534~1582)[59]와 도요토미 히데요시(豊臣秀吉)가 새로운 후원자로 등장하기까지 상황(上皇)의 자리도 공석이었습니다.

1473년[文明5] '오닌의 난'으로 대립하고 있던 야마나 소젠과 호소카와 가쓰모토가 차례로 사망하자, 요시마사는 장군의 자리를 요시히사에게 물려줍니다. 요시히사는 당시 9세로, 도미코의 오빠 히노 가쓰미쓰(日野勝光, 1429~1476)가 후견자를 맡게 됩니다.

이때는 아직 요시마사가 중대사를 집정하는 체제가 계속되고 있었습니다. 그러다가 1476년[文明8]에 가쓰미쓰가 죽자, 요시히사와 무로마치테이에 동거하고 있던 도미코가 가쓰미쓰의 역할을 맡게 되면서 서서히 힘을 발휘하게 됩니다. 요시히사는 12세로 어렸기 때문에 앞서 언급한 히노 시게코와 마찬가지로 어린 장군의 어머니가 권력을 쥐게 되었다고 할 수 있습니다.

다만 시게코와 다른 점은, 요시마사가 살아있기 때문에 도미코는 미망인이 아니었습니다. 그러나 은거를 하게 되면서 요시마사는 요시미쓰와 달리 동산산장(東山山莊, 히가시야마산소)을 조영하는 등의 문화 활동에 빠지게 되면서 도미코가 장군의 후견자로서 정치력을 발휘해 갔던 겁니다.

요시마사가 1490년[延德2]에 사망하면서부터 도미코의 권력은 점점 더 강해집니다. 이를 잘 보여주는 사건이 1493년[明応2]에 일어난 '메이오 정변(明応の政変)'입니다. 장군 아시카가 요시키[足利義材, 요시타네(義植), 1466~1523][60]가 호소카와 마사모토(細川政元, 1466~1507)[61]에 의해 추방되고, 아시카가 세이코[足利清晃, 후에 요시즈미(義澄), 1480~1511][62]가 장군으로 옹립되는 이 정변에 도미코는 깊이 관계되어 있었습니다. 고자유이치는 "아시카가 요시마사 사후의 히노 도미코는 실질적으로 아시카가 장군가의 '가장(家長)'의 입장이

60 무로마치 막부 제10대 장군이다. 9대 장군 요시히사가 죽은 후 히노 도미코의 추천으로 장군 자리에 올랐으나, 1493년 메이오 정변으로 폐위 당했다. 1508년 오우치 요시오키(大内義興)의 도움으로 장군직에 복귀되었다. 그러나 1521년 호소카와 다카쿠니(細川高国)와 대립하여 결국 세력을 회복하지 못했다. 따라서 재위기간은 1490년부터 1495년, 1508년부터 1522년이다.

61 호소카와 가쓰모토의 아들로, 1478년부터 막부 정치에 관여하기 시작했다. 1493년 메이오 정변을 일으켜 장군 아시카가 요시키를 몰아내고, 세이코를 장군으로 옹립하였다. 이후 마사모토는 관령으로서 사실상 막부 최고 실권을 누렸다. 그러나 가신들의 통제 실패로, 1507년에 암살당했다.

62 무로마치 막부 제11대 장군이며, 재위기간은 1495년부터 1508년이다. 정실은 히노 도미코의 조카딸인 히노 아코(日野阿子)이다. 메이오 정변에 의해 제11대 장군으로 옹립되었다. 그러나 1508년에 오우치 요시오키가 전임 장군인 요시타네를 옹립하여 군을 이끌고 상경하자, 장군직을 빼앗기고 망명하여 복위되지 못한 채로 사망하였다.

63 무로마치 시대의 공경이
자 고전(古典)학자이다. 직위
는 섭정·관백·태정대신이었
다. 히노 도미코와 아시카가
요시히사의 비호를 받았으며,
도미코에게 『원씨물어(源氏物
語)』를 강의하기도 했다. 유직
고실(有職故実)을 연구하고, 고
전과 와카에도 정통하였다.
송학(宋學)의 영향을 받았으며
일종의 합리주의적 입장에서
신불(神佛), 유교(儒教)의 일치
를 설파하였다.
*유직고실(有職故実)은 옛 조
정이나 무가의 예식·전고(典
故)·관직 등을 연구하는 학문
을 말한다.

64 가마쿠라 시대 중기부터
후기의 관인(官人)·신도가(神
道家)이다. 『일본서기(日本書
紀)』의 주석서인 『석일본기(釈
日本紀)』를 썼다.

었다. 조큐의 난에 즈음하여 '비구니 장군(尼将軍)'호
조 마사코의 연설이 가마쿠라 막부의 무사[御家人, 고케
닌, 쇼군과 주종관계를 맺은 무사]들의 결속을 다진 일에서
도 알 수 있듯이, 요시마사의 정실이자 요시히사의
생모인 히노 도미코가 세이코를 적극적으로 지지한
것은 막부 대신들의 거취에 커다란 영향을 주었다고
생각된다."(『応仁の乱』)라고 말합니다.

이치조 가네요시의 『한밤에 잠에서 깨어』와 『초담치요』

지금까지 옛날 진구 황후를 비롯해 무가정권이 성립
된 후에도 호조 마사코, 히노 도미코로 이어지는 여
성 권력자의 계보를 살펴보았습니다. 그런데 놀랍
게도 히노 도미코가 힘을 가지고 있던 시대에는 이
미 여성의 통치 권력에 착안한 역사관을 가진 인물
이 있었습니다. 이는 바로 학자이자 공가[公家, 구게, 조
정에 출사한 귀족, 상급 관료]인 이치조 가네요시(一条兼良,
1402~1481)[63]입니다. 히노 도미코는 그의 학식을 매우
높이 사 아들 요시히사가 그 학식을 이어받을 수 있
도록 중용했다고도 알려져 있습니다.

가네요시가 도미코 때문에 1479년[文明11] 즈음
에 썼다고 전해지는 『한밤에 잠에서 깨어(小夜のねざめ,

사요노네자메)』에는 다음과 같은 내용이 있습니다.

> 대체로 일본국은 화국(和国)으로서 여성이 다스리는 나라였다. 아마테라스
> 오미카미(天照大神)도 여성의 몸으로 군림하셨다. 진구 황후라는 분도 하치
> 만보살(八幡菩薩)의 어머니셨다. 신라, 백제를 몰아붙이고 이 나라에 오셨다.
> 최근의 가마쿠라의 우장군 기타노 가타니이(北のかた尼二) 마사코님은 2대
> 장군의 어머니이다. 대장이 죽은 뒤로 전적으로 가마쿠라를 관리하고 다
> 스리니 적절히 성패가 있음이라. 세상이 어지러워졌을 때도 마사코의 분
> 부에 따라서만 요시도키(義時)도 무사[大名, 다이묘]에게 명령하셨다. 여자라
> 고 해서 깔보아서는 안 된다. 옛날에는 여성 천황의 현명한 군림이 있었음
> 을 알아야 한다.(『小夜のねざめ』)

우리는 위의 내용을 통해 일본은 '여자가 다스리는 나라'였다는 관
점에서 아마테라스와 진구 황후로 이어지는 라인을 강조하고 있는 것을
알 수 있을 것입니다.

가네요시는 『한밤에 잠에서 깨어』보다 20년 이상 전에 기록한 『일
본서기』의 주석서 『일본서기찬소(日本書紀纂疏, 니혼쇼키산소)』에서 이미 "아
마테라스오미카미는 시조(始祖)에 해당하는 여성 신이고, 진구 황후는
중흥의 여주이다."라고 말한 바 있습니다. 이러한 시각은, 『일본서기찬
소』와 마찬가지로 『일본서기』의 주석서로서 우라베 가네카타(卜部兼方,
?~?)[64]가 가마쿠라 중기에 쓴 『석일본기(釈日本紀, 샤쿠니혼키)』의 영향이 있
었다고 보입니다. 왜냐하면 『석일본기』에도 일본을 '여국(女國)' 혹은 '희

씨국(姬氏國)'이라고 하면서 '아마테라스오미카미는 시조의 여신이고, 진구 황후 또한 여주'라고 기술되어 있기 때문입니다.

다만,『석일본기』나『일본서기찬소』와 다른 점도 있습니다.『한밤에 잠에서 깨어』에서는 '가마쿠라의 우장군 기타노 가타니이 마사코님', 즉 호조 마사코에 대해 언급하고, 아마테라스와 진구 황후, 호조 마사코라는 계보를 강조하면서 진구 황후의 삼한정벌뿐만 아니라,『오처경』에 묘사된 조큐의 난 때의 용맹한 모습의 호조 마사코에 대해서도 다루고 있기 때문입니다. 또한 옛날에는 상당히 뛰어난 '여성 황제', 즉 여제가 많았다고도 적고 있습니다. 가네요시는 도미코에 대해서 여성이라고 해서 비하할 필요는 전혀 없으며, 호조 마사코 등을 모델로 하여 크게 정치에 힘쓰도록 격려하고 있는 것입니다.

가네요시가 1480년[文明12]에 엮은『초담치요(樵談治要, 쇼단치요)』라는 책도 있습니다. 이 책은 도미코가 요시히사에게 읽히기 위해 집필을 시켰다고 합니다. 내용에 있어서는『한밤에 잠에서 깨어』와 겹치는 부분도 있습니다만, 그 중에 '주렴(簾, 발)을 치고 정무를 행한다.'라는 구절이 있습니다.

여기서도 가네요시는 일본이 여성이 다스리는 나라라고 명시하며 아마테라스와 진구 황후 외에도 스이코 천황 그리고 고교쿠에 이은 지토, 겐메이, 겐쇼, 고켄 등 여성 천황이 지속되었던 역사를 다루고 있습니다. 더욱이 호조 마사코의 공적에 대해 언급하고 있는 부분은『한밤에 잠에서 깨어』와 똑같습니다. 다만, 여기서 주목할 만 한 것은 새롭게 중국의 수렴청정에 대해 기술하고 있는 부분입니다.

중국(唐土)에는 여태후(呂太后)라는 한(漢)의 고조(高祖)의 황후이자 혜제(惠帝)의 어머니도 정치를 했다. 당(唐) 때에는 측천황후(則天皇后)라는 고종(高宗)의 황후이자 중종(中宗)의 모친이 오랜 기간 세상을 다스렸다. 송(宋)조에서는 선인 황후(宣仁皇后)라는 철종(哲宗) 황제의 모친이 주렴을 치고 천하의 정도(政道)를 이루었으니, 이를 수렴청정이라고 한다. (『樵談治要』)

65 1085년에 철종이 즉위하자, 태황태후로서 1093년까지 수렴청정을 하였다.

전한(前漢)의 여후, 당나라 무측천 게다가 송나라 선인 황후[宣仁皇后, 1032~1093, 북송의 영종의 황후][65]를 거론하며 주렴을 치고 국정을 행하였고 이를 '수렴청정'이라 부른다는 것입니다. 선인 황후를 가네요시는 철종[哲宗, 1077~1100, 북송의 제7대 황제, 재위1085~1100]의 모친이라고 석고 있습니나만, 징획하게는 조모(祖母)입니다. 이 점이 잘못 표기되어 있기는 하지만, 무로마치 시대에 이미 송나라의 수렴청정에 관한 정보가 전해져 있었음을 알 수 있습니다.

나이토 고난과 와쓰지 데쓰로의 가네요시론

이치조 가네요시는 여성 권력자를 높이 평가하고 있는 것처럼 보이지만, 여성관이 크게 변하는 근대에는

66 일본 동양학의 거장이다.
본서에 제시된 『중국근세사
(中國近世史)』는 당나라 말기
5대를 중세에서 근세로 이행
하는 과도기로 간주하며, 명·
청시대로 이어지는 근세 중국
의 특질이 송에서 원에 걸쳐
서 형성되었다고 논하고 있다.

그 취급 방법도 달라집니다.

동양사학자인 나이토 고난(內藤湖南, 1866~1934)[66]은 1920년[大正9]과 25년에 교토제국대학에서 열린 강의를 정리한 『중국근세사(中國近世史)』 속에서 "원우(元祐) 9년〔1094년〕 선인(宣仁) 태황태후는 병사했다. 이 사람은 신종(神宗)의 개혁안과 같은 새로운 주의의 이치는 알지 못했지만 덕이 있는 총명한 사람으로, 여성 중의 요(堯)·순(舜)〔모두 중국 고대의 전설적 성천자(聖天子)〕이라 불렸을 정도이다."라고 서술하고 있습니다. 선인 황후가 수렴청정을 한 것을 언급하며 이를 평가한 것입니다. 그렇지만 『초담치요』를 저술한 이치조 가네요시에 대해서는 1921년 강연록인 「오닌의 난에 대해서(応仁の乱に就て)」 속에서 이렇게 서술합니다.

이 사람의 관점(經綸)은 역시 옛 귀족 정치의 습관에 사로잡혀 조금도 새로운 것을 생각하지 않습니다. 뿐만 아니라 그 당시의 세력가에게 다소 아부하는 경향이 있어서 진정 자신의 의견을 정직하게 말하고 있지 않다고 보이는 구절도 있습니다. 그 하나를 말씀 드리자면, 그 책에 여성이 정치를 한 것에 대해 적고 있습니다. 그러나 그것은 오늘날의 이른바 여성 참정권의 문제가 아니니 안심하세요(청중의 웃음). 결국 그것은

염중(簾中)에서 정치를 하는 것으로, 장군가 등의 집안에서 바깥의 정치에 참견을 하는 일입니다. 이에 대한 가네요시의 언급은 마치 이를 찬성하는 듯한 어조입니다. 다시 말해, 여성이 주렴을 치고 정치를 한다는 것은 예로부터 어디에서나 폐해가 많다고 지적되어 왔습니다만, 가네요시는 그 사람만 괜찮다면 상관없다는 듯이 자못 애매한 말을 하여 혼란을 가중시키고 있습니다. 이는 당시 요시마사(義政)의 부인[御台所, 미다이도코로]께서 상당히 정령(政令)에 관여하며 여러 일을 처리하고, 오닌의 난도 실제로는 요시마사의 부인한테 원인이 있다고 할 정도로 세력을 갖고 있었기 때문입니다. 이 세력에 영합해 그렇게 적은 게 아닐까 싶습니다. (「応仁の乱に就て」)

67 부인의 사회적·정치적 권리 획득을 위하여 히라쓰카 라이초(平塚らいてう), 이치카와 후사에(市川房枝), 오쿠 무메오(奧むめお) 등을 중심으로 구성된 일본 최초의 부인 단체이다.

나이토 고난은 수렴청정처럼 '여성이 정치를 하는' 것은 폐해가 많다는 것을 전제로 하여 가네요시가 권력을 가지고 있던 히노 도미코에게 아첨하여 '주렴을 치고 정무를 행하는 일'에 관해 기록했다는 것입니다. 아울러 가네요시가 자신의 의견을 정직하게 말한 것도 아니라고 합니다. '오늘날의 소위 여성 참정권의 문제'라는 것은 1920년에 설립된 신부인협회(新婦人協會)[67] 등 여성 참정권을 요구하는 운동을 가리키는데

자·문화사가·사상사이다.
본서에 제시된 『일본 윤리사
상사(日本倫理思想史)』에서 고
대부터 근대에 이르기까지 나
타난 윤리사상의 전개와 그것
을 지탱하는 사회구조의 변천
을 종교에서 문학에 이르는
장대한 범주를 통해 바라보고
있다.

나이토 고난은 이에 대해서도 부정적입니다. 한편, 선
인 황후에 대해서는 어떤 언급도 없습니다.

윤리학자인 와쓰지 데쓰로(和辻哲郎, 1889~1960)[68]도
1952년[昭和27]에 간행된 『일본 윤리사상사(日本倫理思想
史)』에서 '주렴을 치고 정무를 행하는 일'에 관해 다룹
니다. 그는 나이토 고난과는 다른 견해를 제시합니다.

도리에 밝은 사람이라면 여자라도 정치를 해도 좋다.
도리에 어두우면 남자라고 해서 정치를 맡겨서는 안
된다. 이는 정론(正論)이어서 비난의 여지가 없을 것이
다. 가네요시가 배척하고 있는 것은 설령 도리에 밝
아도 여자인 이상 정치에 종사해서는 안 된다는 사고
방식이다. 이 사고방식을 극복한 것은 간접적으로 도
미코의 정치 관여를 옹호하는 일이 될지 모른다. 그
러나 직접적으로 도미코를 추천하고 있는 건 아니다.
가네요시가 권장한 것은 쇼토쿠(聖德) 태자의 헌법을
제정하게 도운 스이코 천황이나, 정관정요(貞觀政要)를
일본어로 번역해 읽기도 하고 조에이(貞永) 법규를 제
정하는 데 관여한 호조 마사코(二位の尼) 등이다. 그러
한 교양이나 이해의 힘이 가네요시한테는 중요한 것
이었다. 그렇기 때문에 가네요시가 정권에 관여하고
있는 도미코에게 그러한 교양이나 이해의 힘을 갖게

하고 싶다고 생각한 것은 의심의 여지가 없다. (『日本倫
理思想史』上.)

69 일본 오키나와 현에 있었던 옛 왕국의 이름으로, 류큐는 현재 오키나와(沖繩)의 옛 지명이다.

와쓰지 데쓰로는 가네요시가 도미코의 권력에 아첨했다고 보는 나이토 고난의 견해를 완전히 부정하고 있습니다. 그리고 가네요시에게 있어서 정치에 종사하는 데 중요한 것은 남녀의 성별이 아니라 도리의 유무이며, 가네요시는 도미코에게 그러한 도리를 갖게끔 지적한 것이라고 해석합니다. 그러나 실제 도미코는 도리를 익히지 못했고 '수렴청정'에 대한 악평을 뒤엎는 데까지는 이르지 못했다고 말합니다. 즉, 와쓰지 역시 가네요시가 도미코의 정치를 무조건적으로 평가한 것은 아니라고 본 겁니다.

류큐 왕국과 기코에오키미

히노 도미코가 권력을 휘두르던 시대, 이 시기에 같은 동아시아의 나라에서도 여성이 실권을 장악하는 상황이 일어났습니다. 그 일례가 바로 류큐 왕국(琉球王國)[69]입니다.

류큐 최초의 통일 왕조는 15세기에 63년간 계속된 '제1 쇼(尚) 씨'왕조였습니다. 7대 쇼토쿠(尚德) 왕

에 이르러 제1 쇼 씨 왕조는 단절되고, 대신해서 쇼
엔(尚円) 왕[1415~1476, 류큐 왕국 제2 쇼 씨 왕조의 시조, 재위
1469~1476]이 '제2 쇼 씨'왕조를 세워서 초대 국왕이
되었습니다. 쇼엔 왕은 1476년[成化12]에 사망하고, 다
음해 1477년[成化13] 3대 쇼신(尚眞) 왕[1465~1527, 류큐
왕국 제2 쇼 씨 왕조의 제3대 국왕, 재위1477~1527]이 13세의
나이로 왕위에 오릅니다. 어린 왕의 후견 역할을 맡
았던 이가 모후(母后)인 쇼엔 왕비 오기야카(宇喜也嘉,
1445~1505)였습니다.

당시까지만 하더라도 류큐에서는 성화(成化)라는
중국 명나라의 연호를 사용했습니다. 명의 조공국이
었던 류큐에는 독자적인 연호가 없었고 중국의 연호
를 일관되게 사용했습니다.

게다가 류큐에는 소위 실록(實錄)에 상응하는 기
록도 없습니다. 그래서 중국이나 조선 등 주변국의
실록을 참고해야 합니다. 조선 왕조 역대 국왕의 실
록을 편찬한 『조선왕조실록(朝鮮王朝實錄)』에는 류큐에
유배되었던 제주도의 김비의(金非衣)[70]가 본국에 돌아
가 한양 왕궁에서 류큐 왕국에 대해 보고한 기록이
있습니다. 이 인물은 쇼신 왕이 즉위한 1477년[成宗8]
에 요나국섬(与那国島)에 표류했다가, 다음 해에 오키
나와(沖縄) 본섬으로 이동해 1479년[成宗10]에 귀국합

166

니다.

　김비의의 보고 내용에는 국왕의 행렬을 보던 중에 한국어를 할 줄 아는 사람이 다음과 같이 말했다고 적고 있습니다.

> 그가 말하길 "국왕이 훙서(薨逝)하고 여주(女主)가 나라를 다스린다. 가마에 탄 자는 그 여주이고, 말에 탄 어린아이가 바로 국왕의 아이이다." (池谷望子 外編『朝鮮王朝實錄 琉球史料集成』譯注篇)

　즉, '국왕은 이미 죽고, 여성 군주가 나라를 다스리고 있다. 가마에 타고 있는 이는 여성 군주이고, 말에 타고 있는 이는 국왕의 아들'이라고 말하고 있습니다. 더불어 '나라를 다스리는 것은 여성 군주, 즉 쇼신 왕의 어머니 오기야카'라고 단언하고 있습니다.

　또한, 이 행렬의 모습을 상상해 보아도 오기야카가 쇼신 왕보다도 더 국왕다운 대우를 받고 있음을 추측할 수 있습니다. 오기야카는 가마에 타고 있기 때문에 아마도 모습을 볼 수는 없지 않았을까 생각됩니다. 한편, 당시 14세였던 쇼신 왕은 말에 타고 있었기 때문에 용태를 볼 수 있습니다. 이러한 상황을 통해서도 입장이 역전되어 있음을 알 수 있습니다.

　또한, 『조선왕조실록』의 같은 해 6월에도 오기야카가 행렬하는 모습이 묘사되어 있습니다. 기록에 의하면 "칠련(漆輦)을 타고 사면에 발을 드리웠으며"라고 되어 있기 때문에, 역시나 앞서의 상상대로 주렴을 늘어뜨리고 있어서 모습은 보이지 않았음을 알 수 있습니다. 게다가 가마

71 일본의 근대사와 류큐 사상사 연구자이다. 류큐의 역사를 주로 다루며, 16세기 쇼신 왕 시대에 성립한 기코에 오키미를 정점으로 하는 류큐의 국가 제사제도에 대해서 지금까지 주목받지 못했던 사료들을 통해 연구했다.

를 짊어지고 있는 사람이 20명에 가깝고, 호위하는 사람도 100명 전후라고 기록되어 있는 것으로 보아 그야말로 대행렬입니다. 그리고 "백성(國人)이 말하길 '국왕이 돌아가시고 그 후사가 아직 어리니 그의 어머니(母后)가 조정에 임한다. 어린 아들이 자라면 곧 국왕이 될 것이다.'라고 한다."(『朝鮮王朝實錄 琉球史料集成』 譯注篇)고 적고 있습니다.

여기서도 역시 국왕이 죽고 그 뒤를 이을 국왕이 어리기 때문에 모친이 임시로 국왕을 대리하고 있다고 합니다. 이는 그 아이가 조금 더 성장하면 국왕이 된다는 것입니다. 이 기술을 통해서 정확히 류큐에서도 수렴청정이 이루어졌음을 알 수 있습니다.

오기야카의 권력은 절대적인 것으로 행정권과 제사권(祭祀權)마저 장악하고 있었습니다. 류큐 역사를 전문으로 연구하는 시타 다아쓰시(後田多敦, 1962~)[71]는 다음과 같이 말합니다.

쇼신 왕이 친정을 할 수 있는 연령이 되자 오기야카는 장악하고 있던 '정권(政權)'의 실권을 쇼신 왕에게 물려주고, '교권(敎勸)'을 딸인 오토치노모이카네[月淸, 音智殿茂金]에게 계승했다. 그리고 오토치노모이카네는 제2 쇼 씨 왕통(王統)의 최고의 여신관 기코에오키

168

미(聞得大君)가 되었다. (「流球國の最高女神官 · 聞得大君創設期の
諸相」)

72 일본의 민속학자이자 국
문학자이다. 독창적인 국문
학과 민속학, 예능사(藝能史)
를 전개하고, 시인으로서도 활
약했다. 특히 '국가신도(國家神
道)'의 시대를 고찰하는 신도학
자로서의 영향력도 컸다.

이는 오기야카가 가지고 있던 행정권과 제사권
을 각각 아들과 딸에게 나누어 주었다는 것입니다.
여기서 기코에오키미(聞得大君)는 오키나와에서 제사
를 통괄하는 최고위 여성을 가리킵니다. 이후 왕비와
왕녀 등이 임명되고 메이지 시대에 이르기까지 계승
되었습니다. 오리구치 시노부(折口信夫, 1887~1953)[72]는
1924년[大正13]에 쓴 것으로 보이는 「오키나와에 있는
우리 고대 신앙의 잔얼(沖繩に存する我が古代信仰の殘孽)」에
서 "메이지 이전에는 오키나와에서 최고의 신인(神人)
으로 기코에오키미[Cihwizin이라고 발음하기도 한다]라는
이가 있었다. 이 자리에는 왕가의 과부(寡婦)를 임용하
게 되어 있지만 300년 전까지는 왕가의 처녀를 임용
했던 것이 역사서에 적혀 있다."라고 적고 있습니다.
　류큐 왕국은 제1 쇼 씨, 제2 쇼 씨의 시대를 통틀
어 줄곧 종신 재위의 원칙이 지켜졌습니다. 이 점에
서는 일본보다도 중국이나 조선에 가깝다고 할 수 있
습니다. 그러나 쇼신 왕 이후로는 설사 어린 국왕이
즉위해도 모친이 후견자가 되는 일은 없었습니다. 그
것은 오리구치가 말한 것처럼, 국왕이 사망하면 '왕가

73 조선 세조의 아들이며 성종의 아버지이다. 비(妃)는 소혜왕후이다. 1455년(세종27) 도원군에 봉해지고, 1455년(세조1) 세자로 책봉되었으나 즉위하기 전에 죽었다. 1471년(성종2)에 덕종으로 추존되었다.

의 과부', 즉 왕비는 기코에오키미로 선발되는 경우가 많았고, 어린 국왕의 모친도 역시 기코에오키미로서 제사에 전념했기 때문입니다. 이 점은 수렴청정이 반복되던 중국이나 조선과는 대조적입니다.

조선의 수렴청정

오키나와의 오기야카 외에 히노 도미코와 동시대에 권력을 가지고 있던 또 다른 여성은 조선의 정희왕후 윤씨[貞熹王后尹氏, 1418~1483, 조선 제7대 왕 세조의 왕비]입니다.

그녀는 7대 국왕 세조[世祖, 1417~1468, 조선 제7대 왕, 재위1455~1468]의 정실이었습니다. 1457년[世祖3]에 왕위를 계승하기로 한 장남 도원군(桃源君, 1438~1457)**73**이 죽고, 1468년[世祖14]에는 남편 세조가 사망합니다. 그리하여 같은 해에 차남 예종[睿宗, 1450~1469, 조선 제8대 왕, 재위1468~1469]이 즉위합니다. 그러나 즉위 후 고작 1년여 만에 사망하고 맙니다.

계속된 가족의 죽음을 직면한 성희왕후는 이번에는 도원군의 차남인 13세의 자을산군(者乙山君)을 9대 국왕 성종[成宗, 1457~1494, 조선 제9대 왕, 재위1469~1494]으로 추대하고, 대왕대비가 되어 수렴청정을 시작합니다. 결국 국왕의 할머니가 국정을 다스리게 된 것입니다.

　성종의 생모는 왕위를 잇지 못하고 죽은 의경세
자[懿敬世子, 사후에 왕의 칭호를 받아 덕종(德宗)이 됨]의 정실
소혜왕후 한 씨[昭惠王后韓氏, 1437~1504, 조선 제7대 왕 세조
의 장남인 덕종의 비(妃)][74]입니다. 한국에서는 드라마 제
목이 되기도 한 인수대비(仁粹大妃)라는 명칭으로 더
잘 알려져 있습니다. 정희왕후는 그녀와 함께 국정에
힘쓰며 1476년[成宗7]까지 7년간 수렴청정을 이어갑
니다. 다음과 같이 한국에서 간행된『조선시대사학보
(朝鮮時代史學報)』라는 학술지에 실린 정희왕후의 수렴
청정에 관한 논문을 인용해 보겠습니다.

74　1455년에 세자빈에 간
택되었으나 세자가 죽고,
1470년에 아들인 성종이 즉
위하여 세자로서 죽은 남편
을 덕종으로 추존하자 왕후에
책봉되고, 이어서 인수대비에
책봉되었다. 당시 정치에 많
은 자문을 하였으며, 부녀자
를 위하여 지켜야 할 도리인
『내훈(內訓)』을 간행하였다.

　　垂簾聽政(수렴청정)은 미성년의 어린 왕이 즉위할 경우
　　대궐의 가장 어른인 大王大妃(대왕대비)나 大妃(대비)가
　　발을 치고 왕과 함께 政事(정사)를 담당하는 제도였다.
　　조선에서는 몇 차례의 수렴청정이 있었는데, 대체로
　　성종대에 이루어진 世祖妃(세조비) 貞熹王后(정희왕후)의
　　聽政(청정)을 수렴청정의 효시로 인식하고 있다. 또한
　　이것은 중국 宋代(송대) 宣仁太后(선인태후)의 섭정을 古
　　禮(고례)로 삼고 있다.(임혜련「조선시대 수렴청정의 정비 과정」)

　'고례(古禮)'가 한자로 표기되어 있는 것을 볼 수

있습니다. 다시 말해서 조선의 수렴청정은 송나라 선인 태황태후(宣仁太皇太后)의 섭정을 모델로 했다는 것입니다. 구체적으로는 다음과 같은 조건 하에서 수렴청정이 실시되었습니다.

> 성종대 정희왕후가 청정을 시작할 때 송나라 선인태후의 고사에 의하여 시행한다고 밝히고 있다. 宣仁太后(선인태후)는 송나라 5대 英宗(영종)의 皇后(황후)였으며, 7대 哲宗(철종)이 즉위하자 攝政(섭정)을 하였다. 송에서 태후섭정이 시행될 조건은 황제의 나이가 어릴 때, 황제가 병에 걸려 정사를 볼 수 없을 때, 황제가 갑자기 崩御(붕어)하였을 경우이다. 선인태후는 송나라 6대 황제인 神宗(신종)이 병이 있었기 때문에 그가 사망하기 전인 1085년(元豊8) 2월에 청정을 하기로 이미 결정을 하였다.(임혜련「조선시대 수렴청정의 정비 과정」)

정희왕후가 북송(北宋)의 태황태후 선인 황후를 모델로 삼아 수렴청정을 실시했다는 것은 이치조 가네요시가 『초담치요』에서 '수렴청정'의 모델로 선인 황후를 언급한 부분을 떠오르게 합니다. 이는 북송의 선인 황후가 동아시아에서 수렴청정의 모델로서 널리 인지됐을 가능성을 생각하게 합니다.

또한, 앞서 서술한 김비의와 그의 일행이 류큐에서 귀국한 것은 정희황후의 수렴청정이 끝난 3년 후의 일입니다. 그렇다면 김비의의 보고를 들은 당시의 조선 국왕 또는 관료들은 류큐에서도 조선과 비슷한 정치가 이루어지고 있음을 인식했을 가능성이 있다고 할 수 있습니다.

당시 중국은 명나라 시대였습니다. 명나라에는 후비(后妃)가 권력을 갖는 것을 초대 황제인 홍무제(洪武帝)가 상당히 경계하여 궁궐 밖으로 나가는 것은 물론이고 편지를 주고받는 것도 금지하였는데, 이는 명나라 시대 내내 지켜졌습니다. 6대 황제 정통제[正統帝, 1427~1464, 명나라 제6대 황제, 재위1435~1449, 1457~1464]가 포로가 된 토목의 변(土木の変)[75]에 즈음해서 황태후 손 씨[孫氏, 1399~1462, 명나라 제5대 황제 선덕제(宣德帝)의 계후·정통제의 모친]가 잠시 권력을 대행한 예외도 있었지만, 명나라는 송나라 때와는 대조적으로 황후나 황태후의 수렴청정을 한 번도 시행하지 않았고, 권력을 잡을 수 있는 기회가 극히 제한되어 있었습니다(前田尙美「明代の皇后·皇太后の政治的位相」).

한편, 주변 나라 일본, 류큐, 조선에서는 히노 도미코, 오기야카, 정희왕후가 거의 같은 시기에 모친 또는 조모의 자격으로 권력을 쥐고 있었습니다. 게다가 히노 도미코가 중용했던 이치조 가네요시도 그렇고 정희왕후 역시 선인 황후를 의식하고 있었을 가능성이 있습니다. 그렇게 생각하면, 설령 동시대 중국에서 수렴청정이 중단되었다 하더라도 여전히 중국의 수렴청정은 주변 여러 나라의 여성 권력을 정당화하기 위한 모델로서 파악되고 있었다는 견해도 가능하시 않을끼요.

75 1449년 동서 몽고통일에 성공한 오이라트(Oirāt) 족의 족장 에센(也先)이 쳐들어와서 토목보(土木堡) 싸움에서 대패하여 정통제가 포로가 된 사건이다. 이듬해에 석방되었으나 이미 동생 경태제(景泰帝)가 즉위하여 있었으므로, 태상황제로서 남궁(南宮)에 유폐되었다. 그러나 1457년 경태제가 중병에 걸린 틈에 다시 황제로 복위하는 일에 성공하였다. 정통제는 제8대 황제에 다시 즉위하였으므로 천순제(天順帝, 재위 1457~1464)라고도 한다.

아즈치모모야마 시대에
강력한 세력을 구축한 오다
노부나가는 실질적인 적인 모
리(毛利) 가문을 공격하기 위
해 병력을 동원하였다. 동원
된 병력 중 하나인 아케치 미
쓰히데(明智光秀)는 오다 노부
나가의 명령을 받아들여 진군
하던 중 갑자기 혼노지(本能
寺)에 난입하여 여기서 머물
고 있던 오다 노부나가의 일
행을 공격하였다. 이로 인해
오다 노부나가는 자결하였다.

미망인 기타노만도코로의 역할

그러면 다시 본래의 역사적 흐름으로 돌아가 아즈치
모모야마 시대를 살펴보고자 합니다.

오다 노부나가의 사망 후에 도요토미 히데요시
가 전국(戰國)의 난세를 제압하고 천하를 통일하게 됩
니다. 이때 정치에 크게 영향을 끼친 두 명의 여성이
있습니다. 기타노만도코로[北政所, 섭정을 하거나 권력을 가
진 처(妻)를 이르는 높임말]라고 불린 네네[寧, 1548?~1624 또
는 오네라고도 부름]와 요도도노라 불렸던 아자이 차차(浅
井茶々, 1569?~1615)가 그들입니다.

기타노만도코로는 히데요시의 정실이며 아이
는 없었습니다. 1582년[天正10]의 '혼노지의 변(本能寺
の變)[76]' 이후, 후계자 다툼에서 이긴 히데요시와 함께
오사카성(大阪城)으로 거처를 옮기게 됩니다. 1587년
[天正15]에 히데요시의 정무관청(政廳) 겸 저택으로 교
토에 주라쿠테이(聚楽第)를 짓는데, 이곳이 완성되자
히데요시와 함께 옮겨 와 살았습니다. 그리고 다시
오사카성으로 가게 되는 1591년[天正19]까지 주라쿠
테이에 머물며 관백(關白) 정치에 관여했다고 전해집
니다. 즉, '아내(妻)'로서 남편 히데요시 정권의 오른팔
역할을 하고 있었다는 것입니다.

1590년[天正18]에 히데요시가 오다와라[小田原, 가

나가와현(神奈川県)에 있는 도시]에 있는 호조(北条) 가문을 공격했을 때에 부른 이는 뒤에 나올 요도도노였습니다. 기타노만도코로는 주라쿠테이에 머물면서 자리를 지키고 있었습니다. 다바타 야스코는 히데요시가 오다와라에 진(陣)을 치고 있을 때 기타노만도코로를 주라쿠테이에 그대로 둔 것은 자신의 부재를 대신해 지휘를 맡기고, 요도도노가 낳은 적자(嫡男) 쓰루마쓰(鶴松, 1589~1591)를 후사로 키우기 위해서이며 "히데요시가 진을 치고 있을 때 내정(內政)의 총람이 기타노만도코로 오네[네네]에게 주어진 역할이었다고 볼 수 있다."(『女人政治の中世』)라며, 다음과 같이 말합니다.

> 이와 같이 오다와라에 진을 치고 있는 중에 오네(네네)의 역할은 중세의 무가사회에서 보편적으로 보이는 아내의 역할과 공통하는 것이다. 가마쿠라 시대 이래로 전쟁(戰陣)에 참가하거나 경호(番役)를 위해 교토나 가마쿠라, 다자이후(大宰府)로 부임한 남편이 부재중일 때 영지를 맡기고 이에 책임을 지고 집안에서 최고 결정권을 갖는 것은 아내였다. 이것이 집안 살림을 책임지고 관리한다는 말의 구체적인 내용이었다. (『女人政治の中世』)

중세 무가 사회의 관습이 이어져서 남편이 전투에 나가 부재할 때에 아내가 집안 살림의 책임을 도맡듯이, 주라쿠테이에서 기타노만도코로가 그런 역할을 했다는 뜻입니다. 그러나 쓰루마쓰는 선천적으로 병약한 탓에 1591년[天正19]에 고작 3세의 나이로 죽고 맙니다.

1592년[文禄元年]에 히데요시는 조선 출병의 진두지휘를 하러 교토에서 히젠[肥前, 현재 사가현(佐賀県)과 나가사키현(長崎県)의 일부]의 나고야성(名古屋

77 1592년(선조25)부터 1598년(선조31)까지 두 차례에 걸쳐 조선을 침입한 일본과의 싸움이다.

78 임진왜란 때인 1592년 5월에 임진강에서 왜군과 싸운 전투로 도원수, 김명원 등이 북침을 막으려다 패한 싸움이다.

79 아즈치모모야마 시대부터 에도 시대까지의 무장이자 다이묘(大名)이다. 그는 임진강전투에서 승리하며 개성을 점령했다. 이후 함경북도의 방어체계를 붕괴시키고, 별다른 저항을 받지 않은 채 길주와 명천(明川)을 거쳐 경성을 점령했다. 이로써 함경도 지역이 모두 일본군에 점령되었다.

80 전국시대부터 에도 시대 전기의 무장이다. 도요토미 히데요시의 수하이며, 히데요시는 그의 충성심에 감동하여 다이묘로 등용한다.

81 임진왜란 때에 종군일기를 썼으며, 그에 대해서 자세히 알려진 바는 없으나, 마쓰라 시게노부를 섬긴 것으로 보인다. 그의 서술을 통해 일본 무사의 용맹과 승리를 자랑하는 것과 동시에 현지 민중에 대한 잔인한 살육 행위와 고전(苦戰)에 빠진 군인들의 참혹함을 볼 수 있다.

城)으로 이동합니다. 이때도 동행한 이는 요도도노이고, 기타노만도코로는 오사카성에 남았습니다. 조선에 상륙한 일본군은 불과 2주여 만에 조선의 수도 한양[漢城, 한성]을 함락시키고, 약 1개월여 만에 평양까지 병사를 진군시켰습니다.

일본에서는 '분로쿠의 역(文禄の役)', 조선에서는 임진왜란(壬辰倭亂)[77]이라 불리는 이 침략 전쟁의 하나로 '임진강전투(臨津江戰鬪)[78]'가 일어납니다. 이 전투에서 가토 기요마사(加藤淸正, 1562~1611)[79]가 조선군을 괴멸시켰습니다. 후에 사가번[佐賀藩, 규슈 서북부에 있는 현]의 초대 영주[藩祖]가 되는 나베시마 나오시게(鍋島直茂, 1538~1618)[80]의 가신(家臣) 다지리 아키타네(田尻鑑種, ?~?)가 쓴 『고려일기(高麗日記)』를 보면, 임진강전투 상황을 기술한 후에, 갑자기 진구 황후의 신라정벌 이야기가 등장합니다. 또 마찬가지로 히라도번[平戸藩, 현재 나가사키현 히라도시]의 초대 영주 마쓰라 시게노부(松浦鎭信, 1549~1614)의 가신(家臣)이었던 요시노 진고자에몬(吉野甚五左衛門)[81]이 쓴 종군일기에도 삼한정벌의 기술이 나옵니다(北島万次『秀吉の朝鮮侵略』).

임진강은 현재 한국과 북한의 군사 분계선 가까이에 흐르고 있는 강입니다. 일본군이 조선을 침략해 가는 과정에서 삼한정벌이 상기되었던 것입니다. 삼한정벌과 마찬가지로 조선으로 일본군이 건너가 싸웠기 때문에 지금 상상 해봐도 무척 격렬했으리라 봅니다. 그러나 히데요시와 기타노만도코로, 요도도노라는 인물들이 진구 황후를 의식했었는지는 확실하지 않습니다.

1598년[慶長3]에 히데요시가 사망합니다. 그로부터 5년 후, 기타노만도코로는 출가해서 고대원(高台院, 고다이인)이라 칭하며 정치의 일선에서 물러납니다. 그녀의 심중을 역사학자 후쿠다 치즈루(福田千鶴, 1961~)[82]는 "도요토미가의 미망인(後家)으로서 자기 역할을 제일 먼저 도요토미가의 명복을 비는 것에 두겠다는 네네의 의식 변화가 있었다. 바꿔 말하자면, 도요토미가의 앞날을 걱정하면서도 세속으로부터는 한발 물러선 입장에서 히데요리(秀賴)를 지켜보겠다고 결의한 것이다."(『淀殿』)라고 추측하고 있습니다.

이를 통해 중세에서 근세로 변화하는 징조를 읽어낼 수 있습니다. 중세의 미망인은 남편이 죽은 후에 전면적으로 일가를 책임지고 권력을 가졌습니다. 그러나 기타노만도코로는 미망인이 되어도 권력을 가지지 않았습니다. 이렇게 해서 권력을 가지지 않고 고인의 명복을 순수하게 비는 역할을 담당하는 것이에도 시대 장군의 겅실에게루 계승된 게 아닐까 싶습

82 일본의 역사학자이다. 본서에 제시된 『요도도노(淀殿)』에서 측실이었던 요도도노의 인물상을 재검토하고, 히데요시의 아내의 한 사람으로서 인물상을 파악한다.

니다.

다만, 이때는 아직 역사의 기로에 선 시기였습니다. 따라서 미망인에게 주어진 애도하는 것과 일가를 책임지는 두 가지 역할이 기타노만도코로와 다음에 소개할 요도도노에게 나뉘어 계승됩니다. 다바타 야스코는 이렇게 말합니다.

> 중세의 미망인(後家, 고케)은 일반적으로 후계자가 어린 경우, 미망인과 후계자가 힘을 합치거나 혹은 미망인 자신이 집정(執政)을 하면서 다른 한편으로 죽은 남편의 명복을 빌기도 했다. 미망인의 두 가지 역할은 한 사람의 인격 안에서 행해져 왔다. ……불행하게도 히데요시가 사망하고 미망인의 역할이 두 사람으로 나뉘어 각각 이루어진다. 미망인 역할에 명백히 분열이 일어난 것이다. (『女人政治の中世』)

그렇다면 요도도노가 계승한 또 다른 역할인 일가를 책임지는 일은 최종적으로 어떠한 결말을 맞이했을까요.

요도도노가 결정지은 근세로의 흐름

요도도노는 원래 도요토미 히데요시의 측실 중 한 사람이었는데, 쓰루마쓰의 뒤를 잇는 히데요리를 낳으면서 정실에 필적하는 지위로 승격합니다.

그녀는 히데요시가 죽은 후에 어린 히데요리의 어머니로서 기타노만도코로에 버금가는 권력을 가지게 됩니다. 그러나 그 권력은 오래가

지 못하고 1615년[元和元年], 오사카 여름 전투(大坂夏の
陣)[83]에서 히데요리와 함께 자살합니다. 그리고 훗날
그 존재는 여성이 권력을 가지면 변변한 일이 일어나
지 않는다는 반면교사로서 일컬어지게 됩니다.

　도쿠가와 막부 4대 장군 도쿠가와 이에쓰나(德川
家綱) 때 널리 읽힌 『열녀전(列女傳)』에는 '빈계[牝鷄, 암
탉]' 이야기가 나옵니다. 이 책 제1장 서두에서도 언
급한 바 있습니다만, 『서경』에 나오는 '암탉은 아침에
울지 않는다. 만약 암탉이 아침에 울면 집안이 망한
다.'는 그런 말입니다. 여자가 정치를 하거나 혹은 권
력을 쥐면 그 나라가 망한다는 비유적 표현이라고 설
명했습니다. 일본 정치사상사를 연구하는 세키구치
스미코(関口すみ子, 1977~)[84]는 『열녀전』이 널리 퍼진 당
시의 배경을 다음과 같이 서술합니다.

　　이 전후로 만들어진 것으로 보이는 무가의 가훈(家訓)
　　에는 '빈계(牝鷄)'의 경고를 포함하고 있는 것이 적지
　　않다. 되돌아보면, 막부(御公儀) 자체가 '요도도노'의
　　진영을 멸망시켜서 성립한 것이다. 경고(警告)는 현실
　　감을 띠고 있음에 틀림없다. (『御一新とジェンダー』)

도쿠가와의 지배는 권력을 휘둘렀던 요도도노를

83　1615년 여름 오사카에서
도쿠가와 이에야스의 에도 막
부 군이 도요토미 가문의 군
을 공격하여 오사카성을 함락
시킨 전투이다. 1614년 12월,
오사카 겨울 전투에서 일단
화친이 성립된 뒤 이에야스의
막부 군과 도요토미 가문의
군은 다시 전쟁 준비에 들어
갔다. 그리하여 1615년 4월에
도요토미 측이 야마토코오리
야마성(大和郡山城)을 함락시
키면서 여름 전투가 시작되었
다. 전력적으로 훨씬 열세했던
도요토미 가문은 이에야스 막
부 군에 의하여 오사카 근교
까지 밀리게 되었고, 결국 오
사카성은 함락되고 만다.

84　일본의 정치학자이다. 본
서에 제시된 『메이지유신과
젠더(御一新とジェンダー)』에
서 오오쿠(大奧)가 활약했던
에도 시대 초기부터 메이지유
신 이후의 새로운 시대 개막
까지의 정치권력과 여성의 관
계에 초점을 맞추고 그 실상
을 부각한다.

85 에도 시대의 일화·견문
집인 『명량홍범(明良洪範)』을
집필했다. 여기에는 도쿠가와
가문과 관련이 있는 무장·가
신의 사적을 중심으로, 무사
의 마음가짐에 대한 이야기를
수록했다.

86 에도 시대 중기의 국학
자이다.

87 에도 시대 후기의 가인
(歌人)이자 국학자이다.

중심으로 한 도요토미 가문이 오사카 전투(大坂の陣)에서 멸망하게 되면서 확립되었다. 그렇게 생각하면 '빈계'이야기는 옛날 유교 경전 속의 가르침이 아니라 대단히 생생한 현실로서 존재했다는 말입니다.

또한, 요도도노가 음탕한 여자였다는 소문도 널리 퍼졌습니다. 앞서 나온 책 『요도도노(淀殿)』에서 몇 가지 예를 들어보면 이렇습니다.

사나다 조요(真田増誉, ?~1707)[85]가 18세기경에 집필한 일화집 『명량홍범(明良洪範, 메이료코한)』에는 '오사카가 망한 것은 오로지 요도도노의 부정(不正) 때문'이라고 적혀 있습니다. 이와 비슷한 기술이 아마노 사다카게(天野信景, 1663~1733)[86]의 수필 『염고(塩尻, 시오지리)』에도 나옵니다. 또 우에다 아키나리(上田秋成, 1734~1809)[87]의 수필 『담대소심록(膽大小心錄, 단다이쇼신로쿠)』에도 '요도도노 역시 얼굴이 번듯할 뿐 아니라 색을 밝히어서'라고 기록되어 있습니다. 이는 상당히 기량이 좋았던 것뿐만 아니라 호색가였다는 말입니다.

이러한 견해는 메이지 시대가 되어서도 계승되었습니다. 다케코시 요사부로(竹越與三郎)는 요도도노를 프랑스 루이 15세의 애인이었던 퐁파두르 부인(Marquise de Pompadour)과 비교함과 동시에 "히데요시가 죽자 또 아첨과 계략의 무리에 둘러싸여서 마침내

오만방자하여 스스로 절제를 하지 못하고 교부(驕婦)가 되어 오노 하루나가(大野治長, 1569~1615)[88]에게서 사리를 꾀하였다."(『二千五百年史』五)라고 서술하고 있습니다. 요도도노와 오노 하루나가가 밀통했다는 말입니다.

이렇게 요도도노에게는 이런 저런 스캔들 같은 이야기가 따라다니게 됩니다. 이 부분에서 생각나는 것이 고켄·쇼토쿠 천황입니다. 권력을 가진 여성이 계속 부정적으로 입에 오르내리게 되면, 상당히 음란한 여자였다는 이야기가 재생산되기 마련입니다. 이리하여 미망인의 중요한 역할 즉, 남편이 죽은 후에 집안을 책임진다는 그 역할은 요도도노의 악평과 함께 봉인되게 됩니다.

88 아즈치모모야마 시대부터 에도 시대 전기에 활약한 무사이며, 도요토미 가문의 가신이다.

제4장

‘모친’의 권력이 봉쇄되었던 시대

: 에도 시대

에도 시대가 되면 모친의 권력은 봉쇄되고 부친이 권력을 갖는
정치체제가 성립됩니다. 어떠한 여성도 권력의 정점에 설 수 없도록
체제가 정비되었다고 말할 수 있습니다.
분명히 두 명의 여성 천황이 즉위하기도 합니다. 그러나 그녀들은
평생 독신이었고 이중, 삼중의 견제로 인해 천황으로서 권력을 가지지
못했습니다. 일본에서는 여성 권력이 봉쇄되는 가운데 이웃 나라
조선에서는 19세기가 되자 수렴청정이 부활합니다.

여성의 권력이 봉쇄되었던 시대

지금까지 여성이 때때로 천황이나 태상천황(太上天皇)이 되었던 아스카·나라 시대는 물론, 여성 천황이 사라지고 남성 상황이나 법황에 의한 원정이 정상화되는 헤이안 시대 이후, 귀족사회나 무가사회에서 여성이 권력을 잡은 경우에 대해 살펴봤습니다. 그 여성들 대부분은 천황과 장군 등의 '모친' 또는 예외적으로 '아내'였습니다. 그러나 에도 시대가 되면 '모친'의 권력은 봉쇄되고 '부친'이 대신 권력을 갖는 '오고쇼 정치[大御所政治, 은퇴한 장군이나 친왕이 정치에 나서는 것]'가 실시되었습니다.

장군의 처첩들은 에도성 혼마루[本丸, 성의 중심이 되는 건물]에 위치한 오오쿠[大奥, 장군의 부인과 하녀들의 거처]라는 폐쇄된 공간에서 기거하게 되고 그곳을 중심으로 여성들만의 히에라르키[위계 질서]가 구축되어 갑니다. 오오쿠에서는 주인처럼 상주하던 노녀[老女, 로조, 시녀의 우두머리]가 은연중에 권력을 가지고 종종 정치에 영향을 미치는 경우도 있었습니다. 그러

1 청나라 제1대 황제인 누르하치(奴爾哈赤)의 14번째 아들 도르곤(duóěrgǔn)을 말한다. 형인 황태극 밑에서 중용되어 내몽고를 정벌하는 데 공헌하였으며 정치적으로 황태극에 필적할 만한 세력을 보유하고 있었다. 복림의 섭정으로 실질적인 최고 권력자가 되었고, 베이징으로 천도하며 중국 전역을 무력으로 평정하였다. 한편, 한인(漢人) 관료를 등용함으로써 청의 중국 지배의 기초를 확립했다.

2 효장문황후(孝莊文皇后)로 붐부타이라고도 한다. 몽고의 귀족 보르지기드(博爾斉吉特) 가문 출신의 황후로 청나라 황태극의 비(妃)이자 복림의 생모이다.

나 그것은 어디까지나 장군의 비호 아래에서 이루어지는 권력이어서 노중[老中, 로주, 에도 막부에서 장군에 직속하여 정무를 총괄하고 다이묘를 감독하던 직책]에 필적하는 권력을 가지는 경우는 있어도 장군에 필적하는 권력을 가진 적은 없었습니다.

한편, 동시대 중국에서는 1644년[崇禎17]에 명나라가 멸망한 후 청나라 군대가 북경(北京)을 점령하였습니다. 이때 입성한 황제 복림[福臨, 順治帝, 1638~1661, 청나라 제3대 황제, 재위1643~1661]은 아직 7세였기 때문에, 그 이전에 황제였던 황태극[皇太極, 1592~1643, 청나라 제2대 황제, 재위1626~1643]의 남동생 다이곤(多爾袞, 1612~1650)[1]이 섭정이 되었는데, 황태극과 혼인한 포목포태(布木布泰, 1613~1688)[2]도 권력을 유지했습니다. 포목포태는 복림의 모친으로 복림의 즉위와 함께 황태후가 되었기 때문에 명나라 때는 거의 봉쇄되어 있던 '모친'의 권력이 부활했다고 할 수 있습니다.

1661년[順治18] 복림이 천연두에 걸리자 포목포태는 당시 아직 8세였던 손자 현엽[玄燁, 훗날의 강희제(康熙帝), 1654~1722, 청나라 제4대 황제, 재위1661~1722]을 황제로 삼도록 복림에게 지시하였습니다. 이후 복림이 죽고 현엽이 황제가 되자 포목포태는 태황태후가 되어 수렴청정까지는 아니지만, 어린 황제를 내정(內廷)에

186

서 지지해 주었습니다.

중국사회사를 연구하는 우에다 마코토(上田信, 1957~)[3]는 "황태극 이후 2대에 걸쳐서 어린 황제가 즉위했지만, 청나라 조정의 황제 권력은 동요하지 않았다. 그 배후에는 황태극의 아내이자 복림의 모친 그리고 현엽의 할머니였던 보르지기드 가문[효장문황후, 효장문황태후]이 궁정을 장악하고 도르곤 등의 정치적 실력자와도 밀접한 연대를 맺으며 어린 황제를 후견했기 때문이다."(『海と帝國』)라고 한 바 있습니다. 게다가 19세기 후반이 되면, 함풍황제[咸豐帝, 1831~1861, 청나라 제9대 황제, 재위1850~1861]의 정실인 동태후[東太后, 慈安太后, 1837~1881]와 함풍황제의 측비(側妃)로 동치황제[同治帝, 1856~1875, 청나라 제10대 황제, 재위1861~1875]의 생모인 서태후[西太后, 慈禧太后, 1835~1908]에 의해 수렴청정이 대대적으로 부활하게 됩니다.

조선에서도 16세기부터 19세기에 걸쳐 수렴청정이 단속적으로 이루어졌습니다. 구체적으로 말하자면, 중종[中宗, 1488~1544, 조선 제11대 왕, 재위1506~1544]의 계비이자 명종[明宗, 1534~1567, 조선 제13대 왕, 재위1545~1567]의 생모였던 문정왕후 윤 씨[文定王后尹氏, 1501~1565]가 명종 때에, 명종의 정비였던 인순왕후 심 씨[仁順王后沈氏, 1532~1575]가 선조[宣祖, 1552~1608, 조

3 중국 사회사와 지역사회·종족을 연구하며, 생태환경사와 질병의 역사에 대해서도 연구를 하고 있는 일본의 역사학자이다. 본서의 『바다와 제국(海と帝國)』에서는 바다에 얽힌 사건을 통해 명·청의 500년 역사를 제시하고 있다.

이다. 오다 노부나가(織田信
長)와 도요토미 히데요시(豊臣
秀吉) 밑으로 들어가 묵묵히
힘을 길렀다. 도요토미 히데
요시가 사망한 후 '세키가하
라 전투'를 통해 전국의 패권
을 쥐었으며, 이를 기반으로
막부를 열었다. 이후 '오사카
전투'를 통해 히데요시 가문
을 멸망시키고, 이로부터 '메
이지 유신'까지 약 260여 년
에 걸쳐 도쿠가와 막부 시대
가 지속되었다.

선 제14대 왕, 재위1567~1608] 때에, 영조[英祖, 1694~1776, 조선 제21대 왕, 재위1724~1776]의 계비였던 정순왕후 김 씨[貞純王后金氏, 1745~1805]가 순조[純祖, 1790~1834, 조선 제23대 왕, 재위1800~1834] 때에, 순조의 정비로 헌종[憲宗, 1827~1849, 조선 제24대 왕, 재위1834~1849]의 조모이자 철종[哲宗, 1831~1863, 조선 제25대 왕, 재위1849~1863]의 양어머니였던 순원왕후 김 씨[純元王后金氏, 1789~1857]가 헌종과 철종 시절에 그리고 익종[翼宗, 1809~1830, 조선 후기의 추존왕]의 정비로 고종[高宗, 1852~1919, 조선 제26대 왕·대한제국 제1대 황제, 재위1863~1907]의 양어머니였던 신정왕후 조 씨[神貞王后趙氏, 1808~1890]가 고종 때에 각각 수렴청정을 했습니다(「朝鮮時代 垂簾聽政の整備過程」).

그렇다면 어째서 에도 시대 일본에서는 중국이나 조선과는 다르게 여성의 권력이 억압되었을까요? 먼저 그러한 과정의 시발점을 마련한 초대 장군이자 도쿠가와 정치체제의 기초를 쌓은 도쿠가와 이에야스[德川家康, 1542~1616, 에도 막부 초대 장군, 재위 1603~1605][4]의 이야기부터 시작해보겠습니다.

'부권'이 지배하는 동일본과 '모권'이 지배하는 서일본

도쿠가와 이에야스는 1600년[慶長5] 세키가하라(関ヶ

原) 전투[5]에서 승리하여 1603년[慶長8]에 정이대장군(征夷大将軍)에 임명되어 에도에 막부(公儀)를 열었습니다. 그러나 오사카에서는 여전히 도요토미 히데요시(豊臣秀吉)의 측실[후궁]인 요도도노(淀殿)와 그의 아들 히데요리(秀頼, 1593~1615)가 건재했으며, 이들은 에도 막부 성립 후에도 권위를 지키고 있었습니다.

일본 근세사를 연구하는 가사야 가즈히코(笠谷和比古, 1940~)[6]에 의하면, 이에야스는 당초에 동일본은 도쿠가와 일가와 장군이 지배하고, 서일본은 도요토미 일가와 히데요리가 지배하는 '이중공의체제(二重公儀体制)'[7]를 구상하고 있었습니다(『徳川家康』). 교토를 비롯하여 서쪽으로 도쿠가와 일가의 다이묘 영지를 하나도 설치하지 않은 것은 바로 이 때문이었습니다. 게다가 이에야스는 자신이 죽고 나면 이중공의체제의 균형이 무너져, 세키가하라 전투에서 패배했던 서일본의 다이묘가 히데요리를 받들어 도쿠가와 토벌을 위해 군사를 일으킬까 봐 두려워했습니다. 이에야스가 오사카 전투(大坂の陣)에서 도요토미 일가를 멸망시킨 것은 그러한 사태를 미연에 방지하기 위함이었으며, 따라서 "오사카 전투는 도요토미 막부체제와 도쿠가와 장군가를 정점으로 하는 도쿠가와 막부체제와의 모순과 갈등의 소산으로서 이해될 필요가 있

5 1600년 도쿠가와 이에야스가 이끄는 동군과 이시다 미쓰나리(石田三成)가 이끄는 서군이 도요토미 정권의 주도권을 둘러싸고 미노(美濃)의 세키가하라에서 벌인 전투이다. 이 전투에서 승리한 도쿠가와 이에야스는 미쓰나리 측의 사와야마 성(佐和山城)을 함락시키고 오미국(近江國)을 점령했다. 그 뒤 오사카로 입성한 도쿠가와 이에야스는 패권을 장악하게 되었다.

6 일본 근세사 연구자이다. 본서 『도쿠가와 이에야스(徳川家康)』를 통해서 도쿠가와 이에야스에 대해 알려지지 않은 인물상을 분석하고, 그의 탁월한 전략과 정략(政略), 정치사상을 밝힌다.

7 도요토미 가문과 도쿠가와 가문이 대등한 관계를 유지하여 두 개의 정권이 공존하는 당시의 시기를 일컫는 말이다.

8 도쿠가와 이에야스의 셋
째 아들로, 제2대 장군이다.
그는 이에야스를 도와 무가
및 천황과 귀족을 통제하기
위한 법규를 만들며 장군과
막부의 권력을 강화하는 데
힘썼다. 대외적으로는 중국선
이외 외국선의 내항을 나가사
키(長崎)와 히라토(平戸)에 한
정하였다. 또한 이에야스 만
년의 정책을 계승하여 기독교
를 강력하게 탄압하였다. 이
에미쓰에게 장군직을 양도한
이후에도 전임 장군으로서 실
권을 쥐고 막부 권력을 강화
했다.

다.”(『徳川家康』)라고 합니다.

이러한 견해는 오랜 세월 근세사를 연구해 온 가사야 씨의 탁견입니다. 여기에 한 가지 필자 나름으로 주목하고 싶은 점은 히데요시 사망 후 오사카성에서 실질적으로 권력을 가졌던 이가 바로 히데요리의 생모인 요도도노였다는 것입니다. 한편, 이에야스는 1605년[慶長10]에 장군의 자리를 아들 히데타다[秀忠, 1579~1632, 에도 막부 제2대 장군, 재위1605~1623][8]에게 물려주고 오고쇼[大御所, 은퇴한 장군이나 친왕]가 되어 슨푸[駿府, 옛 스루가(駿河)의 지방관청소재지로 현재 시즈오카(静岡)]에 거점을 두면서 장군의 아버지로서 권력을 계속 유지했습니다.

결국, 이중공의체제는 동일본에서는 ‘부권’이, 서일본에서는 ‘모권’이 지배하는 체제로 바꿔 말할 수 있습니다. 그렇게 생각하면 오사카 전투는 ‘모권’을 위협적으로 느낀 ‘부권’에 의해 야기되었다고 말할 수 있지 않을까요.

반면교사가 된 『오처경』

그렇다면 이에야스는 어찌하여 그렇게까지 요도도노의 존재를 위협적으로 느꼈던 걸까요? 그 수수께끼를

뿌는 데 힌트가 될 이에야스의 애독시 『오치경(吾妻鏡, 아즈마카가미)』[9]에 대해 잠시 살펴보도록 하겠습니다.

『오처경』은 앞서 제3장에서도 언급했습니다만, 이는 가마쿠라 시대의 역사서로 1605년[慶長10] 이에야스에 의해 간행된 최초의 활자판입니다. 이 책에 자주 등장하는 호조 마사코를 이에야스는 반면교사로 삼고 숙독하지 않았을까 싶습니다.

이에야스는 무가사회의 초석을 쌓은 미나모토 노 요리토모를 존경했다고 합니다. 그렇지만 미나모토(源) 가문의 지배는 겨우 3대로 막을 내렸습니다. 호조 마사코는 요리토모의 정실이자 요리이에, 사네토모의 생모로서 권력을 쥐고, 미나모토 가문에서 호조 가문으로 정권교체를 실현시키며 비구니 장군이 되어 호조 가문의 집권 정치를 지탱한 인물입니다. 이에야스가 미나모토 가문의 장군 지위를 박탈한 원흉으로 호조 마사코를 보는 것도 무리가 아닙니다. 또한, 제3장에서 다뤘던 바와 같이 고토바 상황이 군사를 일으킨 조큐의 난 무렵에는 호조 편에 서 있던 하급 무사 고케닌을 고무시켜 승리로 이끈 호조 마사코의 용감한 자태가 『오처경』에 묘사되어 있습니다. 곧 이에야스는 여성이 권력을 가질 경우 벌어지는 교훈을 『오처경』을 통해 파악했을 가능성이 큽니다.

9 일본 최초의 무가정권인 가마쿠라 막부의 사적(事蹟)을 기록한 일기 형식의 역사책으로 동감(東鑑)이라고도 하며 51권이 현존한다. 1180~1266년, 즉 막부가 시작된 후부터 그 중기에 이르는 동안의 것으로, 13세기 중엽 이후부터 14세기 초엽 이전에 막부 관리가 편찬한 것으로 추정된다. 가마쿠라 막부의 정치와 무사의 생활을 이해하는 데 좋은 사료가 된다.

정치학자 세키구치 스미코도 "평소 『오처경』을 애독하던 이에야스라면 당주(當主)의 집안에서 뒤를 잇는 모친인 여성이 가히 두려워할 만한 권력자가 될 수도 있다는 것을 잘 알고 있었다."(『御一新とジェンダー』) 라고 지적했습니다. 이에야스로서는 도쿠가와 일가의 지배를 더욱 확고히 하려는 생각을 당연히 가지고 있었겠지요. 이때 후계자로서의 모친의 존재는 상당히 경계해야 할 대상으로 비추어졌던 것입니다.

사실 이에야스가 정실을 둔 시기는 매우 한정되어 있습니다. 쓰키야 마도노(築山殿, 1542?~1579)[10]가 1579년[天正7]에 사망한 후, 1586년[天正14]에 이에야스는 히데요시의 여동생인 아사히히메(朝日姫, 1543~1590)[11]를 정실로 맞이합니다. 그러나 이 결혼은 정치적인 상황을 고려한 형식적인 것이었습니다. 그 후, 결혼하고 나서 4년 뒤 아사히히메가 죽은 이후로는 정실을 두지 않습니다. 결국, 장군 이에야스의 정실에 해당하는 미다이도코로(御台所)는 존재하지 않았던 것입니다. 또한 이에야스의 측실, 즉 첩에 대해서도 세키구치는 다음과 같이 지적합니다.

첩에 있어서는 명망이 높은 무장(武將)의 딸이나 여동생들을 줄줄이 둔 히데요시와 대조적으로 대체로 출

10 스루가국(駿河国)을 다스렸던 이마가와(今川) 가문의 중신 세키구치 지카나가(関口親永)의 딸이다. 1557년에 이마가와 가문의 인질이었던 도쿠가와 이에야스와 결혼하였다.

11 도요토미 히데요시의 의붓여동생이다. 가난한 농민이었던 첫 남편과 사별하고, 히데요시의 가신인 사지 휴가노카미(佐治日向守)와 재혼한다. 그러나 도쿠가와 이에야스와의 정략결혼을 위해 강제로 이혼하고, 이에야스의 정실이 되었다.

신 가문이 낮았다. 히데타다의 생모인 사이고노 쓰보네(西鄕局, 1552~1589)도 출신 가문을 완전하게 확정하고 있지 않다. 생모의 출신이 낮다는 것은 그 자식들로서는 자신을 지지해 줄 수 있는 독자적인 후원자를 갖지 못함을 의미한다. (『御一新とジェンダー』)

이에야스는 미다이도코로를 두지 않고, 측실도 출신이 낮은 가문의 여성을 골랐습니다. 센고쿠(戰國) 다이묘 아자이 나가마사(淺井長政, 1545~1573)[12]의 딸이었던 요도도노와 같은 유력 지배층 출신의 여성은 존재하지 않았던 것입니다. 이는 여성이 권력을 가지는 것을 상당히 경계하고, 어떻게 하면 그런 사태를 피할 수 있는지 궁리했음을 잘 보여주는 예라 하겠습니다.

그리고 그런 경계의 시선은 당연히 요도도노에게로 향했을 겁니다. 이에야스가 두려워한 것은 자신이 죽은 후 요도도노가 호조 마사코와 같은 존재가 되어 도쿠가와 일가의 존속을 위협하는 것이 아니었을까요. 그렇기 때문에 오사카 전투는 도요토미 일가를 무력으로 멸망시키는 동시에 '모권'을 봉쇄함으로써 '부권'의 지배를 확립하기 위한 싸움이었다고 할 수 있습니다.

12 전국시대의 무장이자, 오미국 북부 지역을 지배했던 인물이다. 그의 부인은 오다 노부나가의 동생인 오이치노카타(お市の方)이며, 그의 딸인 요도도노(淀殿), 조쿄인(常高院), 스게인(崇源院)은 각각 도요토미 가문, 교고쿠(京極) 가문, 도쿠가와 가문과 혼인을 하였다.

13 에도 막부 제3대 장군으로, 이에미쓰의 시기에 막번 체제가 완성되었다. 정치기구의 제도화와 더불어 병령이 정비되었으며 체제의 안정기를 이루었다.

14 에도 시대 활동했던 다이묘이다. 어린 시절 부모의 총애를 받아 장군의 후계자가 될 뻔했지만, 친형 이에미쓰가 장군이 되었다. 이후 다다나가는 여러 차례의 불량한 행적이 원인이 되어 영지를 몰수당한다. 그러다 막부로부터 할복 명령을 받아 젊은 나이로 생을 마감한다.

모친이 되는 것을 봉쇄당한 정실

은퇴 후 오고쇼가 된 이에야스의 권력은 절대적이었습니다. 이를 잘 알 수 있는 상징적인 사건이 바로 후사 결정을 둘러싼 일입니다.

3대 장군 이에미쓰[家光, 1604~1651, 에도 막부 제3대 장군, 재위1623~1651][13]의 생모인 아사이 고[淺井江, 스겐인(崇源院), 1573~1626]는 2대 장군 히데타다의 미다이도코로, 즉 정실이자 요도도노의 동생이기도 합니다. 그녀는 장남 다케치요[竹千代, 이에미쓰]보다 차남인 구니치요[國千代, 다다나가(忠長), 1606~1633][14]를 더 총애했다고 합니다. 그런 까닭에 아사이 고는 본래 장남이 가독을 이어야 하지만, 차남이 그 자리를 이어주기를 원했고 히데타다도 그녀의 편을 들었습니다.

아사이 고는 에도성 오오쿠를 차지한 최초의 주인이자 미다이도코로이기도 했습니다. 그런 아사이 고와 당시 장군이었던 히데타다 부부가 추진한 일이었기 때문에 만약 그대로 진행된다면 차남 다다나가가 후계자가 되어야 했는데, 당시 이에미쓰의 유모인 이나바후쿠[稻葉福, 가스가노 쓰보네(春日局), 1579~1643]가 이에야스에게 직접 상소를 하게 되었던 것입니다. 이에 이에야스가 개입하여 이에미쓰가 후계자로 결정되었습니다.

여기서 누가 최고 권력자였는지를 따져보면 틀림없이 오고쇼인 이에야스일 것입니다. 오고쇼가 된다는 것은 장군의 자리를 물려주고 은거하게 됨을 뜻하지만, 오히려 이는 '부권'이 확대되는 것이자 최고 권력자가 됨을 의미합니다.

히데타다 역시 이에미쓰에게 장군의 자리를 물려주고 오고쇼가 됩니다. 다만 히데타다의 경우 이에야스와는 달리, 슨푸로 옮겨가지 않고 에도성 혼마루에서 니시마루(西丸)[15]로 거처를 옮겼을 뿐입니다. 히데타다 이후에도 요시무네[吉宗, 1684~1751, 에도 막부 제8대 장군, 재위1716~1745][16]와 이에나리[家斉, 1773~1841, 에도 막부 제11대 장군, 재위1786~1837][17]가 오고쇼 정치를 했습니다. 당시 이에나리가 오고쇼였던 기간은 4년에 불과했지만, 상군으로 활약했던 약 50년을 포함해 '오고쇼 시대'라고 불렸습니다.

오고쇼 정치는 은거한 '부친'이 장군보다 더욱 권력을 휘두른다는 점에서 제3장에서 언급한 호조 도키요리(北条時頼)나 아시카가 요시미쓰의 정치와 닮았습니다. 그러나 가마쿠라 시대나 무로마치 시대와 같은 무가사회에서는 장군이 죽은 이후, 혹은 사실상 은퇴한 이후 정실이자 후계자의 모친인 여성이 권력을 발휘하는 경우가 있었습니다. 세키구치 스미코는

15 일반적으로 혼마루의 서쪽에 위치했다고 해서 붙여진 이름으로 에도성의 니시마루가 대표적이다. 니시마루는 다음 대를 이을 부부와 오고쇼 부부들이 살고 있었다. 단 혼마루의 비상시에는 니시마루 혹은 니마루가 그 역할을 대신했다.

16 에도 막부 제8대 장군이다. 제7대 쇼군인 도쿠가와 이에쓰구(徳川家継)가 갑작스럽게 사망하자 여러 후보자와 경쟁을 거친 끝에, 직계 출신이 아닌 최초의 장군으로 취임했다. 그는 막부 재정을 확보하고, 강력한 장군 권력 부활을 위해서 '교호(享保) 개혁'을 시행하였다.

17 에도 막부의 제11대 장군이다. 취임 이후에 재정 위기에 빠진 막부를 구하기 위해 '간세이(寛政) 개혁'을 실시하였으나, 개혁의 실행을 맡은 마쓰다이라 사다노부(松平定信)와의 갈등으로 인해 결국 실패하였다.

18 에도 막부의 제9대 장군
이다. 병약하였기 때문에 정
치는 오고쇼가 된 요시무네에
의해 이루어졌으며, 요시무네
사망 후에는 노중(老中) 마쓰
다이라 다케치카(松平武元)의
주도로 이루어졌다.

19 에도 막부의 제5대 장군
이다. 정권 전기에는 선정을
펼쳤지만, 후기에는 살생금지
령을 발포하여 백성들을 힘들
게 하고, 재정 악화를 초래하
였다.

20 에도 막부 제3대 장군인
도쿠가와 이에미쓰의 측실이
며 5대 장군 쓰나요시의 생모
이다.

21 기슈번주(紀州藩主)인 도
쿠가와 미쓰사다(德川光貞)의
측실이며, 에도 막부 제8대
장군인 도쿠가와 요시무네의
생모이다.

에도 시대에는 아사이 고 이후로 이러한 여성이 없는
점에 착안해 다음과 같이 추론하고 있습니다.

> 이에미쓰 이후로 부인의 자리(室)는 후계자의 생모가
> 되지 않고 생모는 첩이 되는 사실상의 분업체제가
> 이루어졌을 가능성이 있다. '부인의 자리[정실, 후실 포
> 함]=모친'의 권력은 미연에 봉쇄되어 교토의 [섭가(攝
> 家) 또는 황족에게서 데려온] 부인(室)의 영역은 그저
> 그 내력(由緖)을 가져오는 것에 지나지 않았다고 추측
> 된다.(『御一新とジェンダー』)

9대 장군 이에시게[家重, 1711~1761, 에도 막부 제9대 장
군, 재위1745~1760][18]까지는 생모의 출신이 매우 낮았는
데, 이는 생모가 권력을 쥐는 것을 경계한 이에야스
의 유훈(遺訓)이 지켜졌기 때문이었습니다. 예를 들어
5대 장군 쓰나요시[綱吉, 1646~1709, 에도 막부 제5대 장군, 재
위1680~1709][19]의 생모 게쇼인(桂昌院, 1627~1705)[20]은 교
토의 채소 장수 딸이라고 전해지고, 8대 장군 요시무
네의 생모 조엔인(淨円院, 1655~1726)[21]은 일설에 기주
(紀州) 지방 백성의 딸이라고 합니다. 그러나 이에시게
이후 생모는 하타모토[旗本, 장군가 직속으로 만 석 이하의 영
지를 소유한 무사] 혹은 관료[公家, 구게, 조정에 출사한 귀족, 상

급 관료] 출신이 등장하게 되면서 지위가 올라가게 됩니다(畑尙子『江戶奧女中物語』). 다만, 그것은 어디까지나 좋은 가문의 장점을 이용하는 것뿐이지 그 자체에 권력이 부여되는 건 아니었습니다.

미다이도코로는 남편인 장군이 죽은 경우, 도요토미 히데요시의 정실이었던 기타노만도코로처럼 삭발한 뒤 승려가 되어 니시마루로 옮겨 고인(장군)의 명복을 빌며 여생을 보내게 했습니다. 대개 남편이 죽은 후 머리카락을 자른 정실을 '○○원(院)'이라 부른 것은 그 때문입니다.

무엇보다 미다이도코로가 없던 장군은 이에야스만이 아니었습니다. 이에쓰구, 요시무네, 이에시게, 일시적이나마 이에사다 역시 그러했습니다. 이 기간은 에도 시대 전체를 봤을 때 약 백 년에 이릅니다(畑尙子『幕末の大奧』).

가스가노 쓰보네가 쌓은 오오쿠의 권력

다음으로 장군의 아내와 첩들이 기거했던 오오쿠 내부의 사정을 살펴보겠습니다.

원래 에도성에는 오오쿠라는 구획이 있었습니다. 그런데 2대 장군 히데타다에 의해 에도성 혼마루에 오모테[表, 바깥채(表向)로서 각종 의식에 사용되던 공적 공간], 오쿠[奧, 나카오쿠(中奧)로서 오모테와 오오쿠 사이. 장군이 기거하며 정무를 행한 건물], 오오쿠의 경계가 생기게 되었습니다.(도면1 참조) 오모테는 장군이 알현하는 큰 방[広間, 히로마]과 관리가 일하는 다다미방[座敷, 좌시키] 등이 있는, 막부의 중앙정청(中央政廳)에 해당하는 장소입니다. 그리고 오

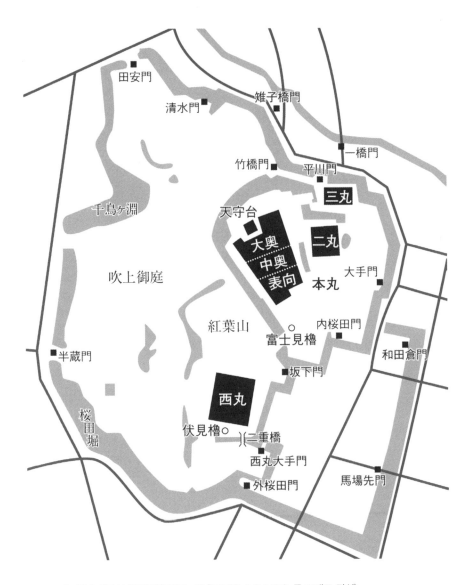

〈도면1〉 에도성 주변도(安藤優一朗 『江戸城·大奥の秘密』를 토대로 작성)

쿠는 장군의 침소이자 정무를 보는 공간인 반면에, 오오쿠는 후궁에 해당하고 장군의 아내와 첩, 자녀와 하녀(女中)들이 생활하는 장소였습니다. 오쿠와의 경계는 구리로 만든 담(銅塀)으로 엄중히 구분하고, 오쿠와 오오쿠는 상·하 두 개의 복도(御鈴廊下, 오스즈로카)로 이어져 있었습니다(深井雅海『江戸城』).

게다가 같은 시기 교토의 천황의 거처(禁裏御所, 긴리고쇼)도 오모테(表), 구치무키(口向), 오쿠(奥), 이렇게 세 곳으로 나누어져 있었습니다. 오모테는 조정의 의식을 행하고 조정의 신하들이 정무를 보는 곳이며 구치무키는 조정과 막부가 교섭하는 장소인데 반해, 오쿠는 여관(女官)이 기거하고 천황과 황족이 일상을 보내는 공간이었습니다(高橋博『近世の朝庭と女官制度』).

아사이 고 즉, 숭원원(崇源院, 스겐인)이 죽은 이후 오오쿠를 정비한 사람은 이나바후쿠 즉, 가스가노 쓰보네입니다. 앞서 말했던 것처럼, 가스가노 쓰보네는 오랫동안 이에미쓰의 유모로 지냈는데, 후쿠다 치즈루(福田千鶴)는 그녀가 이에미쓰의 생모가 아니었을까 추측하기도 합니다(『春日局』). 만일 숭원원이 이에미쓰의 생모가 아니라고 한다면, 장군 일가에서 미다이도코로를 생모로 둔 번듯한 가문 출신의 유서 있는 장군은 한 명도 없었던 게 됩니다. 어쨌든 가스가노 쓰보네는 오오쿠를 책임지고 관리하며 장군 이에미쓰의 권위를 배경으로 노중(老中)에 필적할 만한 실질적인 권력을 가졌습니다.

임조칭제나 수렴청정의 경우는 어린 황제나 국왕의 모친 혹은 조모가 권력을 대신하는 것이기 때문에, 사실상 황제나 국왕을 웃도는 권력

22 에도 막부 제6대 장군이
다. 그는 전임 장군 쓰나요시
사후 곧바로 살생금지령을 폐
지시켜 서민들의 불만을 해
소하였다. 유교의 덕치주의를
이상으로 삼아 문치(文治)를
실행하였는데 이것을 '쇼토쿠
의 치(正德の治)'라고 한다. 그
러나 화폐정책과 경제발전 면
에서 실정을 했다는 평가도
있다.

23 에도 시대의 공경이자
고노에(近衛) 가문의 당주이
다. 제113대 히가시야마(東
山) 천황과 제114대 나카미카
도(中御門) 천황을 섬기며 치
세(治世)에 한 중추가 되었다.
에도 막부와의 관계개선에 전
력을 다했다.

을 가진 여성이 나타났음을 의미합니다. 그러나 가스
가노 쓰보네의 권력도 이에미쓰 휘하의 것이었습니
다. 결국, 에도성 내에서는 정실인 미다이도코로는 물
론이고 오오쿠를 단속하던 여관(御年寄, 오토시요리)을 포
함해 어떠한 여성도 권력의 정점에 설 수 없도록 체
제가 정비되었다고 말할 수 있습니다.

천영원(덴에인)의 영향력

그런데 6대 장군 이에노부[家宣, 1662~1712, 에도 막부 제
6대 장군, 재위1709~1712]22의 시대가 되자 미다이도코로
의 지위가 크게 변합니다. 그 변화를 잘 보여주는 것
이 바로 오오쿠의 개조입니다.

측실의 방은 본래 정실과 나란히 한 구획을 차
지하고 있었는데, 이 개조를 통해 하녀들이 생활하는
공간[長局, 나가쓰보네]으로 합쳐지게 된 것입니다. 이는
측실이 하녀와 동렬로 취급된 것으로 측실과 정실의
입장 차이가 명확해진 겁니다.

이 시기 의례(儀禮) 개혁을 진행한 사람은 고노에
모토히로(近衛基熙, 1648~1722)23였습니다. 그는 이에노
부의 미다이도코로로서 이에노부가 죽은 후에 삭발하
고 승려가 되어 천영원[天英院, 덴에인, 1666~1741]이라 불

린 고노에 히로코(近衞熙子)의 부친입니다. 이에노부의
측실과 마찬가지로 이에노부가 죽자 삭발하고 승려
가 되어 월광원[月光院, 겟코인, 1685~1752]이라 불린 오키
요(お喜世)는 7대 장군 이에쓰구[家継, 1709~1716, 에도 막부
제7대 장군, 재위1713~1716]의 생모였습니다. 그런데 막부
는 이에노부 사후에 천영원을 이에쓰구의 양어머니로
삼았는데 이는 측실이 낳은 아이임에도 불구하고 정
실을 어머니로 삼게 했습니다. 한편 생모인 월광원의
지위도 상승하여 종삼위(從三位)의 자리에 올랐습니다.
이에쓰구가 4세에 장군이 된 것은 측근에서 그를 모
시던 소바요닌[側用人, 장군의 곁에서 정무 연락을 담당한 직책]
마나베 아키후사(間部詮房, 1666~1720)[24]뿐 아니라 월광
원이 권력을 갖는 것도 가능하게 했습니다.

　당시 월광원을 섬기려 오오쿠에 들어가 주요 여
관(御年寄)이 된 여성이 있었으니, 이는 바로 에지마(繪
島, 1681~1741)입니다. 에지마는 월광원을 대신해 시바
조조지(芝增上寺)로 참배를 하러 다녀오던 중에 연극을
구경하게 되었고, 그때 만난 연극배우인 이쿠시마 신
고로(生島新五郎)와 연회를 즐기다가 오오쿠의 폐문 시
각에 맞추어 도착하지 못하게 되었습니다. 그리하여
시나노쿠니[信濃國, 현재 나가노현(長野縣)]의 다카토[高遠,
현재 나가노현 이나시(伊那市)]에 유배되고 말았습니다. 바

24 에도 시대 무라카미(相
模) 번 번주이다. 도쿠가와 이
에노부의 시동이 된 인연으로
출세의 길을 걷게 된다. 소바
요닌이 되어 두 명의 장군을
보좌하면서 권력을 누린다.

25 일본의 근세사학자이다. 본서에 제시된 『도쿠가와 요시무네(德川吉宗)』에서 에도 막부 제8대 장군인 도쿠가와 요시무네가 행한 개혁과 발휘 했던 리더십을 알아보고, 이로 인해 일본형 사회와 시스템이 확립되었음을 밝히며 그 역사적 의의를 제시한다.

26 에도 시대에 활동한 미토 번의 제3대 번주이다. 번의 재정을 재건하기 위해 개혁정책을 펼쳤지만, 실패했다.

27 에도 시대에 활동한 오와리(尾張) 번의 제6대 번주이다. 1716년 도쿠가와 이에쓰구가 세상을 떠나자 장군직 계승을 놓고 도쿠가와 요시무네와 경합했다.

로 이 '에지마·이쿠시마 사건(繪島生島事件)'으로 인해 월광원의 권력은 실추되고, 오오쿠에서 천영원의 권력은 확립되기에 이릅니다. 이에쓰구가 후사도 없이 8세에 죽자, 요시무네가 이에쓰구의 후계자로 결정되어 8대 장군이 되는데, 이 결정에 바로 천영원의 영향이 미쳤다고 평가되고 있습니다. 『도쿠가와실기(德川實紀)』를 해석한 일본근세사학자 오이시 마나부(大石学, 1953~)25는 이렇게 말합니다.

『도쿠가와실기』에 따르면, 요시무네는 연령으로 따지자면 미토[水戸, 현재 이바라키현(茨城県)의 중부에 위치한 지역]의 도쿠가와 쓰나에다(綱條, 1656~1718)26가, 가문으로 따지자면 오와리[尾張, 현재 아이치현(愛知県)의 서부에 위치한 지역]의 도쿠가와 쓰구토모(繼友, 1692~1731)27가 후견역에 어울린다고 하며 사퇴했다. 그래서 이에노부의 정실인 천영원이 요시무네를 오오쿠로 불러 이에노부의 '유지의 가르침대로 국가의 정무를 맡으셔서 무엇이든지 즐겁게 여기시길 바란다.'라고 했다. 그래도 요시무네가 고사하자, 천영원이 큰 소리로 '더는 사퇴란 있을 수 없다.'고 명하니 요시무네도 이윽고 삼가 받들었다고 한다. (『德川吉宗』)

202

다시 말해, 선대(前代) 장군의 정실이 후대(後代) 장군의 결정에 영향력을 행사한 것입니다. 이는 언뜻 보기에 황태후나 대비(大妃)가 후대의 황제나 국왕을 결정한 중국이나 조선의 임조청제와 수렴청정 혹은 전술한 효장문황후(포목포태)가 후대의 황제를 세우는 데 영향을 미친 것과 비슷해 보입니다. 그러나 요시무네는 이에쓰구와는 다르게 33세에 장군이 되었기 때문에 천영원이 후견인으로서 권력을 갖지는 않았습니다. 즉, 어떠한 여성도 권력의 정점에 서는 일이 없는 도쿠가와 정치체제 그 자체가 동요됐던 적은 없던 것입니다.

28 마쓰다이라 사다노부가 1787년부터 1793년에 도쿠가와 막부의 재정난과 도덕적 위기상황을 타개하기 위해 실시한 개혁이다. 개혁 당시에 서양과의 무역은 제한된 반면 농업은 장려되었다. 농민의 도시 이주가 엄격히 제한되었으며 장군의 가신들이 상인에게 진 빚을 삭감 혹은 탕감시켜주었다. 전반적으로 검약 정책을 실시했고, 모든 계층의 지출을 엄격히 제한했다. 또한 주자학이 정통 철학으로 장려되었고 출판물은 엄격히 검열을 받았다. 마쓰다이라 사다노부가 해임된 뒤 이 개혁은 점차 흐지부지되고 말았다.

실패로 끝난 마쓰다이라 사다노부의 오오쿠 개혁

11대 장군 이에나리의 시대에는 '간세이 개혁(寬政の改革)28'으로 알려진 노중(老中) 마쓰다이라 사다노부[松平定信, 1758~1829]가 오오쿠 개혁에 나섰습니다.

사다노부는 1788년[天明8] 이에나리와 동료 노중에게 '고심득지조[御心得之ヶ条, 장군이 갖추어야 할 마음가짐]'와 '노중심득지조[老中心得之ヶ条, 노중이 갖추어야 할 마음가짐]'를 제시합니다. '고심득지조'는 이에나리가 장군으로서 반드시 터득해야만 하는 것이었는데, 그 내용

중에 '오모테의 법도(表向きの儀)에 부쳐서 오오쿠로부터 서로 부탁하는 예법은 취하지 않아야 한다. 미다이 님(御台樣)이든 오베야 님(御部屋樣)이든 정사(政事)에 관한 것은 물론이고 오모테의 법도에 대해서 관여하시는 일이 없도록 하셔야 한다.'는 조항이 있습니다(安藤優一郎『江戶城·大奧の秘密』). 막부정치에 관해 오오쿠로부터 어떠한 간청이 있더라도 그것을 채용해서는 안 되고, 장군의 정실(御台樣)이 되었든 측실(御部屋樣)이 되었든 간에 정치에 관한 사사로운 발언은 삼가는 게 좋다고 요구한 것입니다.

오오쿠의 여성이 때로는 노중 이상의 권력을 가지는 것을 사다노부는 달갑지 않게 여겼습니다. 따라서 권력 투쟁의 온상이 된 오오쿠를 가급적 정치에 개입하지 않도록 개혁하려고 한 것입니다.

그런데 이때 사다노부는 노중을 해임시켜 버립니다. 당연히 그 배경에는 오오쿠의 강력한 반발이 있었다고 합니다. 사다노부의 실각으로 오오쿠에 대한 단속이 약해지고, 다시 막부의 재정이 팽창하여 정치적 참견도 부활합니다. 엄격했던 사다노부가 사라짐으로써 이에나리는 이전보다 더 향락적인 생활을 보낼 수 있게 되었고, 그리하여 그가 오오쿠에 수시로 드나들게 되면서 무려 50여 명의 아이를 낳게 되었던 것입니다.

여담입니다만, 1948년[昭和23] 6월에 궁내부[宮內府, 현재의 궁내청(宮內廳)] 장관이 된 다지마 미치지(田島道治, 1885~1968)[29]가 여관제도(女官制度)를 개혁하려고 했습니다. 당시 여관은 황궁에서 황후를 섬기는 시종직(侍從職)에 소속된 여관과 황태후가 사는 오미야고쇼(大宮御所)에서 황태후를 섬기는 황태후궁직(皇太后宮職)에 소속된 여관, 이렇게 두 종류로 나뉘어 있었습니다.

쇼와(昭和) 천황은 황태자 시절부터 여관제도의 개혁에 적극적으로 나섰으며, 고준 황후[香淳皇后, 1903~2000, 쇼와 천황의 황후]를 섬기는 여관의 수를 줄이고 통근제로 바꾸고 결혼도 가능하게끔 개선했습니다. 한편, 쇼와 천황의 모친인 데이메이 황후[貞明皇后, 1884~1951, 다이쇼(大正) 천황의 황후]를 모시던 여관은 데이메이 황후가 황태후가 된 후에도 그 수가 여전히 많았고 독신인 채로 황태후가 사는 곳에 함께 살며 서로 겐지나(源氏名)[30]로 부르는 관습이 보존되고 있었습니다. 전 수상(首相)인 아시다 히토시(芦田均, 1887~1959)[31]는 다지마 미치지가 쇼와 천황에게 '다음에는 시종직(侍從職)을 개혁하고 싶다'라는 이야기를 했다고 일기에 적고 있는데(『芦田均日記』第三卷), 전후의 문맥으로 판단해 보면 '시종직(侍從職)'이 아니라 '황태후궁직(皇太后宮職)'이 맞다고 생각됩니다. 다지마는 시송식과 마찬가시도 황태후궁직의 근대화를 추진하려 한 것으로 보입니다.

이에 대해 황태후를 두려워하던 쇼와 천황은 제동을 겁니다. 이때 쇼와 천왕이 한 말이 "마쓰다이라 사다노부는 오오쿠에 손을 대려 해서 실각했다."라고 합니다.(『芦田均日記』第三卷). 아시다 히토시가 기록하고 있듯이 이는 "의미 깊은 말씀"(『芦田均日記』第三卷)으로 보입니다.

패전 직후에도 시종차장(侍從次長)이었던 기노시

29 일본의 실업가·교육자이다. 패전 이후 제2대 궁내부 장관이 되었으며, GHQ(연합국최고사령부)의 점령 하에 궁중개혁을 힘썼다.

30 『원씨물어(源氏物語, 겐지모노가타리)』54권의 각 권(卷)의 제목 이름을 본떠서 붙인 궁녀의 이름이다.

31 일본의 외교관·정치가이다. 제76·77대 외무대신, 제14대 후생대신(厚生大臣), 제47대 내각 총리대신이다.

32 에도 시대의 상인이자
선장이다. 무역업에 종사하고
있던 그는 표류되어 러시아를
거쳐 일본으로 돌아왔다. 이
를 계기로 러시아는 일본과의
교역을 희망하였으나 일본은
이를 거절한다. 일본으로 온
고다유는 러시아에서의 경험
을 증언하였다.

33 에도 시대의 의사이자
난학자이다. 그는 러시아에
체류했던 다이코쿠야 고다유
에게 정보를 얻어 『북사문략
(北槎聞略)』을 편찬하였다.

타 미치오(木下道雄, 1887~1974)가 황태후궁직 개혁을 시
도하려다 황태후의 노여움을 사게 되어 해임되었습
니다. 갑자기 쇼와 천황이 이런 말을 했던 이유는 황
태후가 사는 오미야고쇼가 마치 에도 시대의 오오쿠
처럼 느껴졌기 때문일 것입니다. 그리고 여성들만의
세계에 손을 대면 곤경에 처하게 된다는 교훈으로써
마쓰다이라 사다노부의 개혁은 기억되고 있었다고
할 수 있습니다.

일본인이 본 여제 예카테리나 2세

마쓰다이라 사다노부가 사임하고 2개월 후인 1793년
[寬政5] 9월, 도쿠가와 이에나리는 러시아에 표류했다
가 여제 예카테리나 2세[Екатерина II Великая, 예카테리나 벨
리카야, 1729~1796, 러시아 제국의 황후이자 여제, 재위1762~1796]
로부터 귀국을 허락받은 선장(船頭) 다이코쿠야 고다유
(大黒屋光太夫, 1751~1828)[32] 일행과 면담을 하게 됩니다.
이때 이들을 심문한 난학자[蘭学者, 에도 시대 중기 이후 네덜
란드어 서적을 읽으며 서양의 학술을 연구하던 학문]인 가쓰라가
와 호슈(桂川甫周, 1751~1809)[33]는 고다유가 말한 여제 예
카테리나 2세와의 면회 장면에 대해서 다음과 같이 기
록해 놓았습니다.

206

궁궐의 구조는 넓이 사방 36미터(二十間) 정도로 붉은빛과 연둣빛과 얼룩무늬 대리석으로 장식되어 있다. 여왕의 양쪽에는 오륙십 명의 시녀가 꽃을 장식하고 둘러싸고 있다. 그 속에는 곤륜[崑崙, 중앙아시아의 쿤룬 산맥 지역] 여성 두 명이 섞여 있었다. 또한 이쪽에는 집정(執政) 이하의 관료 사백여 명이 두 갈래로 나뉘어 서서 위풍당당하게 배열해 있어 기가 죽어 나아갈 수가 없다. 보론초프[러시아인의 무역을 총책임하는 고관의 이름]가 가까이 다가오라고 해서 전립(氈笠)을 왼쪽 겨드랑이에 끼고 인사를 하려고 하니, 알현하기에 거리가 아직 머니 더 다가오라고 해서 전립과 지팡이를 바닥에 두고 여왕에게 다가갔다. 일찍이 배운 대로 왼발은 접어서 앉고, 우측 무릎을 세우고 양손을 포개어 앞으로 내미니, 여황제는 오른손을 뻗어 손가락 끝을 고다유(光太夫)의 손바닥 위에 살짝 올리셨다. 고다유는 세 번 입맞춤을 했다. 이것이 외국인이 처음으로 국왕에게 알현하는 예라 한다(『北槎聞略』).

이때 고다유가 여제와 면회를 했던 곳은 수도 페테르부르크[현재 상트페테르부르크]가 아니라 여름에 황제가 머무는 별궁이 있던 차르스코예셀로[현재 푸시킨]였습니다. 고다유와 같은 회선(回船)의 선장이 일국의 최고 권력자 앞에 나선 것은 물론이거니와 최고 권력자가 선장을 향해 오른손을 뻗어 손가락 끝을 그의 손바닥에 접촉했던 것입니다. 동시대의 일본에서는 결코 있을 수 없는 행위를 직접 눈앞에서 본 고다유의 놀라움을 상상하기란 그리 어렵지 않습니다.

34 에도 시대의 수학자이자 경제사상가이며, 대표적인 저서로는 『경세비책(經世祕策)』, 『서역물어(西域物語)』, 『경제방언(經濟放言)』이 있다.

35 일본의 황위계승 순위 등 일본 황실의 제도와 구성에 대해 정해놓은 일본의 법률이다. 일본국 헌법에 의해 간접적으로 설치가 의무화되었다.

심지어 그 최고 권력자는 여성이었습니다. 여제의 좌우 양쪽을 '오륙십 명의 시녀'가 둘러싸고 있었습니다. 이 역시 동시대의 에도성 혼마루에서는 절대 볼 수 없는 광경이었습니다. 그런데 예카테리나의 통치는 동시대 일본의 지식인으로부터 주목을 받았습니다. 수학자이자 북방(北方) 문제에 관심을 갖고 있던 혼다 토시아키(本田利明, 1743~1821)[34]는 『경세비책(經世祕策)』이라는 저작 속에서 '여제 예카테리나의 큰 덕(德)'을 높이 평가하고 있습니다(『本田利明·海保靑陵』). '여제 예카테리나'는 '방패와 창(干戈)', 즉 전쟁에 의해서가 아니라 '큰 덕'으로써 러시아의 영토를 확장했다는 것입니다. 유교적인 용어가 사용되고 있음에도 불구하고, 여성은 권력을 가져서는 안 된다는 유교 경전에 유래하는 사고방식은 전혀 보이지 않습니다.

그러나 예카테리나 2세의 아들로, 예카테리나 2세가 사망한 후에 황제가 된 파벨 1세[Павел Петрович Романов, 파벨 페트로비치 로마노프, 1754~1801, 재위1796~1801]는 황위계승법을 개정하여, 일본의 메이지 시대에 제정된 황실전범(皇室典範)[35]에서처럼 남계장자상속[男系長子相續, 남계의 장자가 단독으로 호주상속을 하는 상속형태]으로 바꾸어 버립니다. 여제가 부정되었기 때문에 러시아 혁명에서 총살당한 니콜라이 2세[Николай II, Николай

Александрович Романов, 니콜라이 알렉산드로비치 로마노프, 1868~1918, 러시아 제국의 마지막 황제이다. 재위1894~1917]는 장녀에게 황위를 물려줄 수 없어서 황태자 알렉세이[Цесаревич Алексей Николаевич Романов, 알렉세이 니콜라예비치 로마노프, 1904~1918]가 혈우병을 앓고 있다는 사실을 극비로 해야 했습니다.

러시아의 근현대사를 연구하는 로렌 드 모(Lorraine de Meaux)는 "이 중대한 결과를 초래한 결정적 원인이 파벨의 모친을 향한 증오에 있었음을 부정할 수 없다."라고 합니다(『王妃たちの最期の日々』下). 이렇게 러시아에서도 일본보다 2세기가량 늦게 '모친'의 권력이 봉쇄되게 되었습니다.

장군가와 천황가의 불화

지금까지 장군가를 중심으로 서술해왔습니다만, 에도 시대의 천황가에 대해서도 조금 알아보겠습니다.

2대 장군 히데타다와 아사이 고 부부 사이에 다섯째 딸인 도쿠가와 마사코[德川和子, 가즈코라고도 한다. 1607~1678]는 고미즈노(後水尾) 천황[1596~1680, 제108대 천황, 재위1611~1629]과 결혼하여, 훗날 동복문원(東福門院, 도후쿠몬인)으로 불렸습니다. 장군의 딸이 천황과 결혼한 것은 과거 섭관가의 경우처럼, 도쿠가와 일가가 천황의 외척이 되는 것을 의미했습니다.

마사코는 훗날 메이쇼(明正) 천황[1624~1696, 제109대 천황, 재위1629~1643]이 되는 오키코 내친왕(興子內親王)을 출산합니다. 그리고 1624년[寛永元年]에는 여어(女御)에서 중궁이 됩니다. 앞에서 서술한 바와 같이, 중궁이란 천황의 정실에게 주어지는 칭호로 황후와 동격입니다만, 남북조(南北朝)

시대 이후 사라지게 됩니다. 그런데 그것이 마사코 때에 다시 부흥한 것입니다. 메이쇼 천황은 정실에게서 태어났습니다만, 사실 정실이 낳은 천황은 1267년[文永4]에 가메야마(龜山) 천황의 황후 기즈시[佶子, 1245~1272, 제90대 가메야마 천황의 황후·제91대 고우다 천황의 생모]에게서 태어난 고우다(後宇多) 천황[1267~1324, 제91대 천황, 재위1274~1287] 이래 처음이었습니다(篠田達明 『歷代天皇のカルテ』).

그러나 메이쇼 천황 이후에도 모든 천황이 중궁을 둔 건 아니었습니다. 중국이나 조선과 같은 일부일처다첩제가 확립되기까지는 아직 시간이 걸렸습니다. 메이쇼 천황의 다음 세대인 고코묘[後光明, 1633~1654, 제110대 천황, 재위1643~1654]부터 다이쇼[大正, 1879~1926, 제123대 천황, 재위 1912~1926]까지의 천황은 모두 측실을 통해 태어납니다(『歷代天皇のカルテ』). 이러한 점에서는 앞서 다룬 도쿠가와 장군과 상당히 비슷했다고 할 수 있습니다.

고미즈노 천황의 시대에는 에도 시대에 있어서 도쿠가와가와 천황가의 권력 관계를 상징하는 사건이 일어납니다. 1627년[寬永4]의 자의사건(紫衣事件)이 그것입니다.

자의(紫衣)는 고승(高僧)이 입는 보랏빛 가사[袈裟, 승려가 입는 법복(法服)]로 천황으로부터 허락받은 승려만이 착용할 수 있었습니다. 막부는 1615년[慶長20]에 금중병공가제법도(禁中並公家諸法度)[36]를 정하고 자의 수여에 관한 규제를 마련했습니다. 그러나 고미즈노 천황은 1627년[寬永4] 막부에 자문을 구하지 않고 자의를 다이토쿠지(大德寺)의 다쿠안 오쇼(沢庵和尚, 1573~1646) 등에게 하사하였습니다. 그런데 이때 막부는 자의를 거두어들이도록 명합니다. 여기에 반항한 다쿠안 오쇼 등은 1629년[寬永6] 유배를 가게 되었다는 것이 사건의 대강입니다. 이 사건은 천황가가 얼마나 종속적인 지위에 놓여 있었는지를 보여준다고 할 수 있을 것입니다.

고미즈노 천황은 이 사건 직후, 막부에 아무런 예고도 없이 돌연 7세의 오키코 내친왕에게 양위를 하고 상황(上皇)이 되어버렸습니다. 그에 따라 마사코도 동복문원이라는 원호를 하사받아 여원(女阮)이 되었습니다.

메이쇼 천황은 쇼토쿠 천황 이래, 860년 만에 등장한 여성 천황으로 도쿠가와 장군가를 외척으로 둔 유일한 천황이기도 했습니다.

그런데 여기서 조금 의문스러운 점은 어린 메이쇼 천황과 그 모진인 통복문원이 어떠한 권력을 가졌느냐 하는 것입니다. "소생의 딸 메이쇼 천황이 황위를 잇게 되면서 국모의 지위에 오른 동복문원의 발언권이 강화되었다."(久保貴子『德川和子』)라고 일컬어집니다만, 사실 그 영향력은 극히 제한적이었다고 생각됩니다.

금중병공가제법도에 따르면, 천황가는 도쿠가와가에게 종속적인 관계에 있었기 때문에 아무리 발언력이 늘어나더라도 국정을 좌우할 수 있는 권력까지

36 에도 막부가 천황과 공가에 대한 관계를 확립하기 위해서 정한 법령이다. 도쿠가와 이에야스가 곤치인 스덴(金地院崇伝)에게 명령하여 기초를 세웠고, 1615년 9월 9일(게이초 20년 7월 17일)에 니조 성에서 오고쇼 도쿠가와 이에야스, 제2대 쇼군 도쿠가와 히데타다, 전 관백 니조 아키자네(二条昭実) 3인의 연서로 공포되었다. 한문으로 씌어졌으며 총 17조로 이루어져 있다. 에도 시대를 통틀어서 개정된 적은 없다. 전문 17조의 내용은 무가제법도(武家諸法度)와는 달리 막부 말기까지 유지되었다. 1조부터 12조까지가 천황가와 공가가 엄수해야 할 여러 규정, 13조 이하가 승려의 관위에 대한 여러 규정으로 되어 있었다. 원본은 1661년(万治4) 1월 15일(양력 2월 14일)에 고쇼(御所)의 화재로 소실되어 부본(副本)을 토대로 복원했다. 또한 공가 등이 필사한 사본도 대다수 존재하고 있는데, 세부적인 어구 등에서 차이를 보인다.

는 이를 수 없었습니다. 게다가 고미즈노 천황은 양위 후 상황이 되어 원정(院政)을 했습니다. 결국, 동복문원 위에 고미즈노 천황이 자리했으며 그 위로 또 도쿠가와가가 있었던 것입니다.

메이쇼 천황이라고 해도 실제 권한은 고미즈노 상황이 쥐고 있었기 때문에 권력을 가지지는 못했습니다. 게다가 1643년[寬永20]에 21세로 양위하기까지 계속해서 섭정이 있었기 때문에 이중, 삼중으로 권력을 빼앗겼습니다.

양위 후 메이쇼 천황은 50여 년에 걸쳐 상황의 자리에 있었습니다. 그중 37년간은 고미즈노가 상황 또는 법황으로 군림하고 있었습니다. 더군다나 평생 독신으로 아이를 낳은 적이 없었습니다. 따라서 모친으로서 가질 수 있는 권력을 휘두르지도 못한 채, 모처럼 등장한 여성 천황은 그렇게 생애를 마쳤습니다.

최후의 여제 고사쿠라마치 천황

에도 시대에는 메이쇼 천황 이후에 또 한 명의 여성 천황이 탄생합니다. 도시코(智子) 내친왕, 즉 최후의 여제가 되었던 고사쿠라마치(後桜町) 천황 [1740~1813, 제117대 천황, 재위1762~1770]입니다.

1762년[宝暦12] 오빠인 모모조노(桃園) 천황[1741~1762, 제116대 천황, 재위 1747~1762]이 사망하자, 그의 황자(皇子)인 히데히토 친왕[英仁親王, 훗날의 고모모조노(後桃園) 천황, 1758~1779, 제118대 천황, 재위1770~1779]이 성장하기까지 도시코 내친왕이 그 후사를 맡아야 한다는 유언에 따라, 도시코 내친왕은 23세에 천조[踐祚, 천황의 자리를 이음]합니다. 천조라는 것은 요즘 말하는 즉위를 뜻합니다. 히데히토 친왕이 5세로 아직 어렸기 때문에 큰어머니가 그 중계 역할로 발탁된 것입니다.

재위기간은 8년 정도로 메이쇼 천황 때와 마찬가지로 섭정이 계속되었습니다. 게다가 그녀 역시도 평생 독신이었고, 독신인 데다가 천황으로서 권력을 가지지 못한 것마저 메이쇼 천황과 같습니다.

1770년[明和7]에 고사쿠라마치 천황은 고모모조노 천황에게 양위하고 상황이 되어 새로 지어진 센토고쇼[仙洞御所, 상황의 거처]로 거처를 옮겼습니다. 그런데 고모모조노 천황은 1779년[安永8]에 사망하게 되어 당시 9세였던 고카쿠(光格) 천황[1771~1840, 제119대 천황, 재위1780~1817]이 즉위합니다. 고카쿠 천황은 간인노미야(閑院宮) 집안 출신으로, 고사쿠라마치 천황과는 육촌 관계였습니다. 고사쿠라마치는 고카쿠보다 31세 연상이었기 때문에 마치 모자(母子) 관계와도 같습니다. 설령 권력을 가지지 못하더라도 '모친'격의 여성이 어린 황제를 후견하는 정치문화가 여기에서도 계승된 겁니다.

이 때문에 고사쿠라마치는 어린 고카쿠의 후견인으로서 역할을 완수할 뿐만 아니라, 고카쿠가 성인이 되어서도 여전히 교육적인 지도를 했습니다. 예를 들어, 1796년[寬政8]에는 고사쿠라마치가 궁중(禁裏)에 부임하여 「화가삼부초(和歌三部抄, 와카산부쇼)」나 「이세물어(伊勢物語, 이세모노가타리)」[37]를 전수합니다. 다음 해 1797년[寬政9]에도 고전이나 와카(和歌)를 전수했습니다(井筒淸次編『天皇史年表』). 또한, 현시점에서 최후의 상황이 된 고카쿠 역시 천황이 된 닌코[仁孝, 1800~1846, 제120대 천황, 재위1817~1846]에

37 작자 미상으로 아리
와라노 나리히라(在原業平,
825?~880)를 연상케 하는 남
자의 일대기를 나리히라의 노
래를 중심으로 그린 우타 모
노가타리(歌物語) 작품이다.
전해지는 이본에 따라 약간
의 차이는 있지만 일반적으
로 125단으로 구성되며, 총
210수의 와카를 포함한다. 연
애·유배·우정·이별 등 다기에
걸친 내용을 와카를 중심으로
전개시키고 있다.

38 일본의 근세사 연구자이
다. 본서의 『에도 시대의 천황
(江戸時代の天皇)』을 통해 에도
시대 동안 정치적으로 무력했
던 천황이 막부 말기에 권위가
급부상하여 실질적인 군주로
변모하는 과정에 있어서, 천황
의 역할과 위치를 제시한다.

게 「화가삼부초」나 「이세물어」를 전수합니다(『天皇史年表』).

그러나 이것이 고사쿠라마치가 남성 천황과 다름없는 천황으로 인정받았다는 것을 의미하지는 않습니다. 일본 근세사 연구자 후지타 사토루(藤田覚, 1946~)[38]는 『에도 시대의 천황(江戸時代の天皇)』이라는 책을 통해 에도 시대 천황의 보리사[菩提寺, 보다이지, 선조 대대의 위패를 모신 절]인 교토의 센뉴지(泉涌寺)에는 메이쇼와 고사쿠라마치의 초상화가 없다고 지적합니다. 다른 천황들의 초상화는 전부 있는데 여성 천황의 초상화만 없다는 것은 여성 천황이 '반쪽 천황'으로밖에 인정되지 않았음을 의미하는 것이 아니겠냐는 주장입니다. 이는 어디까지나 여성 천황은 중계의 역할에 지나지 않는다는 말입니다.

예를 하나 더 들자면, 여성 천황과 '혈예(血穢)'의 문제입니다. 제2장에서 나라 시대 말기에 여성을 억압하는 이데올로기로 피를 기피하는 '혈예'의 개념이 생겨났다고 서술했습니다. 이는 여성 천황이 제사를 진행할 때 장애가 되었습니다.

당시의 주요한 제사에는 설날(元旦)에 사방천지에 기도를 올리는 '사방배(四方拜, 시호하이)'와 벼의 수확을 염원하고 오곡풍양을 기원하는 '신상제' 두 가지가 있었습니다. 그러나 메이쇼 천황의 재위 중에는 사방배를 지내지 않았습니다. 또한, 고사쿠라마치 천황 때에는 즉위하고 처음 맞는 신상제에 해당하는 대상제 때 월경의 가능성을 대비해 예비 날짜까지 마련해 두었다고 합니다. 실제로는 물론 예비 날짜가 아니라 예정일대로 실행되었습니다. 그러나 고사쿠라마치 천황은 결국 사방배나 신상제에 한 번도 참석하지 않은 것으로 확인됩니다.

이러한 예를 보더라도 에도 시대의 여제는 강한 권력을 장악하고 있던 고대의 여제와는 대조적으로 여성이라는 이유로 불결함(ケガレ, 케가레)에 의해 행동이 규제되고, 권력을 갖지 못하는 존재가 되어 있었음을 알 수 있습니다.

다만, 교토의 궁중에서 여성이 전혀 권력을 갖지 못했던 것은 아닙니다. 오히려 천황은 오쿠에서 여관들에게 둘러싸여 생활했고, 천황에게 상소하는 문서는 설사 에도의 막부로부터 올라온 것이라도 고토노나이시(勾当内侍)[39]라고 불리는 여관에게 제출되는 등, 여관이 권력을 갖고 있었습니다. 『메이지 천황기(明治天皇紀)』 1871년[明治4] 7월 20일의 기록에 "당시 궁궐(宮禁)의 제도, 선례(先例)·구제도(故格)를 엄수하는 경우가 많아서 임금의 신하는 당상화족[堂上華族, 원래 관료

39 궁중의 여관 중 하나로 주청(奏請)의 일을 맡아 한다.

40 에도 시대의 유학자이다.
성학을 강조하면서 주자학을
비판하는 책을 써서 약 10년
간 유배 생활을 했다. 유배기
간 동안 『중조사실(中朝事實)』
등을 집필했다.

(公家) 가문으로 메이지유신 후 화족이 된 귀족]에 한하여 선조
이래의 여관의 권세를 확장하니 자칫하여 임금의 지
혜(聖明)를 뒤덮어 버리는 등의 일이 없지 않았다."(『明
治天皇紀』第二)라고 적혀 있는 것처럼, 여관의 권력은 여
차하면 천황의 뛰어난 지식이나 덕을 가려버릴 정도
로 컸습니다.

반면교사가 된 중국의 여제

에도 시대를 통해서 여성이 최고 권력자가 될 수 없
던 배경으로 역사관의 변화를 들 수 있습니다. 이에
야스가 『오처경』을 반면교사로서 읽었던 것처럼, 수
렴청정이나 여성 권력자 이야기가 부정적으로 회자
되었던 겁니다. 그 비난의 화살이 향한 것은 중국에
서 권세를 휘둘렀던 무측천과 여후라는 여성입니다.

유학자 야마가 소코(山鹿素行, 1622~1685)[40]는
1669년[寬文9]에 저술한 『중조사실(中朝事實, 추초지지쓰)』
하권[皇統·禮儀章]에서 "입후(立后)의 예(禮)가 바르지 않
으면 곧 남녀의 구별이 명확하지 않다. 그리하여 내
수(內修)의 경계를 하지 않는다. 황후(皇妃)의 도리, 이
를 기준으로 하니 그 예(禮)를 갖추지 아니하면 곧 궁
위(宮闈)의 조정에 임하여 수렴청정에 맡기고, 사주(嗣

主)로 하여금 허위(虛位)를 옹호하게끔 된다. 그러므로 예(禮)는 부부에 의거한다."[원문 한문]라고 적고 있습니다. '궁위(宮闈)'는 황후의 궁전이고, '허위(虛位)'는 실권이 없는 지위를 의미합니다. 야마가 소코는 황후를 제대로 세우지 못하면 '남녀의 구별'이 분명해지지 않게 되고, 황후가 정치에 개입하여 '수렴청정'을 행한다고 경고하고 있습니다.

또한, 앞서 언급한 세키구치 스미코의 『메이지 유신과 젠더(御一新とジェンダー)』에 의하면, 겐로쿠(元禄) 시대에 중국의 군기물[軍記物, 군키모노, 전쟁이야기]의 번역출판이 활황을 이루어 일대 붐이 일어났다고 합니다. 그중에서도 주목해야 할 것은 1705년[宝永2]에 출판된 나카무라 고젠(中村昂然, ?~?)이 쓴 『통속 당현종 군담(通俗唐玄宗軍談)』입니다.

이 책은 무측천이 후궁으로 들어가 황후가 될 무렵부터 양귀비(楊貴妃, 719~756)[41]가 살해당할 때까지의 이야기입니다. 우선 무측천의 권력이 정점에 이르고, 이어서 아들 중종[中宗, 656~710, 당나라 제4대·6대 황제, 재위683~684, 705~710]이 황후 위 씨[韋氏, 660?~710, 당나라 중종의 황후][42]에게 권력을 장악당해 위 씨와 딸 안락공주[安樂公主, 684~710, 당나라 중종의 황태녀]에 의해 독살됩니다. 이른바 '무위의 화(武韋—禍)[43]'입니다. 그리고 그

41 당나라 현종의 총애를 받아 황후와 다름없는 대우를 받았다. 이로 인해 그녀의 친척들이 고관으로 대거 등용되었으나, 그녀의 일족인 양국충(楊國忠) 등이 국정을 장악하자 사회는 불안정해졌다. 이에 반항한 당시 막강한 세력이었던 안녹산(安祿山)이 일으킨 '안사(安史)의 난'으로 인해서 그녀는 죽음을 맞이한다.

42 당나라 중종의 황후로, 중종의 어머니인 무측천에 대항하였다. 683년에 중종이 즉위하면서 정치의 실권을 장악하려고 했으나, 무측천의 노여움을 사 중종은 폐위되었으며 예종(睿宗)이 684년에 즉위하였다. 705년에 무측천이 중종에게 양위하고 태상황(太上皇)으로 물러나면서 위 씨도 다시 황후가 되었다. 이후 그녀는 정치를 농단하고 매관매직을 일삼았다. 710년 자신의 음란한 행위가 중종에게 알려질 것을 두려워하여 딸인 안락공주와 공모하여 중종을 독살하였다. 그리고 자신의 아들인 온왕(溫王)을 옹립하고, 실권을 장악하려 했으나, 예종의 아들인 임치왕(臨淄王)과 무측천의 딸인 태평공주(太平公主) 등이 정변을 일으켜 상왕으로 물러나 있던 예종이 다시 황제가 되었다. 이후 위 씨는 궁중에서 살해되고, 지위도 서인(庶人)으로 격하되었다.

혼란을 제압한 현종[玄宗, 685~762, 당나라 제9대 황제, 재위
712~756] 또한 양귀비 일족에게 농락당해 마지막에는
눈물을 머금고 양귀비를 죽이기에 이릅니다. 여성이
권력을 가짐으로써 비극이 반복되는 양상이 가나마
지리[仮名混じり, 한자와 가타가나를 적절히 섞어 씀]의 평이한
문체로 그려져 있습니다.

세키구치 스미코는 이 책이 유행하면서 "여성
《황제》나 《공주》 또는 총애받는 여성이 영향력을 행
사할 가능성을 보여주었다고 합니다. 아울러 동란을
일으키고 나라를 망하게 하는 길임에 틀림없다는 '역
사의 교훈'이 대중적으로 유포되었다."(『御一新とジェン
ダー』)라고 서술하고 있습니다. 결국, 이 군기물은 무
측천을 비롯해 여성이 권력을 좌우한 결과 당나라의
세력을 위축시켜 멸망을 앞당겼다는 문맥으로 통용
된 것입니다. 여성이 함부로 권력을 지니면 결국 나
라가 망한다는 교훈을 준 것입니다.

그뿐만이 아닙니다. '암탉의 훈계'도 에도 시대에
는 지식인들 사이에서 상식처럼 침투해 갔습니다. 암
탉이 울면 나라가 망한다고 하는 바로 그 일화입니다.

일례로 1838년[天保9]에 미토번주(水戸藩主) 도쿠가
와 나리아키(徳川斉昭, 1800~1860)[44]가 노중(老中)인 미즈
노 다다쿠니(水野忠邦, 1794~1851)[45]에게 보낸 편지 내용

을 들 수 있습니다. 나리아키는 이 편지에서 '암탉의 해(害)'에 주의할 것을 환기하고, 다다쿠니는 답장으로 '암탉의 훈계, 성인(聖人)의 교훈도 모두 여기 있다. 한(漢)의 효혜(孝惠), 당(唐)의 중종 때에 세상이 가히 이와 같았음을 상상할 수 있다.'라고 적으며 그 뜻에 수긍했다고 합니다.

'한(漢)의 효혜(孝惠)'는 고조(高祖) 유방의 뒤를 이은 전한(前漢)의 2대 황제 효혜제(孝惠帝)입니다. 고조와 여후의 아들인 혜제가 즉위하지만, 실권은 모친인 여태후가 쥐고 있었고, 그녀의 잔학한 행위를 견디지 못한 혜제는 주색(酒色)에 빠져 자멸의 길을 걷게 되었다고 합니다. '당(唐)의 중종'은 앞서 나온 '무위의 화'로 죽음에 내몰린 당나라 중종입니다. 즉, 나리아키와 다다쿠니는 여후와 무측천과 같은 여성 권력자가 나타나면 세상이 망할 거라고 서로 입을 모았습니다.

앞서 언급한 무측천과 마찬가지로 여후도 그 평가가 완전히 뒤바뀝니다. 일본 중세 때는 호조 마사코나 히노 도미코와 같은 여성 권력자를 정당화하기 위해 두 사람이 비유적으로 등장했습니다. 그런데 이제 마이너스의 상징으로 회자되면서 평판 역시 극단적으로 변하게 된 것입니다.

중국에서는 이러한 교훈이 전해지지만 그렇다

44 미토 번의 제9대 번주이다. 막부개혁을 주장하는 세력의 중심인물이었으며 존왕양이(尊王攘夷)를 적극적으로 주창했다.

45 에도 시대 후기의 다이묘이다. 1840년대 전반 일본이 위기에 처해 있을 때 도쿠가와 막부의 노중(老中)으로서 집권 초기의 봉건적인 농업사회로 복원하기 위한 '덴포 개혁(德川幕府)'을 주도했다.

46 에도 시대 전기 미토번의 제2대 번주이다. 유학을 장려하고 열전(列伝) 편찬에 뜻을 두었으며, 『대일본사(大日本史)』편찬에 착수하였다.

고 그것이 절대적인 족쇄가 되지는 않아, '암탉'에 해당하는 여성이 계속해서 등장했습니다. 반면, 에도 시대 일본에는 중국이나 조선 이상으로 '암탉의 해(害)'가 강조되었던 것 같습니다. 저는 바로 이 차이를 강조해 두고자 합니다.

『대일본사』의 여성관—진구 황후와 호조 마사코

에도 시대에 편찬이 시작된 역사서 가운데 1657년[明暦3] 미토번주(水戸藩主) 도쿠가와 미쓰쿠니(德川光圀, 1628~1701)[46]의 명령으로 제작되기 시작한 『대일본사(大日本史, 다이니혼시)』가 있습니다. 이는 미토번의 편찬 사업으로서 계승되어 250여 년의 세월에 걸쳐 1906년[明治39]에 완성되었습니다.

이 책에서 진구 황후는 역대 천황에 관해 기술해 놓은 『본기(本紀)』에 포함되지 않고, 황후나 중궁, 여어 등의 후비(后妃)에 관해 기록한 『열전(列伝)』에 수록되어 있습니다. 다시 말해, 진구 황후는 천황이 아니라고 본 것입니다.

이는 이전까지의 역사관을 완전히 뒤집는 것이었습니다. 『일본서기』에 묘사된 진구 황후는 역대 천황 가운데 누구도 이룰 수 없었던 대외전쟁을 이끌며

220

승리를 거두고 돌아온 삼한정벌의 주역입니다. 파격적인 활약을 했기 때문에 특별한 사례로서 천황의 대열에 포함시키려는 견해가 그때까지는 일반적이었습니다. 그러나 『대일본사』에서는 "여주(女主)의 지위에 세우게 되면 스이코와 지토처럼 모두 그녀를 천황이라고 칭하게 될 것이다. 이는 곧 황후의 자격이 부정됨을 의미한다. 후에 그 공덕을 칭송하여 시호(諡號)를 다시 진구 황후라 정한다. 그리하면 천황의 칭호를 받들지 못하게 될 것이다. 이로 말미암아 적절한 제기(帝紀)의 반열에 들어가지 못함을 소상히 밝히는 바이다."(『大日本史』(四). 원문 한문)라고 그 이유를 들고 있습니다. 이는 천황의 호칭을 받지 못한 진구 황후는 천황이 아니라고 해석한 겁니다.

또한, 이 책에서 호조 마사코는 『열녀전(列女伝)』에 들어가 있습니다. 『열녀전』에는 41명의 여성이 수록되어 있는데, '효녀를 우선으로 하고, 절부(節婦)를 다음으로 한다. 어머니의 모범을 보여주고, 재능을 특기한다.'(『大日本史』(八). 원문 한문)라고 히서 효두하는 딸, 지조를 굳게 지키는 여성, 모범적인 모친, 재능 있는 여성 순서로 이름이 소개되고 있습니다. 호조 마사코는 '절부'의 한 예로 다뤄지고 있는데, '여자의 재능이 칭송되면 그 대부분 덕(德)이 쇠한다. 미나모토노 요리토모의 아내, 여류(女流)를 갖고 천하의 권력을 조종하던 젊은이는 또한 이로서 세상의 변고를 목도했다.'(『大日本史』(八). 원문 한문)라고 적혀 있습니다. 이처럼 전혀 평가를 받지 못했습니다. 정치학자 와타나베 히로시(渡辺浩)는 이를 두고 '장군 가신열전(将軍家臣列伝)』이나 『모반한 신하의 열전(叛臣伝)』 어디에도 포함시킬 수 없었다. 그러나 그렇다고 해서 무시할 수도 없었을 것'(「『夫婦有別』

と『夫婦相和シ』)이라고 추측하고 있습니다.

조선에서 수렴청정의 부활

일본에서는 여성 권력이 봉쇄되는 가운데 이웃 나라 조선에서는 19세기
가 되자, 어린 국왕이 잇달아 즉위하며 수렴청정이 부활합니다.

　　1800년[正祖24] 정조[正祖, 1752~1800, 조선 제22대 왕, 재위1776~1800]가 죽
고 정조의 차남 순조가 11세의 나이로 왕의 자리에 오릅니다. 그리고 어
린 국왕을 대신해 영조의 계비이자 대왕대비(大王大妃)인 정순왕후 김 씨
가 수렴청정을 합니다.

　　보통 현 국왕의 아내가 왕후 혹은 왕비가 되고, 그 선대(先代)의 비는
대비(大妃), 그 선선대는 왕대비(王大妃)라 부릅니다. 왕대비의 앞에 또 '대
(大)'자가 붙는 대왕대비(大王大妃)는 3대 전의 국왕의 비를 이릅니다. 조금
복잡해지므로 여기서 가계도를 잠시 들여다 보겠습니다.

　　영조는 조선왕조 21대 국왕으로 아들로는 사도세자(思悼世子,
1735~1762)가 있었습니다. 그런데 그 아들이 영조의 노여움을 사, 뒤주에
갇혀 굶어 죽는 비극적인 최후를 맞이합니다. 그런데 사도세자에게는 아
들 정조가 있었기에, 영조는 그 손자에게 한껏 기대를 걸게 됩니다. 일본
에서도 인기를 얻은 '이산'이라는 한류 드라마가 있는데, 이산(李祘)은 정
조의 본명입니다.

　　영조는 정조에게 영재교육을 시키고 22대 국왕에 앉혔습니다. 졸작
『직소와 왕권(直訴と王權)』에서 서술했듯이, 영조와 정조, 두 국왕은 모두 탁

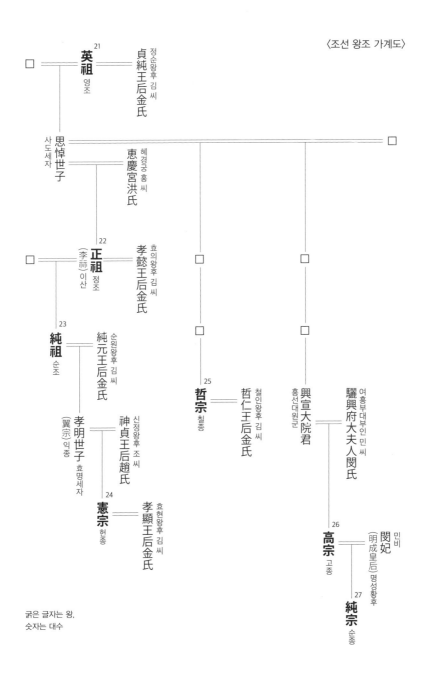

〈조선 왕조 가계도〉

英祖 21
영조
貞純王后金氏
정순왕후 김 씨

思悼世子
사도세자
惠慶宮洪氏
혜경궁 홍 씨

正祖 22
(李祘)
정조
이산
孝懿王后金氏
효의왕후 김 씨

純祖 23
순조
純元王后金氏
순원왕후 김 씨

孝明世子
(翼宗) 익종
효명세자
神貞王后趙氏
신정왕후 조 씨

憲宗 24
헌종
孝顯王后金氏
효현왕후 김 씨

哲宗 25
철종
哲仁王后金氏
철인왕후 김 씨

興宣大院君
흥선대원군
驪興府大夫人閔氏
여흥부대부인 민 씨

高宗 26
고종
閔妃
(明成皇后) 명성황후
민비

純宗 27
순종

굵은 글자는 왕,
숫자는 대수

47 조선 후기의 문신으로
본관은 안동(安東)이다. 딸이
순조의 비(純元王后)가 되자
영돈녕부사(領敦寧府使)로 영
안부원군(永安府院君)에 봉해
지고, 이어 훈련대장·호위대
장 등을 역임하였다. 그를 둘
러싼 척족 세력들이 후일 안
동 김 씨 세도정치의 기반을
조성하는 결과를 초래하였다.

월한 리더십을 발휘하고 신하에 대한 군주의 위신을 확립시켰습니다. 그러다 정조가 49세에 죽고, 뒤를 이어 11세의 순조가 즉위했습니다. 요컨대 순조에게 정순왕후 김 씨는 관계상 증조모가 됩니다. 증조할머니가 아직 살아있다는 사실에 놀랄지도 모르겠지만, 영조 말년에 어린 나이로 결혼했기 때문에 정조 때에도 아직 살아있었고, 최고 연장자로서 권력을 쥐게 된 겁니다.

실제 수렴청정이 어떻게 이루어졌는지 살펴보면, 주렴 앞에는 국왕이 앉아 있고 그 양측에 신하들이 줄 서 있습니다. 이것만 보면 마치 국왕이 위엄을 드러내는 것처럼 보입니다. 그러나 앞에서는 보이지 않게 국왕의 뒤로 대왕대비가 주렴에 가려져 있습니다. 실제로 주렴 뒤에 가려져 있는 대왕대비가 명령을 내리는 등 국왕은 어디까지나 허수아비에 불과합니다. 이러한 정치 형태가 19세기 초에 부활했으며 정순왕후는 4년간 집정했습니다.

정순왕후의 죽음을 계기로 순조의 정비인 순원왕후 김 씨의 아버지 김조순(金祖淳, 1765~1832)[47]이 권력을 쥐고, 김조순의 가문인 안동 김 씨(安東金氏)가 외척 세력으로 대두합니다. 구체적으로 말하면, 순조·헌종·철종 3대에 걸쳐서 왕후를 배출하게 된 안동 김

씨는 외척으로서 부동의 지위를 확보했습니다. 여기
서 안동은 경상북도의 지명[현재 안동시]으로, 안동 김
씨란 안동을 본관(本貫)으로 하는 김 씨 가문을 뜻합니
다. 외척이 권력을 독점하는 정치를 조선에서는 세도
정치(勢道政治)라 불렀습니다.

48 조선시대 정치사·왕실
여성사 전공이다. 역사 속에
서 왕실 여성들의 수렴청정이
실제로 어땠는지 파악한다.

시대를 초월하여 동아시아에서 공유된 '성모'

정순왕후가 정한 법률의 하나로 '수렴청정절목(垂簾聽
政節目)'이 있습니다. 한국 역사학자 임혜련[48]은 "19세
기 수렴청정은 제도적으로 정비된 수렴청정절목에 의
해 합법적이자 공적으로 운영되었다."(「19세기 수렴청정
의 특징」)라고 말합니다. 다시 말해 일시적이고 불규칙
한 체제가 아니라, 항시적인 것으로서 수렴청정을 왕
조의 제도 속에 편입하려 한 것입니다. 실제로 19세기
에는 4대에 걸쳐서 수렴청정이 이루어졌습니다.

그 최초는 순조이고, 다음은 순조의 손자로
1834년[純祖34]에 8세로 즉위한 헌종입니다. 이때는
순조의 왕비로 헌종 때 왕대비가 된 순원왕후 김 씨
가 7년간 수렴청정을 했습니다. 또한, 순원왕후는
1849년[憲宗15] 철종이 19세로 왕 위에 오른 때에도
대왕대비가 되어 3년간 수렴청정을 합니다. 이후 고

종이 1863년[哲宗14]에 12세로 즉위하자, 이번에는 익종의 왕비였다가 대왕대비가 된 신정왕후 조 씨가 4년간 수렴청정을 했습니다. 참고로, 익종은 순조의 왕세자였던 효명세자(孝明世子)를 말합니다. 그녀는 순조를 대신해 나라를 다스렸는데, 그러던 도중 효명세자가 22세의 나이로 사망하여 익종으로 추존[追尊, 사후에 칭호를 내려 생전의 덕을 기림]되어 국왕과 동격이 된 인물입니다. 4대를 이어 어린 국왕이 즉위했기 때문에 모두 왕실의 최고 연장자인 왕대비나 대왕대비, 즉 할머니와 증조할머니가 수렴청정을 했던 것입니다.

'수렴청정절목'의 규정은 전부 12개조로, 제1조에는 다음과 같이 적혀있습니다.

> 이번 大王大妃殿下(대왕대비전하)께서 수렴하고 청정하게 된 것은 이 邦家(방가)에 관계된 것이 더없이 중대한 禮(예)인지라 삼가 宋朝(송조) 宣仁太后(선인태후)의 故事(고사)와 國朝(국조) 貞熹聖母(정희성모)의 徽規(휘규)를 상고하여 마련해서 거행하는 것이다.(「조선시대 수렴청정의 정비과정」)

선인태후(宣仁太后)는 송나라 때 수렴청정을 한 황태후입니다. 앞서 3장에서 이치조 가네요시가 히노 도미코의 정치를 정당화하기 위해 언급했던 인물도 이 황태후였습니다. '수렴청정절목'에는 선인태후와 조선왕조에서 수렴청정을 시작한 정희왕후를 모델로 수렴청정을 하도록 하고 있습니다.

중국에서 수렴청정을 시작한 황후는 선인태후가 처음이 아닙니다.

그 이전에도 전한(前漢)의 여후, 당나라 무측천, 송나라 인종(仁宗) 때의 장헌태후(章獻太后) 등이 있었습니다. 그러나 "조선에서 유일하게 선인태후의 수렴청정을 옛 전범으로 참고한 것은 선인태후의 섭정이 상당히 우수했다고 평가되었기 때문"(『조선시대 수렴청정의 정비과정』)이라고 합니다.

또한, 조선에서 수렴청정을 시작한 정희왕후를 성모(聖母)로 평가하는 지점도 주목할 만합니다. 일본에서는 특히 규슈 지방에서 진구 황후를 성모로 여깁니다. 중국에서는 황제의 생모를 보통 성모라 칭했습니다(『『嫡母』と『生母』』). 성모라는 칭호는 일본뿐만 아니라 조선과 중국에도 공통적으로 있던 것입니다.

이렇게 조선 왕조에는 수렴청정이 합법화되어서 1800년대부터 1860년대까지 70년 가까이 할머니나 증조할머니가 어린 국왕을 대리해서 권력을 잡는 체제가 간헐적으로 이어집니다. 한편, 중국에서는 동태후와 서태후가 등장합니다. 같은 시기에 일본에서는 도쿠가와 정치체제가 붕괴하고, 메이지유신을 맞이했습니다. 즉, 일본에서 '부친'의 권력으로 구축해 온 체제가 붕괴하는 와중에 주변 국가에서는 '모친'이 권력을 휘두르는 수렴청정이 대대적으로 부활한 것입니다.

천장원(덴쇼인)과 가즈노미야

이야기가 너무 앞서 가버렸습니다. 여기서 한 번 더 시곗바늘을 막부 말기로 돌려 보겠습니다. 이 당시 두 명의 중요한 여성이 부상합니다. 13대 장군 도쿠가와 이에사다[德川家定, 1824~1858, 에도 막부 제13대 장군, 재위

49 에도 막부의 제13대 장
군이다. 그의 재임 기간 동안
미국의 페리 제독 내항을 비
롯해 급변하는 대외 관계와
국내 정세 속에서 갈등이 고
조되었다.

50 에도 막부의 제14대 장
군이다. 당시 막부는 미국 개
항 요구 및 장군의 후계자 문
제로 혼란한 상태였다.

51 일본 근세사 연구자이다.
본서에 제시된 『막말의 오오
쿠(幕末の大奥)』에서 천장원
(덴쇼인)이 도쿠가와 이에사
다와 혼인을 올리게 된 배경
과 그녀의 생애를 살펴보며,
에도성 최후의 오오쿠를 역사
적으로 규명하고 있다.

1853~1858][49]의 정실이 된 천장원[天璋院, 덴쇼인, 아쓰히
메(篤姬), 1836~1883]과 고메이(孝明) 천황[1831~1867, 제
121대 천황, 재위1846~1867]의 여동생 가즈노미야[和宮,
1846~1877, 제120대 닌코(仁孝) 천황의 황녀·제14대 장군 도쿠가와
이에모치(德川家茂)의 아내]입니다.

천장원이 정실[미다이도코로]이었던 기간은 1년 반
에 불과합니다. 그러나 1858년[安政5]에 이에사다의
뒤를 이은 이에모치[家茂, 1846~1866, 에도 막부 제14대 장군,
재위1858~1866][50]가 아직 13세였기 때문에 천장원의 존
재감은 커지게 됩니다. 이에모치가 장군이 되어서도
천장원은 니시마루의 오오쿠로 자리를 옮기지 않고
계속해서 혼마루에 머물렀습니다. 이러한 점에서는
앞서도 언급했던 천영원과 닮았습니다. 그러나 하타
히사코(畑尙子, 1961~)[51]는 "천영원의 선례처럼 나이 어
린 장군의 후견인으로서의 의미가 있었다고 할 수 있
을지 모르지만, 선대 장군의 친자로 5세에 장군직에
오른 이에쓰구와 기슈(紀州)에서 양자가 된 13세짜리
이에모치와의 입장은 상당히 달랐을 것이다."(『幕末の大
奥』)라고 적고 있습니다.

1862년[文久2]에 이에모치는 에도성에서 가즈노
미야와의 혼례를 성대하게 거행한 뒤 그녀를 정실로
맞이합니다. 한 해 전인 1861년[文久元年] 4월, 가즈노

미야는 치카코 내친왕(親子內親王)이 되어 11월에 교토에서 에도로 이미 거처를 옮겨와 있었습니다.

그런데 천장원은 혼마루 오오쿠에서 움직이려고 하지 않았습니다. 다시 말해, 오오쿠에는 에도의 천장원과 교토의 치카코 내친왕으로 대표되는 완전히 다른 두 개의 문화가 동거하게끔 되었습니다. 여기서 군신관계 혹은 고부관계 어느 쪽을 우선시해야 하는지에 관한 문제가 발생했습니다.

> 보통 가정 도덕으로부터 보면 며느리가 시어머니를 위에 세우는 것이 당연하지만, 가즈노미야는 천황과 직접적인 혈연관계에 있는 황족[直宮, 지키미야] 출신으로 신분이 낮은 신하와 혼인을 한 경우[御降嫁, 고우카]였기 때문에 군신(君臣)의 관계도 생각하지 않으면 안 된다. 막부는 가즈노미야를 황족으로 대우할 것을 맹세한 상태였고, 가즈노미야는 황족으로서의 위엄을 지키고자 하므로 '아무리 내친왕이라 할지라도 도쿠가와 집안에 시집온 이상, 치카코(親子)는 윤상[倫常, 인륜의 도리]을 반드시 지켜야 한다.'는 천장원과 충돌을 일으킨 것은 필연적이었다(『類聚 伝記大日本史』第15卷).

천황의 여동생인 가즈노미야는 군신의 관계에서 군의 위치에 있기 때문에 장군 이에모치라 해도 신하가 됩니다. 즉, 군신관계를 우선한다면 가즈노미야가 천장원보다 지위가 높습니다. 그러나 천장원은 자신이 시어머니이니까 당연히 본인이 위에 있다고 반발합니다.

실제로 어느 쪽이 오오쿠의 실권을 쥐고 있었는가 살펴보면, 아무래도 천장원이 더 기세가 등등했던 것 같습니다. 이를 암시하는 사건이 바로 1863년[文久3] 이에모치가 교토로 부임했을 때의 일입니다.

장군의 교토 행차[上洛]는 1634년[寬永11] 이에미쓰(家光) 이래 실로 230년 만이었습니다. 이에모치는 1863년[文久3] 2월 13일에 에도를 출발하여 6월 16일에 돌아옵니다. 이때 가는 길은 육로를, 돌아오는 길은 해로를 택했습니다. 같은 해 12월 27일에 다시 에도를 출발하여 다음 해 5월 20일에 돌아옵니다. 이번에는 왕복 모두 해로를 이용했습니다. 이때 천장원이 해로를 사용하는 것에 반대했다고 오쿠의 시녀가 회고를 남긴 바 있습니다.

> 14대 장군 이에모치(昭德院樣)의 두 번째 교토 행차(御上洛) 때, 처음에는 육지로 가셨는데, 이번에는 증기선으로 가신다고 하니, 천장원님이 증기선으로 모시기엔 위험하다고 제안하셔서 부디 증기선은 이용하지 않으심이 어떠한지 말씀드려 보았건만, 노중(老中)이 이에 납득할 수 없다고 하니, 그럼 내가 직접 만나서 이야기 해보겠다고 하시기에 처음으로 노중을 불러 면회를 하셨습니다(『江戶城·大奧の秘密』).

이 내용은 『구사자문록(旧事諮問錄, 후루키코토타즈네시키로쿠)』에 수록된 '오오쿠의 사정(大奧の事)'에서 인용한 겁니다. 여기서 '처음으로'라는 표현은 오오쿠의 접견실(對面所)에 노중(老中)을 부른 것을 가리킵니다. 본래라면 남성은 장군이나 의사, 어린이를 제외하고 오오쿠에 들어가서는 안되었습니다. 그만큼 당시 천장원이 특별하게 노중을 불러들였다고 볼 수 있습니다. 이때 노중은 걱정하는 천장원을 안심시키려고 설득하는데, 결국에는 천장원도 이에모치가 증기선을 타고 교토로 가는 것을 허락했다고 합니다. 이 사건만 보면 가즈노미야는 전혀 등장하지 않습니다. 또 일부러 천장원이 있는 곳까지 왕래한 노중의 행동을 보아도 천장원이 힘을 가지고 있었음을 짐작해 볼 수 있을 것입니다.

1866년[慶応2]에 이에모치가 죽자, 가즈노미야는 삭발을 하고 승려가 되어 정관원궁(静寛院宮, 세칸인노미야)이 됩니다. 그 후에도 정관원궁과 천장원은 대립각을 세우며 오오쿠에 동거하고 있었습니다. 그리고 드디어 오오쿠 전체를 뒤흔드는 사태가 벌어집니다.

오오쿠의 와해

1867년 11월, 도쿠가와 요시노부[德川慶喜, 1837~1913, 에도 막부 마지막 장군, 재위1866~1867][52]는 교토에서 통치권을 메이지 천황에게 반납[大政奉還, 대정봉환]한 후, 도바(鳥羽)와 후시미(伏見)에서 전투[53]가 벌어진 직후에 오사카성에서 몰래 퇴거합니다. 그리고 1868년[慶応4] 1월 12일, 해상 경로를 경유하여 오사카에서 에도로 돌아왔습니다. 당시 에도성 혼마루는 화재로 소실되

[52] 에도 막부의 15대이자 마지막 장군이다. 제13대 장군 후계자 자리를 놓고 경쟁을 하였으며, 장군이 된 이후에는 대정봉환을 통해 반대세력을 누르고 막부의 정치적 권위를 존속시키고자 했으나 왕정복고로 인해 도쿠가와 정권은 막을 내렸다.

[53] 무진전쟁(戊辰戦争, 보신전쟁)의 서막이 된 전투를 이른다. '메이지유신' 당시 1868년 1월 3일에 막부 타도파와 지지파 간에 벌인 전쟁이다.

54 양이(攘夷)파의 공경으로
무진전쟁(戊辰戰爭)에서 에도
성의 공격에 앞장 선 공신이다.

55 에도 막부를 타도하고 메
이지유신을 성공으로 이끈 유
신삼걸(維新三傑) 중 한 사람이
다. 이후 정부와의 갈등이 격
화되어 '세이난 전쟁(西南戰爭)'
을 일으켰으나 패배하였다.

고 오오쿠를 포함한 혼마루의 기능은 전부 니시마루
로 옮겨갔습니다.

돌아온 요시노부는 정관원궁에게 도바와 후시
미에서 벌어진 전투에 관한 해명서를 조정에 제출해
줄 것을 청했습니다만, 정관원궁는 요시노부의 부탁
을 거절합니다. 그러나 결국에는 도카이도 선봉 총
독(東海道先鋒總督)이었던 하시모토 사네야나(橋本實梁,
1834~1885)[54] 앞으로 편지를 보냅니다. 또한, 천장원도
동정대총독부[東征大総督府, 구 에도 막부의 군사력을 억제하기
위해 메이지 신정부가 설치한 임시 군사령부] 참모 사이고 다카
모리(西郷隆盛, 1828~1877)[55]에게 편지를 보냈습니다. 서
로 반목하고 있던 정관원궁와 천장원이 협력해서 도
쿠가와가의 존속과 에도에서 전쟁이 벌어지는 것을
막기 위해 상당히 적극적으로 움직이고 있는 것을 볼
수 있습니다.

이러한 오오쿠의 편지도 하나의 요인으로 작용
하여 에도성 총공격은 직전에 중지되었습니다. 그리
고 4월 4일에 하시모토 사네야나가 칙사로 에도에 입
성해 요시노부에게 미토 지역으로 은퇴를 명하는 칙
지(勅旨)를 전합니다. 9일에 정관원궁은 오오쿠에서
물러납니다. 다음날 10일에는 천장원도 오오쿠를 나
섭니다. 그리고 11일에는 요시노부가 근신하고 있던

우에노(上野)의 간에이지(寛永寺)를 나와 미토로 향하고, 21일에 에도성은 정식으로 관군에게 넘어갔습니다.

이리하여 흔히 오오쿠는 사라졌다고들 말합니다. 그러나 이야기는 그렇게 간단하지 않습니다. 분명히 일시적으로 없어진 건 맞지만, 메이지 시대가 되어 다시 오오쿠에 상응하는 공간이 부활했기 때문입니다.

장군이 물러나고, 새로이 천황이 교토에서 에도로 왔습니다. 황후와 여관도 천황보다 조금 늦게 교토에서 도쿄로 옵니다. 그러자 니시마루의 사랑채[御小座敷, 오코자시키]는 천황의 침전[常御殿, 쓰네고텐]이 되고, 귀빈실[御座之間, 고자노마]은 황후의 거처가 되었습니다. 니시마루의 오오쿠는 여관들의 거처가 됩니다. 여관의 거처는 과거 오오쿠와 마찬가지로 남성 출입금지 공간이었습니다. 1871년[明治4] 8월, 모든 여관은 일단 파면되고, 새롭게 전시[典侍, 덴지, 여관의 최고 위계]나 권전시[權典侍, 겐덴지, 천황을 보필하는 여관], 장시[掌侍, 쇼지, 여관의 3등관] 등의 여관이 채용되었습니다. 그러나 1872년[明治5] 4월에는 재차 후궁(後宮)이 쇄신되어 36명의 여관이 파직됩니다(『昭憲皇太后實錄』上). 게다가 이 해에는 여관의 거처가 니시마루의 오오쿠에서 모미지야마(紅葉山)라고 불리는 구역으로 옮겨집니다.

에도 시대에는 장군의 정실도 오오쿠에서 살았지만, 메이지 이후에는 천황의 침전 인접한 곳에 황후의 거처를 마련함으로써 천황과 황후가 가까이 살게 되고, 황후는 여관의 거처, 즉 후궁[局, 쓰보네]으로부터 분리됩니다. 이때 그 후궁을 감독하게 된 것은 천황이 아니라 황후입니다. 후궁 안에 100명에 가까운 여관들이 모여 살며 계급을 형성하는 세계가 다시금 구축되어 갑니다.

그렇기 때문에 오오쿠가 완전히 와해되었느냐 하면 실상은 그렇지 않습니다. 한차례 와해된 적이 있었지만 결국은 비슷한 기능을 하는 공간이 생기게 되었기 때문입니다. 따라서 메이지 시대가 되었다고 해서 천황가가 급변하여 근대화된 것만은 아닙니다.

도쿠가와 이에야스가 오사카 전투에서 요도도노를 정점으로 하는 '모친'의 권력을 봉쇄함으로써 중국이나 조선에서 나타난 수렴청정이 불가능하게 되고, '부친'의 권력이 확립된 것은 에도 시대라 할 수 있습니다. 분명히 두 명의 여성 천황도 탄생했습니다만, 그 권력은 이중, 삼중으로 제한되어 있었습니다. 그렇다면 메이지기가 되면 무엇이 변하고, 무엇이 계승되었을까요? 에도 시대로부터의 연속성을 시야에 두고 이제 메이지 시대로 넘어가고자 합니다.

제5장

황후가 '기원'의 주체가 된 시대
: 메이지·다이쇼·쇼와 시대

에도 시대에 여성은 권력에서 철저히 배제되었고,
메이지 시대에 확립된 근대 천황제에도 그것이 계승되고 있습니다.
그러나 메이지 시대 이후 새로운 궁중제사가 마련되고
황후가 천황과 함께 '기원'의 주체로 등장하면서 그 존재감이
다시금 부상하여 신에게 다가가는 존재로서 황후나 황태후가
천황보다도 상위에 설 수 있게 됩니다.
이렇게 해서 일본에서는 중국이나 조선과는 전혀 다른 방법으로
다시 한번 '모친'이 권력을 잡는 것이 가능한 시대를 맞게 되었습니다.

파트너로서의 황후상

메이지 시대가 되면 선진국 대열에 들어가기 위한 근대화를 추진합니다. 그중 하나가 천황제 개혁입니다. 천황의 '남성화'에 발맞춰 황후의 '여성화'도 진행되었습니다. 군사지도자로서의 새로운 천황상이 만들어짐과 동시에, 정치에 관여하지 않고 보이지 않는 곳에서 천황을 지지하는 파트너로서의 황후상도 형성되어 갔습니다.

이런 점에서는 분명히 여성에게 절대적인 권력을 허락하지 않던 에도 시대를 답습하고 있었지만, 1871년[明治4]에 제정된 '사시제전정칙(四時祭典定則)'에서는 황후가 천황과 함께 궁중 제사에 참석하는 것을 '정칙(定則)'화 합니다(大岡弘『近代皇室祭祀における皇后の御拝と御代拝について』). 국가신도의 정비와 동시에 황후가 아마테라스나 역대 천황의 넋을 '기원(祈)'하는 주체로 새롭게 등장한 것입니다.

앞 장에서 살펴본 바와 같이, 에도 시대 황실에서는 도쿠가와 마

군이다. 실질적인 정치는 노
중(老中, 로주)들이 담당했으
며 이에하루 대신 실권을 장
악하였던 다누마 오기쓰구(田
沼意次)는 중상주의 정책을 펼
쳤다.

2 에도 시대 말기부터 메
이지 시대 초기의 정치가이
다. 처음에는 조정과 막부의
공조를 꾀하는 공무합체파였
지만, 이후 막부토벌파로 전
향하여 왕정복고를 위해 노력
하였다. 메이지 신정부가 출
현한 이후 여러 고위직을 맡
으며 정부의 중심인물이 되었
다. 특히 헌법제정방침을 정
하고 천황제 확립 및 화족을
위해 노력하였다.

사코가 고미즈노 천황의 중궁, 즉 황후가 되어 메이
쇼 천황을 낳았습니다. 도쿠가와 집안에서도 10대
장군 이에하루[家治, 1737~1786, 에도 막부 제10대 장군, 재위
1760~1786][1] 이후 미다이도코로라 불린 장군의 정실이
이에사다의 시대를 제외하고는 계속 존재함으로써 일
부일처다첩제가 확립되었습니다. 메이지 시대가 되자,
천황의 정실은 문자 그대로 황후라 불리게 되었고 새
롭게 만들어진 '어진영[御真影, 천황, 황후의 초상화나 사진]'
이 상징하듯이 일부일처의 관계가 강조됩니다. 그러
나 실제로는 후궁(後宮)의 역할을 하던 공간에 상당수
의 첩이 기거하는 일부일처다첩제가 유지되었습니다.

이렇게 보면 일부일처다첩제가 계속 유지되어
온 중국이나 조선과 공통점이 있는 것처럼 보일지도
모르겠습니다. 하지만 도쿠가와 장군은 이에하루 이
전에도 이후에도[모친이 가스가노 쓰보네(春日局)라고 한다면
이에미쓰(家光)를 포함해] 줄곧 측실[후궁]에게서 태어났습
니다. 천황도 메이쇼 천황 다음 천황인 고코묘 천황
[제110대 천황]부터 다이쇼 천황[제123대 천황]까지 14대
가 연속해서 측실에게서 태어났습니다. 메이지 정부
는 서양 열강의 시선을 의식하며 표면상 천황과 황후
의 어진영을 세트로 마련하는 등 일부일처제를 연출
하려 했지만, 실상은 일부일처제를 전제로 한 서구의

여러 나라와 달랐던 것입니다. 이는 물론 일부일처다첩제를 취하면서 황제나 국왕이 정실인 황후나 왕후에게서 태어나는 일도 적지 않았던 중국이나 조선과도 달랐습니다.

메이지와 동시대의 중국에서는 함풍제(咸豐帝)의 정실인 동태후와 함풍제의 측비이면서 동치제(同治帝)의 생모였던 서태후가 수렴청정을 하고 있었습니다. 그리고 조선에서는 신정왕후 조 씨의 수렴청정이 끝났는데도, 고종의 왕비이며 순종(純宗)의 어머니인 민비[1851~1895, 명성황후, 조선 26대 왕·대한제국 초대 황제 고종의 왕비]가 외척인 여흥 민 씨(驪興閔氏)와 함께 국왕을 능가하는 권력을 잡고 있었습니다. 한편, 일본에서는 이러한 이웃 나라와는 대조적인 황후의 상이 만들어져 가게 됩니다.

일세일원과 종신재위제의 도입

천황제의 개혁은 천황제의 '중국화'를 의미했습니다.

가장 먼저 도입된 것이 일세일원(一世一元) 제도입니다. 이것은 황제가 재위하는 동안에는 연호[元號]를 바꾸지 않는 것으로, 중국이 명나라 때부터 채용해 온 제도입니다. 그때까지 일본에서는 한 명의 천황이 재위하고 있는 동안 천재지변이나 기근이 발생하면 그때마다 연호를 바꾸는 일이 여러 번 있었습니다.

이와쿠라 도모미(岩倉具視, 1825~1883)[2]는 1868년[慶応4] 8월에 제출한 어평의의견서(御評議意見書)에서 '일대일호(一代一號)를 의결하심이 어떠하겠느냐'고 제안하고 있습니다. 말하자면, 한 명의 천황이 하나의 연호를 사용하자는 것입니다. 표면적으로 '중국을 본받아 그렇게 하는 것이다.'라고 말하지는 않았지만 이는 중국을 염두에 둔 것이 틀림없습니다.

이 제안이 채용되어 1868년[慶應4] 9월 8일—1873년[明治6]부터 일본에서도 시행된 태양력에 맞추어 보면 1868년 10월 23일—에 "게이오(慶應) 4년을 새롭게 메이지원년(明治元年)으로 한다. 지금부터는 구제도를 개혁해 일세일원(一世一元)을 영구히 지킨다."라고 기록된 '일세일원의 조칙(一世一元の詔)'이 제출됩니다. 그리하여 이날 이후 현재에 이르기까지 일세일원제가 이어지고 있습니다.

그리고 또 한 가지 커다란 변화가 일어나는데 바로 종신재위제의 도입입니다. 이것도 '중국화'의 일환이라 볼 수 있습니다.

중국에서는 일본의 상황(上皇)에 해당하는 태상황제(태상황)가 된 당의 현종(玄宗)이나 청의 건륭제[乾隆帝, 1711~1799, 청나라 제6대 황제, 재위 1736~1799] 등의 예외는 있었지만, 황제는 죽을 때까지 황제로서 재위하는 것이 원칙이었습니다. 한편 그때까지 일본에서는 생전 퇴위(生前退位)가 빈번하게 행해지고 있었습니다. 고교쿠 천황[제35대 천황]부터 고카쿠 천황[제119대 천황]까지 전체의 7할에 가까운, 북조(北朝) 때의 천황을 포함하면 7할이 넘는 천황이 생전 퇴위를 했습니다. 그런데 이것을 개혁하여 죽을 때까지 천황으로 재위하도록 바꾼 것입니다.

1889년[明治22]에 제정된 황실전범[皇室典範, 이후 1947년에 개정되면서 '구황실전범'이라 칭한다. 이하 구황실전범으로 표기함]의 최초의 시안으로 지목되는 것이 1886년에 궁내성(宮內省)이 입안한 '제1고 황실제규(第一稿皇室制規)'입니다. 이는 궁내성 제도취조국(制度取調局)의 장관인 이토 히로부미(伊藤博文,

1841~1909)[3] 아래서 기초된 것으로 알려져 있습니다(島善高『近代皇室制度の形成』). 그 제9항에는 "천황 재위 중에는 양위하지 않고 등하(登遐) 시에 저군(儲君)을 곧 천황이라 칭한다."는 항목이 있습니다(『明治皇室典範』上). 천황이 재위 중에 즉, 살아 있는 동안에는 양위하지 않는다. 등하(登遐)는 붕어와 같은 의미이고, 저군은 '동궁' 혹은 '황태자'로서 황위계승자를 의미합니다. 즉 천황이 사망했을 때 그 지위를 이어받는 사람, 대부분은 황태자가 되는데 그 계승자를 바로 천황이라 칭한다는 규정이 여기에 등장합니다.

이때 메이지헌법의 초안에 관여한 것으로 알려진 이노우에 고와시(井上毅, 1844~1895)[4]는 '근구의견(謹具意見)'을 제출하여 "천자의 뜻대로 보통 적합한 시기에 따라 평온하게 양위하시면 훌륭한 바이며 아름다운 일이다. 기초[궁내성이 제출한 제1고 황실제규 초안] 제9조의 항목은 소거해 마땅하다."라며 양위를 인정할 것을 주장하며 궁내성안(宮內省案)에 반론하고 있습니다. 그런데 궁내성이 입안한 '제2고 제실전칙(第二稿帝室典則)'의 제9조는 '제1고 황실제규'와 다르지 않았습니다. 결국, 이 조문은 구황실전범 제10조 "천황 붕어 시에는 황사(皇嗣)가 곧 천조하고 조종의 신기(神器)를 이어받는다."라는 문장으로 계승되었습니다. 양위의 인정

3 에도 시대부터 메이지 시대의 정치가이다. 하급 신분이었지만 자신의 역량으로 일본의 초대 수상까지 올랐다. 존왕양이(尊王攘夷) 활동을 하다가 영국 유학을 통해 개국론자로 변화였고, 이후 일본의 개국과 식산흥업을 통한 부국강병 실현을 위해 노력하였다. 특히 일본이 근대 국가로 이행하는 과정에서 각종 정책과 제도개혁을 추진하였다. 또한 정계의 중심에서 물러난 후에 조선통감부 초대 통감으로 있었고, 러시아 방문 중 안중근 의사에게 저격당하여 사망하였다.

4 에도 시대부터 메이지 시대의 정치가이다. 대일본제국헌법을 비롯하여 황실전범, 교육칙어(敎育勅語), 군인칙유(軍人勅諭) 등의 기초 작업에 참여하여 근대 일본의 법 체제 확립에 기여하였다.

5 일본의 헌법학자이다. 본
서에 제시된 『〈만세일계〉 연
구(「萬世一系」の硏究)』에서 패
전 이후(신)와 메이지 시대
(구) 각각의 두 황실전범을 헌
법학연구의 틀 안에서 바라보
고, 제도로서의 천황제의 형
성과정과 그 기본적 성격을
검증한다. 특히 논란이 된 '천
황의 퇴위', '여제', '서출(庶出)
천황'의 가부를 초점으로 해
석하고 있다.

을 주장했던 이노우에의 의견을 궁내성은 최종적으로
받아들이지 않은 것입니다.

그렇다면 여기서 궁내성의 주체는 누구였을까
요? 이는 다름 아닌 이토 히로부미입니다. 헌법학자
오쿠다이라 야스히로(奧平康弘, 1929~2015)[5]는 『〈만세일
계〉 연구(「萬世一系」の硏究)』하권에서 구황실전범에서 천
황의 양위가 최종적으로 부결되기까지의 상세한 사
정에 대해 논하고 있는데, 이노우에 고와시가 집필하
고 이토 히로부미가 저작한 형태로 간행된 황실전범
축조(逐條) 해설서인 『황실전범의해(皇室典範義解)』에는
제10조에 대해 다음과 같이 기술되어 있습니다.

진무(神武) 천황에서 조메이(舒明) 천황에 이르기까지
34대 모두 양위한 일이 없다. 양위의 예가 고교쿠(皇
極) 천황에서 비롯하는 것은 대저 여제(女帝)의 가섭(仮
攝)으로 인한 것이다. ……쇼무(聖武) 천황, 고닌(光仁) 천
황에 다다라 정례(定例)가 되었다. 이것을 세변(世變)의
하나로 한다. 이후 권신(權臣)의 강박(强迫)에 의한 양통
호립(兩統互立)을 예로 함에 이르렀다. 그리고 남북조(南
北朝)의 난 역시 여기에 원인이 있다. 본조(本条)에 천조
(践祚)를 선제(先帝) 붕어(崩御) 후에 즉시 행하기로 정한
것은 상대(上代)의 항전(恒典)에 의한 중고(中古) 시대 이

242

래의 양위 관례를 개정한 것이다. (『帝國憲法皇室典範義解』)

진무 천황에서 조메이 천황까지는 양위가 없었습니다. 여제(女帝)인 고교쿠 천황부터 양위가 시작되었는데, 그것은 어디까지나 '가섭(仮攝)', 즉 중계자적 성격의 섭정이었습니다. 어린 남성 천황을 대신해 여성이 일시적으로 천황이 되는 경우가 있었지만, 그마저도 남성 천황이 성장하면 양위를 했다는 것입니다. 여제를 '가섭'으로 여기고 있는 점에서, 다시 언급하겠지만 여성 천황에 대한 부정적인 인식이 엿보입니다.

그러나 쇼무 천황이나 고닌 천황 이후, 남성도 양위하는 것이 '정례(定例)'가 되는데, 가마쿠라 시대에는 지명원 계통과 대각사 계통이 번갈아 황위에 오르는 '양통호립(兩統互立)'의 상태가 되어 남북조의 난[6]을 초래했습니다. 양위는 본래의 모습이 아니었기 때문에, 다시 한번 상대(上代)의 항전(恒典), 즉 원점으로 돌아가서 7세기 중고(中古) 시대 이래, 양위가 이루어지게 되었던 관례를 새롭게 한다고 서술하고 있습니다. 이것만 보면 종신 재위였던 지난 34대까지의 시대로 되돌려 진무창업(神武創業)을 내건 메이지유신의 정신을 철저히 하려 했던 의도가 강하게 있었음을 알 수 있습니다.

6 14세기 중반에서 후반에 걸쳐 50여 년간 계속된 전국적인 내란이다. 고다이고 천황에게 패한 아시카가 다카우지는 1336년 규슈에서 재기하여, 다시 고다이고 천황을 공격해서 교토를 점령하고는 지명원 계통의 고묘 천황을 옹립하여 북조(北朝)를 세웠다. 한편, 다카우지에게 패한 고다이고 천황은 요시노로 탈주하여 남조를 세웠다. 이리하여 일본에는 천황이 둘이 존재하며, 두 개의 조정이 존재하는 남북조 시대가 60년간 계속된다.

여제 즉위의 찬반논쟁

구황실전범 제정에 있어서 또 하나 크게 논쟁이 된 것은 여성 천황을 인정해야 하는가 부정해야 하는가의 문제였습니다. 전술한 '제1고 황실제규' 제1조에는 "황위는 남계가 계승하는 것으로 한다. 만일 황족 중 남계가 끊길 시에는 황족 중 여계가 이를 계승한다."라고 명시되어 있듯이, 남계의 황위 계승을 원칙으로 하면서도 여성 천황뿐 아니라 여계 천황도 인정하고 있었습니다. 그러나 이노우에 고와시는 전술한 '근구의견'에서 이 조문을 비판하고 남계 남성에 의한 황위 계승을 주장했습니다.

> 종래의 황통(皇胤)을 번영하게 하는 데에는 갖가지 방법이 있으며 이에 따른 우려를 방비하기에 충분하다. …… 또한, 우리나라 여제(女帝) 즉위의 그 시작은 섭정에 기인하니 모두 일시적인 임조(臨朝)로서 지체없이 다른 황태자나 황태제(皇太弟)에게 자리를 양위해 아름다운 계승을 이루니, 가능한 최초의 진구 섭정의 취지를 되살리려는 까닭이므로 더는 게재하지 않는 편이 나을 것이다. (『明治皇室典範』上)

오쿠다이라 야스히로가 지적하고 있듯이, 이노우에는 "남계주의를 고집하고 있지만, 황위 계승 후보자의 결여에는 전혀 걱정이 없었다. 그 확보를 위해서는 '갖가지 방법'이 있다."라고 하면서도, 그 '방법'에 대해서는 분명히 밝히고 있지 않습니다(『「萬世一系」の研究』下). 그리고 지금까지의 여성 천황은 모두 '일시적인 임조'이며, 진구 황후가 여성 천황으로서가 아니라 오진 천황의 섭정으로서 정치를 한 최초의 사례가 되므로, 이

때의 취지를 되살린다면 여성이나 여계의 천황을 인정해서는 안 된다는 것입니다.

이노우에가 여기서 자신의 주장을 뒷받침하는 근거로 길게 인용하고 있는 부분이 있는데, 이는 같은 정치가이자 저널리스트인 시마다 사부로(島田三郎, 1852~1923)[7]와 누마 모리카즈(沼間守一, 1840~1890)[8]의 '여제 즉위에 관한 가부(女帝ヲ立ルノ可否)'론입니다. 여기에는 아래 인용문에서도 알 수 있듯이 노골적인 남존여비관(男尊女卑觀)이 드러나 있습니다. 그럼, 시마다에 이어 누마 순으로 원문을 소개해 보겠습니다.

[시마다 사부로] 정치는 시세인정(時世人情)을 기본으로 한다. 우리나라의 현실이 남자를 존중하여 여자 위에 위치시켰다. 지금 황서[皇婿, 여황의 남편]를 세워 헌법상 여제(女帝)를 가장 높은 존위에 둔다 한들 온 나라의 인정은 제도를 통하여 하루아침에 변하지 않는다. 그러므로 여제 위에 더 높은 존위를 가진 이가 있다고 여기는 것은 일본 국민에게 득이 되지 못하며 능사가 되지 못한다.

[누마 모리카즈] 남존여비의 관습이 인민의 머리(腦髓)를 지배하는 우리나라에서 여제를 세우고 황서(皇婿)를 두는 것은 불가능하다. 길게 논의할 필요가 없

7 정치가이자 저널리스트이다. 1874년에 요코하마 마이니치 신문의 사주(社主)였으며, 자유민권을 논했다.

8 정치가이자 저널리스트이다. 1872년부터 대장성(大藏省), 사법성(司法省)에 출사하였지만, 신정부에 익숙하지 않아 1878년 이후부터는 반정부 색채가 강한 자유민권 사상을 주장하기 시작했다.

다. (『明治皇室典範』上)

시마다와 누마 모두 일본은 남존여비의 나라라고 단언하는데 거침이 없습니다. 특히, 누마는 일본에서는 그러한 관습이 '인민의 머리'를 지배하고 있다고까지 극단적으로 말합니다. 따라서 시마다는 "만일 여성 천황을 인정한다 하더라도 '온 나라의 인정' 즉, 국민성이 즉각적으로 바뀌는 것이 아니므로 여제의 남편 될 사람 즉, 사위가 마치 여제 위에 존재하는 것처럼 인식해 버린다. 그렇게 되면 천황의 존엄을 지킬 수 없게 된다."라고 말하는 것입니다. 메이지 초기 일본에서는 빅토리아 여왕이 군림하던 동시대의 영국과는 물론이고, 황후나 측비 또는 왕후가 황제나 국왕을 웃도는 권력을 가지고 있었던 동시대의 중국이나 조선과도 달리, 여성이 남성 위에 존재하는 것이 불가능하다는 이 언설이 설득력을 지닐 만큼 당시 여성이 권력으로부터 멀어져 있었다는 점에 주의해야 할 것입니다.

전술한 '제2고 제실전칙' 제1조에는 "황위는 황자에게 전한다."는 항목이 있습니다. 여기서 황자란 남자 황족을 말합니다. '제1고 황실제규'와는 다르게 여성 천황이나 여계 천황이 부정된 것입니다. 이는 '근구 의견'에서 이노우에가 주장한 내용이 받아 들여졌다는 것을 의미합니다.

앞서 언급했듯이, 양위의 문제에서는 양위를 인정하지 않는 이토 히로부미에게 이노우에 고와시가 반박했지만, 이토는 이노우에의 그 반론을 거절합니다. 하지만 여제의 문제에서는 남계주의를 원칙으로 하면서도 남계·여계의 구애 없이 왕위가 계승되는 영국 등의 사례를 염두에 두고 여계 천황을 인정하려는 이토에 대해 이노우에가 반론했으며 그 결과, 이토는 이노우에의 반론을 받아들인 것입니다.

구황실전범 제1조에 "대일본국 황위는 조종의 황통으로써 남계의 남자가 계승한다."라고 명시하고 있듯이, 천황이 될 수 있는 것은 '남계의 남자' 뿐이라는 것이 한층 더 명확하게 언급되어 있습니다. 동시에 제 4조에서는 "황자손(皇子孫)이 황위를 계승할 때에는 적출자(嫡出子)를 우선으로 한다. 황서자손(皇庶子孫)이 황위를 계승하는 것은 황적출자손(皇嫡出子孫)이 모두 끊겼을 때로 제한한다."는 조건을 붙여 측실의 아들인 서자(庶子)에게도 황위 계승을 인정했습니다. '남계의 남자'가 끊어지지 않게 하려면 이 방법밖에는 없었던 것입니다.

섭정을 두지 않았던 메이지 신정부

구황실전범 제5장은 섭정에 관해 규정하고 있습니다. 제19조에서 제 21조까지의 조문은 다음과 같습니다.

> 제19조 천황이 아직 성년(成年)이 되지 않을 때는 섭정을 둔다.
>
> 천황이 오래도록 고장(故障)에 의해 대정(大政)을 친히 행할 수 없을 때는 황족회의 및 추밀고문(樞密顧問)의 회의를 거쳐 섭정을 둔다.
>
> 제20조 섭정은 성년이 된 황태자 또는 황태손을 임명한다.
>
> 제21조 황태자, 황태손이 없을 경우, 또는 이들이 미성년일 경우에는 다음의 순서에 따라 섭정을 임명한다.

제1 친왕[親王, 황제의 아들이나 형제] 및 왕

제2 황후

제3 황태후

제4 태황태후

제5 내친왕[內親王, 황제의 딸이나 자매] 및 여왕

앞서 기술한 바와 같이, 제1조에서는 황위 계승자의 자격을 '남계의 남자'로 한정해 여성을 전면적으로 배제했지만, 섭정에 대해서는 그렇지 않았습니다. 제20조와 제21조에서 어디까지나 남자를 우선으로 하고 있으나, 제21조에서는 황후, 황태후, 태황태후, 내친왕 및 여왕의 순으로 여자에게도 자격을 부여합니다. 이에 대해 『황실전범의해』에서는 다음과 같이 기록하고 있습니다.

> 본조(本條) 황위의 계승은 남계 남자로 한정하고, 또한 제21조에서 황후 황녀의 섭정을 내세운 것은 무릇 모두 선왕의 유지(遺意)를 이어받아 밝힌 것으로서 혹여나 새로운 관례를 창조하는 것은 아니다. (제1조)
>
> 제1조에 황위를 계승하는 것은 남계의 남자로 한정한다고 내세운다. 그러나 본조(本條) 황후, 황녀에게 섭정의 권한을 부여하는 것은 무릇 상고(上古) 시대 이래의 관례에 준하고, 또한 섭정을 행할 인재(人)를 얻는 길을 넓게 하고 인신(人臣)에게 하급(下及)하는 것을 점차 막게 함이다. (제21조)

이토 히로부미[집필자는 이노우에 고와시]는 황후가 섭정을 한 예로 진구 황후를, 또 황녀가 섭정을 한 예를 이이토요아오노(飯豊青) 황녀―세이네이(清寧) 천황[444~484, 고분 시대 제22대 천황, 재위480~484] 사후에 집정한 것으로 알려진 리추(履中) 천황[336?~405, 고분 시대 제17대 천황, 재위400~405]의 황녀―를 언급하며, 여성에게도 섭정의 자격을 부여하는 것이 이러한 전례를 답습하기 위함이지 새로운 관례를 만드는 것은 아니라고 합니다. 그러나 여성이 섭정이 될 가능성은 순위로 따져보아도 낮았다고 할 수밖에 없습니다.

무쓰히토(睦仁) 친왕[훗날의 메이지 천황]은 1867년[慶應3] 만14세에 천조하여 천황이 되었습니다. 만일 이때 구황실전범이 완성되었더라면, 섭정을 세워야만 했을 겁니다. 당시는 후시미노미야 구니이에(伏見宮邦家) 친왕[1802~1872, 북조(北朝) 제3대 천황 스코(崇光) 천황 남계 14세 후손]이나 아리스가와노미야 다카히토(有栖川宮幟仁) 친왕[1812~1886, 제119대 고카쿠(光格) 천황의 양자 아리스가와노미야 쓰나히토(有栖川宮韶仁) 친왕의 제1왕자] 등이 있었습니다. 또 고메이 천황의 여어[女御, 뇨고]였던 구조 아사코[九条夙子, 1835~1897, 제122대 메이지 천황의 적모(嫡母)]는 고메이 천황이 사망함과 동시에 1868년[慶應4]년에 황후를 거치지 않고 돌연 황태후[英照皇太后, 에이쇼 황태후]가 되었습니다. 이치조 하루코(一条美子)는 1867년 만18세의 나이로 메이지 천황의 여어로 내정되어 1868년[明治元]에 황후가 됩니다. 무쓰히토 친왕이 천황이 될 당시 하루코는 아직 미성년이었으나, 후시미노미야 구니이에 친왕, 아리스가와노미야 다카히토 친왕, 구조 아사코가 모두 성년이 되었기 때문에, 이 세 사람 모두 구황실전범에서 규정한 섭정이 될 조건을 갖추고 있었습니다.

9 고메이 천황의 여관(典侍,
덴지)이자 메이지 천황의 생
모이다.

그러나 실제로는 친왕도 황태후도 섭정이 되지
않았습니다. 그것은 신정부가 메이지 천황이 '어린 천
자'라는 사실을 인식하면서도 천황 친정의 원칙을 취
했기 때문입니다. 에이쇼 황태후는 메이지 천황의 적
모[嫡母, 서자가 아버지의 정실을 이르는 말]로 고메이 천황 사
후 황실에서 최고 연장자가 되었지만, 생모인 나카야
마 요시코(中山慶子, 1836~1907)⁹를 포함해 '모친'이 권
력을 잡을 여지는 철저하게 배제되었습니다. 이 점은
동시대의 중국이나 조선과는 대조적입니다.

게다가 하루코 황후와 아사코 황태후는 메이지
천황과 달리, 메이지유신 이후 곧바로 도쿄로 거처를
옮기지 않았습니다. 하루코 황후가 교토에서 도쿄로
이동한 것은 1869년[明治2]이고 아사코 황태후가 교토
에서 도쿄로 옮긴 것은 1872년[明治5]이었습니다. 이
때 여관제도도 개혁되어 황후가 모든 여관을 총괄하
게 되었습니다.

도쿄로 옮긴 황태후와 황후는 이따금 동반하여
외출했습니다. 1873년[明治6]에는 둘이서 구마가야현(熊
谷県)에 있는 도미오카제사장[富岡製糸場, 일본 최초의 기계 제
사공장, 현재 군마현(群馬県)]을 견학하고, 1879년[明治12]에
는 둘이서 요코하마(横浜)로 가 군함 '부상[扶桑, 후소, 철갑
함]' 등을 견학하기도 했습니다. 이러한 황태후와 황후

250

의 빈번한 외출은 에도 시대에는 생각도 할 수 없던 일이었습니다.

하지만 황태후나 황후가 설사 군함을 견학했다 해도 그것이 곧 군사 지도자인 천황을 대신하는 것은 아니었습니다. 메이지 정부가 천황을 교토에서 도쿄로 옮긴 후에, 여관들로부터 천황을 분리하여 군사지도자로 삼기 위해 남성화를 도모한 것 또한, 여성 천황의 배제로 이어진 하나의 요인이라 할 수 있습니다.

서태후의 수렴청정

메이지유신[1868년]보다 조금 앞서 중국의 청나라에서는 어린 황제가 탄생했습니다. 이는 바로 1861년[咸豊11] 함풍제가 사망하면서 6세의 나이로 즉위한 동치제입니다.

메이지 천황에게 적모인 구조 아사코와 생모인 나카야마 요시코라는 두 명의 어머니가 있었듯이, 동치제에게도 두 명의 어머니가 있었습니다. 적모는 함풍제의 정실인 동태후[慈安太后, 자안태후]이고, 생모는 함풍제의 측비인 서태후[慈禧太后, 자희태후]입니다. 메이지 천황의 경우에는 아직 어린 나이였음에도 반은 강제로 친정을 표명한 데 반해, 동치제는 전례에 따라 수렴청정을 시행했습니다. 심지어 적모인 동태후와 생모 서태후 두 사람에 의한 수렴청정으로 말입니다.

일본에서 생모 나카야마 요시코는 어디까지나 전시(典侍), 즉 여관의 가장 높은 지위에 지나지 않았기에, 황태후가 된 구조 아사코가 격상되었습니다. 요시코는 신하의 신분으로 메이지 천황과 거의 만나지 못하

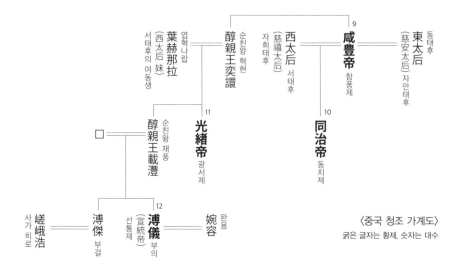

東太后
(慈安太后) 동태후
자안태후

咸豊帝 함풍제
9

西太后
(慈禧太后) 서태후
자희태후

醇親王奕譞 순친왕 혁현
葉赫那拉
(西太后 妹) 엽혁나랍
서태후의 여동생

同治帝 동치제
10

光緒帝 광서제
11

□

醇親王載灃 순친왕 재풍

婉容 완용

溥儀
(宣統帝) 선통제
부의
12

溥傑 부걸

嵯峨浩 사가 히로

〈중국 청조 가계도〉
굵은 글자는 황제, 숫자는 대수

고, 죽은 고메이 천황을 애도하며 검소한 생활을 이어갔습니다(伊藤之雄『明治天皇』). 그러나 제1장에서 언급한 바와 같이, 중국에서는 생모의 지위가 일본보다 높다 보니 서태후와 동태후는 황태후로서 동격이었습니다. 이 때문에 두 사람 모두에게 권력이 있던 것입니다.

1874년[同治13] 동치제가 19세의 나이로 사망했습니다. 아이가 없었기 때문에, 서태후는 자신의 여동생의 아들이자 함풍제의 동생 순친왕(醇親王) 혁현(奕譞, 1840~1891)[10]의 아들인, 당시 4세의 순친왕 재첨(載湉)을 광서제[光緒帝, 1875~1908, 청나라 제11대 황제, 재위1875~1908]로 즉위시키고 수렴청정을 시작했습니다. 이때도 동태후는 서태후와 나란히 집정의 자리에 있었습니다.

큰 영향력을 가진 두 사람의 체제가 붕괴된 것은 1881년[光緒7] 동태후가 돌연 사망하면서부터입니다. 서태후가 독살했다는 설이 있지만, 진실은 제쳐둔다 하더라도 동태후의 갑작스러운 죽음으로 인하여 서태후가 눈에 띄게 권력을 장악하게 된 것은 확실합니다.

1889년[光緒15]에 서태후는 혼인한 광서제의 친정을 허락하고, 자신은 북경 교외에 있는 이궁 이화원(頤和园)으로 옮깁니다. 다만 이것은 어디까지나 명목상의 행동일 뿐 권력을 내려놓은 건 아니었습니다.

그 권력이 공공연히 드러난 것은 1894년부터 95년에 걸쳐 발발한 청일전쟁 때였습니다. 당시 서태후는 아무리 전황이 불리해져도 전쟁을 멈추려 하지 않았습니다. 승패가 거의 결정난 1895년 2월에 서태후를 배알한 한 지휘관은 "황태후의 서슬 시퍼런 분노는 표정과 말씀에도 드러났다. 태후 전하는 모든 수단을 다해 중국 병사의 사기를 재차 고무시키라 명하셨다. 무훈을 세운 자에게는 포상을 내리고, 겁내는 자는 벌하라는 군규(軍規)를 실행하라 하셨다. 최대한 노력하여 궁세(窮狀)를 극복하라고, 45분에 걸친 강한 어조의 유지(諭旨)가 이어졌다."라고 일기에 기록하고 있습니다. 그러나 일본 측의 강화조약을 거부하고 전쟁을 계속할 것을 주장한 사람은 조정에서 서태후뿐이었습니다(ユン·チアン『西太后秘録』下).

10 청나라 제8대 황세 도광제(道光帝)의 서자이며 제9대 황제 함풍제의 이복동생이다. 그의 아내는 서태후의 여동생이며 그녀 사이에서 낳은 두 번째 아들 재첨이 훗날 광서제가 되었고, 다섯째 아들 재풍(載灃)의 장남 부의[溥儀, 훗날 선통제(宣統帝)]가 청나라 마지막 황제가 되었다.

청일전쟁 후에 광서제가 급진적인 개혁을 진행하여 궁궐 안이 혼란에 빠지자, 서태후는 1898년[光緒24]에 '무술정변(戊戌政變)'[11]을 일으켜 광서제를 유폐하고 세 번째 수렴청정을 시작합니다. 이때 마침 베이징에 있던 이토 히로부미는 아내에게 보낸 편지에서 "(9월) 21일에 돌연 변동이 있어 황태후가 정사를 잡게 되었다. 이것은 지금 황제의 개혁이 너무 지나쳐서, 만사 일본에 비견하여 의복 등도 서양풍으로 바꾸려는 사전모의가 황태후의 귀에 들어가 큰 반대에 부딪혀 그리되었다고 한다. 또 일설에는 황태후를 끌어내리려는 계획을 세웠다고도 한다. 어느 것이 사실인지 지나(支那)의 일은 좀처럼 알 수 없다."라고 전하고 있습니다(『伊藤博文伝』下). '사전모의'란 미리 계획했다는 의미입니다. '지나(支那)의 일은 좀처럼 알 수 없다.'며 아내에게 본심을 드러낸 이토는 일본에서 이런 일은 결코 일어날 수 없다고 말하고 싶었는지도 모릅니다.

세 번째 수렴청정은 서태후가 1908년[光緒34]에 사망할 때까지 계속되었습니다. 서태후에 의한 수렴청정은 동치제 즉위 이래 47년에 걸쳐 단속적으로 이어졌습니다.

서태후는 광서제가 죽은 다음 날 사망했습니다.

그리고 죽기 직전에 후계자로 광서제의 동생 순친왕 재풍(載澧, 1883~1952)[12]의 아들 부의(溥儀)를 지명했습니다. 선통제[宣統帝, 1906~1967, 청나라 제12대 황제][13]로 즉위한 부의는 당시 만 2세로 이때는 드물게 부친이 섭정을 하게 됩니다.

그러나 1911년[宣統3]에 신해혁명(辛亥革命)[14]이 일어났고, 그 이듬해 선통제가 퇴위하면서 청조는 멸망했습니다. 여담이지만, 만 26세 때 '만주국(滿洲國)'의 집정이 되고 그로부터 2년 후에 다시 황제가 된 부의는 어린 나이에 모친을 여의었습니다. 그가 1935년[昭和10] 일본을 방문했을 때, 쇼와 천황의 생모인 사다코(節子) 황태후[1884~1951, 제123대 다이쇼 천황의 황후·제124대 쇼와 천황의 생모] 즉, 데이메이 황후에게서 '(돌아가신)모친'을 떠올리며 상당히 적극적으로 다가갑니다. 황태후도 마치 모친처럼 대했기 때문에, 부의는 완전히 마음을 빼앗기고 말았습니다.

부의의 사다코 황태후에 대한 과도한 애착과 중국의 전통적인 수렴청정의 역사를 아울러 생각해 보면, 과연 황제가 권력을 휘두르는 '모친' 밑에서 단순히 조종만 당하는 존재였을까 하는 의구심이 들기도 합니다. 게다가 실제로는 황제 역시 '모친'의 존재를 원하지 않았을까? 그리고 그것은 아무래도 어릴 때만

12 청나라 마지막 황제 부의의 아버지이다. 어린 아들을 대신해 섭정을 하였으나, 1911년에 신해혁명이 발발하여 섭정왕의 지위를 박탈당하였다.

13 청나라의 마지막 황제이며, 1908년 3살의 나이로 청의 12대 황제가 되었지만, 신해혁명으로 퇴위했다. 1934년 일본에 의해 만주국의 황제가 되었으나 일본의 패전으로 소련에 체포되었다가 중국으로 송환되었다.

14 1911년에 일어난 중국의 민주주의 혁명으로 손문(孫文, 쑨원)을 대총통으로 하는 중화민국이 탄생하였다.

15 조선 제26대 왕 고종의
아버지이다. 아들 고종의 즉
위로 조선 역사상 유일하게
왕의 자리에 오른 적이 없었
으면서 살아 있는 왕의 아버
지로 대원군에 봉해지고, 최
고의 권력을 휘두르는 섭정을
맡게 되었다.

그런 것이 아니었는가? 부의의 행동을 보면 그런 생
각이 들기도 합니다.

민비의 권력과 그 죽음

함풍제의 측비이자, 동치제의 생모였던 서태후가 중
국에서 권력을 장악하고 있던 시대, 조선에서는 고종
의 왕후이자 순종의 생모인 민비(명성황후)가 권력을
잡았습니다.

고종은 1863년[哲宗14]에 12세의 나이로 즉위합
니다. 4년 동안은 대왕대비인 신정왕후 조 씨가 수렴
청정을 했습니다. 이때 고종의 부친인 흥선대원군(興
宣大院君, 1820~1898)[15]도 수렴청정을 보좌한다는 명목으
로 섭정이 되었고, 수렴청정이 끝나자 점점 더 강한
권력을 가지게 되었습니다. 반면, 민비는 1873년[高宗
10]에 흥선대원군과 그를 추종하던 신하들을 실각시
키고 대신 외척인 여흥 민 씨(驪興閔氏) 일파를 고관직
에 임명했습니다. 이때 경기도 여흥[현재 여주시(驪州市)]
이 본관인 민 씨 일파가 실권을 장악한 것입니다.

이것은 19세기 전반에 순조의 왕후가 된 김조순
의 딸이 순원왕후가 된 것을 계기로 외척인 안동 김
씨가 실권을 장악한 세도정치의 재현을 의미했습니

다. 일본에서도 헤이안 시대에 천황의 외척인 후지와라 가문에 의한 섭관정치가 행해져, 후지와라노 센시나 아키코 등이 천황의 모친으로서 권력을 잡은 사례가 있었음은 이미 서술한 바 있습니다. 그렇지만 당시 최고 권력자는 후지와라노 미치나가와 요리미치와 같은 남성이었습니다. 그러나 이 시기 조선에서의 최고 권력자는 어디까지나 민비 본인이었습니다.

논픽션 작가 쓰노다 후사코(角田房子, 1914~2010)[16]는 민 씨 일파가 실권을 잡고 있던 시기에 멀리 유폐되어 있던 홍선대원군의 환궁을 요구하는 건백서(建白書)를 제출한 유생들에게 고종이 내린 처분에 대해 이렇게 서술하고 있습니다.

> 왕(고종)은 친히 건백서를 읽고 관료들에게 "불효자라 부르며 부자(父子) 사이를 갈라놓는, 용서할 수 없는 행위"라고 하며, 때때로 뒤편의 병풍을 돌아보면서 유생들에게 처분을 명했다. 병풍 뒤에는 왕의 발언을 돕고 인도하는 민비가 앉아 있다. 이것이 '고종 친정'의 실체임을 관료들은 이미 잘 알고 있었다. (『閔妃暗殺』)

이를 통해 민비가 고종을 흡사 나이 어린 국왕처

16 일본의 논픽션 작가이다. 본고에 제시된『민비 암살(閔妃暗殺)』에서 19세기 말 벌어진 국제관계사에서 유례없는 폭동으로, 한일관계에 여전히 어두운 그림자를 드리우는 '근원적 사건'의 진상을 파헤치고 있다.

17 '강화도조약' 이후 구식 군대에 대한 차별 대우와 일본 상인의 침투로 인한 농촌 경제의 파탄, 그리고 정부의 급격한 개화 정책의 추진에 대한 불만으로 개화 세력과 보수 세력의 대립이 격화되었다. 이런 와중에 구식 군인들은 그동안 밀린 급료가 지급되지 않자 불만이 폭발하게 되었다. 이를 계기로 구식 군인들이 봉기하여 일본 공사관을 공격하고, 민 씨 정권의 고관과 왕궁을 습격하여 그들을 몰아내면서 흥선대원군이 일시적으로 재집권하게 되었으며 청의 간섭이 심해졌다.

18 임오군란 이후 청에 의지하려는 보수파에 대해 불만을 품은 급진 개화파(김옥균, 박영효, 서광범, 홍영식, 서재필 등)가 일본의 힘을 빌려 일으킨 정변이다. 우정국 개설 축하연을 계기로 보수파의 우두머리를 죽이고 정권을 잡았으나, 청의 개입과 국민의 지지를 못 받아 3일 만에 실패하였다.

19 일본 공사 미우라 고로(三浦梧樓)가 주동이 되어 명성황후를 시해하고, 일본세력 강화를 획책한 정변이다.

20 일본은 '메이지유신'을 단행한 이후 1871년부터 1873년까지 약 1년 10개월 동안 특명전권대사인 이와쿠

럼 여기고, 사실상의 수렴청정을 했다는 것을 짐작해 볼 수 있습니다. 병풍이라고 묘사되어 있지만 보이지 않는 배후에 민비가 있어서 고종은 일일이 민비의 지도를 받으며 처분을 내리는 형태의 정치가 행해졌던 것입니다.

1874년[高宗11] 민비는 훗날 대한제국의 마지막 황제가 될 순종[1874~1926, 대한제국 제2대 황제, 재위 1907~1910]을 낳았습니다. 다만, 고종의 재위가 지속되고 있었기 때문에 서태후와 달리 민비가 순종의 모친으로서 권력을 잡는 일은 없었습니다. 민비는 1882년의 '임오군란(壬午軍亂)**17**'때 간신히 암살을 모면한 데 이어, 1884년 '갑신정변(甲申政變)**18**'에서도 곧바로 권력을 되찾는 등 몇 차례의 위기를 극복하며 대원군과의 불화 속에서도 권력을 이어 나갔습니다. 그러나 1895년 '을미사변(乙未事變)'**19**으로 결국 암살되었습니다.

구메 구니타케의 인식

1871년[明治4]부터 1873년[明治6]에 걸쳐 이와쿠라 사절단(岩倉使節團)**20**이 미국과 유럽을 방문했습니다. 이때 사절단의 일원이 되어 『미구회람실기(米欧回覧

258

実記)』전100권[全百卷, 五篇五冊]을 편수한 인물이 태정관소서기관(太政官少書記官) 구메 구니타케(久米邦武, 1839~1931)[21]였습니다. 구메는 제13권에서 미국에서 "가장 기괴하게 느낀 것은 남녀의 교제에 관한 것이다."라며 레이디 퍼스트의 관습을 구체적으로 소개한 후에 다음과 같이 서술합니다.

> 이는 서양에서는 대개 일반적인 풍습이나 미국과 영국에서는 특히 더하다. 영국은 여왕이 있어서 이 풍습이 더욱 강하고, 미국은 공화정치여서 남녀동권론이 두루 퍼져 있다. ……최근 미국에서는 부인에게 참정권을 주어야 한다는 논의가 있고, 어느 주(州)에서는 이미 실현되고 있다고 한다. 워싱턴(華盛頓府)에 사는 어느 의사는 실크채트를 쓰고 바지를 입는 등 남자 복장으로 돌아다녀 교양 있는 부인들의 빈축을 사기도 한다. 요컨대 남녀의 의무는 본디 다른 것이다. [여성이-역자 주] 국가방위의 책임을 다하지 못함도 분명하지 않은가. 동양의 가르침에서는 부인은 내치를 담당하고 바깥일은 하지 않는다. 남녀의 구별에는 자연의 섭리(條理)가 있다. 식자들은 이를 신중히 하여야 할 것이다. (『特命全權大使 米歐回覽實記』一)[22]

라 도모미(岩倉具視)를 주축으로 대규모의 사절단을 미국과 유럽에 파견하여 서양의 문명 현장을 시찰했다.

21 메이지 시대부터 쇼와 시대까지 활동한 역사학자이자 지리학자이다. 이와쿠라 사절단의 일원으로 서구 각지를 경험하였다. 이때 집필한 정부 보고서 『특명전권대사 미구회람실기』가 세계 인문지리서로 높은 평가를 받았다.

22 번역은 구메 구니타케, 『특명전권대사 미구회람실기』 1, 정애영 옮김, 소명출판, 2011. p.248 참조, 수정하였다.

구메는 워싱턴에 사는 여의사가 실크 모자를 쓰고 바지를 입은 남장차림의 모습으로 돌아다니다 교양 있는 부인들의 빈축을 산 일을 예로 들면서, 남녀가 완수해야 할 역할이 원래부터 다르다고 합니다. 더불어 여성이 국가방위에 관한 일에 책임을 질 수 없다는 것도 분명하다고 서술하고 있습니다. 그리고 동양의 가르침에는 여성이 집안을 다스리고 바깥일에 관여하지 않도록 하고 있고, 남녀의 구별에는 자연의 섭리가 있으니 식자는 이것을 신중히 고려해야 한다며 글을 끝맺고 있습니다.

이때 구메가 염두에 둔 것은 서양 대 동양이라는 대립의 도식이었습니다. 남녀동권이나 여성의 정치참여가 논의되고 있는 서양에 반해, 일본을 포함한 동양에서 여성은 집안에 머물고 정치는 오로지 남성의 일이라고 여기고 있습니다. 이러한 '섭리(攝理)'에 기인한 남녀의 구별을 무시해서는 안 된다는 것입니다. 구메의 이러한 동양관은 제1장 서두에서 언급한 대로 유교에서 비롯된 것임이 분명합니다.

그렇다면 동시대 중국이나 조선에서 행해진 서태후와 민비의 정치를 구메는 어떻게 인식하고 있을까요? 여기서 다시 한번 제1장에서 다룬 구메의 논문 「진구 황후와 한나라 여후」를 살펴볼 필요가 있습니다.

이 논문에서 구메는 중국과 조선에서 여성이 권력을 잡고 있는 것이 쇠운(衰運)의 끝처럼 보이지만, 다시 생각해보면 사회 가족의 첨모습은 언제나 이와 같다며 그 이유를 다음과 같이 서술합니다.

그 왕이 나이가 어려 모친에게 묻고 정사를 결재하는 것은, 그 방식의 여부를 떠나 가족을 지키고 나라를 지키는 데 있어 가족자연의 정리(情理)로

서 의심할 여지가 없는 일이다. 이미 정리(情理)가 당연하다고 한다면, 한걸음 더 나아가 그 왕이 어린아이가 아닐지라도 가사(家事)를 어머니나 처와 공모하여 처리하는 것도 이상할 것이 없는 일이다. 그렇다면 조선의 왕비가 발을 드리우고 항시 국왕의 정사를 찬양(贊襄)하고, 민 씨 일파의 기세가 음으로 양으로 나라를 뒤흔들 만한 힘이 있다는 것은 이상할 게 없다. (「神功皇后と漢の呂后」)

구메는 '가족자연의 정리(情理)'라는 표현을 사용하면서 『미구회람실기』에서 강조한 남녀의 구별보다도 가족이 공동으로 가사에 임하는 것을 중시하는 논의를 전개하고 있습니다. '섭리'보다 '정리'를 우선시한 것입니다. 이렇게 구메는 동양에도 서양과는 다른 원리에 의해 여성이 권력을 갖는 경우가 있음을 나타낸 것입니다.

그렇다면 동시대 일본은 이를 어떻게 인식하고 있을까요? 구메에 의하면 중국과 조선의 정치가 '체재가 없어(不体裁)' 보이는 것은, 일본이 '이미 가족 정치를 혁신하고 정부와 황실이 분리되어 있는 상황에서' 이웃나라를 보고 있기 때문이었습니다. 옛날에는 일본에서도 중국이나 조선과 마찬가지로 가족 정치가 이루어졌고 천황의 모친이나 아내가 정치에 개입하는 경우도 있었지만, 메이지유신 이후 근대화를 추진하며 내각(內閣) 제도를 창설하고, 궁내대신[宮内大臣, 1869년 태정관제 개혁에 따라 설치된 궁내성(宮内省)의 장관]이 내각에 부속되지 않도록 하여 '궁중(宮中)·부중(府中)의 분리' 즉, 황궁과 정부의 구별을 도모했기 때문에 그런 일은 더 이상 있을 수 없다고 생각한 것입니다.

여기서는 진보 사관에 입각하여 중국이나 조선을 뒤처진 나라로 여기는 『미구회람실기』에서는 볼 수 없던 시선을 느낄 수 있습니다. 서태후나 민비의 정치를 이해하는 것처럼 말하면서도, 그것은 일본에서 이미 과거의 일이라 간주함으로써 결과적으로 메이지 일본의 남성 권력을 정당화하고 있는 것입니다. 구메의 말에 따르면 메이지 이후의 천황제는 '중국화'를 진행하면서 동시에 '탈중국화'를 도모한 것일지도 모릅니다.

러일전쟁 당시 하루코 황후의 행보

만일 메이지 이후 일본에서 천황과 황후의 역할분담이 명확히 정해진 후, 구메 구니타케가 구상한 대로 '궁중과 부중의 분리'가 완전히 확립되었다면 황후가 정치에 개입할 여지는 전혀 없었을 것입니다. 정치학자 사카모토 가즈토(坂本一登, 1956~)[23]도 "황후는 천황과 달리 학문을 즐기고 당연히 황후 나름의 정치적 견해를 지니고 있었으리라 추정되지만, 황후가 정책을 요구하거나 현실 정치에 개입한 흔적은 없다. 오히려 1871년[明治4]의 〈궁중〉 개혁 이후, 후궁과 정치 간의 선을 긋는 원칙을 의식적으로 계속 유지하는 것

23 일본의 정치학자이다. 본서에 제시된 『이토 히로부미와 메이지 국가 형성(伊藤博文と明治國家形成)』에서 내각 제도를 창설하고, 메이지 헌법 제정에 힘쓴 이토 히로부미가 '궁중제도화'를 통해 천황의 권한을 분명히 하고 입헌제를 도입했음을 제시한다. 또한 거듭되는 정치적 위기를 극복하며 메이지 천황의 신뢰를 얻은 이토 히로부미의 업적을 논하였다.

262

처럼 보인다. 또한 후궁에서 일하는 다수의 여관을 큰 분쟁 없이, 즉 정치화하지 않고 지배한 점도 그 어려움을 생각할 때 간과할 수 없다."(『伊藤博文と明治國家形成』)라고 말합니다.

천황은 군사지휘자로 육해군을 통솔한 데 반해, 황후는 병원을 위문하는 등 '후방의 방비(銃後の守り)'에 투철하게 된 것도 메이지 이후에 만들어진 천황과 황후의 역할분담 중 하나였습니다. 실제로 청일전쟁 당시 즉, 1895년[明治28] 2월에 황후는 도쿄 육군예비병원을 방문합니다. 3월에는 히로시마 육군예비병원과 구레진주후(呉鎮守府) 병원[24]을 찾는 등, 천황의 뒤에서 전쟁 부상자 위문에 철저히 노력했습니다(『昭憲皇太后實錄』上). 앞서 언급한 동시대의 서태후와는 확실히 대조적인 모습입니다. 그러나 러일전쟁 때에는 이와는 또 달랐습니다.

1904년[明治37] 2월 4일, 어전회의(御前會議)에서 러일전쟁 개전이 결정되었습니다. 그날 밤과 6일, 두 차례에 걸쳐 추밀원(樞密院)[25] 의장 이토 히로부미는 대미 공작을 위해, 시어도어 루즈벨트(Theodore Roosevelt) 대통령[1858~1919, 미국의 제26대 대통령, 재위1901~1909]과 안면이 있던 가네코 겐타로(金子堅太郎, 1853~1942)[26]에게 미국을 방문할 것을 요청했습니다. 가네코는 이를

24 메이지 시대 해군방위력을 높이기 위해 일본 국내에 4곳의 군항도시가 탄생했다. 진주후는 군항의 해군 본거지를 의미하며 구레진주후는 히로시마현 구레시에 위치했다.

25 1888년에 메이지헌법 초안 심의를 위해 설치된 기관으로 헌법이 제정된 이후에는 천황의 자문기관으로 자리 잡았다.

26 메이지 시대 정치가로서 법무대신과 추밀고문관을 지냈다.

27 일본의 역사학자이며 일본근대사·근대천황제를 연구하고 있다. 본서에 제시된 『황후의 근대(皇后の近代)』에서 근대화라는 격동의 시대 가운데 황후가 완수한 역할이란 무엇인지 하루코(美子) 황후·사다코(節子) 황후·나가코(良子) 황후의 발자취를 통해 제시하고 있다.

받아들여 13일에 하야마[葉山, 가나가와현(神奈川県)에 위치]에 위치한 자신의 별장에 있던 가족에게 이 사실을 알리기 위해 떠났는데, 다음날인 14일 역시 하야마의 황실 별장(御用邸)에 머물고 있던 하루코 황후가 돌연 가네코의 별장을 방문했습니다. 『쇼켄황태후실록(昭憲皇太后實錄)』에서는 그날의 일을 이렇게 쓰고 있습니다.

> 오전 10시 30분, 문을 나서 해안을 따라 운동하신 후 가네코 겐타로 남작의 별장에 납시어 겐타로 부부와 그의 모친으로부터 알현을 받으시고 정오 무렵 귀가하셨다. 그 이후 보답으로 겐타로를 황실 별장에 초대하시어 겐타로에게 하카마(袴)용 옷감 한 필, 처에게는 몬오메시(紋御召) 한 필을 하사하시고 또 그의 모친과 자녀들에게도 각각 물품을 하사하셨다.

이때 하루코 황후는 가네코에게 "그 용무가 무엇인지 잘 알지 못한다네. 하지만 상당히 중요한 업무이리라 짐작하오. 아무쪼록 국가를 위해 노력해주기 바라는 마음을 전하기 위해 방문하였소."라고 말했다고 합니다. 역사학자 가타노 마사코(片野真佐子, 1949~)[27]는 황후가 이토 히로부미의 건의로 가네코를 만났으며, 황후는 가네코에게 주어진 사명을 숙지하

고 있었을 것이라고 추측합니다(『皇后の近代』).

잘 알려진 바와 같이, 러일전쟁이 최종적으로 미국의 중재에 의해 일본의 승리로 끝났음을 생각해 보면 가네코가 맡은 역할은 실로 큰 것이었습니다. 그렇게 본다면, 개전이 결정된 직후 각별히 가네코의 거처를 방문하여 직접 격려의 말을 전한 황후의 역할도 작다고는 할 수 없을 것입니다.

러일전쟁이 시작되자 황후는 병원을 방문하여 전쟁 부상자를 위문했습니다. 그뿐만 아니라, 천황과 함께 전장에서 돌아온 군인이나 참모본부 관계자를 만나 전황을 보고 받았습니다. 앞서 언급한 『쇼켄황태후실록』하권에 의하면 황후는 1904년[明治37]에서 1905년에 걸쳐 육군대장 후시미노미야 사다나루(伏見宮貞愛, 1858~1923) 친왕과 하세가와 요시미치(長谷川好道, 1850~1924), 니시 간지로(西寬二郎, 1846~1912), 가와무라 가게아키(川村景明, 1850~1926), 육군중장 간인노미야 고토히토(閑院宮載仁, 1865~1945) 친왕, 육군소장 하라구치 겐사이(原口兼濟, 1847~1919), 육군기병소위 기타시라카와노미야 쓰네히사오(北白川宮恒久王, 1887~1923), 만주군 총참모장 고다마 겐타로(児玉源太郎, 1852~1906), 연합함대사령장관 해군대장 도고 헤이하치로(東郷平八郎, 1848~1934), 제3함대사령장관 해군중위 가타오카 시치로(片岡七郎, 1854~1920), 해군중좌 아리마 료기쓰(有馬良橘, 1861~1944), 해군소좌 야마시나노미야 기쿠마로오(山階宮菊麿王, 1873~1908), 육군참모본부차장 나가오카 가이시(長岡外史, 1858~1933), 해군군령부장 이주인 고로(伊集院五郎, 1852~1921) 등을 궁전의 은밀한(內儀) 알현소에서 만난 사실을 확인할 수 있습니다. 그 횟수는 이후에 다룰 중일전쟁이나 태평양전쟁 시기의 사다

28 러일전쟁 직후인 1905년
9월 5일에 러일전쟁의 배상
에 대한 불만을 토로하는 집
회 중에 일어난 폭동이다. 폭
동 수습 후에도 일본 국민의
반발이 그치지 않자, 1906년
가쓰라 내각(桂內閣)은 총사
퇴하였다.

29 일본의 군인이자 정치가
이며, 제11·13·15대 내각총
리대신을 지냈다.

코 황태후[貞明皇后, 데이메이 황후]와 비교하면 결코 많지
는 않았지만, 전장에서 돌아온 군인에게는 반드시 은
으로 된 담뱃갑이나 은잔 또는 '만나료(万那料)'라 불리
는 사례금을 하사했습니다.

그 가운데 간인노미야 고토히토 친왕을 만났을
때처럼, 황후는 컨디션이 좋지 않은 천황을 대신해서
사람들을 만나는 경우도 있었습니다. 이처럼 황후는
천황과 군사적인 정보를 어느 정도 공유하고 있었을
뿐 아니라, 천황에 버금가는 역할을 수행하기도 했던
겁니다. 그만큼 이 전쟁의 중요성을 잘 이해하고 있
었다는 뜻인지도 모릅니다.

메이지에서 다이쇼 시대로

러일전쟁은 일본의 승리로 끝났지만, 러시아로부터
전쟁 배상금을 받지 못한 것에 분개한 군중은 '히비
야(日比谷) 방화폭동 사건'[28]을 일으켰습니다. 그들은
수상이었던 가쓰라 다로(桂太郎, 1901~1906)[29]의 사택과
수상관저뿐 아니라 그의 애첩이었던 예기(藝妓) 오코
이[お鯉, 안도 데루(安藤照)]의 집도 습격했습니다. 그 정도
로 가쓰라와 오코이의 관계는 잘 알려져 있었습니다.
수상관저에는 '오코이 전용문'까지 만들어져 있었는

데, 그렇다고 오코이가 권력을 휘두른 것은 아니었습니다(松本清張『對談 昭和史発掘』).

당시 가쓰라는 50대의 백작(伯爵)이었습니다. 50대 화족(華族)[30] 남성에게 첩이 있다는 것은 드문 일이 아니었으며 사회에서도 널리 용인되었습니다(森岡清美『華族社会の「家」戦略』). 즉, 천황가나 화족들은 일부일처다첩제를 유지하고 있었던 것입니다.

러일전쟁 이후 하루코 황후는 매년 1월부터 4월까지 도쿄를 떠나, 홀로 시즈오카 현(静岡県) 누마즈(沼津)의 황실 별장(御用邸)에서 체류했습니다(『昭憲皇太后實錄』下). 숙박을 위해 황실 별장을 이용한 적이 단 한 번도 없었던 메이지 천황과는 대조적인 행동이었습니다. 어쩌면 일본의 운명을 가를 전쟁이 승리로 끝나면서 자신의 정치적 역할은 이미 다했다고 생각했는지도 모릅니다.

1912년[明治45] 7월 19일, 천황의 몸 상태가 갑자기 나빠졌습니다. 7월 26일, 시종장 도쿠다이지 사네쓰네(徳大寺実則, 1840~1919)[31]가 황후를 만납니다.

사네쓰네가 아뢰길, 천황의 병환(御不予)이 오랫동안 지속되어 황태자 요시히토(嘉仁) 친왕이 국정을 보게 될 때는 황후와 [후시미노미야(伏見宮)]사다나루(貞愛)

30 1869년부터 1947년까지 존재한 근대 일본의 귀족제도 및 이 제도에 기반한 귀족을 말한다. '메이지유신' 이후 사회체제가 변화하면서 에도 시대에 존재했던 공가(公家, 구게)와 대명(大名, 다이묘) 출신인 구 귀족계급들에게 상실했던 특권의 자리를 부여하기 위해 만들어진 새로운 신분계급이다. 여기서 화족령(華族令) 제정과 동시에 국가에 공헌한 업적에 의해 작위가 수작되는 훈공화족(勲功華族)이 제정되었다.

31 에도 시대 말기부터 메이지 시대의 공경, 궁내경(宮内卿), 메이지 천황의 시종장(侍従長)을 지냈다.

32 일본의 정치인이자 교육
자이다. 제12·14대 내각총리
대신이었으며 다이쇼 천황과
쇼와 천황을 보필했다.

33 일본 육군 원수이자 제
3·9대 내각총리대신이었으
며, 일본 의회제도 체제 아래
최초의 총리이다.

34 1900년에 결성된 일본의
정당으로 40년에 걸쳐 근대
일본정치사에 중요한 위치를
차지했다.

친왕과 함께 보좌할 것, 그리고 기회를 보아 이 뜻(旨)
을 천황께 주청할 것을 아룁니다. 덧붙여서 이상의
말씀은 사네쓰네가 미리 내각총리대신 후작 사이온
지 긴모치(西園寺公望, 1849~1940)[32] 및 추밀원 의장인 공
작 야마가타 아리토모(山縣有朋, 1838~1922)[33]와 함께 모
의하여 이러한 공동의 뜻을 얻게 된 것입니다. (『昭憲皇
太后實錄』下)

이 당시는 입헌정우회(立憲政友會)[34]의 총재 사이
온지 긴모치를 수상으로 하는 제2차 사이온지 내각
시대였습니다. '만약 메이지 천황의 '병환(御不予)'이
오래 이어져서 황태자가 천황을 대행해야 할 때는 황
후가 후시미노미야 사다나루 친왕과 함께 요시히토
황태자[嘉仁, 훗날 다이쇼 천황]를 보좌할 것을 천황에게
요청하고 싶다. 이미 사이온지와 야마가타의 동의도
얻었다.'고 도쿠다이지가 황후에게 말하고 있는 상황
입니다.

정치적으로 미숙한 황태자에게 천황의 대행을
맡기는 것이 너무나 불안하여, 러일전쟁 당시 하루코
황후의 행동을 높게 평가하고 있던 사이온지와 야마
가타가 황후에게 황태자의 후견인이 되어줄 것을 제
안했던 겁니다. 이 둘은 하나는 정당의 총재, 또 한 명

은 번벌[藩閥, 메이지유신 이후에 유력한 번(藩)의 출신자가 정부 요직을 점령하여 결성한 정치적 파벌]과 관료의 총수였기 때문에 정치적으로 대립하고 있었지만, 황태자를 몹시도 불안하게 여기고 있었다는 점에서는 같은 입장이었습니다.

그런데 사태가 급격하게 전개됩니다. 메이지 천황이 7월 29일 심야에 사망하고[발표된 사망시각은 7월 30일 오전 0시 43분] 요시히토 황태자가 천황이 되었기 때문입니다. 동시에 사다코 황태자비는 황후가, 하루코 황후는 황태후가 되었습니다. 새로운 천황에게 '정사에 관해 진지하게 말씀드릴 필요가 있다.'고 판단한 사이온지는 7월 30일 밤에 야마가타 아리토모와 함께 천황을 방문했습니다(原奎一郎編『原敬日記』第四卷).

이때 사이온지는 메이지 천황의 뒤를 잇는 새로운 천황이 갖추어야 할 태도에 대해 "충분히 고언(苦言)을 아뢰었다."라고 하고, 천황 역시 "충분히 주의하겠다."라고 대답했다고 합니다(『原敬日記』第四卷). 그러나 다음 날 31일에 열린 '조현의식[朝見の儀, 천황이 즉위 시 군신에게 칙어를 내리는 의식]'에서 새로운 천황의 태도를 전해 들은 해군차관 다카라베 다케시(財部彪, 1867~1949)는 일기에 이렇고 적고 있습니다.

> 조현(朝見) 때 천황폐하의 침착하지 못하신 태도는 목하 비통한 경우도 있음을 아뢰면서, 어제의 태도에 관해서는 하염없이 눈물을 흘리는 노신(老臣)[고메다 도라오(米田虎雄), 시종장과 같음)도 있었다고 한다.

메이지 천황과는 대조적인 새로운 천황의 침착하지 못한 모습은 메이지 천황을 잘 알고 있는 사람에게는 '하염없이 눈물을 흘릴' 만한 상황이었던 것입니다.

메이지 천황의 유훈을 지킨 하루코 황태후

한편 하루코 황태후는 사이온지나 야마가타의 생각과 달리, 자신과 같은 천황의 '모친'이 아니라, 아무래도 수상 자신이 천황을 보좌해야 한다고 생각했습니다. 8월 13일, 내무대신 하라 다카시(原敬, 1856~1921)는 "사이온지 수상의 말에 따르면 황태후께서 수상에게 폐하는 아직 정치에 경험도 없으니 충분히 보좌하라는 선지(宣旨)를 내렸다고 한다."라고 전합니다(『原敬日記』第三卷).

제2차 사이온지 내각은 육군의 두 개 사단의 증설 문제를 둘러싸고 육군과 충돌하여 12월 5일에 총사직합니다. 시종장 가쓰라 다로는 천황의 간곡한 말씀(優諚)이 있었고, 이를 무시할 수 없었기에 12월 21일에 제3차 가쓰라 내각을 성립시켰습니다. 자신의 권력욕을 채우기 위해 정치적으로 미숙한 천황을 이용한 듯한 가쓰라의 움직임에 '궁중·부중의 분리'를 문란케 한다는 비난이 쏟아져, 제1차 헌정옹호(憲政擁護) 운동35이 일어난 사실은 잘 알려져 있습니다.

당연히 가쓰라에게 사이온지와 하라 다카시도 반발했습니다. 그것은 동시에 메이지 천황과 달리 정치적으로 미숙한 다이쇼 천황에 대한 불안감이 일찍이 적중했음을 의미했습니다. 천황이 가쓰라를 비롯한 새로운 내각의 각료 그리고 사이온지를 만난 12월 21일의 황태후의 움직임을 『쇼켄황태후실록』의 동일자(同日) 조목에서 찾아보면 이렇습니다.

36 메이지 시기부터 존재했던 일본의 중앙행정 기관 중 하나로 국가의 재무, 통화, 금융, 외환 등에 관한 행정사무 및 조폐사업을 담당한 기관인 대장성(大蔵省)의 장관에 해당하는 직책이다.

이날, 내각의 경질로 인하여 신임 내각총리대신 겸 외무대신 공작 가쓰라 다로, 내무대신 자작(子爵) 오우라 가네다케(大浦兼武, 1850~1918), 체신대신(逓信大臣) 겸 철도원 총재 남작 고토 신페이(後藤新平, 1857~1929), 육군대신 남작 기고시 야스쓰나(木越安綱, 1854~1932), 문부대신 시바타 가몬(柴田家門, 1863~1919), 대장대신(大蔵大臣)[36] 와카쓰키 레이지로(若槻礼次郎, 1866~1949), 사법대신 마쓰무로 이타스(松室致, 1852~1931), 농상무대신(農商務大臣) 나카쇼지 렌(仲小路廉, 1866~1924) 및 유임의 해군대신 남작 사이토 마코토(斎藤実, 1858~1936)와 기존의 총리대신 후작 사이온지 긴모치를 알현했다. (『昭憲皇太后實錄』下)

황태후는 천황 알현을 막 마친 가쓰라 내각의 각

료와 사이온지를 만난 것입니다. 그 배후에 사이온지와 야마가타를 비롯한 천황에 대한 불안감을 공유하고 있던 정부관계자가 있었다는 사실은 상상하기 어렵지 않습니다. 그러나 다음날인 12월 22일자 하라 다카시의 일기에는『쇼켄황태후실록』에 수록되어 있지 않은 황태후의 발언이 기록되어 있습니다.

> 이번 경질의 사정에 대해 황후, 황태후 양 폐하에게 소상히 아뢰는 것에 가쓰라도 이의 없다고 하여, 가까운 시일 안에 마땅히 아뢸 것이라고 사이온지는 말했다. 또한 황태후 폐하의 일에 대한 사이온지의 비공식적인 말(內話)에 의하면 선선대 천황의 붕어 시에 야마가타, 사이온지 등이 협의 끝에 황태후 폐하께서 차분히 새 천황에게 말씀을 하실 때 아뢰올 작정으로 시종장 도쿠다이지(사네쓰네)에게 이 일을 아뢰게 하니, 황태후 폐하에게 그것은 정사를 행하는 일처럼 생각되어 이를 꺼리시었다. 선제(先帝)의 계(戒)에 여자는 정사에 간섭(容喙)해서는 안 된다고 하니 이를 지키고 싶고, 그 이외의 것이라면 무엇이든 마음이 닿는 일은 새 천황에게 말씀 드리겠다고 하셨다. 예부터 현명한 부인이라 함은 참으로 이와 같은 분을 일컫는가 싶었다고 하니, 황공하기 짝이 없다. (『原敬日記』第三卷)

메이지 천황의 병세가 악화되면서 부상한 하루코 황태후에게 다이쇼 천황의 후견을 해달라는 사이온지와 야마가타의 제안에 대해 황태후는 '여자는 정사에 간섭해서는 안 된다.'는 메이지 천황의 유훈을 받들어 거절한 것입니다. 정치에 관계된 일이 아니라면 무엇이든 천황에게 전하겠지만, 정치에 관여할 생각은 추호도 없다는 뜻입니다.

여기에서 메이지 천황의 여성관과 그것을 완고히 지키고자 하는 하루코 황태후의 여성관을 모두 확인할 수 있습니다. 정치학자 세키구치 스미코가 지적하는 바와 같이, 황태후는 중국의 대표적인 여훈서(女訓書)인 『여사서(女四書)』의 「내훈(內訓)」을 즐겨 읽었는데(『御一新とジェンダー』), 부인은 '군(君)'을 섬기는 자'로서 '현명(賢)'해야 한다는 이 책의 가르침을 스스로 실천한 것입니다.

황태후의 말을 들은 사이온지는 '예부터 현명한 부인이라 함은 참으로 이와 같은 분을 일컫는가!'라며 감탄합니다. 프랑스에서 10년간 유학하고, 나카에 조민(中江兆民, 1847~1901)[37]처럼 급진적인 사상을 가지고 있던 사이온지조차 자신의 생각을 단박에 번복하며 황태후를 '예부터 현명한 부인'으로 추어올린 것입니다. 이때 보인 황태후의 태도는 사이온지가 쇼와 초기에 원로로서 권력을 잡았을 때 사다코 황태후를 부정적으로 보게 되는 데에 영향을 미쳤을 것이라 생각됩니다.

사이온지가 '가까운 시일 안에 마땅히 아뢸 것'이라고 말했음에도 불구하고, 가쓰라가 황태후를 만나 경질의 사정을 이야기하지는 않았습니다. 황태

37 일본의 정치가·사상가이다. 《동양자유신문(東洋自由新聞)》의 주필을 지냈다. 프랑스식 민권사상의 보급과 정부를 공격하는 데 앞장섰다.

후가 가쓰라 내각의 각료와 만난 것은 한 차례뿐으로 1913년[大正2] 1월 12일부터는 다시 누마즈의 황실 별장에 가서 7월 21일까지 도쿄로 돌아오지 않았기 때문입니다. 황태후의 이러한 행보에는 '미숙'하다고 여겨지는 다이쇼 천황의 정치적 성장을 염원하는 적모(嫡母) 나름의 생각이 있었는지도 모르겠습니다.

만들어지는 쇼켄 황태후의 현모양처상

1914년[大正3] 4월 9일[공식적으로는 11일] 하루코 황태후가 사망하고 5월 24일에 발인식[斂葬の儀, 렌소]³⁸이 열려, 궁내대신 하타노 요시나오(波多野敬直, 1850~1922)³⁹가 뇌시(誄詩)를 읽었습니다. 뇌시는 고인의 공덕을 칭송하는 글입니다.

> 음정(陰政)을 조화롭게 다스려(燮理) 성덕을 이루어 문예·미술·박애·자선 사업은 모두 황태후의 비호를 입지 않은 것이 없다. 깊은 인애와 두터운 은택(深仁厚澤)으로 내조의 공이 참으로 많다. 선제(先帝)를 받들어 모시는 일에 정숙(貞淑) 온순(溫順)함으로 부도(婦道)의 귀감을 이루었다. 황자녀(皇子女)를 돌보아 기르심에 공근자애(恭謹慈愛)함은 모의(母儀)의 전형이라 할 수 있다. (『昭憲皇太后實錄』下)

'음정을 조화롭게 다스린다.'는 뜻은 음지에서 천황을 지지한다는 것입니다. 또한, '성덕을 이룸'은 천황의 덕을 돕는다는 뜻입니다. 말하자면 바로 뒤에 나오는 '내조의 공'과 같은 의미입니다. '선제를 받들어 모시는 일에 정숙 온순함'은 천황을 일편단심으로 따르며 정숙하게 순종하는 아내의 태도를 일관해 온 것으로 부인의 귀감이라 칭송하고 또한 자녀들을 양육하는 일을 어머니의 모델로서 칭찬하고 있습니다. 이것은 은연중에 중국의 서태후나 조선의 민비와는 달리 유교도덕에 충실한 모범적인 아내이자 어머니라는 뉘앙스가 내포되어 있는 것으로 보입니다.

당시 메이지 천황을 제신(祭神)으로 모시는 신사를 요요기[代々木, 도쿄의 시부야구 북동쪽]에 건설하기로 결정하였습니다. 지금의 메이지신궁(明治神宮)입니다. 황태후는 사후에 쇼켄 황태후라는 칭호를 받고 메이지 천황과 합사하기로 하였습니다. 이는 곧 메이지 천황과 함께 메이지신궁의 제신이 되는 것을 의미합니다. 두 사람은 천황과 황후의 역할을 이상적으로 체현한 '한 쌍의 부부'로서 칭송받게 되었습니다. 메이지신궁이 창설된 것은 1920년[大正9] 11월의 일이었습니다.

이상적인 부부로 칭송받은 또 다른 한 쌍이 있습니다. 이는 메이지 천황이 죽자 따라서 자결한 노기 마레스케(乃木希典, 1849~1912)[40]와 시즈코(静子, 1859~1912) 부부입니다. 시즈코 또한 "항상 장군의 뜻

38 일본 황족의 장례 의식이다. 일반의 본장(本葬)에 해당하는 의식으로 '고별식(葬場の儀)'과 '납골·매장 의식(墓所の儀)'으로 구성되어 있다.

39 메이지 시대와 다이쇼 시대의 법조인, 관료, 정치가이다. 사법대신과 궁내대신 등을 지냈다.

40 러일전쟁에서 활약한 일본의 육군 군인이다. 1912년 자신이 섬기던 메이지 천황이 죽자 부인과 함께 자결하였다.

을 명심하여 충효·검소·인애의 마음이 두텁고, 내조의 공을 다하여 아내로서 남편을 따라 자결하였다."(『乃木神社由緒記』)라며 칭송 받았습니다. 1919년[大正8]에는 노기가 살던 집과 가까운 곳에 노기 부부를 제신으로 하는 노기신사(乃木神社)의 창건 허가가 내려져, 메이지신궁 창건 뒤에 조궁사업이 이루어졌습니다. 1923년[大正12]에 제신을 들이는 진좌제(鎭座祭)가 거행되었습니다.

또한, 노기는 자결하기 3일전, 황태자가 된 히로히토(裕仁) 친왕[훗날 쇼와 천황]에게 야마가 소코의 『중조사실』을 헌상했습니다. 제4장에서 언급했듯이 『중조사실』에서는 황후를 제대로 옹립하지 못하면 수렴청정이 이루어질 것이라고 경고하고 있습니다. 노기에게는 황후가 된 사다코에 대한 일말의 불안감이 있었던 것으로 보입니다(原武史『皇后考』).

다이쇼 후기에 도쿄에 메이지신궁과 노기신사가 세워진 것은 이 시대의 여성관을 잘 보여준다고 할 수 있습니다. 쇼켄 황태후는 군사에 적잖이 관심을 가지고 러일전쟁 당시에 정치적 역할을 수행했던 것이 확실하지만, 그녀가 죽고 나서 정식화된 이미지에는 그런 모습은 없습니다. 물론 쇼켄 황태후 자신도 메이지 천황 사후, 적극적으로 그 유훈을 지켜 정숙한 미망인(未亡人)의 모습을 발전시키며 실천한 측면도 있을 겁니다.

남편을 애써 보필하고 자녀들을 자애롭게 양육하는 현모양처의 이미지는 당시 여성 교육에서 강조된 여성상이기도 했습니다. 다만 뒤를 이은 다이쇼, 쇼와 시기의 황실에서도 쇼켄 황태후의 현모양처상이 충실히 답습되었는가 하면 또 그렇지는 않습니다. 그 계기가 된 것은 다이쇼 천황의 병환이었습니다.

276

다이쇼 천황의 병환과 데이메이 황후

앞서 언급했듯이, 메이지 시대에는 아직 황실에서도 일부일처다첩제가 지켜져 다이쇼 천황 역시 측실에게서 태어났습니다. 황실에서 일부일처제가 확립된 것은 다이쇼 천황 때부터였습니다. 그것은 동시에 황후인 사다코의 존재감을 높이는 것으로 이어졌을 뿐 아니라, 다이쇼 천황이 병을 얻은 것을 계기로 황후가 '기원(祈)'의 주체로서 한층 부상하는 것을 의미했습니다.

다이쇼 천황은 천황에 오르면서 메이지 천황과는 다른 스타일을 구축하려고 했습니다. 그러나 자신의 뜻과 다르게, 메이지 천황과 똑같은 태도를 강요당한 일도 많았습니다. 그래서인지 천황은 다시 건강을 잃고, 하야마나 닛코의 다모자와(日光田母沢) 황실 별장에서 장기 체류를 하는 일이 늘었습니다. 하지만 천황의 건강은 회복되지 않았습니다. 1919년[大正8]에는 수상 하라 다카시가 처음으로 천황의 병환이 "뇌 쪽에 어떤 실환의 기미가 있는 것 같다."는 사실을 알고 아연실색했습니다(『原敬日記』第五卷).

결국, 천황은 1921년[大正10] 11월 25일, 구황실전범 제19조 '천황이 오래도록 고장(故障)에 의해 대정(大政)을 친히 행할 수 없을 때는 황족회의 및 추밀고문의 회의를 거쳐 섭정을 둔다.'는 규정에 따라 은퇴하고, 제20조 '섭정은 성년에 달한 황태자 또는 황태손을 임명한다.'에 따라 히로히토 황태자가 섭정이 됩니다. 일본 역사에서 드물게 '아들'이 '부친'을 대신해 권력을 잡은 겁니다. 그러나 이때 주의해야 할 점은 히로히토 황태자의 모친 사다코 황후[데이메이 황후]가 계속해서 황후의 자리에 머물렸다는 것입니다.

황후는 1921년 3월부터 있을 황태자의 유럽 방문을 반대했습니다. 황태자는 같은 해 9월에 귀국하여 생활양식을 완전히 서양식으로 개혁해 버립니다. 서양식 주택에 거주하고 테이블과 의자를 사용하는 입식 생활을 시작한 것입니다. 그리고 섭정이 되자 여관제도 개혁에 나섰습니다. 일부일처제가 확립된 영국의 왕실에 깊은 인상을 받은 황태자는 측실 제도의 잔재인 후궁을 없애려 한 것입니다.

사다코 황후는 1922년[大正11] 3월, 진구 황후를 모시는 후쿠오카현 가시이궁을 참배하여 다이쇼 천황의 건강회복을 기원했습니다. 사다코에게 있어서 삼한정벌을 이룬 진구 황후는 고묘 황후와 함께 모델로 삼을 만한 황후였던 것입니다. 애초에 황후가 단독으로 규슈를 방문하는 일 자체가, 진구 황후 이래 처음 있는 일이라고 알려져 있습니다. 가시이궁에서 사다코는 진구 황후의 영령과 일체가 된 것을 와카(和歌)[41]로 읊고 있습니다. (『皇后考』)

한편 사다코 황후는 섭정, 즉 사실상의 천황이 되었으면서도 서양식의 생활양식을 바꾸지 않고, 여관제도를 개혁하려는 히로히토 황태자의 태도에 불만이 커져 갔습니다. 황후의 입장에서 생각해보면, 서

278

양풍의 생활에 익숙해져서 정좌를 하지 못하게 되면 제사를 지낼 수 없고, 게다가 궁중에 기거하는 여관은 궁중의 제사를 유지하기 위해 필요한 존재인데 이를 개혁한다는 것은 마치 제사를 경시하는 것처럼 보였기 때문입니다. 제사를 둘러싸고 모자(母子)간, 즉 데이메이 황후와 쇼와천황 사이의 반목이 이때부터 시작되어 1945년 8월 전쟁에서 일본이 패배할 때까지 계속 이어지게 됩니다.

42 일본의 정치인이다. 제 1차 야마가타 내각에서는 외무대신에 임명되었으며 1919년에는 파리강화회의에 일본의 전권대사로 참석하였다. 또한 1921년에는 궁내대신이 되었다.

히로히토 황태자와 신상제

1922년[大正11] 11월 23일은 히로히토 황태자가 섭정이 되고 처음으로 거행해야 하는 신상제[新嘗祭, 천황이 햇곡식을 천지신에게 바치고 친히 그것을 먹기도 하는 궁중제사]가 있는 날이었습니다. 황태자는 시코쿠(四國)에서 시행하는 육군특별대연습[陸軍特別大演習, 구육군에서 천황 총람 하에 매해 1회씩 여는 대규모의 연습을 지칭]과 지방시찰의 일정이 겹쳐서 신상제를 본인이 거행하지 않기로 하는데, 이것이 사다코 황후의 노여움을 사게 됩니다.

신상제가 있기 2개월 전인 1922년 9월 22일, 당시 궁내대신이었던 마키노 노부아키(牧野伸顕, 1061~1949)[42]는 황후에게 황태자가 신상제를 거행하지

않을 것이라는 사실을 전했습니다. 그때 황후는 다음
과 같이 쓴소리를 했다고 마키노의 일기에 기록되어
있습니다.

> 전하께서는 정좌(正坐)[43]를 하실 수 없기 때문에 사실
> 상 신상제는 불가능하니, 금후에는 아무쪼록 연습을
> 하시어 정좌가 가능하도록 하시길 바라옵니다. 작년
> 부터 특히 그와 같은 책무에 태만한 모습을 보이시
> 니, 차후에는 어떻게든 자발적으로 마음을 갖추시어
> 형식적이지 아니하고 진심으로 본분을 다하셔야 함
> 을 부디 자각하시길 소망하노라고 말씀하셨다. (伊藤隆
> ほか編『牧野伸顕日記』)

황태자는 정좌를 하지 못한다고 하니 저녁과 새
벽에 두 시간씩 두 번, 모두 4시간이나 정좌를 한 채
제사를 지내야 하는 신상제는 사실상 불가능해 보입
니다. 따라서 앞으로는 연습을 해서 정좌를 할 수 있
도록 할 뿐 아니라 '진심으로 본분을 다하셔야 함'을,
즉 마음으로부터 신에게 기도할 수 있도록 하라는 상
당히 혹독한 주문을 하고 있습니다.

황후로서는 황태자가 신상제를 거행하지 않는
것이 중대한 문제였습니다. 당시 황태자는 구니노미

280

야 나가코[久邇宮良子, 훗날의 고준(香淳) 황후, 1903~2000, 제124대 쇼와 천황의 황후]와 결혼을 앞두고 있었는데, 황후는 황태자가 신상제를 지내지 않으면 결혼을 허락하지 않겠다고 말합니다. 몹시 가혹한 조건을 내건 것입니다.

『쇼와천황실록』제3권에 의하면, 황태자는 결혼 반년 전인 1923년[大正12] 5월부터 '신상제 습례(習禮)' 즉, 정좌를 포함한 제례 올리는 연습을 시작했음을 알 수 있습니다. 그리고 간신히 그해의 신상제를 완수하고 무사히 결혼에 이르게 됩니다.

진구 황후를 천황으로 인정해야 할까

1923년은 9월에 관동대지신이 일어난 채이기도 합니다. 사다코 황후는 지진 재해를 '신의 간언(神のいさめ)'이라고 이해하는 와카를 읊는 한편, 궁내성 순회진료반(巡廻救療班)을 만들어 피해자의 구호를 담당하게 하는 등 천황을 대신해 존재감을 드러냈습니다.

황후는 다음 해 2월부터 5월까지 도쿄제국대학 교수이자 법학자인 가케이 가쓰히코(筧克彦, 1872~1961)[44]로부터 '신의 길(神ながらの道)', 이른바 고신도(古神道)[45]에 대해 10회에 걸쳐 강의를 듣습니다(『貞明皇后

實錄』大正13年2月26日條). 또한, 가케이가 고안한 '일본체

조[神あそびやまとばたらき, 神あそび皇國運動]⁴⁶'라는 기이한

체조도 몸소 체험하며 이를 주위에도 권했습니다.

가케이의 강의는 『신의 길』에 잘 정리되어 있습
니다. 이 책에서 가케이는 '일본에서는 남자이기 때문
에 귀하다거나 여자이기 때문에 귀하다는 말이 없고
양자 간에 우열이 없다.'며 일본에 원래부터 남존여비
라는 사고는 없었다고 강조합니다. 이와 동시에 진구
황후를 높이 평가하면서 '직관적으로 신앙심을 가지
시고 특히 방심하지 않고 수양하시어 바른 신앙에 깊
으셨다. 따라서 굳은 결심으로 실행력이 뛰어나셨다'
는 점을 들어 '진구 황후의 탁월함'으로 평가합니다.

이러한 강의가 사다코 황후의 마음을 사로잡아
진구 황후에 대해 예사롭지 않은 각별한 마음이 들게
한 것일까요? 1924년[大正13] 4월 9일, 황후는 마키노
노부아키에게 "강의는 실로 유익하여 기대 이상으로
흥미롭고 보탬이 되는 부분이 아주 많으니 여성에게
는 각별히 더 도움이 될 것이라 생각한다."고 말했습
니다(『牧野伸顕日記』).

다만 황후는 당시의 여성이 '여자의 역할(分擔)'을
잊고 참정권 획득을 목표로 운동하는 것에 대해서는
아주 비판적이었습니다. 그것은 "여자의 본분을 다하

지 않고 남자에게 요구하는 것은 무리이며 천지가 뒤집힐 일이라 알고 있습니다. 그저 다이쇼 천황의 치세에 일부 부인의 행동 여하는 우리 스스로의 부덕이라 생각하며 늘 신 앞에서 경계하고 깨닫게 해달라고 기도합니다."(筧克彦『今上殿下と母宮貞明皇后』)라는 황후의 글을 보더라도 명확히 알 수 있을 겁니다.

가케이의 강의가 황후의 마음을 사로잡은 그 무렵에, 메이지 초기부터 줄곧 미뤄왔던 문제, 즉 진구 황후를 천황으로 인정할 것인가에 대해 정부가 최종 결정을 내리려 하고 있었습니다.

1924년 3월부터 제실제도심의회(帝室制度審議會)의 조사기관으로 궁내성에 임시역대사실고사위원회(臨時御歷代史實考查委員會)가 설치됩니다. 이 위원회의 주요한 의제는 세 가지로, 첫 번째가 '진구 황후를 황대(皇代)에 포함시켜야 하는가?', 다시 말해 진구 황후를 역대 천황으로서 인정해야 하는가의 문제였습니다. 그 두 번째는 남조(南朝)의 조케이(長慶) 천황[1343~1394, 제98대 천황·남북조 시대의 남조 제3대 천황, 재위1368~1383][47]을 역대 천황으로 인정할 것인가 하는 문제였으며, 세 번째는 선인문원[宣仁門院, 센닌몬인, 1227~1262, 제87대 시조(四条) 천황의 여어(女御)]과 중화문원[中和門院, 주와몬인, 1575~1630, 제107대 고요제이(後陽成) 천황의 여어이자, 고미즈노오(後水尾) 천황

47 남북조 시대 제98대 천황이자 남조의 제3대 천황이다. 셋쓰국 스미요시에서 고무라카미 천황의 뒤를 이어 즉위하였다. 동생 고카메야마 천황에게 양위하였다.

의 생모] 그리고 오키코 여왕[明子女王, 1638~1680, 제111대 고사이(後西) 천황의 여어]
세 명의 여어를 황후와 동일하게 대우해야 하는가 하는 문제였습니다.

최종적으로 진구 황후는 '황대에 포함할 수 없다.', 즉 제15대 천황
으로 인정할 수 없다고 결론이 났으며, 이와 달리 조케이 천황은 제98대
천황으로서 인정되는 대조적인 결과로 끝이 납니다. 또한 가마쿠라 시대
부터 에도 시대에 걸친 세 명의 여어는 황후로 인정하지 않는, 곧 정실로
간주하지 않기로 결정했습니다.

진구 황후를 역대 천황에서 제외하는 결정이 구체적으로 언제 내
려졌는지는 공표되지 않았지만, 1926년[大正15] 10월 20일에 열린 추밀
원 회의에서 최종적으로 역대 천황이 확정되었습니다. 그리고 다음날인
21일, 그 취지가 황후에게 전달되었습니다(『貞明皇后實錄』同日條).

상복을 입은 데이메이 황후

1926년 12월 25일, 다이쇼 천황은 오랜 투병 끝에 하야마에 있는 황실
별저(御用所付屬邸)에서 숨을 거두었습니다. 이날을 기준으로 쇼와 시대가
시작되어 사다코 황후는 황후에서 황태후가 됩니다. 이때는 메이지에서
다이쇼로 연호를 바꿀 때와는 달리, 황태자가 5년여 동안 섭정의 자리에
있었기 때문에 새로운 천황의 능력에 대해 의심하는 정부 관계자는 없
었습니다.

그러나 사다코는 1951년[昭和26] 5월에 사망할 때까지 약 25년간 황
태후의 자리에 있었습니다. 황태후였던 기간은 쇼켄 황태후가 약 2년, 고

준 황후가 11년 남짓이었기 때문에 진구 황후의 약 70년에는 미치지 못하지만, 사다코는 근현대에서 가장 오랜 기간 황태후의 자리를 지키게 됩니다.

그럼 사다코 황태후는 어떠한 생활을 했을까요?

황태후는 1년간의 상례가 끝난 후에도 검은색이나 자주색으로 된 상복만을 입었습니다. 그리고 황후시절부터 자신을 섬겨왔던 여관들을 거처로 데려가 생활했습니다. 처음에는 아오야마(青山)의 궁[東御所, 도고쇼]에 머물렀지만, 1930년[昭和5]에 새로 건립된 황태후궁[大宮御所, 오미야고쇼]으로 거처를 옮깁니다. 황태후궁은 현재 황태자 부부의 거처[東宮御所, 현재 도쿄의 아카사카(赤坂)]가 있는 곳입니다.

여관의 수는 69명이나 될 정도로 많았으며 그들의 계급은 세세하게 구분되어 있었습니다. 기본적으로 모두 함께 생활했고 겐지나를 갖고 있으며 평생 독신 생활을 지켜나갔습니다. 한편 쇼와 천황은 후궁을 폐지하고 여관제도의 근대화를 진행했습니다. 새로운 황후인 나가코(良子)에게 배속된 여관의 수를 14명으로 줄이고, 여관장(女官長) 이외에는 여관(女官)과 하급 여종[女嬬, 뇨주, 주로 청소와 잡무를 담당]으로 구분했습니다. 또한 출퇴근제로 바꾸고 겐지나도 없었으며 결혼도 할 수 있었습니다. 그에 비해 황태후의 주변에는 옛 궁에서 사용하던 방언[御所言葉, 고쇼고토바]도 남아 있을 만큼 옛 모습 그대로 지냈습니다.

여관들에 둘러싸인 황태후는 황태후궁에서 다음과 같은 나날을 보냈다고 다이쇼 천황의 둘째 아들 치치부노미야[秩父宮雍仁親王, 야스히토 친왕, 1902-1953]는 회상합니다.

근년 일상생활의 중심은 다이쇼 천황의 어영[御影, 초상]을 뵙는 일 한 가지였다. 오전 중에 대부분은 어영을 모신 방에서 시간을 보내셨기 때문에, 특별한 일이 없는 경우, 이 시간에는 절대로 사람을 만나지 않으셨다. 또한 저녁에도 한동안 어영 앞에서 지내셨다.(秩父宮雍仁親王『亡き母上を偲ぶ』)

황태후궁에는 황태후궁직(皇太后宮職)[48]의 장관(皇太后宮大夫)이었던 이리에 다메모리(入江為守, 1868~1936)[49]가 그린 다이쇼 천황의 초상을 건 '어영전(御影殿)'이라는 방이 만들어졌습니다. 황태후는 매일 오전과 저녁 시간 중에 그 방에 들어가 사람들과 만나지 않았다고 합니다. 이러한 일화를 보면 사다코 황태후는 선대의 황태후와 마찬가지로 정치의 정식 무대에서는 완전히 물러난 것처럼 보이기도 합니다.

그러나 실제로는 쇼와 천황이 제사에 임하는 자세가 여전히 황태후의 마음에는 들지 않았습니다. 원로인 사이온지 긴모치는 그러한 황태후의 생각이 쇼와 천황과의 골을 한층 깊게 하지 않을까 우려했습니다. 추밀원 의장 구라토미 유자부로(倉富勇三郎, 1853~1948)[50]가 기록한 1928년[昭和3] 10월 20일자 일기에는 사이온지가 "황태후 폐하의 신을 공경하는 열

48 일본 궁내성에 있는 황태후의 가정기관(家政機關)으로 황태후궁에 관한 사무를 담당했다.

49 메이지 시대부터 쇼와 시대 전기에 활약한 일본의 귀족원 의원, 관료, 가인(歌人)이다.

50 메이지 시대부터 쇼와 시대의 사법·궁내 관료, 법학박사, 남작이다.

렬한 마음으로는 천황 폐하의 태도가 만족스럽지 못
했다.", "황태후 폐하는 신에 대한 마음이 형식적이어
서는 안 되고, 진실로 신을 공경하지 않으면 반드시
신벌(神罰)이 있을 것이라 말씀하셨다.", "이런 일이 빈
번해지면, 그 때문에 모자간 친화에 영향이 있음을
짐작하기 어렵지 않고, 그 점에 대해서는 충분히 주
의해야 한다고 생각한다."라는 말을 했다고 적고 있
습니다(『倉富勇三郎日記』). 다이쇼기가 시작될 때 '여자는
정사에 간섭해서는 안 된다.'는 메이지 천황의 유훈을
지킨 쇼켄 황태후를 '예부터 현명한 부인'이라 칭송
했던 사이온지는 그와는 전혀 다른 사다코 황태후의
태도에 강한 불안감을 느꼈을지도 모릅니다.

51 1936년 2월 26일 일본 육
군의 황도파 청년장교들이 일
으킨 반란 사건으로, 1,400명
의 병력을 동원해 주요 관료
들을 습격하여 살해했다. 그러
나 2월 27일에 계엄령이 선포
되었고, 28일에는 일본 천황
에 의한 원대복귀 명령이 내
려졌다.

52 일본의 1920년대에서 19
30년대 당시 전체주의·국가
주의·팽창주의에 입각한 정치
체제를 수립하려던 일본제국
육군의 보수적 파벌이다.

53 일본의 권위주의·자본주
의·입헌군주제의 유지 또는
강화를 주장했던 일본제국 육
군의 파벌이다.

2·26사건과 히로다 내각의 성립

사이온지의 불안은 1936년[昭和11]이 되어서 적중합니
다. 그 계기가 된 것은 같은 해 2월에 일어난 2·26사
건[51]이었습니다. 육군내부의 황도파(皇道派)[52]와 통제
파(統制派)[53]의 대립이 결국 폭발해 황도파의 영향을
받은 청년 장교가 하사관병을 이끌고 쿠데타를 일으
킨 겁니다.

한 해 전에 황도파의 아이자와 사부로(相沢三郎,

54 일본의 육군 군인이며
2.26사건과 관련 있는 황도파
의 인물 중 한 사람이다. 군법
회의에서 주모자의 한 사람으
로 여겨져 사형에 처해진다.

55 일본의 육군 군인이다.
육군 제10사단장·관동군 사
령관·시종무관장 등을 역임
하였으며, 중일전쟁 당시에는
육군 대장이었다.

1889~1936)가 통제파의 중심인물이었던 나가타 데쓰
잔(永田鉄山, 1884~1935)을 참살했을 때부터 사다코 황태
후는 황도파의 '신념'을 높이 평가했는데, 2·26사건
때에도 그 태도는 변하지 않았습니다. 사건 다음 날,
주동자 중 한 사람인 황도파의 안도 데루조(安藤輝三,
1905~1936)[54]와 같이 도쿄의 보병 제3연대에 소속되어
일찍이 교류를 해오던 치치부노미야가 전에 부임해
있던 보병 제31연대가 있는 아오모리현(青森県) 히로
사키(弘前)에서 상경하자, 황태후는 황태후궁에서 치
치부노미야를 만납니다.

그러나 쇼와 천황이 격노하여 조속히 진압을 명
령했기 때문에 반란은 3일 후에 진압되었습니다. 그
렇지만 진압 후에도 치치부노미야는 도쿄에 머물며,
3월 1일과 4일에 황태후를 만납니다(『貞明皇后實錄』昭和
11年3月1日条 및 3月4日条). 그때 황태후는 "치치부노미야
를 불러 반란군의 부모 입장도 생각해서 너무 극단
적인 조치를 취하지 말라는 희망을 피력하셨다."라고
합니다(山川一郎『拜命』). 그러나 쇼와 천황의 마음은 이
미 정해져 있었습니다. 3월 1일, 천황은 시종무관장
(侍從武官長)인 혼조 시게루(本庄繁, 1876~1945)[55]에게 "군
법회의의 구성도 정해지겠지만 아이자와 중좌에 대
한 재판처럼 우유부단한 태도는 오히려 폐단이 많다.

이번 군법회의의 재판장 및 판사에는 반드시 강고한 장교를 선임할 필요가 있다."라고 말했기 때문입니다 (『本庄日記』).

3월 8일, 치치부노미야는 도쿄를 떠나 히로사키로 향했습니다. 그리고 9일에는 2·26사건으로 재무대신을 잃은 오카다 게이스케(岡田啓介, 1868~1952)[56] 내각에 이어 히로다 고키(廣田弘毅, 1878~1948)[57] 내각이 성립합니다. 『쇼와천황실록(昭和天皇實錄)』제7권에 나와 있는 이 날의 기록에는 "오후 8시 5분, 봉황실(鳳凰間)에서 친임식[親任式, 임명식]이 열려 외무대신 히로다 고키를 내각총리대신 겸 외무대신으로 임명했다. 9시에는 국무대신의 친임식이 열려 우시오 시게노스케(潮惠之輔, 1881~1955)를 내무대신 겸 문부대신에, 바바 에이치(馬場鍈一, 1879~1937)를 대상대신에, 육군대장 데라우치 히사이치(寺內壽一, 1879~1946)를 육군대신에, 해군대장 나가노 오사미(永野修身, 1880~1947)를 해군대신에, 판사 하야시 라이자부로(林賴三郞, 1878~1958)를 사법대신에, 시마다 도시오(島田俊雄, 1877~1947)를 농림대신에, 문부대신 가와사키 다쿠키치(川崎卓吉, 1871~1936)를 상공대신에, 다노모기 게이키치(賴母木桂吉, 1867~1940)를 체신대신(遞信大臣)에, 마에다 요네조(前田米藏, 1882~1954)를 철도대신에, 나가타 히데지로(永田秀次郎, 1876~1943)

56 일본의 해군 군인이자 정치인이다. 1934년부터 1936년까지 제31대 내각총리대신을 지냈다.

57 일본의 외교관이자 정치인이다. 1936년부터 1934년까지 제32대 내각총리대신을 지냈다.

를 척무대신(拓務大臣)에 임명했다."라고 되어 있습니다.

　주목해야 할 부분은 다음날의 『데이메이황후실록』 3월 10일자 기록입니다.

　내각총리대신 겸 외무대신 히로다 고키 이하 국무대신 11명이 신임식의
　예를 올리기 위해 궁에 찾아오니 알현해 주시고 또한 격려의 말씀을 내리
　셨다. 대저 이례적인 일이다.

　다시 말해, 히로다 수상과 각료는 9일 밤에 임명식을 마치고 바로 다음날 함께 황태후궁을 방문해 황태후로부터 '격려의 말씀'을 들었다는 것입니다. 철도대신 마에다 요네조는 사이온지와 만나자마자 '갑자기 안경을 벗고 소리를 내어 울며', 황태후로부터 '시국이 중대할 시기에 한층 몸을 소중히 여기고, 국가를 위해서 전력을 다해 주시오'라는 말씀을 들었다고 말한 것이 사이온지의 비서였던 하라다 구마오(原田熊雄, 1888~1946)의 구술기록에도 남아 있습니다(原田熊雄述『西園寺公と政局』第五卷).

　황태후가 수상과 각료를 만난 일 자체는 메이지에서 다이쇼로 막 바뀌었던 제3차 가쓰라 다로 내각 때에도 있었습니다. 그러나 그때는 다이쇼 천황이 정치적으로 미숙했다는 사정이 있었지만, 이번에는 쇼와 천황이 정치적으로 성숙하여서 원래라면 황태후가 등장할 차례는 아니었습니다. 2·26사건이라는 전례 없는 쿠데타를 접한 것이 황태후의 존재감을 부상시킨 면도 있다고 생각합니다. 히로사키로 돌아간 치치부노미야의 의향을 고려했다고도 생각할 수 있을지 모릅니다.

사이온지는 이렇게 걱정하고 있습니다.

황태후님을 너무 훌륭한 분인 듯 여겨 지나치게 신뢰한다고 할까, 혹은 몹시 현명한 분이라고 과하게 여기는 것일까. 물론 현명한 분이시긴 하겠지만, 그래도 어쨌든 부녀자(婦人)이니 그 점을 깊이 생각하고 뵙지 않으면 폐하와의 사이에서 어쩌면 우려스러운 일이 벌어지지 않을까. 나는 걱정이다.

한 해 전에 '만주국' 황제 부의가 방문했을 때, 황태후는 마치 부의의 친모처럼 행동했습니다. 사이온지의 눈에는 황태후의 존재감이 점점 커지는 것처럼 비췄을지도 모릅니다.

'만주국'에 대한 사다코 황태후의 관심

1937년[昭和12] 2월에는 부의의 동생 부걸(溥傑, 1907~1994)[58]과 사가 히로(嵯峨浩, 1914~1987)[59]의 혼약이 발표되었고, 4월 3일에 결혼식이 치러졌습니다. 그 바로 전에 사다코 황태후가 사가 히로를 황태후궁에 불러들입니다. 황태후와의 만남을 히로는 이렇게 회상합니다.

58 만주국 황제인 부의의 동생이다. 청 왕조에서 지위는 순친왕(醇親王) 계사(繼嗣)이며 만주국 군인으로서의 계급은 육군 중령에 해당한다. 중화인민공화국에서는 전국인민대표대회 상무위원회 위원과 전국인민대표대회 민족위원회 부주임을 지냈다.

59 공가 화족출신이다. 만주국 황제인 부의의 동생 부걸의 아내이다. 훗날 본인이 집필한 자서전(『유전의 왕비(流転の王妃)』) 제목으로 알려져 있다.

"만주국의 황제를 섬기는 것은 우리나라의 폐하를 섬기는 것과 같습니다. 신경[新京, 1932년에서 1945년까지 만주국의 수도였던 창춘시의 옛 명칭이다.]에는 궁내성에서도 이리에(入江), 가토(加藤) 두 사람이 가 있으니 염려하지 마세요. 부걸(溥傑)을 섬기어 일본의 부덕(婦德)을 널리 알리도록 하시지요. ……"

황태후님은 이렇게 분부하시고, 메이지 천황의 생모이신 나카야마 이치이노쓰보네(中山一位局)로부터 어린 시절에 받으셨다는 무늬 없는 옅은 녹색의 옷감을, "기념할 만한 물건이기는 하나, 히로와도 연고가 있고 이번에 중대한 임무를 맡았으니 이에 드립니다. 만주 땅에도 지참하여서 나카야마 이치이노쓰보네의 부덕(婦德)을 기억하길 바라는 바입니다." 라며 하사하셨습니다. (『流轉の王妃の昭和史』)

이 당시 부의 황제와 완용(婉容) 황후[1906~1946, 청나라 제12대 선통제의 황후·만주국 황후] 사이에는 자녀가 없었습니다. 완용은 아편에 중독되어 아이를 낳을 수 있는 상태가 아니었기 때문입니다. 쇼와 천황을 낳은 황태후가 메이지 천황을 낳은 나카야마 요시코에게서 받은 옷감을 특별히 사가 히로에게 하사한 이유는 히로가 부의의 뒤를 이을 아들을 낳기를 기대했기 때문인 것 같습니다. 황태후가 부의의 '모친'격이라면, 사가 히로는 다음 황제의 '모친'이 되는 겁니다. 그러나 실제로 부걸과 히로 사이에는 누 명의 딸이 태어났습니다.

그 후에도 황태후는 '만주국'에 대한 남다른 관심을 계속 보입니다. 1943년[昭和18] 3월부터 4월까지 도조 히데키(東條英機, 1884~1948)[60] 수상이 '만주국'으로 출장을 갔을 때 출발 전과 귀국 후에 황태후궁을 방문합니

다. 황태후는 귀국한 도조에게 "귀국하여 바쁘고 피곤할 텐데 오셔서 상세한 이야기를 들려주시어 만족스럽게 생각합니다. 다소 피곤해 보이시는데 이후 총리의 일을 수행하시기에 지장은 없으신지요. 중요한 판국에 상당히 바쁘시겠지만. 부디 무리하지 않도록 주의하시기 바랍니다."라는 말까지 더하고 있습니다 (伊藤隆ほか編『東條內閣総理大臣機密記錄』).

전쟁기 사다코 황태후의 존재감

1937년[昭和12] 7월 7일, 루거우차오(蘆溝橋) 사건[61]의 발발을 계기로 중일전쟁이 시작됩니다. 이 전쟁이 끝나지 않은 상태에서, 1941년[昭和16] 12월 8일에는 태평양전쟁이 시작되어 1945년 8월까지 전쟁의 시대가 계속된 것은 잘 알려진 사실입니다.

이 시기 사다코 황태후는 1938년[昭和13] 1월부터 1945년 7월까지 황태후궁에서 전장에서 복귀한 많은 군인을 만납니다. 앞서 언급했듯이 하루코 황후도 러일전쟁 당시 군인을 만난 일이 있었지만, 그 수는 고작 십여 명이었습니다. 사다코 황태후는 그 인원을 훨씬 웃도는 군인을 만납니다.

앞서 다룬 『데이메이황후실록』을 토대로 황태후

60 일본의 군인이자 정치인이다. 1941년부터 1944년까지 내각총리대신을 지냈으며 육군대신, 내무대신, 외무대신, 문부대신, 상공대신, 군수대신 등을 지냈다.

61 1937년 7월 7일, 베이징 근교의 루거우차오에서 중국 제29군의 발포로 인하여 행방불명자가 생겼다는 구실로 일본군이 주력 부대를 출동시켜 루거우차오를 점령한 사건을 말한다. 화북 침략을 노리던 일본 정부가 중국 측에 강경한 조건을 내걸다가 7월 말 총공격에 나섰다. 그 뒤 관동군이 가세하고 1937년 말까지 전선이 확대되면서 전면전으로 발전하였다.

62 공습이나 화재 등에 대비하여 한 곳에 집중되어 있는 주민이나 시설물을 분산하는 것을 말한다.

가 황태후궁에서 만난 군인의 수를 해마다 집계하면 38년에 40명, 39년 64명, 40년에 42명, 41년에 52명, 42년에 23명, 43년에 50명, 44년에 43명, 45년에는 28명에 달합니다. 7월까지만 집계를 해 그 수가 적은 45년도를 제외하고, 42년에 인원이 적은 이유는 황태후가 이때 거의 누마즈의 황실 별장에서 소개(疏開)[62]하고 있었기 때문입니다.

군인의 대부분은 육해군 현역 혹은 전임(前任) 사단장이나 여단장, 사령관, 사령장관이었습니다. 동시기의 『쇼와천황실록』제7권에서 제9권을 대조해 보면, 그들 대부분은 천황과도 만났던 것을 알 수 있습니다. 정확히 말하자면 그들은 우선 궁성에서 천황을 만나 전황(戰況)을 보고합니다. 시간은 통상 오전으로 러일전쟁 때와 마찬가지로 나카코[고준] 황후와 만난 적도 있었습니다.

사다코 황태후를 만난 것은 반드시 천황을 만난 뒤였습니다. 천황을 만난 당일 오후이거나, 다음날 이후에 만나기도 했습니다. 『데이메이황후실록』에는 정확한 시간까지는 기술되어 있지 않으나, 황태후는 오전 중이나 저녁에 어영전에 머물렀기 때문에, 군인과 만난 때는 늦은 오전 시간대이거나 이른 오후였다고 추정됩니다.

예를 들어 1944년[昭和19] 12월 4일에는 전임 지나(支那) 파견군 총사령관이자 교육총감인 하타 슌로쿠(畑俊六, 1879~1962)가 상하이에서 항로를 경유하여 귀경했는데, 다다음 날 오전에 우선 궁성을 방문하여 천황과 황후를 배알하고 나서 오후에 황태후궁을 방문해 황태후를 배알합니다. 하타가 천황과 만난 시간은 '약 15분'을 넘기지 않았던데 반해, 황태후로부터는 "특별히 의자를 내리시어 장시간 여러 하문(下問)에 답했는데, 주로 지나의 상황, 1호 작전 등에 관해 하문하셨다."(『陸軍 畑俊六日記』)라고 합니다. 천황보다도 황태후와의 면회시간이 길고, 질문도 다방면에 걸쳐 있었음을 알 수 있습니다. 하타는 황태후에 대해서 "이해하시는 데에 좀처럼 거침이 없으셨다."(『陸軍 畑俊六日記』)라고 기록하고 있습니다.

황태후는 군인과 만나면 은으로 만든 담뱃갑이나 커프스 단추, 금일봉 등을 하사했습니다. 아마도 천황은 그들이 자신과 만난 뒤에 황태후와도 만난 것을 알고 있었을 겁니다. 앞서 『황후고(皇后考)』에서 인용했듯이, 전쟁기에 황태후는 '승전'을 기원하는 와카를 다수 읊기도 했는데, 이는 마치 천황의 배후에서 군인을 고무시키고 전승을 끊임없이 북돋우는 그런 존재였던 것 같습니다.

전쟁 말기 칙사 방문의 수수께끼

1945년[昭和20] 7월부터 8월에 걸쳐, 오이타현 우사신궁과 후쿠오카현 가시이궁에 칙사가 방문합니다. 이것은 2014년[平成26]의 『쇼와천황실록』의 공개로 처음으로 밝혀진 사실 중 하나입니다.

보통 칙사가 우사신궁과 가시이궁으로 방문하는 것은 10월입니다. 그러나 칙사는 공습이 이어지는 가운데 7월 27일에 도쿄를 출발해 7월 30일에 우사신궁에 도착합니다. 그리고 가시이궁에 가 참배한 것은 8월 2일이었습니다. 전쟁 말기의 막다른 순간에 평소라면 찾아가지 않을 시기에 칙사는 왜 우사신궁과 가시이궁으로 향한 것일까요?『쇼와천황실록』동년 7월 30일자에 다음과 같은 기술이 있습니다.

> 이번에는 양쪽 궁에 제문(祭文) 가운데 고별인사를 넣어, 사태가 중대한 전국(戰局)을 신들에게 고하고, 적국의 격파와 신국(神州)의 화난(禍患)을 모면하기를 기원하신다. (『昭和天皇實錄』第九)

즉, 전승을 기원하기 위해 칙사는 규슈로 향했던 겁니다. 고별인사에는 '마땅히 황국의 흥망이 걸려 있는 몹시 중대한 전황에서라면 국내가 성심을 다해 모두 일심으로 분발해 일어나 적국을 격파하는 일에 힘써야 한다고 생각한다.'는 구절이 있는 것으로 보아 매우 심각한 태도로 적국의 격파를 기원했던 사실을 알 수 있습니다.

그러나 그렇다면 의문은 더욱 깊어집니다. 왜냐하면 천황은 6월 20일에 외상 도고 시게노리(東鄕茂德, 1882~1950)[63]에게 '전쟁의 조기 종결을 희망하는 취지의 기별'을 내린 데 이어, 22일에는 직접 최고전쟁지도회의 간담회를 개최하여 전쟁 조기 종결의 의사를 표명했기 때문입니다 (『昭和天皇實錄』第九). 그럼에도 불구하고 왜 전승을 기원한 것일까요? 더욱 이해할 수 없는 것은 통상 천황이 전승을 기원해 왔던 이세신궁(伊勢神宮)

이 아니라, 어째서 우사신궁과 가시이궁이었을까 하는 점입니다.

여기서 생각할 수 있는 것이 황태후의 존재입니다. 우사신궁은 오진 천황을 주제신으로 하면서 진구 황후도 함께 모시고 있습니다. 가시이궁은 원래 진구 황후를 주제신으로 하며, 황태후가 황후시절에 직접 참배하기도 했습니다. 이 두 신사에 칙사를 보냈다는 것은 진구 황후가 오진 천황을 임신한 채로 한반도에 출병해 전쟁에 승리했다고 알려진 '삼한정벌'을 염두에 두었던 것 같습니다.

삼한정벌을 완수한 진구 황후와 오진 천황에게 기도를 올리는 것은 진구 황후 영령과의 일체화를 믿고, 태평양전쟁을 삼한정벌과 오버랩 하여 '승리'에 집착했던 황대후의 의향이 아니었을까 하는 게 저의 견해입니다. 그리고 그런 '모친'의 뜻을 패색이 짙은 전쟁의 막다른 상황에서도 천황은 무시할 수 없었습니다. 표면적으로는 '모친'이 권력을 잡고 있는 것은 아니었지만, 전쟁이 끝나기 직전 일본에서 '모친'의 존재가 얼마나 크게 작용했는가를 실감할 수 있는 부분입니다.

63 일본의 외교관이자 정치인이다. 태평양 전쟁 당시 일본의 외무대신이었다. A급 전범 중 유일한 조선인으로 본명은 박무덕(朴茂德)이다.

황실전범과 여제론

패전 직후인 1946년[昭和21] 7월, 요시다 시게루(吉田茂, 1878~1967)[64] 내각은 임시 법제조사회(法制調査會)를 설치했습니다. 황실관계에 대해서는 조사회 제1부회(第一部會)가 논의하기로 했는데, 그때 제시된 황실전범 초안에 해당하는 A안에서 E안까지는 모두 제1조에 '황위는 황통에 속하는 남계의 적자 출신 남자가 이를 계승할 것'이라는 조문을 싣고 있었습니다. 같은 해 10월에 조사회가 정리한 최종 결론에는 "개정헌법의 소위 남녀동권의 원칙은 국민에게 널리 적용되는 것이지만, 일본국의 상징적인 지위라는 특수성에 의해 특례는 당연히 예상할 수 있는 것으로 해석할 수 있고, 황통의 계승을 남계의 남자로 한정하는 것은 종래의 원칙을 견지하는 것으로 결론에 도달한 바입니다."라고 되어 있습니다(『「萬世一系」の研究』上). 일본국 헌법에 내건 남녀동권의 원칙은 천황에게는 적용되지 않는 것입니다.

이 결론을 받아들여 1947년[昭和22] 1월에 제정된 현재의 황실전범에서는 제1조에 '황위는 황통에 속하는 남계의 남자가 이를 계승한다.'고 정해져 있습니다. 분명히 구황실전범과는 다르게 서자에 의한 황위 계승은 인정할 수 없게 되었지만, 제1조 '대일본국 황위는 조종의 황통으로서 남계의 남자가 이를 계승한다.'를 충실하게 답습한 것이었습니다. 섭정에 대해서는 여성 황족의 취임 가능성을 남겨두면서도 그 순위는 '황태자 또는 황태손', '친왕 및 왕'의 다음으로 정하고 있기 때문에 현실적인 가능성을 낮추어 놓은 점도 구황실전범과의 연속성으로 보입니다.

물론, 전쟁 이후 초기에 진행된 총선거로 1946년 4월의 중의원 의원 총선거에서 처음으로 탄생한 여성의원 가운데에는 반대하는 의견도 있었습니다. 일본사회당의 니즈마 이토(新妻イト, 1890~1963)는 "이번 헌법에 의해 여자도 간신히 동등한 인간이 되었으니, 이 남계의 남자라는 것도 어떻게든 다시 생각해봐야 하지 않을까요?"라고 질문하고 있습니다. 이에 대해 헌법담당 국무대신 가나모리 도쿠지로(金森德次郎, 1886~1959)[65]는 "천황에 관한 대부분의 문제는 결국 일본 국민들 사이에 전통적으로 발전하고 있는 사상의 흐름에 따라 생각해 가는 것 이외에는 달리 방법이 없습니다. 즉, 만세일계의 천황을 모시고 있는 것 자체가 일본 국민의 마음속에 흐르고 있는 하나의 사상의 발로라고 생각합니다."(中野正志『女性天皇論』)라고 답하고 있습니다.

이렇게 전쟁 후에도 여성 황족이 천황은 물론이

[65] 일본의 정치가이자 헌법학자이다. 제1차 요시다 내각의 국무대신을 지냈다.

고 섭정이 되는 일도 거의 단절되었습니다. 그러나 설사 천황이나 섭정이 되지 않더라도, 황후나 황태후가 때로는 천황을 상회하는 영향력을 미칠 수 있다는 것은 데이메이 황후의 사례로 잘 알 수 있습니다. 그럼 데이메이 황후는 중국이나 조선처럼 수렴청정을 하지 않았는데도 불구하고 어찌하여 이러한 힘을 가질 수 있었던 것일까요. 그 의문을 풀 열쇠는 민속학자 오리구치 시노부가 1946년 10월에 발표한 「여제고(女帝考)」라는 논고에 있습니다.

오리구치 시노부의 「여제고」

오리구치 시노부의 「여제고」 논고의 중심에는 나카쓰스메라미코토[中皇命, 中天皇]가 있습니다. 나카쓰스메라미코토는 '재위 중인 천황의 가장 가까운 혈족으로서 신과 천황 사이에 계시는 분'을 말합니다. 그 예로서, 오리구치 시노부는 진구 황후를 거론하면서 다음과 같이 이야기를 이어 갑니다.

> 진구 황후의 옛 시절에는 아직 나카쓰스메라미코토(中天皇)와 같은 명칭이 생겨나지 않았으리라 본다. 그리하여 실제는 나카쓰스메라미코토로서 위력을 발휘했다고 하는 것이 가능하다. 황후란 나카쓰스메라미코토이고 나카쓰스메라미코토는 황후라는 것이 아마도 같은 말이라도 해도 좋을 것이다. (「女帝考」)

즉, 황후란 신과 천황의 사이에 존재하는 나카쓰스메라미코토라는 것입니다. 그리고 궁정정치의 원칙은 '중천황(中天皇)이 신의 뜻을 받아 그 말씀에 따라 인간이 된 스메라미고토가 그것을 실현하'(밑줄 원문)는 것이었다고 서술합니다.

이러한 오리구치의 나카쓰스메라미코토 논의에 대해서는 요시에 아키코(義江明子)가 '무녀론(巫女論)에는 해당될지 모르나 여제론은 아니다.'라며 '통치자로서의 여성 군주를 부정하는 여성관이 가로막고 있다.'고 비판하고 있습니다(『日本古代女帝論』). 그러나 '무녀=권력을 갖지 않은 여성', '여성군주=권력을 가진 여성'이라고 단순히 구분할 수는 없습니다. "위로는 신기(神祇)의 영혼을 모시고, 아래로는 신하들의 도움으로"(『日本書紀』卷第九) 삼한정벌을 이룬 진구 황후는 무녀이면서도 권력을 가진 여성이었기 때문입니다.

오리구치의 관점에 따르면 진구 황후 영령과의 일체화를 믿은 사다코 황태후, 즉 데이메이 황후도 나카쓰스메라미코토였던 게 됩니다. 설사 자신이 천황이 되지 못하더라도 황태후는 진구 황후와 마찬가지로 나카쓰스메라미코토로서 '신의 뜻'을 받아 그것을 쇼와 천황에게 전한 것입니다. 쇼와 천황이 전쟁 말기까지 사다코 황태후의 의향을 거역하지 못한 이유의 일부분을 알 수 있는 부분입니다.

만약 그렇다면 전설에 속하는 진구 황후의 시대부터 20세기까지, 이는 일본의 독자적인 '통치 구조'가 계승된 것이 됩니다. 분명히 에도 시대에 여성은 권력에서 철저히 배제되었고, 메이지 이후의 천황제에도 그것이 계승되고 있음은 이미 본 대로입니다. 그러나 메이지 시대 이후

66 일본 황실의 조상신인 아마테라스오미카미(天照大神)를 모신 현소(賢所), 일본 왕의 선조를 모신 황령전(皇靈殿), 천지의 여러 신을 모신 신전(神殿)의 총칭이다.

67 일본의 관료이며, 수필가 이다. 쇼와 천황의 시종장을 맡았다.

황후가 '기원'의 주체로서 등장하면서 다이쇼 천황의 병환을 계기로 그 존재감이 다시금 부상하여, 신에게 다가가는 존재로서 황후나 황태후가 천황보다도 상위에 설 여지는 남겨져 있었던 것입니다. 이렇게 해서 일본에서는 중국이나 조선과는 전혀 다른 방법으로 다시 한번 '모친'이 권력을 잡는 것이 가능한 시대를 맞게 되었습니다.

사다코 황태후는 1951년[昭和26] 5월에 갑작스럽게 사망하지만, 전쟁 이후 상징천황제 속에서 이러한 구조는 아직 남아 있다고 할 수 있습니다. GHQ에 의한 개혁에도 불구하고 궁중삼전(宮中三殿)[66]이나 이세신궁 등은 온전히 남아 있고, 황실 제사는 그대로 계승하여 황후가 천황과 함께 신을 향해 기도하는 것이 계속되었기 때문입니다. 쇼와 시대의 나가코 황후, 즉 고준 황후 또한 1970년[昭和45] 5월 30일에는 시종장 이리에 스케마사(入江相政, 1905~1985)[67]에게 "일본 온 나라가 여러 가지로 이상한데, 그러면 역시 제사를 제대로 챙겨야 한다."는 등, 다소 신들린 듯한 말을 해서 이리에가 이를 제지했다고 합니다(『入江相政日記』第八卷). 미치코(美智子) 황후[1934~, 제125대 헤이세이(平成) 천황의 황후·현 제126대 레이와(令和) 천황의 생모]도 제사에는 열심이어서 1997년[平成9]에는 '궁중 제사'를 '황실로서는 지

나칠 수 없는 중대한 일'로 규정하고 있습니다(『步み』). 제사와 여성 황속
의 관계에 대해서는 다시 종장에서 다루겠습니다.

일본 여성의 정치참여는
왜 진전이 없는가?

일본에서 근대 이후 강화된 여성의 권력을
'모성'이나 '기원하는' 주체로 왜소화해 버리는 경향은
황후나 황태후가 '신'과 천황의 중간에 위치하는
존재로서의 의미를 부여하는 반면, 여성의 정치참여가
헌법에서 인정되고 있는 현재에도 여전히 여성을 권력으로부터
멀어지게 하는 데 영향을 미치고 있습니다.

아키히토 천황의 퇴위

2016년 8월 8일, 아키히토 천황은 《상징으로서의 책무에 관한 천황폐하의 말씀》을 발표했습니다. 그중에 다음과 같은 내용이 있습니다.

> 나는 지금까지 천황의 책무로서 무엇보다 먼저 국민의 안녕과 행복을 기원하는 것을 가장 중요하게 여겨왔습니다. 그와 동시에 일에 있어서는 때때로 사람들의 곁에 서서 그들의 목소리에 귀를 기울여서 그들의 생각에 좀 더 다가가는 것 역시 중요하다고 여겨 왔습니다.(宮内庁 홈페이지)

아마도 '국민의 안녕과 행복을 기원하는 일'은 제사를, '때때로 사람들의 곁에 서서 그들의 목소리에 귀를 기울이는' 것은 천황의 행차(行幸)를 지칭하는 듯합니다. 결국, 이번 《말씀》을 통해 천황이 처음으로 제사와 행차를 '상징천황의 책무' 중 핵심이 되는 요소로 여겼음을 알 수 있습니다.

이러한 천황의 《말씀》을 받아들여서 2017년 6월 '천황의 퇴위 등에 관한 황실전범특례법(天皇の退位等に関する皇室典範特例法)'이 국회에서 가결, 성립되었습니다. 황실전범의 개정 없이 특별히 아키히토 천황의 퇴위를 인정한 것이 바로 이 특례법이었습니다.

아키히토 천황은 퇴위 후 상황이 됩니다. 상황의 출현은 에도 시대의 고카쿠 천황 이래 처음입니다. 고대 일본이나 중국, 조선에서도 그러했습니다만, 종신재위제 하에서는 황후나 왕후가 황제나 천황, 국왕보다 오래 사는 경향이 있습니다. 실제 메이지·다이쇼·쇼와의 황후들 모두 천황보다 장수했습니다. 이번 아키히토 천황의 퇴위는 천황의 은퇴 후나 사후에 '모권'이 대두하여 천황을 능가하는 존재가 될 수 있는 천황제의 구조를 근본적으로 개혁하여 '부권'을 복권하기 위한 시도라고도 볼 수 있습니다.

다만, 특례법에 따라 상황의 활동은 천황 시절과 비교하면 대폭 제한됩니다. 다시 말해 상황은 국사(國事) 행위나 공적 행위는 할 수 없을 뿐 아니라, 개인적 행위에 해당하면서 공적인 성격을 띤 궁중제사에도 참석하지 않을 가능성이 있습니다. 그렇지만 개인적인 외출로 구분되는 지방 시찰이 이어지면 천황 시절과 마찬가지로 전국 각지에서 열광적인 환영을 받으리라는 것은 상상하기 어렵지 않습니다. 즉, 권위의 이중성이 발생할 여지는 여전히 남아 있다고 할 수 있는 것입니다.

한편, 황후는 상황후(上皇后)가 됩니다. 상황의 부인(后)을 의미하는 이 명칭이 사용되는 것은 이번이 처음입니다. 상황후는 황태후에 준하는 대우를 받기 때문에 상황과는 대조적으로 특례법 하에서도 황후시절과 다를 바 없이 활동을 계속 이어갈 수 있습니다. 상황은 섭정이 되지 못하는 것과 달리, 상황후는 섭정이 될 수 있는 자격 또한 잃지 않습니다. 궁중제사나 공식적인 행계[行啓, 태황태후, 황태후 또는 황태자, 황태자비, 황태손 등이 외출하는 것을 일컫는다] 역시 지속 가능합니다.

지금까지 미치코(美智子) 황후는 궁중제사나 행차에 언제나 아키히토 천황과 함께 열심히 참석해왔습니다. 그뿐 아니라, 2000년 이후에는 황후 단독으로 도쿄 내로 외출하는 일도 많아졌습니다(河西秀哉「美智子皇后論」). 황실 양위 이후 건강상의 염려가 있는 새로운 황후[현 레이와 천황의 황후 마사코(雅子)]의 몫까지 상황후가 장악함으로써 결과적으로 '모친'의 존재감이 커질 가능성도 있습니다.

국민이 바라는 '모친'

서장 초반에 언급한 바와 같이, 일본에서는 여성의 정치참여가 상당히 더딥니다. 국회의 2세 의원(二世議員)이나 3세 의원(三世議員)[1] 중에는 조부나 부친의 뒤를 잇는 아들 또는 손자가 압도적으로 많습니다. 물

1 2세 의원 혹은 3세 의원은 부모가 의원을 역임하고 있으며 자녀 본인도 의원인 경우 또는 의원직을 은퇴한 부모로부터 전반적인 선거 기반을 계승하여 의원이 된 사람들을 지칭하는 말이다.

2   일본의 에도 시대에 에도 막부가 금교령(禁敎令)을 포고하며 기독교를 탄압한 이후에, 은밀하게 신앙을 지속해 온 신자(信者)를 일컫는데, 그 유형을 구분하면 다음과 같다.

① 강제 개종에 의해 불교를 믿는 것처럼 속이고, 기독교(천주교)를 버린 것처럼 위장한 신자

② 1873年(明治6)에 금교령이 해제되어 잠복할 필요가 없어졌음에도 불구하고 에도 시대의 밀교 형태를 고수하고 있는 신자들

이 중 ①을 '잠복 크리스챤(潛伏キリシタン)', ②를 '가쿠레 크리스챤(カクレキリシタン)'이라 칭한다.

론 부친을 계승하는 딸이나 조부의 뒤를 잇는 손녀가 존재하긴 합니다만, 그 수가 많지 않습니다. 모친을 계승하는 아들이나 딸의 경우는 사실 거의 없다고 해도 과언이 아닐 정도입니다.

그러는 한편, 미치코 황후는 아키히토 천황과 함께 이미 반세기에 걸쳐 궁중에서 기도를 올리고 또 전국 각지의 순회도 이어오고 있습니다. 아키히토 천황 역시 앞서 언급한 《말씀》에서 "황태자 시절을 포함하여 지금까지 내가 황후와 함께 다녀온 거의 전국에 걸친 여행"이라는 표현 속에서 애써 황후를 언급합니다. 황후는 국민을 직접 위로하는 따뜻하고 자애로운 의미로써 그야말로 '국모'가 되었기 때문입니다.

어쩌면 국민들 역시 황후에게 '모친으로서의 모습'을 요구하고 있는 것은 아닐까요. 물론 여기에서 말하는 '모친'은 결코 권력자로서의 의미가 아닙니다. 모든 것을 용서해주는 자비심 깊은 존재를 뜻합니다. 그 모델로서 제1장에서 언급한 고묘 황후를 들 수 있습니다. 용맹스럽기로 유명한 진구 황후마저 그녀에 관한 전설이 여전히 잔존하는 규슈에서는 '성모(聖母)'로 불리며 신앙의 대상이 되고 있습니다.

또한, 규슈에서는 '가쿠레 크리스챤(かくれキリシタン)'2들에게 성모 마리아가 에도 시대부터 오랜 세월

동안 신앙의 대상이 되어왔습니다. 그 일례로 엔도 슈사쿠(遠藤周作)의 소설『어머니와 같은 분(母なるもの)』을 들 수 있습니다. 작중 주인공인 '나'는 여전히 성모 마리아에 대한 신앙이 그대로 살아있는 나가사키현(長崎県)의 어느 섬을 찾아가게 되는데, 그곳에서 그저 '젖먹이를 품에 안은 농촌 아낙네' 정도로밖에 보이지 않는 '그리스도를 품에 안은 성모'라는 그림을 접하는 장면이 나옵니다.

> 나는 서툰 솜씨로 조잡하게 그려진 어머니의 얼굴에 한동안 눈을 뗄 수가 없었다. 그들은 이 그림을 앞에 두고 거친 두 손을 모아 용서의 기도를 올렸던 것이다. 그들 역시 나와 같은 마음이었을까 하는 생각에 무한한 감개가 가슴 속에 차올랐다. 옛날, 선교사들은 아버지 하느님의 가르침을 가지고 거친 파도를 넘어 이역만리 이 땅으로 찾아왔으나, 그 아버지 하느님의 가르침도 선교사들이 추방되고 교회가 훼손되고 난 이후 오랜 세월 동안 일본의 숨은 신자(가쿠레)들 사이에서 어느새 익숙하지 않은 모든 것들을 미련 없이 버리고는 가장 일본 종교의 본질적인 것 즉, 어머니를 향한 사모(思慕)로 변해버리고 만 것이다.

주인공 '나'가 방문한 나가사키현의 섬에서는 에도 시대에 기독교가 탄압을 받은 후에도 여전히 '숨은 신자(가쿠레)'들 사이에서 은밀하게 그 신앙이 유지되고 있었습니다. 그러나 오랜 세월이 흐르는 동안 '아버지 하느님'이 '그리스도를 품에 안은 성모'로 변해버린 것입니다. 이는 용맹스러운 진구 황후가 어느새 '성모'가 되어 있는 것과 같은 변화라 할

3 일본의 소설가, 평론가, 시인이다. 본고에 제시된 『다섯 잔의 술(五勺の酒)』에서 천황제를 비판하는 세력을 통해 경직된 기본 방침을 통렬히 비난하고 쇼와 20년대 (1945~1955년)의 양심을 확립하고자 한다. 니카노 시게하루의 정신의 핵심이라고 볼 수 있는 작품이다.

4 고쿄가이엔(皇居外苑)을 이른다. 고쿄(皇居, 일본 천황이 거주하는 궁)에 인접해 있는 환경성 관할의 국민공원으로, 도쿄 치요다(千代田) 구에 있다. 에도 시대 막부 중신들의 저택이 있던 곳이기도 하다.

수 있습니다. 이 변방에서는 남녀 연장자가 통솔 또는 지휘하고, 남존여비 관념이 희박했던 고대 일본의 쌍계제 문화가 농밀하게 남아 있기 때문일지도 모릅니다.

그러나 '어머니를 향한 사모'의 감정은 결코 '숨은 신자들'만 간직하고 있던 것은 아닙니다. 엔도 슈사쿠의 표현처럼 그것이 '일본 종교의 가장 본질적인 것'이라고까지 할 수 있을지, 그에 대해서는 일단 차치하더라도, 적어도 국민이 황후에게 '모친으로서의 모습'을 바라는 심정은 그 기저에 서로 통하고 있습니다.

또한, 작가 나카노 시게하루(中野重治, 1902~1079)[3]의 『다섯 잔의 술(五勺の酒)』이라는 소설 속에는 1946[昭和21]년 11월 3일에 황궁 앞 광장[4]에서 쇼와 천황과 고준 황후가 참석한 신헌법 공포기념 축하 도민대회 (新憲法公布記念祝賀都民大會)에 대해 언급하고 있습니다. 광장에 모인 사람들 가운데에는 '분명 눈물 흘리던 여학생이 있긴 했으나, 이는 황후 때문이지, 헌법 때문에 운 것은 아니었다.'라고 나카노가 기록해 두었는데, 그의 기록은 아마도 사실이라 여겨집니다. 황후가 단지 그곳에 앉아 있는 것만으로도 자연스럽게 눈물이 흘러내리는 이러한 심정은 어쩌면 오늘날 더욱더 강화되고 있는지 모릅니다.

제사와 여성 황족

세계의 역사는 근대 이후 군주국이 감소하는 과정을 거쳐 왔습니다. 이는 끊임없이 혁명이 일어났던 유럽만이 아니라 동아시아에서도 마찬가지였습니다. 그중 중화민국의 초대 대통령이었던 위안스카이[袁世凱, 1859~1916, 재위1915~1916]는 제정(帝政)을 부활시켜 '중화제국 황제'의 자격으로 하늘에 제사를 올리기도 했는데, 그마저도 1916년 그의 사망과 동시에 중단되고 맙니다.

반면, 일본에서는 메이지기로 들어서고 근대 천황제가 확립되면서 오히려 새로운 궁중제사(宮中祭祀)가 마련되어 황후나 황태후는 천황과 함께 '기원'의 주체가 되었습니다. 1908년[明治41]에 제정된 황실제사령(皇室祭祀令)에는 다음과 같은 조문이 있습니다.

第八條
대제(大祭)에는 천황이 황족 및 관료를 이끌고 친히 제전(祭典)을 행한다.
第二十條
소제(小祭)에는 천황이 황족 및 관료를 이끌고 친히 배례(拜禮)하고 장전[쇼텐(掌典), 황실제사를 주재하는 부]의 장이 제전(祭典)을 행한다.

여기서 말하는 대제(大祭)는 원시제[元始祭, 겐시사이, 1월 3일, 한 해의 시작을 기념하는 행사], 바로 앞 대(1代前)의 천황을 기리는 천황제[天皇祭, 텐노사이, 선대를 기리는 행사], 기원절제[紀元節祭, 기겐세쓰사이, 2월 11일을 건국일로 지정해 메이지 때부터 기념한 행사], 춘계황령제[春季皇靈祭, 슌키코레사이, 춘분날 역대 천황에게 올

1889년 2월 11일에 공포
되어 1890년 11월 29일 발효
되었다. 공포 당시의 일본 천
황의 연호를 따서 메이지헌
법(明治憲法)이라고 부르기도
하고, 줄여서 제국헌법, 또는
지금의 일본 헌법과 구별하
기 위해 '구헌법'이라고 하기
도 한다. 제2차 세계대전 패
전 이후 미군정하인 1946년
11월 3일에 일본국헌법(日本
國憲法)으로 개정되었다.

리는 제사], 진무천황제[神武天皇祭, 진무텐노사이, 4월 3일, 일본
제1대 천황인 진무 천황을 추도하는 행사], 추계황령제[秋季皇靈
祭, 슈키코레사이, 추분날 역대 천황에게 올리는 제사], 신상제[神
嘗祭, 간나메사이, 10월 17일, 햇쌀을 이세신궁에 바치는 행사], 신
상제[新嘗祭] 등을 말합니다. 소제(小祭)는 사방배[四方
拜], 현소어신락[賢所御神樂, 가시코도코로미카구라, 12월 15일,
삼종신기 중 하나인 거울을 보관한 현소 앞에서 거행하는 궁중제사
축문음악], 4대 전부터 2대 전까지의 천황을 기리는 천
황제 등을 가리킵니다. 이들 중 사방배와 신상제를
제외한 궁중제사는 메이지 시대에 만들어진 것입니
다[간나메사이(神嘗祭)처럼 본래 이세신궁에서 지냈던 제사를 궁중
에서 새롭게 시행한 것도 있다]. 황족에는 황후와 황태후가
포함됩니다. 황후나 황태후는 추수감사제에 해당하
는 신상제를 제외한 모든 대제와 4대 전부터 2대 전
까지의 천황제나 현소어신락과 같은 일부의 소제에
도 참석하도록 했습니다.

　　대일본제국헌법(大日本帝國憲法)[5] 아래에서 천황은
통치권을 가진 총괄자인 반면, 황후나 황태후는 정치
에 관여하지 않노록 수도면밀하게 주의를 기울였습
니다. 게다가 구황실전범 하에서 여성 천황은 배제되
었으며, 황후나 황태후가 섭정이 될 수 있는 순위 역
시 남성 황족 다음 차례로 정해졌습니다. 이 점에 관

한 한, 근대 천황제는 장군의 정실이나 생모 등의 여성이 권력을 잡지 못하도록 용의주도하게 경계했던 도쿠가와 정치체제를 답습하고 있었습니다. 그러나 아마테라스를 모시는 이세신궁을 정점으로 하는 국가신도(國家神道) 체제를 확립함과 동시에 황후나 황태후를 천황과 함께 '기원하는' 주체로 상정했던 점은 근대 천황제가 도쿠가와 정치체제와 결정적으로 다른 지점이라 할 수 있습니다.

'기원하는' 주체의 온존

다만, 실제로 각종 궁중제사가 정비된 지 얼마 안 된 메이지 시대에는 천황과 황후가 반드시 모든 제사를 주재한다거나 제사에 필수적으로 참석했던 건 아닙니다. 궁중제사나 신사참배에 적극적인 움직임을 보이게 된 것은 다이쇼 천황의 사다코 황후 때부터입니다. 당시 다이쇼 천황의 예측 불가한 질병이 황후로 하여금 '신(神)'의 존재를 아무런 거부감 없이 받아들이도록 했기 때문입니다.

이는 확실히 중국이나 조선의 수렴청정과는 다릅니다. 샤먼(shaman)이면서 정치 권력을 가지고 있던 진구 황후와도 다릅니다. 설사 천황보다 오래 살았다고는 해도 황태후가 '모친'으로서 노골적으로 권력을 장악하지는 않았기 때문입니다. 하지만 전쟁 때 '신'에게 승리하게 해달라고 기도를 올리던 사다코 황태후의 모습은 삼한정벌 시기, '신'에게 기원을 한 진구 황후를 방불케 합니다. 오리구치 시노부가 고찰한 바와 같이 나카쓰스메라미코토(中皇命, 中天皇)인 진구 황후와 일체화하는 것으로 '중

6 오리구치 시노부는 일본
인의 심성의 원형을 '마레비
토(客)'라는 신앙으로 독창적
으로 해석해 내었으며, 고대
의 천황제도 이 신앙에 기초
하고 있다는 설을 제시하였
다. 그의 해석에 의하면 천황
이 즉위할 때 지내는 대상제
(大嘗祭)는 새로운 천황이 신
(마레비토)을 영접하여 그 신
으로부터 혼(천황령)을 받는
의식이다. 즉 천황의 신체는
신(혼)의 수용체가 된다.

7   일본의 부인운동가이자
정치가이다. 특히 패전 이후
일본의 부인참정권 운동을 주
도한 바 있다.

천황(中天皇), 즉 모친 사다코 황태후가 신의 뜻을 받아 그 말씀에 따라 인간이 된 스메라미고토, 즉 아들 쇼와 천황이 그것을 실현하는"(밑줄 원문)는 형태가 되었기 때문입니다.[6]

전쟁 이후, 일본국헌법의 시행으로 황실제사령 등의 황실령(皇室令)은 폐지되었습니다. 그러나 GHQ는 정치와 종교의 분리를 위해 궁중 제사를 천황가의 사적인 행사로 간주하여 종교를 믿는(信敎) 자유를 인정했기 때문에 그 실태는 전쟁 이전과 거의 변함이 없었습니다. 실제로 신상제나 춘계황령제, 추계황령제 등 경축일의 명칭이 바뀌기는 했어도, 쇼와 천황과 고준 황후는 전쟁 전과 마찬가지로 같은 날에 동일한 명칭의 제사를 지내거나 그러한 제사에 참석하여 배례(拜禮)하기도 했습니다. 전쟁 이후의 황실전범에서도 여성 천황을 배제한 데다가 여성 황족이 섭정이 될 수 있는 순위 역시 뒤처지는 등, 여성이 권력을 잡지 못하도록 면밀하게 경계를 했음에도 황후나 황태후가 천황과 함께 '기원하는' 주체가 될 수 있는 구조 자체는 온존된 것입니다.

'모친'을 넘어서

중국이나 조선에서는 오래전부터 부계제가 뿌리내렸지만, 20세기 초기에 혁명이나 병합에 의해 군주제가 폐지되기 직전까지 '모친'에 해당하는 황태후나 대비 등이 상당한 권력을 장악할 수 있는 임조칭제와 수렴청정 같은 구조가 유지되었습니다. 이는 어찌 보면 여성은 정치에 개입해서는 안 된다는 유교의 정치적 영향력을 약화시켜, 여성의 정치참여를 확장하는 데 유리하게 작용하는 듯 볼 수도 있습니다. 실제로 대만과 한국에서는 여성의원이 증가했을 뿐만 아니라, 여성 총통이나 여성 대통령도 탄생한 바 있습니다.

한편, 일본에서는 쌍계제를 기원으로 하면서도 헤이안 시대 이후 원정으로 대표되는 부계제의 영향이 강하였고, 메이지 이후에도 '모친'의 권력이 '기원하는' 주체로 회수되었기 때문에 수렴청정과 같이 '모친'이 절대적인 권력을 장악하는 경우는 없었습니다. 그리고 전쟁 이후에도 천황제가 유지되어 새롭게 제정된 황실전범도 메이지기의 구황실전범의 큰 틀을 그대로 답습하게 되면서 '모친'이 여전히 '기원하는' 주체로서 유지되었습니다.

이 시점에서 흥미로운 이야기를 하나 소개해 볼까 합니다. 여성운동가로 유명한 이치카와 후사에(市川房枝, 1893~1981)[7]는 중일전쟁이 한참이던 1940년[昭和15]에 중국을 방문했는데, 당시 그녀가 받은 지나(支那) 여성들의 인상에 초점을 맞춰 같은 해 4월 16일부터 19일에 걸쳐 『도쿄아사히신문(東京朝日新聞)』에 연재한 '신지나(新支那)의 여성—이치카와 후사에 여사와의 만남(新支那の女性—市川房枝女史に聽く会)'이라는 기사에 관한

8 1994년 미치코 황후의 생일에 '황후폐하의 생신을 맞이하여(皇后陛下お誕生日に際し)'라는 제목으로 황실기자회의(宮内記者会)의 질문에 대해 황후가 문서로 회답한 내용 중 세 번째 문답에 해당하는 내용이다. 그 내용은 다음과 같다.

질문3 황후께서 입궁하신 이래 35여 년간 황실도 상당히 변했습니다. 황후와 폐하 두 분께서 황실에 새로운 바람을 불러일으키셨다는 의견도 상당수 존재합니다. 이에 대해 어떻게 생각하시는지요? 또한 황후께서 지향하시는 황실상이 있다면 더불어 말씀해 주셨으면 합니다.

답 제가 지향하는 황실관(皇室観)은 따로 없습니다. 다만, 폐하의 곁에서 모든 일이 잘되도록 계속해서 기원하는 사람이기를 소망하는 바입니다.(출전 宮内廳)

것입니다. 이 글에서 이치카와는 중국에서는 가정 내 부인들의 권력이 세고, '지나 부인들이 일컫기를 일본 여성들은 노예'라고 한답니다. 또 '지나의 부인들 중에는 20세가량의 어린 나이에도 분명한 정치의식을 가지고 있는 지식 계급이 상당히 많다.'는 사실에 대해 놀라움을 그대로 드러내고 있습니다(進藤久美子『市川房枝と「大東亞戰爭」』).

다시 본론으로 돌아가서, 헤이세이[平成, 1989년 1월 8일부터 2019년 4월 30일까지의 일본 연호]가 되자 궁중 제사나 이세신궁 등으로의 참배를 포함하여 피해지(被災地)나 격전지(激戰地)로의 거듭되는 행차(行幸啓)에 천황과 동반하여 희생자나 전사자들을 위해 '기도하는' 황후의 모습이 종종 텔레비전에 비치게 되었습니다. 아키히토 천황이 앞선《말씀》에서 '국민의 안녕과 행복을 기원하는 일'에 대해 언급한 것은 이미 설명한 그대로입니다. 그와 더불어 미치코 황후 역시 1994[平成6]년 자신의 생일에 '모든 일이 잘되도록 계속해서 기원하는 사람이기를 소망하는 바입니다.'[8]라고 언급하고 있습니다(『步み』).

게다가 2013년 생일날에는 '올해는 헌법을 둘러싸고 예년보다 한층 더 열띤 논의가 이뤄지고 있는 듯합니다.'라며 '이츠카이치헌법초안(五日市憲法草

案)'⁹을 언급하는 등, 황후는 때때로 정치적 뉘앙스가 농후한 발언을 하기도 합니다. 그러나 텔레비전에 비치는 황후는 언제나 한 걸음 뒤에서 천황을 따르며, 결코 천황보다 앞에 나서는 일이 없습니다. 천황과 함께 회견할 때에도 천황을 앞세운 후에 그 대답을 이어 갑니다(『美智子皇后論』).

'어머니'로서 세 명의 자녀를 양육하고, '아내'로서 남편에게 헌신하는 미치코 황후의 모습은 이른바 현모양처의 이미지와도 중첩됩니다. 이러한 모습에서는 데이메이 황후처럼 진구 황후와 일체화하여 '신'과 천황의 중간에 위치하는 나카쓰스메라미코토(中皇命, 中天皇)로서의 황후의 모습은 찾아볼 수 없습니다.

고대 일본에 쌍계제 문화가 존재했다면, 남존여비라는 관념은 본래 일본에는 존재하지 않았으며 연장자인 여성이 권력에 오르는 것 역시 자연스러운 일이었을 것입니다. 물론 쌍계제가 폐지되고 부계제로 이행한 뒤에도 여성 연장자가 권력을 갖는 시대가 끊이지 않고 존재했다는 사실은 이 책에서 내내 설명한 바입니다. 그러나 지금은 그러한 시대가 있었다는 그 자체마저 완전히 망각되어 남계의 황통이 지속적으로 보존되어 온 것이 마치 일본의 아이덴티티라는 식의 언설이 여전히 영향력을 미치고 있는 것도 사실입

9 메이지 초기에 완성된 사의헌법(私擬憲法)의 하나이다. '이츠카이치헌법(五日市憲法)'이라는 명칭은 1968년에 역사학자 이로카와 다이키치(色川大吉)에 의해 도쿄도(東京都) 니시타마군(西多摩郡) 이츠카이치초(五日市町)에 있는 후카사와(深沢) 씨 집의 광(土蔵)에서 문서가 발견된 것에서 유래한 것이다. '일본제국헌법'이라고도 부른다. 전체 204조로 되어 있으며, 그 중 150조가 기본적 인권에 대해 언급하고 있으며, 국민의 권리 보장에 무게를 두고 있다. 국민의 권리에 대해 당시로서는 획기적인 내용이 포함되어 있으며, 현재 '일본국헌법'과 유사한 내용도 찾아 볼 수 있다.

니다. 게다가 제2장에서 언급했던 피(血)의 '불결함'에서 명백하게 드러났듯이, 여성에게 많은 부담을 지우는 궁중의 관습이 여전히 일반인들에게 알려지지 않은 채 유지되어 미치코 황후로 대표되듯 현모양처다우며 국민에게 따뜻한 자애를 베푸는 '모친'으로서의 여성상이 널리 칭송되고 있습니다.

일본에서 근대 이후 강화된 여성의 권력을 '모성'이나 '기원하는' 주체로 왜소화해 버리는 경향은 황후나 황태후가 '신'과 천황의 중간에 위치하는 존재로서의 의미를 부여하는 반면, 여성의 정치참여가 헌법에서 인정되고 있는 현재에도 여전히 여성을 권력으로부터 멀어지게 하는 데 영향을 미치고 있다고 생각합니다. 이러한 상황이 계속되는 한, 일본에서 여성의원이 늘어나거나 여성의 정치참여를 활성화하는 것은 근본적으로 어렵다고 할 수 있습니다.

그것을 가능하게 하기 위해서는 서장에서 언급했던 남계 이데올로기에 의해 은폐된 '여제'의 일본사를 다시금 들춰내어, 여전히 뿌리 깊게 남아 있는 젠더적 역할 분업관을 역사적으로 상대화하는 관점을 키워나가야 할 것입니다. 이 책은 바로 그것을 목표로 하고 있음을 끝으로 다시 한 번 강조하는 바입니다.

최근 일본에서는 뉴스나 와이드 쇼 등의 여러 매체에서 여성 정치가에 대한 이야기로 연일 떠들썩합니다. 그러나 그 대다수는 정치가로서의 품성이나 자질이 의심된다는 부정적인 평가를 동반하고 있습니다. 물론 여성 정치가 본인에게 문제가 있어 그 부정적 지적이 합당한 경우도 적지는 않습니다만, 사실 남성이었다면 그 정도로 문제가 되지 않을 법한 일을 여성이라는 이유만으로 더욱 크게 문제 삼는 경우가 존재하는 것도 사실입니다. 이 자체가 바로 일본에서 여성 정치가가 적을 수밖에 없음을 암시하고 있는 것은 아닐까요.

한편, 황후의 존재감은 점점 더 커지고 있습니다. 그와 더불어 여성 황족도 화제에서 빠지지 않고 등장합니다. 그녀들은 세속의 권력과는 무관하게 국민의 평안을 매일같이 기도하는 사심 없는 존재처럼 보도됩니다. 품성이나 자질을 의심받는 여성 정치가와는 대조적으로 이미지화되고 있는 겁니다.

저는 남성 정치학자입니다만, 이러한 언론의 스테레오 타입(Stereotype)의 보도 방식에 대해 딱히 뭐라 설명할 수 없는 석연찮음을 줄곧 느껴왔습니다. 서양 여러 나라는 물론이고 동아시아에서도 여성의 정치참여는 꾸준히 증가하고 있는데, 도대체 일본은 왜 그렇지 못한 것인지, 처음부터 일본은 그런 나라였는지. 이러한 질문에 답을 얻기 위해서는 눈앞의 현실에서 한 발 벗어나 역사의 기원까지 거슬러 올라가야 하며, 그와 동시에 동아시아 내에서 일본을 파악하려는 시점도 필요하다고 생각했습니다.

　역사에는 미시적 시점과 거시적 시점이 모두 필요합니다. 역사학자는 전자 즉, 미시적 시점으로만 접근하고 후자는 자신의 전문 분야가 아니기에 경원시하는 경향이 있습니다. 그러나 그러한 태도로는 결코 역사상 중요한 수수께끼를 풀 수 없습니다. 부족하게나마 본서에서 제시한 '여제'의 관점에서 역사를 바라보는 시점은 이제 막 토대를 마련한 초기 단계라 할 수 있습니다. 이를 발판으로 앞으로 서양 제국(帝國)이나 왕국(王國)과의 비교 또한 연구 대상으로 삼아 이 원대한 연구를 계속 이어 나가고자 하는 것이 저의 강한 염원입니다.

　이 책은 2016년 3월부터 11월까지 NHK출판에서 일곱 차례에 걸쳐 진행한 강의 내용을 근간으로 하고 있습니다. 서장에서 언급한 바와 같이 저는 얼마 전 아끼히또 천황의 퇴위를 공표하는《상징으로서의 책무에 관한 천황폐하의 말씀》이 발표되면서 강한 자극을 받은 바 있습니다. 이 책의 출판을 적극적으로 권장해주신 오바 탄(大場旦) 씨와 구성을 담당해 주신 시부카와 유코(澁川祐子) 씨 그리고 『단지의 공간정치학(團地の空間政治學)』(NHKブックス, 2012)의 편집에 이어 이번 책에서도 애를 써주신 가노 노부코(加納展子) 씨 등에게 깊은 감사의 말씀을 드리고 싶습니다.

2017년 9월 1일

하라 다케시(原武史)

| 옮긴이의 말 |

일본 천황가의 이미지 정치와 천황가의 여성들

제2차 세계대전에서 패전한 일본은 국가 재건을 위해 개혁의 길에 나서게 되는데, 그 첫걸음은 천황의 '인간선언'(1946.1.1. 「天皇の詔書」)이라 할 수 있다. 1946년 1월 1일 신년을 맞아 발표한 조서(詔書)에서 천황은 자신이 더 이상 과거와 같은 '신성'한 존재가 아님을 밝힌다. 이는 반대로 과거에는 천황이 일본인들에게 '하늘에서 내려온 신의 화신'과 같은 신적인 존재로 인식되었다는 것을 말해 주기도 한다. 당시의 조서는 그러한 신성함을 부정했다는 뜻에서 천황의 인간선언으로 불린다. '비로소' 인간이 된 천황은 현재 일본국헌법에서 명시하고 있는 상징천황제의 규정에 따라 국민통합의 상징적 존재가 되었다.

그 뒤 천황을 비롯한 천황가는 새롭게 재건되는 일본의 상징 역할을 하면서 국민들에게 이미지 전환을 이룬다. 특히 1958년 아키히토 황태자[전 헤이세이 천황]가 일반 '평민' 출신의 여성 쇼다 미치코와 결혼하게 되면서 천황가는 친근함으로 무장해 '안방' 속으로 파고든다. 사랑받는 천황가를 만들기 위한 황태자 부부와 국민과의 접촉은 '민주적 황실', '열린 황실'처럼 비권위적 이미지의 황실론을 확산시켰다. 무엇보다 둘의 결혼식은 '성혼(聖婚)'으로 치장되어 하루 종일 텔레비전을 통해 중계되는데, 이를 시청하기 위해 국민들이 구매한 텔레비전의 수가 급증하여

일본 사회 내의 매체 및 콘텐츠 발달에도 큰 도약대 역할을 하였나. 이러한 '전환기적' 호황을 황태자비 쇼다 미치코의 이름을 따서 '밋치 붐(ミッチ・ブーム)'이라 명명하며 사회 각계에서 기념비적 현상으로 평가하고 있다. 이렇듯 천황가는 대중에게 친숙한 존재로 받아들여지게 되었다.

여기서 그치지 않는다. 황태자비의 황손(皇孫) 출산도 밤새 생중계로 전달되었다. 이후 미치코 황태자비가 황손 히로노미야[현 레이와 천황인 나루히토]를 황실의 관례를 깨고 부모가 직접 키우겠다고 선언하게 되는데, 이로 인해 1960년대에 걸쳐 황태자 일가의 '마이홈' 이미지가 정착된다. 또한 미치코 황태자비의 육아는 '나루짱 헌법(ナルちゃん憲法)'이라 해서 현대 일본 가족의 육아교육을 혁신하였다며 관심을 받았다. 이렇게 황태자비의 노력으로 완성된 새로운 천황가의 모습을 '마이홈 천황제'라고도 부르는데, 이러한 천황가에 대한 인식의 변화는 풍요로운 경제발전 위에서 주부들의 상류층 지향성을 부추기기도 하였다. 천황가가 단순한 동경의 대상에 머무는 것이 아니라, 오히려 일반 대중들의 실제 생활에서 하나의 모델이 되어 지향하고 도달할 '목표'로서 기능하게 된 것이다. '신의 화신'이나 '대원수폐하'와 같은 경외의 대상에서 친숙한 이미지로의 대전환을 이끈 황태자 부부의 등장은 일본의 현대 민주주의와 상징천황제가 대중에게 각인되고 내면화되어 가는 과정으로 평가할 수도 있다.

여기서 흥미로운 점은 이러한 천황, 천황가의 이미지가 혁신되는 과정에서 현실적으로 중심 역할을 한 것이 황태자비(황후)와 같은 천황가의 여성이라는 것이다. 특히 황태자 부부의 결혼이 전쟁에서 패전한 이후 부흥을 위한 재건 사업 속에서 '새로운' 일본의 미래를 상징했다며 상찬받는 이유는 쇼다 미치코 황태자비의 '성공적인 역할' 때문이었다. 여기서 말하는 성공은 그녀가 일반인임에도 불구하고 일본 최고의 황실과 결혼할 수 있었다는 소위 일본판 신데렐라 스토리의 확대 재생산으로서의 성공만은 아니다. 또한 황태자와 자유연애를 한 자유롭고 주체적인 여성상의 상징으로서의 성공만도 아니다. 그녀의 진정한 성공은 다시 한 번 천황가를 일본 사회 변혁의 중심축으로 기능하게 만들어 국가 정신과 일체화시켰다는 점에 있다. 곧 당시 미치코 황태자비는 패전 이후 일본의 '재건과 부흥'이라는 국가 정신의 아이콘이자 변화의 패러다임 자체로써 당시 천황의 치세를 적극적으로 이미지화하는 데 중심 역할을 한 것이다.

『천황의 초상』이나 『황후의 초상』과 같은 책에 따르면, 서양식 군복을 입은 양장 차림을 한 메이지 천황의 초상이 대외적으로 문명 선진국과의 호환가치를 창출하고, 대내적으로는 국민개병의 형태를 통해 남성의 국민화를 이뤄냈다. 메이지 천황의 부인 쇼켄 황후 역시 전통 기모노와 서양식 양장을 한 모습을 선보이며 천황과 짝을 이루어 '근대적' 부부상을 대외적으로 전시하면서 문명화된 근대국가상을 선전함과 동시에 일본 여성의 국민화에 큰 역할을 한다. 특히 황후는 여성 교육을 통해 국민으로서의 자각을 강조하며 여성의 기본적인 의무를 가르치게 되는데, 대표적인 '현모양처' 정책은 당시 여성의 국민적 의무를 담은 이데올로기로 대두되었다. 19세기 서양의 근대적 가치체계로서 이입된 '성별 분업관'에 바탕한 현모양처는 사회로부터 가정을 분리하여 가정을 사적 영역으로 명명하고 동시에 여성에게 공적 자원인 남성을 보좌하고 재생산(양육)의 위치를 부여한, 즉 아내이자 어머니가 되기 위한 역할론이자 여성의 도리로 기능했다.

당시 일본의 분위기는 1872년의 학제 개혁으로 여성도 남성과 동일한 의무교육을 받게 되고, 1873년에는 여성도 호주가 되어 이혼소송을 제기할 권리를 갖게 되었다. 일부일처제 주장이나 남녀동권론의 주장도 제기되어 국민으로서의 여성을 육성하려는 논의도 활발해지고 있었다. 이러한 흐름 속에서 1899년에 고등여학교령이 발표되는데, 여성의 자유와 권리를 신장시키고자 근대적 여성교육의 목표이념으로 '현모양처론'을 내걸게 된다.

이때 쇼켄 황후는 천황 순행 때마다 사람들 앞에서 부부의 정다운 모습을 보이며 부부의 도는 인류의 근원이며 사회교육의 근본이 됨을 몸소 보여주는 것은 물론이고, 시어머니 에이쇼 황태후에게 지극정성으로 효도를 다하는 미덕의 표본으로 인식되었다. 그 밖에도 불행한 서민과 병자를 구호하고 진시위문 중에는 상이군인에게 직접 붕대를 감아주는 등, 그녀의 품행은 일본의 '국격'을 나타내는 새로운 차원의 '황후학을 창간'했다는 찬사를 받을 뿐만 아니라 여성 도덕의 혁명가라고도 평가받았다. 메이지 시대 쇼켄 황후는 유례없는 '황후의 시대'를 연 것이다.

특히 쇼켄 황후가 부각되는 부분은 천황과 나란히 등장하는 부부상에서인데 이는 '파격'이라고까지 불렸다. 1889년 (제국)헌법반포일을 축하하는 퍼레이드에서 천황 부부는 처음으로 민중 앞에 부부 한 쌍의 모습으로 등장한다. 이때 천황과 황후가 같은 마차에 동승한 모습은 일본 여성들에게 커다란 진보로 여겨지면서, 이 일을 계기로 여권론을 주장하는 일본 여성들 사이에서는 황후에 대한 동감과 찬미의 마음이 높아지게 된다. 이렇게 평등해 보이는 부부상의 연출은 1890년 10월 교육칙어(敎育勅語) 반포에 이르러 정점을 찍는다. '근대적인 부부상'의 전형이 된 천황과 황후를 그린 초상화(御眞影)가 전국의 교육현장에 하사되어 국민에게 공지된 것이다.

교육칙어와 천황 부부의 초상화가 한 쌍을 이루어 학교에서 숭배의 대상이 되었다는 점은 문자로 표현된 사상과 함께 천황과 황후의 존재가 국민교육에서 일정 역할을 이루었음을 의미한다. 또한 이것은 메이지 정부의 교육정책이 갖는 의의와도 관련이 있다. 숭배의 대상이 '부부'라는 점은 획기적이었으며 이것은 교육칙어에 명시된 '부부가 서로 화합하고'라는 일부일처제의 근대적 가족상을 상징하는 것이었기 때문이다. 천황 부부는 여기서 국가적 부모로 강조되고 '국모'로서의 쇼켄 황후의 모습은 비로소 메이지 정신을 나타내는 '국체(國體)'와 합체된다. 이후 가족과 국가가 운명공동체로 결합되면서 천황이 절대적인 신성불가침의 존재로 신격화되어 가는데, 여기에서 교육과 도덕 부분에서 최고 권위자로 확산된 천황의 이미지가 큰 역할을 했다는 것은 말할 필요도 없다. 하지만 단순히 근대 정치학에서 말하는 주권자 혹은 통치권의 총괄자를 넘어서는 메이지 천황의 권위는 쇼켄 황후의 역할 없이 완성될 수 없었다.

그렇다면 당시 근대 가족의 한 구성원으로서의 아내이자 어머니, 그리고 근대 교육의 주체이자 수혜자이기도 한 신여성의 전형(모델)처럼 환호를 받던 황후의 출현이 메이지기 여성의 근대화와 관련해 얼마나 성공적이었을까? 여러 면에서 획기적인 '연출'이었기에 긍정적인 면도 있겠지만 흥미로운 점은 젠더사적 관점에서 볼 때 메이지기는 가부장제의 '신성불가침'의 구조가 오히려 완성된 시기로 평가된다. 법률로 인정되던 처첩제(妻妾制)가 비록 사라졌다고는 해도 이를 대신해 아버지는 자유롭게 사생자를 인정하고 서자로 삼을 수 있도록 허락하고, 서자의 호적입법과 상속권을 인정하는 사생자법(1873년)이 제정되었다. 또 1898년 제정된 민법은 호주가족제를 통해 가장권과 부권에 의한 서자 인정을 가능하게 했다. 무엇보다 천황이 후궁을 둘 수 있다는 후궁제를 온존시킨 황실전범(皇室典範)은 근대적 가족체계로서의 일부일처제로의 전환이라는 대의를 역으로 '무위'로 돌려놓는다. 일본 근대의 시작 메이지 시대에 남녀 양성의 관계를 재편성하는 데 황실전범이 결정적인 역할을 하는 것이다.

황실전범 제1장 제1조에는 "대일본의 황위는 조종의 황통인 남계의 남자가 계승한다."이다. 제국헌법 제1장 제1조와 2조가 이를 계승하여 "대일본제국은 만세일계의 천황이 통치한다.", "황위는 황실전범이 정하는 바에 따라 황실의 남자 자손이 계승한다."라고 명시하고 있다. 이는 국가의 중심에 황실을 둠으로써 만세일계의 신성한 국체를 확립하려한 메이지 정부의 의지를 보여준다. 그러나 이는 남성 혈통 중심의 가부장제의 법적 확립이기도 하다. 즉 혈통의 계승을 위해 일부다처제를 황실전범이 용인하고 있는 모순이 발생하게 된 것이다. 이러한 모순을 당시 쇼켄 황후가 불임이어서 후궁을 통해 황위 계승을 해야 했던 천황가의 내밀한 사정 속에서 이해해야 한다고 말할 수도 있다. 실제 일본의 천황은 에도 시대의 고코묘(後光明)부터 다이쇼 시대까지 14대에 걸쳐 모두 후궁에서 태어났다. 메이지 천황은 물론이고 그 다음을 계승하는 다이쇼 천황도 후궁 태생이다.

메이지 근대 국가에서 황후의 역할이 표면상으로는 일부일처제의 근대화된 부부관계를 확산시키고, 이로 인해 일본 여성의 교육이나 사회 진출에 긍정적인 영향을 미친 점은 적지 않다. 그러나 황실전범이 천황 가에게 다처제라는 예외적 상황을 허용한 것은 단순히 혈통 계승에 있어서의 피치못할 사정을 떠나 결과적으로 가부장제 확립의 법적인 근거로 작용하게 되는 데에 문제가 있을 것이다. 그렇다면 일본은 역사적으로 단 한 번의 예외도 없이 모두 남성(남계) 천황이 군림했을까? 여기서의 반전은 근대 메이지기에 성립된 이러한 계승법이 '예로부터 내려온' 계승법을 크게 변경한 것이라는 점이다. 이를 이해하기 위해 1882년에 논의되었던 '여제(女帝)' 부정론을 포함해 이 논쟁을 확대해 황실전범과 제국헌법의 기초를 마련한 논의의 주장이 어디에 근거하고 있는지 주목해 볼 필요가 있다.

여제 부정론과 일본 여성관의 한계

여제에 대한 찬반논쟁은 당시 자유민권운동의 아성을 구축한 진보적 지식인들에 의해 진행되었다. 당시 여제론에 대한 논쟁이 있었다는 점은 현대에 와서도 잘 알려지지 않은 사실이기도 한데, 일본 젠더사의 관점에서 볼 때 일본 여성의 차별구조가 갖는 불씨를 이 논쟁에서 찾을 수 있기도 하다. 그리고 당시 논쟁의 찬반 투표에서 여제에 대한 찬성 대 반대가 8대 9라는 팽팽한 접전을 벌이고 있어 흥미진진하다.

논쟁은 시마다 사부로(島田三朗)라는 사람이 제기한 '여제 부정론'에서 촉발되었다. 메이지 초 헌법제정 시기가 가까워짐에 따라 시마다는 헌법에 여제를 인정할 것인지, 아니면 남자로 한정시킬 것이지 결정하자는 논제를 촉구한다. 이때 그는 단호히 남자로 한정할 것을 주장하는데, 그 근거로 여성이 천황이 될 경우 우려할 만한 점을 다음과 같이 설명한다. "일본에 예로부터 총 8명의 여제가 존재하기는 했지만, 그중 4명은 독신으로 살았고 나머지 4명은 남편 사망 후 어린 아들이 성장할 때까지 잠시 황위에 올랐을 뿐이다. 인정상 여제를 평생 독신으로 살게 할 수도 없고, 여제가 결혼을 하게 되더라도 신하와 해야 하므로, 곧 천황의 지존으로서의 존엄이 손상된다. 왜냐하면 일본에는 남존여비의 풍조가 있어 여제보다 여제의 남편이 더 훌륭하다고 여기거나 또 남편이 뒤에서 부인인 여제를 조종하여 정치를 행사할 우려가 있기 때문이다." 이 말을 듣고 있던 사람들은 시마다의 의견이 근거가 빈약하다며 영국 빅토리아 여왕이나 과거 일본의 후지와라 가문 출신의 왕비를 예로 들어 반박한다. 그러면서 "남자는 사람, 여자는 짐승이라 여기는 아시아의 악습에 빠져 여자의 권리를 파괴하려는 셈인가?"라며 시마다를 다그치는데, 흥미롭게도 여제의 남편이 정치를 좌우할 거라는 우려는 '전제국(專制國)'에서나 일어나는 폐해라며 일갈한다. 이는 여제론을 떠나 당시 일본의 서양문명국에 대한 욕망이 얼마나 대단했는지 잘 보여주는 부분이다. 곧 일본은 비문명국인 아시아의 전제국들과는 달라야 하고, 그러한 욕망이 영국의 빅토리아 여왕처럼 여성 주권자를 인정해야 한다는 논리로 이어지고 있는 것을 볼 수 있기 때문이다.

또 입헌민주제의 입장에서 시마다의 여제 부정론에 반기를 들기도
한다. 입헌국에서 군주의 역할이란 남자건 여자건 황통 유지가 가장 중
요한 문제이기 때문에 군주는 중간 정도의 수준이면 족하다고 주장이다.
국회의 역할에 더 큰 비중을 둔 발언으로서 군주의 성별은 전혀 상관없
다는 의미이다. 그러자 시마다와 같은 입장의 사람들은 군주가 현명해야
한다며 "일본에서 여제는 관례였다고 하지만 남존여비 사상은 일본 사
람들 속에 뿌리 깊이 박혀 있다. 혈통이 남통(男統)으로 이어지는 것은 일
본의 관례"이므로 앞으로도 여제는 불가능하다고 강하게 선을 긋는다.
집안에서 남편을 떠받드는 여제에게는 권위를 찾을 수 없다는 것이다.

논의는 누마 모리카즈(沼間守一)라는 사람의 언급으로 절정으로 치닫
는다. 누마는 자신의 말을 들으면 어느 누구도 여제를 찬성하지 못할 거
라며 다음과 같이 말한다. "남녀 사이에는 구별이 있고 계급이 있다. 이
자명한 사실을 직시한다면 여제를 내세워서는 안 된다는 사실을 금방
깨달을 수 있을 것이다. 남존여비 관습이 뿌리 깊은 일본에서 여제의 결
혼은 말도 안 되는 일이다." 다시 말해 전 세계 어느 나라나 남녀 구별을
내세우며 남자를 우선시하고 있다는 사실을 알아야 한다는 것인데, 만
약 일본의 황통이 끊어질 것을 우려해서 여제를 찬성하는 것이라면 "(과
거)2,500여 년 동안 황통은 끊어지시 않았으며 앞으로도 그럴 것"이라며
여제에 대해 단호한 반대론을 편다. 이어서 여자를 멸시하는 사상은 있
지만 성별 여하를 불문하고 천황에게는 무조건 존경을 표하는 일본의
국민적 관습을 무시한 채 여제를 부정하는 것은 경솔하다는 반론에도

불구하고, 누마는 여제의 백해무익함을 이렇게 설명한다.

현재 일본 사회에서 남편과 아내 중 어느 쪽을 중시하는가? 남편에게 순종하는 것을 아내의 미덕이라 하는 이유는 무엇인가? 그것은 바로 남편이 우선이고 아내는 그다음이라고 생각하기 때문이다. 남녀 사이에는 상하존비 사상이 바탕에 깔려 있다.

그럼에도 불구하고 여제를 내세운다면 국민들은 이렇게 말할 것이다. 폐하는 지극히 높고 귀하다. 그렇지만 남편한테는 순종해야 한다고 말이다. 여자가 천황이 되면 그 존엄성을 지킬 수 없다고 주장하는 것은 바로 이 때문이다. 그렇다고 해서 여제를 평생 독신으로 살게 할 수는 없지 않은가?

그리고 일본 국민들에게 아버지와 어머니 중 어느 혈통을 따른다고 생각하느냐고 질문한다면, 대다수는 어머니 뱃속은 잠시 빌린 것이라는 속담이 있듯 어디까지나 아버지 쪽이라고 답할 것이다. 같은 논리로 만약 신하가 여제와 결혼하여 황태자가 생긴다면 국민은 과연 그 황태자를 황통일계의 황태자로 볼까? 신하의 혈통이 천황가에 섞였다는 이유로 숭배하는 마음을 잃게 되지는 않을까?

물론 우리는 이런 허황된 생각은 하지 않는다. 하지만 정치가는 천하의 정세를 읽어야 한다. 어느 나라나 국민 대부분은 무지몽매하다. 그렇다고 무지한 무리의 감정을 무시해서는 안 된다. 한 집 한 집 다니며 국민들을 설득할 수 없기에, 국민들로 하여금 천황은 만세일계의 황통이라고 믿을 수 있게끔 하는 제도를 만들어야 한다.

재차 설명하지 않아도 현모양처의 '미덕' 속에 남녀 상하존비의 사상이 전제되어 있으며 그것이 여제가 존경받을 수 없는 이유로 이야기되고 있다. 이 글에서는 논쟁의 소개를 위해 간략히 요약해 전달하고 있지만, 그럼에도 일본의 근대적 정치결사 멤버로서 당시 자유민권을 외치던 진보적 지식인들의 논의라고 보기엔 그 내용면에서 상당한 한계를 드러내고 있다 하겠다. 무엇보다 남존여비의 사상이 뿌리 깊은 것이 마치 일본의 전통인 것처럼 사실화해 받아들이고 있다는 점은 문제의 소재가 깊은데, 이러한 관점이 에도 시대부터 이어진 보편화된 역사인식이라고 보기엔 반론의 여지가 있는 것도 사실이다. 에도 시대에 일본 여성들이 비교적 자유롭고 주체적인 삶을 살았음은 현재 여러 연구를 통해 알 수 있기 때문이다. 여성의 지위가 모든 면에서 배제되었다고 보는 누마나 시마다의 입장은 당시 봉건적 신분론에 집착하던 '사족(士族)'들의 관점으로 이해할 수 있는 것이다.

역사 속에 실존하는 8명의 여제에 대한 오늘날의 일본 역사학계의 시선도 그녀들을 '중계자'의 역할에 한정해 평가하는 것이 정설로 통한다. 즉 어린 아들이 성장해 천황이 될 때까지 어머니가 여제가 되어 임시적으로 아들을 대신할 뿐이었다는 해석이다. 이를 본서에서도 소개하고 있듯이 중국이나 조선의 수렴청정, 임조칭제와 관련해 설명할 수도 있다. 그러나 일본의 경우는 여제가 온전히 황제의 권력을 계승하지 못해 왔다. 일본 천황가의 만세일계는 남계의 남자 혈통만이 정통이라는 '남성화된' 전통(역사)을 역설하는 부분이다.

그런데 누마의 이러한 발언은 아이러니하게도 당시의 만세일계 혈통의 천황가에 내재한 '허상'을 정확히 짚고 있다. 메이지 정부가 황실진 범이나 제국헌법에서 주장한대로 천황가의 권위는 만세일계의 '황통보 (혈통)'에서 나온다. 그러나 누마가 무지몽매한 국민들도 '믿을 수 있게끔 제도를 만들어야' 한다고 말하듯이, 메이지기에 들어와서야 역대 천황 을 확정짓는 작업이 시작되어(1870년) 실제 황통보가 완성을 보게 된 것 은 50여 년이나 지난 다이쇼기 말년(1926년)이나 되어서이다. 당시 메이 지 창건 이래 마치 주문처럼 내세워오던 만세일계(万世一系) 사상은 그때 까지 아직 하나로 꿰어지지 못하고 있던 미완성계의, 말 그대로 '이데아' 였던 것이다. 앞서 '예로부터 내려온' 계승법이 크게 변경되었다는 것은 여제 찬반논쟁에서 시마다와 누마의 여제 부정론을 전문 인용하여 국회 에서 여제 반대를 촉구했기 때문이다. 이는 황실전범(1889년)은 물론 메 이지 민법(1898년)에도 영향을 미쳐 일본 사회에 여성차별이 확고히 정착 되는 계기가 된다.

이야기를 되돌려 쇼켄 황후의 모습을 떠올려보자. 퍼레이드에서의 '파격' 같은 등장처럼 여성 지위의 신장에 있어 근대화를 일정 부분 주도 한 성과는 분명 있을 것이다. 하지만 그 파격은 한계가 전제된 연출이었 고 여전히 일본 사회의 뿌리 깊은 근간에는 차등화된 남녀관이 작동하 고 있었다. 쇼켄 황후의 표상은 여성 지위의 변화가 도달할 수 있는 가이 드라인에 지나지 않았다고 할 수 있을지도 모른다. 그렇다면 시대가 바 뀌어 현대에 와서는 어떨까?

메이지기 여성이 '2등 국민'에 지나지 않았고, 국가의 부모로서 일 반 국민의 가족모델로 기능한 천황가의 황후의 표상이 그러한 여성차별

을 잘 보여주고 있음을 보여주는 『황후의 초상』에는 다음과 같은 구절이
나온다.

에도 시대의 여성멸시와 무시에서 벗어난 것처럼 보이는 여성성과 모성을
찬미하는 미사여구는 남녀의 능력이 기본적으로 대등하고 동일한 인간의
존엄과 자유를 지니며 직업과 생활방식을 자주적으로 선택할 수 있고, 이
런 의미에서 결혼과 출산도 여성의 자유의사로 이루어지는 것이기 때문에
국가 주권에의 소외된 성별역할을 여성에게 강제하는 것은 권리침해이자
평등 원칙에서 벗어난다는 구조, 즉 가부장제 사회의 큰 틀을 부술 수밖에
없는 사상은 전혀 찾아볼 수 없다. 이 이론이 공식적으로 일본에 처음 등
장한 것은 전후의 일본국헌법이다.

실제로 제2차 세계대전에서 패한 이후 새롭게 반포된 일본국헌법
은 일본 여성의 해방을 열어준 것으로 평가된다. 하버드대학 정치학 교
수 수잔 파(Susan Jane Pharr)는 일본의 패전 이후 여성해방 정책 중에 여성
의 권리보장을 최고위법인 일본국헌법에 명문화해 놓은 것은 주목해야
할 점으로, 제14조의 '성별에 따른 차별금지'는 1980년대 이후 미국 페
미니스트들이 주장한 ERA(Equal Rights Amendments)보다 앞선 것이라며 높
게 평가했다. 또 제24조인 '혼인 시 남녀의 평등규정'은 남녀평등을 사생
활에까지 확대한 것으로 '전 세계 그 어떤 헌법보다 진보적인 것'이라고
주장했다. 그런데 아이러니하게도 패전 후 일본국헌법이 만들어지기 직
전에도 역시나 '여제론'이 다시 등장한다. 그렇다면 여성에게 참정권을

보장하는 등, 일본의 여성 해방을 이룬 유례없는 진보적 헌법으로 통하는 일본국헌법은 여제론을 어떻게 반영하고 있을까?

1946년 헌법 제정 시 국회에서 여제론이 다시 대두된 이유는 헌법의 평등이념 때문이었다. 헌법 제14조의 '법 앞에 평등'이라는 취지를 살려 여제를 인정하자는 것이었는데, 솔선해서 여제를 인정함은 일반에게 남녀동등권을 보급하는 데에도 유효하다고 본 것이다. 또한 여제를 인정함으로써 후계가 끊어졌을 경우를 대비해야 한다는 논거도 제기되었다. 반대론 역시 제기되었다. 우선 남성주의의 원칙은 예로부터 내려온 일본의 전통이고, 여제라는 선례가 있기는 하지만 그것은 예외적인 것이며, 불가피하게 여제를 인정하면 계열이 복잡해지고 황위가 불안정해진다. 또 여제의 배우자를 어떻게 취급해야 할지 판단하기 어렵다는 것이었다.

남존여비에 대한 직설적인 표현이 '남성주의의 원칙'이라고 순화되었을 뿐, 반대론은 앞서 살펴본 1882년의 여제불가론 주장과 동일하다. 황실전범도 개정이 되어 일본국헌법과 같은 날(1947.5.3) 시행되게 되는데, 이때의 황실전범은 메이지기 구황실전범만큼의 높은 법적 지위를 갖지는 못했다. 일본국헌법의 하위법으로 격하되면서 내용이 간략화된 것도 원인이겠지만, 당시 점령군(GHQ)의 정책에서 일본의 황족을 축소하고 아울러 천황의 권위를 약화시킨다는 목적도 작용했을 것이다. 하지만 천황의 후계자를 결정짓는 황실전범 제1조나 2조의 계승 순위에는 변함이 없었다.

일본국헌법에서는 다소 문구의 차이를 보이기도 한다. 천황의 지위를 알리는 제1조는 천황을 일본국의 상징으로 명시하고 있고, 만세일계의 황통보에 관한 표현도 사라졌다. 황위계승에 관한 규정을 한 제2조는 "황위는 세습을 원칙으로 하고, 국회가 의결한 황실전범이 정한 바에 따라 이를 계승한다."처럼, 제국헌법에 명시되어 있던 '남자(남계)에 의한'이라는 표현을 생략하고 이를 단순히 세습, 계승이라는 표현으로 바꾸고 있어 남녀의 성차가 사라진 것처럼 읽히기도 한다. 하지만 황실전범은 여전히 유효해서 천황가의 계승 구조는 메이지기와 다를 바 없다. 1985년에 여성차별 철폐조약 비준을 맞아 당시 일본사회당은 황실전범의 여성차별 문제를 제기하며 개정을 주장하지만, 황실은 기본적 인권의 적용대상이 아니라며 일축 당했다고 한다. 한때 제국헌법 위에 군림하며 위세를 떨쳤던 황실전범이 보장하던 천황가는 현재 기본적 인권이 적용되지 못할 정도로 '더 신성한' 존재가 된 것일까? 아니면 천황의 인간선언 이후 천황가는 '허울의 상징'에 지나지 않기에 기본인권 같은 건 적용해 봤자 무용하다는 것일까? 그 내막이야 어떻든 분명한 것은 일본국헌법 역시 '여제'를 선택하지 않았다는 것이다. 그리고 2000년 초 근래에 여제론은 다시 한 번 불거져 국민들에게 초미의 관심을 사게 된다.

여성(여계) 천황을 둘러싼 논의는 1990년대부터 시작되었지만 그것이 광범위한 여론을 형성하면서 본격적으로 전개된 것은 2001년 마사코(雅子) 황태자비[현 레이와 천황의 황후]의 공주 출산부터 2005년 황실전범 개정을 위한 '황실전범 개정에 관한 유식자 회의'의 활동기간을 통해서였다. 더구나 17회에 걸친 '유식자 회의'의 결과는 여성(여계) 천황을 용인하는 방향을 선택했으며(최종보고서, 2005.11.24), 이를 바탕으로 고이즈미 준이치로 총리는 2006년 2월의 통상국회에서 황실전범 개정 법안을 성립시키겠다고 발표했다. 당시 여제론을 용인한 이유는 남녀에 관계없이 제1자(長子)의 황위계승을 우선해야 한다는 것으로, 남계를 유지하는 전통적인 사고방식은 현재의 소자화(小子化, 인구절벽 저출산 현상) 경향과 맞지 않기 때문이었다. 그러면서 헌법14조의 정신에 따라 남녀평등의 사회적 보급에 도움이 될 것이라는 점, 황통의 단절에 대비할 수 있다는 점, 과거 여성 천황의 선례가 있다는 점 등이 같이 근거로 제시되었다.

물론 천황에 대한 경애심이 희박해질 것을 우려하는 반대론도 있었다. 특히 만세일계의 역사는 일본이 세계에 자랑할 수 있는 전통적인 문화인데, 이러한 황통보가 단절되어서는 안 된다는 것이었다. '세기의 기적'이자 '전통 중의 전통'을 부정하는 일은 국체를 뒤흔드는 일이라며 유식자 회의의 무지를 맹렬하게 비난하기도 했다. 일본국헌법의 정신과는 무관한 초연한 존재로서의 황실론(천황제 특수성)이 전개되기도 했다. 하지만 절묘하게도 수상의 발표 직후 기코(紀子) 비[현 천황의 남동생 후미히토 친왕의 부인, 마사코 황후의 동서]의 세 번째 회임이 발표되면서 황실전범 개정안은 국회에 제출되지 않았다. 그 후 기코 비가 왕자를 출산하면서 어제 논의는 국민들의 관심에서도 멀어진다.

가장 최근의 여제를 둘러싼 논의를 두고 당시 매스컴의 과열보도가 문제시되기도 한다. 앞서 미치코 황후의 등장 이래 매스미디어의 역할이 천황제 존속과 관련해 국민에게 많은 영향을 미치고 있음은 주지의 사실이다. 이른바 '미디어 천황제'의 이러한 성질을 이용해 다시 한 번 여성 천황에 대한 빈번한 여론조사와 언론 보도 등은 천황제에 대한 지지도의 상승과 더불어 국민적인 관심사로 정착되어 왔기 때문이다.

그러나 현대의 여성 천황의 용인이 남녀차별의 해소나 여성의 사회적 지위 향상과 연결되느냐는 점에 있어서는 역시나 의문이다. 여성 천황을 용인하는 인식의 배경에는 황실의 혈통 계승이 가장 크게 전제되어 있는데, 이러한 '피(血)의 계승'이 갖는 인종적 내셔널리즘 역시 문제가 될 수 있다. 혈통을 위해서는 여자가 단순히 도구적 존재이며 남녀의 애정도 혈통 보전을 위해 부수적으로 여겨지기 때문이다. 더구나 황실 여성들이 항상 남편 뒤에서 걸어야 하고 아들에게 경어를 사용하며 남편 천황 옆에서 늘 미소만 짓고 있는 모습들은 여전하다.

현대 일본 여성의 '유리천장'

천황가가 일본 사회에서 한 가족의 모델로서 본보기가 되고 황후가 일본 여성들에게 지향해야 할 이상적 존재로 받아들여지고 있다면 황후의 표상은 일본 여성들의 현주소를 알 수 있는 기준점으로 기능한다고 볼 수 있다. 그 예가 근래 가장 큰 관심을 받고 있고 논란을 일으켰던 마사코 황후이다.

얼마 전[2019.5.1.] 126대 천황에 오른 레이와 천황의 황후인 오와다 마사코(小和田雅子)는 결혼 전만 해도 슈퍼 레이디로 통하는 국제파 외교관으로 활동했다. 여러 언어를 구사하고 하버드대학 출신으로 외교관시험도 단번에 패스했다는 화려한 경력으로 '전문 커리어우먼'이라는 수식어가 붙어 다니던, 그야말로 현대 일본 여성의 저력을 상징하던 우상이었다. 마사코 황후 역시 앞서의 미치코 황태자비처럼 신데렐라 스토리의 주인공으로 비춰지며 현대 천황가의 황태자비 붐의 맥을 이었다. 그러나 무엇보다 그녀가 일본 현대 여성의 '거울'처럼 여겨진 이유는 1986년 일본에서 실시된 남녀고용기회균등법에 따라 사회 진출을 한 제1세대로서 동세대의 여성들에게 많은 공감을 얻었기 때문이다. 마사코의 등장은 '여성도 노력하면 대학에 갈 수 있는 사회'가 되었고 '여성도 남성과 마찬가지로 자신이 바라는 직업에 종사할 수 있는 사회'가 된 일본의 변화를 상징하는 것이었다. 더구나 마사코는 외교관으로 일하며 자신의 실력을 통해 국가에 도움이 되고자 한다는 신념 때문에 천황가와의 결혼을 계속해서 고사했는데, 결국 "황실의 일원이 되는 것도 국가를 위해 일하는 것과 다르지 않다."라는 황태자의 설득 때문에 결혼을 받아들였다. 따라서 모두들 그녀가 황실에 들어가 '황실 외교'에 더 큰 역할을 하며 '열린 황실'을 세계적으로 선전할 것으로 기대했다.

그러나 그녀는 결혼 이후 생각지도 못한 시련을 겪게 된다. "마사코 황태자비의 인생, '공부를 너무 많이 한 여성의 불행'"이라는 참담한 내용을 담은 기사들이 등장하고 그녀는 '일본인의 가치'에 맞지 않는 '이인(異人)' 취급을 받는다. 요미우리신문에서는 "마사코는 무엇이든 미국식으로 한다. 'Ladies first'이다. 일본에서 마사코는 좀 더 겸손하게 행동해야 한다. 마사코는 일본인처럼 보이지만 그녀의 본질은 외국인이다."라며 자신의 의견을 뚜렷이 표현하는 마사코 황태자비를 비판적으로 보도했다. 심지어 그러한 행동이 남편을 깎아내리는 것으로, 역시나 그녀는 일본 여성이 아니라고 했다. 심각한 우울증을 포함해 적응장애라는 정신질환적 소견까지 떠돌았다. 이렇게 그녀가 자아를 상실하게 된 이유는 다름 아닌 황손, 즉 아들을 낳지 못하기 때문이었다. 물론 앞서 2000년대 초에 논란이 되었던 여성(여계) 천황제 논의에서도 잠시 등장했지만, 마사코 황후의 동서인 기코 비가 아들을 낳으면서 마사코 황후의 황손에 대한 부담은 많이 사그라졌다. 그러나 그 후에도 마사코는 외부적인 활동은 물론이고 국민들 앞에 모습을 드러내는 일이 거의 없었다.

근래에는 여성주간지 등에서 일본 여성들이 '마사코 파'와 '기코 파'로 나뉘어 각자의 현실을 이들에게 투영하기도 하는 것을 볼 수 있다. 남녀고용균등법 제1세대로서 일하는 여성들이 지지하는 쪽이 '마사코 파'이고, '기코 파'는 현모양처가 되어 시부모님께도 효도하는 전업주부들을 대표하고 있다. 여전히 마사코 황후는 일본 여성들에게 커리어우먼의 이미지로 통용되고 있는 일면을 확인할 수 있기도 하다. 그러나 그녀는 현재 권위주의적이지 않은 남편이자 자상한 아버지로 평가되는 천황의 옆에서 행복한 미소를 짓는 아내이자 어머니의 모습으로만 등장한다. 앞서의 미치코 황후와 같은 마이홈 천황제의 전형으로서 현모양처상에 갇힌 모습이라 할 수 있다. 마사코 황후의 이러한 시련이 너무도 상투적이고 고전적이어서 오히려 그녀로 인해 현대 일본에서 여성 천황의 가능성이 논쟁거리로 부각되었다는 점, 즉 천황제에 내포된 젠더 문제를 회자시켰다는 점을 들어 그녀의 역할을 평가할 수 있을지도 모른다. 그러나 마사코 황후의 문제는 천황제의 문제로만 회귀시켜서 볼 것은 아니라고 생각한다. 일하는 여성이든 전업주부든 일본 여성들에게 그들의 한계성을 내면화 시키는 '유리천장(Glass Ceiling)'으로서 기능하고 있음에 더 초점을 맞춰 논의해 볼 필요가 있는 것이다.

천황가의 황후들이 국민들에게 적극적으로 선전되고 받아들여질 때마다 절대 권력으로서의 근대 천황제가 완성되었고, 또 현대에 와서는 '국민 통합의 상징'으로서의 천황제가 정착된 것을 우리는 천황제 시스템의 자장 안에서만 평가해 왔다. 그러나 현재의 마사코 황후의 문제를 포함해 이러한 천황가 속에서의 여성의 역할을 보다 적극적으로 살펴볼 필요가 있다. 2019년 10월 22일 레이와 천황의 공식 즉위식을 앞두고 일본에서는 다시금 여성 천황에 대한 인식 조사가 이루어졌다. 국민들은 상당수 여성 천황을 지지하며 현 천황가에게 힘을 실어주고 있는 듯이 보인다. 근대화의 길에 막 들어선 일본에서 1882년에 시작된 여성 천황에 대한 논의가 이번에는 어떠한 형태로 진행될까? 앞서 보았듯이 약 140여년 전의 논쟁 구도가 여전히 반복될까? 시대의 변화에 맞춰 새로운 계승 형태가 제안되고 인정될까? 근대화 이래 천황이 바뀔 때마다 등장한 '여제론'은 어쩌면 미래의 일본 사회를 좌우할 함의를 갖고 있을지 모른다. 그러한 점에서 여성 권력자의 계보를 소개하고 있는 본서 『여제의 일본사』는 독자들에게 많은 시사점을 주리라 기대한다. 일본 역사에서 천황가를 포함해 지도자적 권력층의 배후에 포진해 있던 여성들에게 주목해 봄으로써 현대 일본의 성감수성은 물론 지금까지 남성 중심적 역사 서술 방식에 얽매여 온 우리의 젠더 바이어스[Gender Bias, 성역할에 대한 편견]도 다시 한 번 되돌아 볼 수 있을 것이다.

옮긴이들을 대표해
박이진 씀

| 참고문헌 |

※ 본문에서는 인용이나 참조한 도서명을 초출에 한해 표기했다.

서장

「Women in national parliaments」, 웹사이트

衛藤幹子『政治学の批判的構想——ジェンダーからの接近』, 法政大学出版局, 2017年

「象徴としてのお務めについての天皇陛下のおことば」, 宮内庁홈페이지

제1장

『易経下』(全釈漢文大系第10巻), 集英社, 1974年

『礼記中』(全釈漢文大系第13巻), 集英社, 1977年

『礼記下』(全釈漢文大系第14巻), 集英社, 1979年

『尚書』(全釈漢文大系第11巻), 集英社, 1976年

ジャン=クリストフ・ビュイッソン, ジャン・セヴィリア編『王妃たちの最期の日々』上・下, 神田
　　順子ほか訳, 原書房, 2017年

アリストテレス『政治学』, 牛田徳子訳, 京都大学学術出版会, 2001年

義江明子『つくられた卑弥呼——〈女〉の創出と国家』, ちくま新書, 2005年

「肥前国風土記」『風土記』(日本古典文学大系2), 岩波書店, 1958年所収

『日本書紀』全5冊, 岩波文庫, 1995年

東直子『いとの森の家』, ポプラ社, 2014年

『舊唐書』第1冊, 北京・中華書局, 1975年

『史記二』(新釈漢文大系第39巻), 明治書院, 1973年

郭茵『呂太后期の権力構造——前漢初期「諸呂の乱」を手がかりに』, 九州大学出版会, 2014年

『漢書』第1冊, 北京・中華書局, 1962年

朱子彦『垂簾聴政——天下に君臨する「女帝」』, 上海古籍出版社, 2007年

『新唐書』第20冊, 北京·中華書局, 1975年

久米邦武「神功皇后と漢の呂后」『久米邦武歴史著作集第2巻 日本古代中世史の研究』, 吉川弘文館, 1989年所収

水谷千秋『女帝と譲位の古代史』, 文春新書, 2003年

滋賀秀三『中国家族法の原理』, 創文社, 1967年

前田尚美「『嫡母』と『生母』——明代の皇后·皇太后の歴史的位置」『京都女子大学大学院文学研究科研究紀要 史学編』12号, 京都女子大学, 2013年所収

キム·スジ『大妃 王の上にいる女性』, ソウル·人文書院, 2014年

仁藤敦史『女帝の世紀——皇位継承と政争』, 角川選書, 2006年

武田佐知子『衣服で読み直す日本史——男装と王権』, 朝日選書, 1998年

義江明子『日本古代女帝論』, 塙書房, 2017年

荒木敏夫『可能性としての女帝——女帝と王権·国家』, 青木書店, 1999年

遠山美都男『古代日本の女帝とキサキ』, 角川書店, 2005年

入江曜子『古代東アジアの女帝』, 岩波新書, 2016年

直木孝次郎「持統天皇と呂太后」三品彰英編『日本書紀研究』第1冊, 塙書房, 1964年所収

宇治谷孟『続日本紀』上·全現代語訳, 講談社学術文庫, 1992年

金子修一『中国古代皇帝祭祀の研究』, 岩波書店, 2006年

中野渡俊治『古代太上天皇の研究』, 思文閣出版, 2017年

水林彪『天皇制史論——本質·起源·展開』, 岩波書店, 2006年

神野志隆光『「日本」とは何か——国号の意味と歴史』, 講談社現代新書, 2005年

三浦まり編著『日本の女性議員——どうすれば増えるのか』, 朝日選書, 2016年

勝浦令子『孝謙·称徳天皇——出家しても政を行ふに豈障らず』, ミネルヴァ書房, 2014年

三浦周行『日本史の研究』第1輯, 岩波書店, 1922年

阿満利麿『日本精神史——自然宗教の逆襲』, 筑摩書房, 2017年

高取正男『神道の成立』, 平凡社ライブラリー, 1993年

吉本隆明「南島論——家族·親族·国家の論理」『展望』, 筑摩書房, 1970年12月号所収

吉本隆明『全南島論』, 作品社, 2016年

柄谷行人『〈戦前〉の思考』, 講談社学術文庫, 2001年

柄谷行人『遊動論——柳田国男と山人』, 文春新書, 2014年

제2장

井上亮『天皇と葬儀——日本人の死生観』, 新潮選書, 2013年

『日本文徳天皇實録』(新訂増補国史大系 普及版), 吉川弘文館, 1979年

梅村恵子「天皇家における皇后の位置——中国と日本との比較」鶴見和子ほか監修『女と男の時空——日本女性史再考4』, 藤原書店, 2000年所収

服藤早苗『平安王朝社会のジェンダー』, 校倉書房, 2005年

河内祥輔『古代政治史における天皇制の論理(増訂版)』, 吉川弘文館, 2014年

藤原明衡撰「本朝文粋」巻4『本朝文粋』(新日本古典文学大系27), 岩波書店, 1992年

菅原道真「菅家文草」巻10『菅家文草·菅家後集』(日本古典文学大系72), 岩波書店, 1966年所収

瀧浪貞子『藤原良房·基経——藤氏のはじめて摂政·関白したまう』, ミネルヴァ書房, 2017年

美川圭『院政——もうひとつの天皇制』, 中公新書, 2006年

古瀬奈津子『摂関政治』, 岩波新書, 2011年

東海林亜矢子「摂関期の后母——源倫子を中心に」服藤早苗編著『平安朝の女性と政治文化——宮廷·生活·ジェンダー』, 明石書店, 2017年所収

服藤早苗「国母の政治文化——東三条院詮子と上東門院彰子」服藤早苗編著『平安朝の女性と政治文化——宮廷·生活·ジェンダー』, 明石書店, 2017年所収

伊藤喜良「王権をめぐる穢れ·恐怖·差別」網野善彦ほか編『岩波講座 天皇と王権を考える』第7巻, 岩波書店, 2002年所収

栗山圭子『中世王家の成立と院政』, 吉川弘文館, 2012年

健御前「たまきはる」『とはずがたり·たまきはる』(新日本古典文学大系50), 岩波書店, 1994年所収

ジョン·W·チェイフィー「宋代における垂簾聴政(皇后摂政)——権力·権威と女らしさ」高津孝編訳『中国学のパースペクティブ——科挙·出版史·ジェンダー』, 勉誠出版, 2010年所収

제3장

野村育世『北条政子——尼将軍の時代』, 吉川弘文館, 2000年

田端泰子『女人政治の中世——北条政子と日野富子』, 講談社現代新書, 1996年

慈円『愚管抄 全現代語訳』, 大隅和雄訳, 講談社学術文庫, 2012年

藤原定家『訓読明月記』第2巻, 河出書房新社, 1977年

『曾我物語』(新編 日本古典文学全集53), 小学館, 2002年

竹越与三郎『二千五百年史』三および五, 講談社学術文庫, 1977年

『吾妻鏡』4, 岩波文庫, 1941年

『吾妻鏡』5, 岩波文庫, 1944年

高橋慎一朗『北条時頼』, 吉川弘文館, 2013年

『日本文徳天皇實録』前篇(新訂増補国史大系 普及版), 吉川弘文館, 1978年

「八幡愚童訓」甲『寺社縁起』(日本思想大系20), 岩波書店, 1975年所収

上嶌真弓「中世における神功皇后の認識と評価」『人間文化研究科年報』25号, 奈良女子大学大
　　学院人間文化研究科, 2009年

姜在彦『歴史物語 朝鮮半島』, 朝日選書, 2006年

脇田晴子『中世に生きる女たち』, 岩波新書, 1995年

今谷明『室町の王権──足利義満の王権簒奪計画』, 中公新書, 1990年

高谷知佳『「怪異」の政治社会学──室町人の思考をさぐる』, 講談社選書メチエ, 2016年

太田弘毅『倭寇──商業・軍事史的研究』, 春風社, 2002年

瀬田勝哉『増補 洛中洛外の群像──失われた中世京都へ』, 平凡社ライブラリー, 2009年

三浦周行「日野富子」『新編 歴史と人物』, 岩波文庫, 1990年所収

呉座勇一『応仁の乱──戦国時代を生んだ大乱』, 中公新書, 2016年

一条兼良「小夜のねざめ」『群書類従』第27輯雑部, 続群書類従完成会, 1960年

一条兼良「日本書記算疏」『日本書紀註釈(中)』(神道大系 古典註釈編3), 神道大系編纂会, 1985
　　年所収

卜部兼右「釈日本紀」『釈日本紀』(神道大系 古典註釈編5), 神道大系編纂会, 1986年所収

一条兼良「樵談治要」『群書類従』第27輯雑部, 続群書類従完成会, 1960年所収

内藤湖南『中国近世史』, 岩波文庫, 2015年

内藤湖南「応仁の乱に就て」『内藤湖南全集』第9巻, 筑摩書房, 1969年所収

和辻哲郎「日本倫理思想史」上『和辻哲郎全集』第12巻, 岩波書店, 1962年所収

池谷望子ほか編『朝鮮王朝実録 琉球史料集成』訳注篇, 榕樹書林, 2005年

後田多敦「琉球国の最高女神官・聞得大君創設期の諸相」『沖縄文化研究』40号, 法政大学沖縄文
　　化研究所, 2014年所収

折口信夫「沖縄に存する我が古代信仰の残孼」『折口信夫全集』第16巻・民俗学篇⊠, 中公文庫,
　　1976年所収

임혜련「조선시대 수렴청정의 정비과정」『조선시대사학보』27호, 조선시대사학회, 2003년

前田尚美「明代の皇后·皇太后の政治的位相——宣德帝皇后孫子を中心に」『九州大学東洋史論集』41号, 九州大学文学部東洋史研究会, 2013年

北島万次『秀吉の朝鮮侵略』, 山川出版社, 2002年

福田千鶴『淀殿——われ太閤の妻となりて』, ミネルヴァ書房, 2007年

関口すみ子『御一新とジェンダ——荻生徂徠から教育勅語まで』東京大学出版会, 2005年

第4章

上田信『海と帝国——明清時代』(中国の歴史09), 講談社, 2005年

笠谷和比古『徳川家康——われ一人腹を切て, 万民を助くべし』, ミネルヴァ書房, 2016年

畑尚子『江戸奥女中物語』, 講談社現代新書, 2001年

畑尚子『幕末の大奥——天璋院と薩摩藩』, 岩波新書, 2007年

深井雅海『江戸城——本丸御殿と幕府政治』, 中公新書, 2008年

高橋博『近世の朝廷と女官制度』, 吉川弘文館, 2009年

福田千鶴『春日局——今日は家宅を遁れぬるかな』, ミネルヴァ書房, 2017年

大石学『徳川吉宗——国家再建に挑んだ将軍』, 教育出版, 2001年

安藤優一郎『江戸城大奥の秘密』, 文春新書, 2007年

『芦田均日記』第3巻, 岩波書店, 1986年

桂川甫周『北槎聞略——大黒屋光太夫ロシア漂流記』, 岩波文庫, 1990年

『本多利明·海保青陵』(日本思想大系44), 岩波書店, 1970年

篠田達明『歴代天皇のカルテ』, 新潮新書, 2006年

久保貴子『徳川和子』, 吉川弘文館, 2008年

井筒清次編『天皇史年表』, 河出書房新社, 2018年春刊行予定

藤田覚『江戸時代の天皇』(天皇の歴史06), 講談社, 2011年

『明治天皇紀』第2, 吉川弘文館, 1969年

山鹿素行『中朝事実』, 帝国武徳学会, 1916年

『大日本史』〔4〕列伝1, 大日本雄辯會, 1928年

『大日本史』〔8〕列伝5, 大日本雄辯會, 1929年

渡辺浩「『夫婦有別』と『夫婦相和シ』」『中国——社会と文化』15号, 東大中国学会, 2000年所収

原武史『直訴と王権——朝鮮·日本の「一君万民」思想史』, 朝日新聞社, 1996年

임혜련「19세기 수렴청정의 특징——제도적 측면을 중심으로」『조선시대사학보』48호, 2009년

『類聚 伝記大日本史』第15巻·女性篇, 雄山閣, 1936年

『昭憲皇太后実録』上, 吉川弘文館, 2014年

제5장

大岡弘「近代皇室祭祀における皇后の御拝と御代拝について」『神道宗教』218号, 神道宗教学
    会, 2010年所収

島善高『近代皇室制度の形成——明治皇室典範のできるまで』, 成文堂, 1994年

小林弘ほか編『明治皇室典範』上(日本立法資料全集16), 信山社出版, 1996年

奥平康弘『「萬世一系」の研究——「皇室典範的なるもの」への視座』上·下, 岩波現代文庫,
    2017年

伊藤博文『帝国憲法皇室典範義解』, 国家学会, 1889年

伊藤之雄『明治天皇——むら雲に吹く秋風にはれそめて』, ミネルヴァ書房, 2006年

ユン·チアン『西太后秘録——近代中国の創始者』下, 川副智子訳, 講談社, 2015年

『伊藤博文伝』下, 春畝公追頌会, 1940年

角田房子『閔妃暗殺——朝鮮王朝末期の国母』, 新潮文庫, 1993年

久米邦武編『特命全権大使 米欧回覧実記』1, 岩波文庫, 1977年

坂本一登『伊藤博文と明治国家形成——「宮中」の制度化と立憲制の導入』, 講談社学術文庫,
    2012年

『昭憲皇太后実録』下, 吉川弘文館, 2014年

片野真佐子『皇后の近代』, 講談社選書メチエ, 2003年

松本清張『対談 昭和史発掘』, 文春新書, 2009年

森岡清美『華族社会の「家」戦略』, 吉川弘文館, 2002年

原奎一郎編『原敬日記』第3～5巻, 福村出版, 1965年

『財部彪日記——海軍次官時代』下, 山川出版社, 1983年

『乃木神社由緒記』, 乃木神社, 2009年

原武史『皇后考』, 講談社, 2015年

伊藤隆ほか編『牧野伸顕日記』, 中央公論社, 1990年

『昭和天皇実録』第3, 東京書籍, 2015年

「貞明皇后実録」, 宮内庁宮内公文書館所蔵

筧克彦『神ながらの道』, 内務省神社局, 1926年

筧素彦『今上陛下と母宮貞明皇后』, 日本教文社, 1987年

秩父宮雍仁親王「亡き母上を偲ぶ」『皇族に生まれて──秩父宮随筆集』, 渡辺出版, 2005年

「倉富勇三郎日記」, 国立国会図書館憲政資料室所蔵

山川一郎『拝命──侍医の手記』, 山川かよ, 1972年

『本庄日記』, 原書房, 1967年

原田熊雄述『西園寺公と政局』第5巻, 岩波書店, 1951年

愛新覚羅浩『流転の王妃の昭和史』, 新潮文庫, 1992年

伊藤隆ほか編『東条内閣総理大臣機密記録──東条英機大将言行録』, 東京大学出版会, 1990年

『昭和天皇実録』第7〜第9, 東京書籍, 2016年

『陸軍 畑俊六日誌』(続・現代史資料4), みすず書房, 1983年

中野正志『女性天皇論──象徴天皇制とニッポンの未来』, 朝日選書, 2004年

折口信夫「女帝考」安藤礼二編『折口信夫天皇論集』, 講談社文芸文庫, 2011年所収

『入江相政日記』第8巻, 朝日文庫, 1995年

『歩み──皇后陛下お言葉集』, 海竜社, 2005年

終章

河西秀哉「美智子皇后論」吉田裕ほか編『平成の天皇制とは何か──制度と個人のはざまで』, 岩波書店, 2017年所収

遠藤周作『母なるもの』, 新潮文庫, 1975年

中野重治『五勺の酒・萩のもんかきや』, 講談社文芸文庫, 1992年

進藤久美子『市川房枝と「大東亜戦争」──フェミニストは戦争をどう生きたか』, 法政大学出版会, 2014年

| 색인 |

여성권력자의 계보를 따라 일본을 다시 읽는다
여제의 일본사

1판 1쇄 인쇄 2020년 1월 2일
1판 1쇄 발행 2020년 1월 8일

지은이   하라 다케시
옮긴이   박이진·주미애·김수용·박시언
펴낸이   신동렬
책임편집   구남희
편집   현상철·신철호
디자인   장주원
마케팅   박정수·김지현

펴낸곳   성균관대학교 출판부
등록   1975년 5월 21일 제1975-9호
주소   03063 서울특별시 종로구 성균관로 25-2
전화   02)760-1253~4
팩스   02)760-7452
홈페이지   http://press.skku.edu

ISBN 979-11-5550-349-2 94150

＊잘못된 책은 구입한 곳에서 교환해 드립니다.
＊저서는 2018년 대한민국 교육부와 한국연구재단의 지원을 받아 수행된 연구임.
 (NRF-2018S1A6A3A01023515)

속삭임

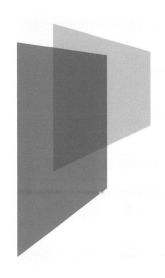

오탁번 유고 시집

서정시학 시인선 211

서정시학

잠결에도 꿈결에도

과거와 현재를 이어주는

내 옛말의 들머리는

백운면 평동리 바깥평장골 169번지

호적등본만 한 우리 집이다

남아있는 사진 하나 없지만

그냥 잿빛으로 눈앞에 떠오르는

내가 태어난 우리 집이다

                            ── 「옛말」 중에서

서정시학 시인선 211

속삭임

오탁번 유고 시집

서정시학

곰곰 생각에 겨워
눈을 감으면
은하수 건너 캄캄한 하늘
희끗희끗 흩날리는
어머니의 백발

―「눈물로 간을 한 마음」 중에서

차 례

2. 어휴!

3. 후집後集

4. 속삭임

1. 옛말

옛말

잠결에도 꿈결에도
과거와 현재를 이어주는
내 옛말의 들머리는
백운면 평동리 바깥평장골 169번지
호적등본만 한 우리 집이다
남아있는 사진 하나 없지만
그냥 잿빛으로 눈앞에 떠오르는
내가 태어난 우리 집이다
1951년 정월 상주로 피란 갔다가
봄이 되어 돌아오니
흔적 없이 사라진 우리 집!
전쟁이 치열할 때
군용 비행장을 건설할 셈으로
동네를 다 불살라버렸는데
원주 근방까지 쳐들어왔던
적군이 후퇴하자
군인들이 다 팽개치고 북진했다
빨갛게 불타 죽은
향나무 한 그루가
잿더미가 된 우리 집을
물끄러미 지켜보고 있었다

봄 내내 움막에서 살았다
참꽃이 붕알산을 물들이고
초저녁부터 부엉이가 울었다
가을 되도록
나물죽으로 목숨을 부지하며
품앗이로 외양간만 한 새집을 지었다
맑은 샘물이 솟는 앞산 아래
바깥평장골 우리 동네는
어깨 겯고 다시 일어섰다
지금도 눈 감으면
쇠버짐 부스스한 내 짱구도
침 발라가며 쓴 몽당연필도
도렷하게 잘 보인다
어머니의 밭은기침에도
문풍지가 울고
한밤중 요강에 오줌을 누면
달걀빛 처마에 깃든
참새가 잠을 깬다

해와 달은 쉼 없이 뜨고 졌다
백마고지 전쟁터에 나간

큰형한테서 편지가 온 날이면
네 남매가 모여앉은 두레반에서
어머니가 편지를 읽어주었다
그날 밤 장독대 정화수에는
얼음꽃이 뾰족이 피었다
눈사람의 코가 툭 떨어져서
숯이 된 아침
나는 큰형한테 편지를 부치러
장터 우체국으로 뛰어갔다
눈발이 선 하늘을 막아서는
우체국 앞 커다란 향나무가
왜 그렇게 무서웠는지
아직도 나는 모른다

—『예술원보』66호(대한민국예술원, 2023. 3.)

슬기슬기사람
─ 점말동굴 유적*

제천시 송학면 포전리 점말
용두산 자락 병풍바위로
구석기 동굴을 찾아 간다
물고기 잡고 짐승 사냥하며
연모도 만들 줄 알았던
슬기슬기사람 Homo sapiens sapiens** 만나 뵈러
점말동굴 찾아 간다
열매 따고 물고기 잡고
주먹도끼로 짐승을 사냥하던
옛날 옛적 구석기 시대
내 할아버지의 할아버지의 할아버지들…

빙하기가 끝나고 아열대 기후가 되자
구석기 시대 한반도는
온갖 짐승들의 서식지가 되었다
사자와 호랑이가 힘을 겨루고
표범과 하이에나가 내달리고

---

* 점말동굴 유적: 제천시 송학면 포전리 산 68−1. 북위 37°11', 동경 128°
13'. 용두산 자락에 있는 구석기 시대 유적. 1973년 연세대 탐사단이 동굴
퇴적층에서 원숭이, 하이에나, 들소, 사자, 호랑이, 표범, 사슴, 곰 등 많은
동물의 뼈 화석과 식물화석 그리고 석기와 뼈 연모 화석 등을 발굴하였
다. 우라늄 계열원소에 의한 절대연대 측정값은 66000 ± 30000 BP. 인류
사의 99.8%는 구석기 시대에 해당한다. 충청북도 기념물 제116호.
** 슬기슬기사람Homo sapiens sapiens: 슬기사람Homo sapiens에서 진화
하여 후기 구석기 시대에 살았던 현생 인류.

짧은꼬리원숭이가 사납게 울었다
다시 또 몇 만년이 흐르는 사이
빙하기와 간빙기가 번갈아들며
숲과 강에는
짐승들과 물고기들이 사라졌다가
나타나고… 또 사라지고…
생명의 수레바퀴는 돌고 돌았다

가파른 석회암 절벽
커다랗고 컴컴한 동굴을
사무치게 우러러본다
까마아득한 구석기 시대의
하늘과 땅이 환하게 떠오르며
갑자기 우렁우렁 큰소리 울린다
　─아서라! 아서!
　　피붙이끼리 싸움질하고
　　숲을 파괴하는 못된 놈들아
털북숭이 슬기슬기사람
무서운 할아버지들의 말씀이
내 귓전을 때린다

점말동굴 유적에는
나보다 한발 먼저 1천 년 전에
신라의 젊은 화랑들이 찾아와서
김랑金郞 조랑鳥郞 ……
제 이름 하나씩 바위에 새겨 놓았다
나도 화랑들 따라
동굴의 어둠 속에 내 이름 새기고
21세기 시공으로 돌아오는 길
눈 시린 하늘 아래
의림지 물결 푸르고
박달재 푸나무들 어여쁘다

—『예술원보』66호(대한민국예술원, 2023. 3.)

일없다

애련리 한치마을
큰 느티나무 앞 폐교에는
바람이 불고 낙엽이 날리고
새소리만 들리는 적막뿐이었다
오석烏石에 새긴
'백운국민학교 애련분교'가
번개치듯 내 눈에 들어왔다
교실 세 칸에 작은 사택
다 주저앉은 숙직실과
좁은 운동장이
옛동무처럼 낯익었다

백운면의 조선시대 지명을 살려
'원서헌'遠西軒이라 이름 짓고
해 뜨면 일어나고
해 지면 잠을 잔다
먼 서녘, 원서는
종말이 아니라
새날의 시초라고
굳이 믿으면서
스무 해 되도록
이러구러 살고 있다

서울 친구들은

낙향해서 괜히 고생하는 내가

좀 그래 보이겠지만

수도가 터지고

난방이 잘 안 돼도 일없다

두더지가 잔디밭을 들쑤셔도

사람보다

멧돼지와 고라니가

자주 와도

다 일없다

—『예술원보』66호(대한민국예술원, 2023. 3.)

밤눈

박달재 밑 외진 마을
홀로 사는 할머니가
밤저녁에 오는
눈을 무심히 바라보네
물레로 잣는 무명실인 듯
하염없이 내리는
밤눈 소리 듣다가
사람 발소리? 하고
밖을 내다보다 간두네

한밤중에도 잠 못 든
할머니가
오는 밤눈을 내다보네
눈송이 송이 사이로
지난 세월 떠오르네
길쌈 하다 젖이 불어
종종걸음 하는 어미와
배냇짓 하는 아기도
눈빛으로 보이네

빛바랜 자서전인양
노끈 다 풀어진

기승전결
아련한 이야기를
밤 내내
조곤조곤 속삭이네
밤눈 오는 섣달그믐
점점 밝아지는
할머니의 눈과 귀

— 『동리·목월』(2022, 가을)

둥둥이

제비집에서 제비 새끼가 떨어지면
옛 어른들이 말했다
―올여름 큰 장마지겠다
큰 장마 들면 날벌레가 드물어
새끼 먹이가 줄어든다는 걸
미리 아는 제비가
새끼 몇 마리는 아예 버린단다

올해 우리 집 제비가 딱 그렇다
알에서 깬 지 얼마 안 된 새끼가
바닥으로 자꾸 떨어진다
조심조심히
제비집에 다시 넣어주지만
좀 있으면
또 떨어진다

아니나 다를까
올 장마가 기상관측 이후 최고란다
하루걸러 강풍에 천둥에 장대비다
제천지역 80mm라고 예보가 나오는데
80mm는 커니와
평상에 놓인 한 뼘 크기 유리병에
빗물이 가득 넘친다

제깟 제비도
여름 장마 미리 알아채고
제비 새끼를 본 옛 어른들도
앞날을 훤히 헤아리는데
나는야 낫살이나 먹고도
코앞 가늠도 못하니
정녕코 여든에 둥둥이렷다?

— 『다시올문학』(2022, 가을)

터알

백로기 낼 모래
배추 모 가지런히 심고
아침저녁 물을 준다
어린 모 쑥쑥 자라는 소리
아주 잘 들린다

가을 터알은
시보다 더 시답다
물보라 사이로 피어나는
무지개빛 말씀도
아주 잘 들린다

　　　　　　　　　— 『2022 대한민국예술원 문학분과 연간작품집』
　　　　　　　　　　　　(대한민국예술원, 2022. 11.)

돌 도둑

백두산에 처음 갔을 때
천지 벼랑에서 돌 두 개를 주워왔다
천지인天地人 세 봉우리 또렷한
참숯 빛 화산석과
조막만 한 잿빛 부석浮石을
배낭에 몰래 넣어 왔다

새 천년이 되던 해 여름
하늘 맞닿은 티베트 남쵸 호수
갔다 오는 내리막길에서
금빛 무늬 어룽진
작은 차돌 하나를
배낭 속에다 슬쩍했다

그 돌은 그후 내내
도곡동 삼호 아파트 303호에서 살다가
멀리 애련리 원서헌으로 이사왔는데
지금은
의림지에서 소 두 마리 울음소리,
이우명二牛鳴이 들려오는 거리
실크밸리 북향 817호에서
나랑 잘 살고 있다

용암을 뚫고
수만 년을 달려와
나한테 닝큼 안긴 돌에서는
지금도
백두산 천지와 남죠 호수가
넘실넘실 파도치고 있다

주고 받는 말이야
하나도 없는
아직도 좀 그런 사이지만
내가 무시로 애무하면
시치미 떼고
말끄러미 바라본다

돌

오늘 해거름에
진소까지 산책을 했다
충북선 철교 아래 강변에 가서
돌밭에서 잠깐 쉬었다
하늘은 눈기운이 차고
강바람이 세게 불었다
그때 돌 하나가 눈에 딱 들어왔다
한 뼘보다 좀 작은 세모꼴로
꼭 겸재가 그린 금강산전도金剛山全圖
일만이천봉 한 봉우리를 뚝 떼어내
3D 프린터로 찍어낸 것 같다

이 작은 돌을
언 손으로 점퍼 주머니에 얼른 넣고
원서헌 사택으로 돌아왔다
오늘 처음 만나 데려온 돌은
지금 깨끗이 세수하고
흙내 나는 엉치도 잘 씻고
좁은 거실 앉은뱅이책상에
다소곳이 앉아 있다
아직은
날 볼 생각
요만치도 없다

—『서정시학』(2023, 봄)

오죽헌烏竹軒

원서헌 정원 만들 때
어렵사리 오죽을 구해다가
마사와 황토 고루 섞어서
도독하게 나란히 심었다
사군자四君子 화폭에서
금방 뛰쳐나온 듯
바람 한점 없어도
이냥 나붓대는 줄기와
재잘재잘 속삭이는 댓잎들이
너무 예뻐 얄밉다

그러나 이듬해 봄이 와도
오죽은 깜깜소식
영하 20도 강추위에
그만 다 얼어 죽었다
그러다 몇 해 지난
어느 봄날
화단 한쪽을 눈여겨보니
에꾸나!
봄맞이꽃 사이에
죽순이 뾰족뾰족 숨어 있었다

까만 줄기와

반짝이는 푸른 댓잎이

햇볕 잘 드는 땅심을 받아

몇 해만에 용히 살아났지만

지금도 겨울이 오면

붓끝 같은 댓잎이 다 시든다

하지만 봄이 오면

운필運筆하듯 다시 살아나

어느새 거먕빛 죽순이

이슬 머금는다

　　　　　　　　　　　　　―『현대시학』(2023. 3~4.)

설날 내기

앞집 곰바지런한 할머니는
그믐께가 되면 안절부절못한다
설날이 오면
상품을 걸지는 않았지만
자동차가 몇 대 오냐
자식 농사 몇 섬이냐
옆집 할아버지와 내기 한판 해야 한다
설날 기다리며 조바심하니
입이 말라 틀니 자꾸 헐거워 진다
그믐날 클랙슨 울리며
자동차 오는 소리 들리면
할머니는 합죽이 웃으면서
지팡이 짚고 집 밖으로 나온다

색색으로 다른 자동차가
앞집 할머니 눈 내린 마당에
이마와 궁둥이 마주 보며
하얀 도화지에
바퀴 자국 어지러이
커다란 꽃 한 송이 그린다
택배기사, 마트 판매원, 초등교사 하는
아들과 딸들 마음에

아랫목 솜이불 속으로
조그만 발을 넣고
서로 간지럼 태우던 때가
어제인 듯 떠오른다

구레나룻 쓰다듬으면서
팔자걸음 걷는
옆집 꼿꼿한 할아버지는
설날 온종일
집 밖에 통 안 나온다
도시에 나가 회사 다니는 큰놈은
공 치러 동남아로 날아가고
속 태우는 작은놈들
꿩 귀 먹은 소식이다
계좌로 받은 용돈 자랑해 봐야
밉살스럽게나 보일 뿐이니
재떨이에 딱, 딱
곰방대를 턴다

옆집 할아버지 눈 내린 마당에는
참새떼 발 시리고
처마에서 떨어지는

고드름이 아프다
자동차 세 대, 벼 석 섬에
설날 내기 다 진 할아버지는
밤저녁부터 자리끼나 마신다
이러구러 설날이 지나가고
동네가 다시 텅 비면
올 설날의 괜한 내기는
싱겁게 0 : 0 ! 끝이 난다
그제야 두 집이 마주 보며
아, 하고 쓴웃음 짓는다

— 『서정시학』(2023, 봄)

2. 어휴!

어휘!

아내가 아프다고 하면
—왜 아파?
이렇게 말했다
50년 동안 그랬다
—약 사올까?
이렇게 말해야 하는데

하늘로 가신
어머니는
평생
안 아프셨다
감기에 배탈에
나만 아팠다

오늘 아침 아내가
허리가 아프다고 한다
—왜 아파?
이 말이 나오는 걸 얼른 삼키고
—파스 붙여줄까?
이렇게 말했다

어휘!
되게 힘드네

—『예술원보』제65호(대한민국예술원, 2022. 3.)

큰 부자

집에 온 손자들이
세수하고 한번 쓴 수건을
바구니에 휙 던진다
나는 샤워하고도
젖은 수건을 잘 펴서
걸이에 다시 거는데

아내는 봉지 커피 마실 때
종이컵을 두 개 겹쳐서 쓴다
하나로 하면 손이 뜨겁다나
나는 종이컵 두 개를
한번에 써본 적 없는데

하느님은
날 안 보고
낮잠 주무시나
큰 부자될 놈
하늘이 낸다는데

[독빽]

추서이 와도
아무 생각 업따

성묘를 해도
아무 생각 업따

달을 봐도
달이 업따

―『2022 대한민국예술원 문학분과 연간작품집』
(대한민국예술원, 2022. 11.)

밥맛

아내는 용인 동백
나는 제천 애련
별거가 별거냐?
반 백년 살며
집밥만 찾으면
밥벌레다

비비고, 요리하다, 피콕
2+1… 전복죽, 호박죽, 야채죽
사방팔방 밥이다
그렇긴 하다만
세상 사는 게
왜 이리 밥맛이냐

—『예술원보』66호(대한민국예술원, 2023. 3.)

......

그해 이른 봄
역사적 사건이 일어났다
불문과 졸업생 하나이
망명을 왔다
교양국어실 조교 대학원생이
석사논문 쓰는 자취방에
찬란하게 순은의 빛으로 세운
은이후니 굴뚝소제부 자치공화국!
건국 50주년 지나면서
공화국 깃발은
문득 빛이 바래 찢어졌다

갑자기 지구가 블랙 아웃!
내 사랑의 기승전결 오간 데 없고
깡그리 암흑!
사랑의 클라이맥스는
마침표 . 라고 굳이 믿으랴?

개나발

성질머리 고야칸 년놈이
삐긋삐긋한 결혼
반 백년을 이어오며
너는 너, 나는 나
경계선을 긋고 살았다
세월 지나 다늙은이 되면
그 옛날 1970년 10월 28일
주례 말씀마따나
1+1=1
두 사람이 한 몸 되어
노을 고개 도란도란 넘나 했다

아이구, 하느님아
올봄 되어 곰곰 생각하니
엉뚱당뚜 헛물만 켰다
너와 나 사이 경계선은
캄캄절벽 되고
나달이 갈수록
외로 오르로 뒤죽박죽
한 몸은 커니와
1과 1이 꼬나보며
서로 방아쇠를 당기니

옛 말씀이
다 개나발이다

―『경계』(한국시인협회, 2023, 봄)

애 잘 낳게 생겼네?

노인복지관이나 경로당에서
성인지감수성 교육을 시킨단다
어쩌다 마주 보는
실한 여자들한테
—애 잘 낳게 생겼네?
괜한 말 했다가는
성희롱으로 고소를 당한단다
늙마에 재수 옴 붙으면
눈과 귀 다 어두운데
정말 낭패다

부생모육父生母育
이런 말도 있것다?
처녀든 아줌마든 호호 할머니든
외려 날 보고
—애 잘 낳게 생겼네?
이렇게 말하면
감지덕지
박달재 생막걸리 노나 마시며
천등산에 지는 노을
그윽히 바라보련만

—『2022 대한민국예술원 문학분과 연간작품집』

(대한민국예술원, 2022. 11.)

끙!

올 겨울에 숙직실 수도가 다 터졌다
사람들이 찾아오면
사택 화장실을 쓰라고 미리 안내를 한다
그래도 명색이 문학관인데
화장실 안내부터 해야 하니
참 개꼴이다
백년 후에는
오탁뻐니가 고향에 돌아와 작품을 쓰던
유서 깊은 문화유산이 될지도 모르는데
(착각은 자유다!)
화장실 안내부터 하다니!

며칠 전 시인 너댓 닝이 찾아와서
순대 안주로 소주를 과하게 마셨는데
그들이 가고 나서
숙직실 화장실을 가보니
누가 큰 볼일을 봐 놓았다
수도가 터져서
'사용금지' 팻말을 붙여놨는데도
눈은 어디다 두고
왜 하필 여기다가 똥을 누냐
아니, 아니다

짜증내면 안 된다
아무럼 문학관 주인인데
여유와 해학이 좀 있어야지

시는 똥냄새가 나야된다?
로션 냄새나 나는 시는
시가 아니다?
아무럼, 아니고 말고지!
시의 배경에는 늘
청진동 술집 골목에서
전봇대에 붙은 '소변금지' 팻말에
오줌을 마구 누던 젊은이가 있는 법!
큰 거든 작은 거든 보는 데가
뒷간이요 변소요 화장실 아니라는 시인
어디 있으면 좀 나와보시지 그래
마음을 이렇게 다잡으니
똥을 눈 누군지 모를 시인의
호박 같은 궁둥이가 따습게 떠오른다
그렇다마다!
끙! 할 때 시가 나온다
물똥 말고 된똥이 나온다

잘 익은 금빛 시 하나
똥 냄새 독한 시 하나
뚝뚝 떨어진다

— 『문학청춘』(2022, 여름)

상희구

궁핍과 절망뿐이던 1950년대 그 시절
대구 영남중학교 3학년 소년 하나이
학교를 더는 다니지 못하고
제적을 당하였다
신문팔이도 하고 행상도 하다가
대구소방서 사환으로 용히 들어갔다
똑똑한 소년이 꾀부리지 않고 일을 잘 하니
소방서 대원들 눈에 들어서
밥도 거르지 않고
틈틈이 공부도 할 수 있었다
소년은 중학교를 꼭 마칠 생각에
가까운 성광중학교를 찾아갔다

소년은 힘차게 말했다
―3학년으로 꼭 넣어 주세요
소년의 말을 들은 콧수염 교장이 말했다
―어디서 굴러온 놈이 생떼를 쓰냐
  제적을 당한 놈이 택도 없다
―1학년을 다시 다니거라
일언지하에 퇴짜를 맞은 소년은
울면서 소방서로 돌아왔다
소년의 울음소리에

소방서는
빅뱅 0.001초 전의 우주처럼
캄캄한 적막에 휩싸였다

소년의 말을 다 들은
소방서 부서장 오달용 소방감이
정모를 쓰고 장갑을 끼더니
대뜸 불자동차 시동을 걸었다
─야 이 문디야, 퍼뜩 타라
불자동차는 소년을 태우고
성광중학교로 달렸다
빛의 속도는 아니지만
가히 불의 속도로!
─문디야, 사이렌 켜라
소년은 스위치를 홱 돌렸다
왱! 왱! 왱! 왱! 왱 !왱!
사이렌이 울려 퍼졌다

수업 중이던 중학교는
삽시간에 난리가 났다
왱! 왱! 왱! 왱! 왱! 왱!
교장과 교사들이 뛰쳐나왔다

불자동차는 운동장을 돌고 또 돌았다
소방감이 교장에게 소리쳤다
―이놈아를 3학년으로 받아줄 때까지 돌겠소
교장과 교사들은 말문이 막혔다
불자동차는 운동장을 돌고 또 돌았다
마침내 소년은 3학년으로 복학하였다
소년은 밤새워 공부하여
학년말에 1/55 통지표를 받았다

세월이 흐르고
소년은 쑥쑥 자랐다
대구상고 야간부를 졸업하고는
섬유업체를 세워서 큰돈도 만졌지만
몇 년 후에 부도가 나서 그만 다 날렸다
세상의 절벽 앞에 선 늙은 소년은
그 순간 귀를 찢는 듯한
불자동차 사이렌 소리를 들리자
우뚝 일어섰다
호구지책으로 조그만 인쇄소를 하면서
밤에는 한국일보 문화강좌에 나가
김광림 김윤성 정진규 시인에게
난생처음 시를 배웠다

소년은 마침내 시인이 되었다
이 아니, 운명 아닐쏘냐

—『시와 세계』(2022, 겨울)

유재영

문학청춘 2022년 봄호를 펼치니
유재영의 시
「오탁번을 읽던 밤」과 「오탁번 내공 60년」이
나란히 내 눈에 들어오네
나는 깜짝 놀라
대뜸 읽고 나서 또 한 번 더 읽었네
이럴 때는 무슨 말을 해야 하나
한동안 망설이다가 눈웃음 지었네
―그 오탁번이 누군지
 나도 한번 만나고 싶으이
(1인칭이 3인칭으로 광속 이동!)
그에게 문자 하나 보내고 나서
나는 자꾸 목이 말라
종이컵 가득 산사춘을 한잔 했네

좀 지나자 답신이 왔네
원주에서 중고교를 다니던 시절
겨울이면 잉크병이 어는 추운 방에서
곱은 손으로 쓴 글이
학생잡지 『학원』에 실리면
내 얼굴사진도 함께 나왔는데
글쎄, 지난 60년 동안

(60년! 항하사만큼 아득한 시간!)
빡빡머리 오탁뼈니가
그의 낡은 노트 속
마른 클로버나 메꽃 같은
아니, 강물이거나 저녁노을 같은
그런 존재였다나

아아, 되살아나는 과거는
현재보다 힘이 세네
그대 나의 지음이여
먼 치악산에서 불어오는
눈물빛 봄바람을 바라보며
산사춘 한잔 더 해야겠네

— 『문학청춘』(2022, 여름)

호미

지난 2019년과 2000년 봄여름
이러저러 내 속살 다 까발렸다

슴베가 드러난 호미는
엿 사 먹어야 한다

―새 호미로
 잡풀을 뽑자

이렇게 싱거운 말도
시가 되냐

안 되는 걸 알지만
굳이 시라고 우긴다

―『시와 세계』(2021, 가을)

욕찌거리

어느 시인이
알음알음 눈비음으로
문학상을 따먹었다는
2022. 11. 08.
문화면 뉴스가 뜨자
오늘 아침 시인의 거리는
시끌시끌 욕찌거리다

시인들아
얌치를 좀 알아라
그냥저냥 살고 싶으면
그만 연필을 놓지 그래
―네미랄, 입만 더러워 졌네
죽염치약으로 빡빡
퉤!

(알고 보니
시인들이 다 그런다네)
시를 고쳐써야겠다
―시인들아
  얌치없이
  천년 살자꾸나

알로까는 놈

남을 함부로 재지 말라
자에도 모자랄 적 있고
치에도 넉넉할 적 있다
알로까는 놈도
마빡 깨질 때 있다

잎잎이
이슬 맺히는
봄날 아침
황사 자옥하게 내려도
천사의 몸때거니 해라

내 말 안 들으면
너, 혼난다!

속도

KTX로 제천역에서 청량리역까지
1시간 5분이면 뚝딱!
너무 금방 가니까 이상하다
기차가 아무리 빨리 달려도
눈 감은 내 시야에는
봉양역에서 기차를 타고
치악산 똬리굴 지나
원주역에 내리는
콧구멍이 검은 중학생이 보인다
청량리역에 내리는
가난한 대학생도 보인다

1만 8천 500원 우등실을
경로우대 받아 1만 3천 900원으로
너무 싸게 타고도
고마운 줄 모르는
시간의 반역자가 된다
서울을 왜 그렇게 빨리들 가냐?
천천히 가면서
옆 사람하고 객쩍은 얘기도 하고
신문 읽으면서 세상 욕도 하고
오징어 씹고 소주도 마시면서

물론 담배도 꼬나물고
한나절쯤 느적느적
산천 구경하며 가야지
출퇴근길 같으니 이게 뭐냐

어제 북한에서 쏜
화성 17호 ICBM 속도가
마하 22라 한다
이 세상이 순식간에 쑥밭이 되면
전쟁의 기승전결이 어디에 있냐
쑥 캐듯 하나하나
집도 공장도 댐도 파괴해야
전쟁이 전쟁이지
야전병원에서 신음하는 부상병과
주근깨 보송보송한 간호병이
눈 마주치는 사랑이 있어야
전쟁의 비극이 금빛이 되지

어제 TV에
북한 집권자가
미사일 기지를 시찰하며
둘째 딸을 데리고 나왔다

고놈 참 예쁘기도 하여라
이렇게 예쁜 아이가 사는 세상에
미사일이 떨어지고
버섯구름이 피어오른다고?
북한 집권자는 보나마나
딸 바보렸다?
남과 북, 미와 중과 러와 일
다 물렀거라!
토실토실 말똥말똥
우리 예쁜 딸 나가신다아
핵?
안 터진다
북녘의 예쁜 딸아, 그렇지!
터지면
너랑 나랑 손가락에 장을 지지자
에헴!

봄비

봄비 오는 이른 아침
초등학교와 고층 아파트 사이로
반짝이는 도로가 번드럽다
신호등에 빨간불이 들어오자
버스도 택시도 트럭도
모두 다 멈춘다
길 건너는 사람 하나 없는데
줄줄이 파란불을 기다린다
참, 착하다

점심 때 비닐우산 쓰고
의림지 칼국수 집에 가서
뜨거운 국수 훌훌 먹고 일어서는데
상냥한 주인아줌마가
봉지에 겉절이를 이만큼 담아준다
먼저 나가려던 젊은이가
날 보더니 비켜서서
눈인시를 한다
다들, 참, 착하다

봄비 오는 날
내 맘도 덩달아

참, 착해지누나
천둥치며 쏟아지는 소낙비가
그중에 으뜸인 줄 알고
동네방네 소리친 시인아
시도 딱 이렇게
봄비처럼
보슬보슬 쓰렸다?

─『현대문학』(2022. 6.)

너와 나, 그대와 우리
— 대한민국 건국 60주년 축시

2008년 건국 60주년의 새 아침,
독도의 하늘 높이 떠오르는 태양이
천지의 푸른 물결 흔들어 깨우고
백록담 사슴 떼를 손짓해 부르는데
세계 12위 경제대국으로 우뚝 선
자손들이 너무 대견하다는 듯
단군할아버지가 구레나룻 쓰다듬는다
지구촌 구석구석 나부끼며
광막한 우주의 지평선까지 드리우는
대한민국의 깃발이여

1945년 8월 15일,
갑오 농민혁명의 들불과
기미 독립운동 만세소리를 뒷심으로
서릿발 같은 상해 임시정부는
반드시 오고야 말
조국 해방의 그날을 앞당겼다
38선 그어놓은 야욕에 휘말려
깜부기 같고 쭉정이 같은
눈먼 좌우투쟁도 있었지만
국가와 민족의 미래를 가늠하는
백범, 우남, 고당의 눈높이가

이짝저짝 좀 다르기도 했지만
1948년 8월 15일,
조선 500년의 수도 서울에서
한반도와 그 부속도서를 영토로 하는
아아, 대한민국,
The Republic of Korea가 건국되었다
모든 주권은 장삼이사에게 있고
모든 권력은 김지이지로부터 나오는
자랑스러운 민주공화국이 탄생하였다

1950년 전쟁의 상처도
평화와 자유의 정신으로 극복하고
4월혁명과 6월항쟁으로
독재정권의 사슬도 다 끊어버렸다
산업화 시대의 갈등을 넘어
민주화의 거센 파도가 휘몰아쳐서
88올림픽 성화가 붉게 타오르고
월드컵의 함성이 천지를 흔들었다
볼가심할 것도 없는 긴긴 겨울밤
보리누름 기다리던 가파른 고갯길
이제 모두 빛바랜 추억이 되어
동서양 지구촌이 한 마을이 되는
국제화 시대의 중심으로 우뚝 섰다

건국 60주년의 새 아침이 밝았다
너와 나, 그대와 우리,
띠앗 좋은 오누이처럼
동서남북 하나가 되어
옛 조상이 말 달리던 대륙으로
파도치는 바다로
Made in Korea,
무지개빛 브랜드 휘날리며
양 날개 활짝 펴고 날아오른다
눈부신 백두산 천지에 올라
하늘눈 뜨고 자손들 살펴주는
어렵고 두려운 단군할아버지께
한 마음 한 뜻으로 큰절을 한다

― 『위대한 국민, 기적의 역사』

(대한민국 건국 60주년 기념사업위원회, 2009. 6. 30.)

두렵고 설레는 마음으로, 예까지!

— 문학사상 창간 50주년 축시

문학사상이 어느덧 쉰 살을 잡수셨네
눈비음하거나 알음알음 달걀가리하는
그렇고 그런 흔한 잡지가 아니라
언어의 미세한 눈금과 매서운 비평정신으로
한국문학의 오늘과 내일을 째려보는
한국 초유의 잡지다운 잡지!
1972년 10월 문학사상의 창간은
한국문학의 숙연한 축제였느니라
우리가 모르는 사이에
벌써 온 미래를 호출하는 언어가
방방곡곡 독자들의 심금을 울렸느니라
2022년 10월, 드디어 통권 600호!
산업화, 민주화, 정보화 시대의
거센 파도를 헤치며
역사와 현실, 자연과 인간을
오밀조밀 언어의 숨결 따라
활자 하나하나에 담아
빛나는 금자탑을 올렸느니라

'창끝 같은 도전의 언어로
불의 언어가 되어
지루한 밤이 가고

새벽이 어떻게 오는가를 알려주는
종의 언어가 되어
역사의 새로운 언어와
생명의 문법을 만들어 가는*
50년 전 오늘 태어난
문학사상의 도저한 창간 정신은
지금도 살아서 펄떡펄떡 숨을 쉬고 있으니
쉰 살이 되신 점잖은 문학사상이여
앞으로 쉰 살 더 잡수실 때까지
세상만물 신비하게 바라보는
토실토실 살이 오른 아기처럼
젖니도 예쁜 잡지가 되어
호마다 갈피마다
새로운 언어의 꽃이 활짝 피어나리라

소월과 이상의 명예로
이어령과 임홍빈의 이름으로
밤늦게 편집실을 지키던
서영은 이명자 정현기 김승희 홍영철의
잉크빛 자존심으로
두렵고 설레는 마음으로

---

* 문학사상(1972. 10.) 창간사 부분.

예까지 달려온

문학사상의 눈물이여 땀이여 피여

601호 602호 603호 ……

한 호 한 호 더해가는 나날에는

천지와 백록담에 비치는

높고 푸른 하늘처럼

해와 달과 별이 빛나리라

새벽이 오는 순간을 알리는

큰 종소리, 온 산하에 울리리라

—『문학사상』(2022. 10.)

3. 후집後集

빈모牝牡

식탁에서도 소파에서도
내 시집을 읽으며
웃다가 울다가
나한테 그만
홀랑 넘어갔단다

내 나이 여든이라 하니
자기는 아흔이란다
아아, 아낙 같은 웃음에
검버섯 고운 뺨이
눈에 선하다마다

여든노 아흔노
이냥 빈모牝牡°라네
새파란 것들아
버르장머리 없이
흉보면, 못써!

° 빈모牝牡: 길짐승의 암수.

개코

내 시집을 읽다가
너무 좋아 전화를 한단다

쓰러진 벼 일으켜 세우듯
병 수발든 바깥분 잘 있냐니까

여든 다섯 살 되어 그냥 그만하다며
자기도 하마 여든 둘이라 한다

느린 충청도 사투리에
곰삭은 새우젓 냄새도 난다

새우젓 냄새가
그 먼 데서 예까지 온다고?

전화 받고 그냥 좋아서
개코가 된 내 코!

장인수

『비백』을 읽고
한다는 소리가
날 보고 귀신이란다
싱겁기는 고드름장아찌라더니
녀석도, 참!
나는야 제빱보다야
해빤이 더 땡기는데

이 녀석
원서헌에 온다더니
여름 다 가도 안 오네
멀쩡한 옛 선생을
귀신이라 했으니
종아리 맞을까
겁이 좀 나나 보네

—『2022 대한민국예술원 문학분과 연간작품집』
(대한민국예술원, 2022. 11.)

곁눈질

설악 신흥사 앞 '설향'에서
전통차 끓이는 여인이
웬일로 전화를 한다
양양 사는 시인이
내 시집을 보내주어 읽었는데
「바보 양띠」가 젤 재미있단다
저도 양띠, 시급 아가씨도 양띠라며
호호호 웃는다
나하고 띠동갑이긴 해도
바로 밑 열두 살 아래는 아닐테니
갑갑한 띠동갑 딸이나
철부지 손녀가 되겠구먼

나는야
'설향' 문지기나 하며
늙다리 숫양이나 되고 지고
가다가 암양 곁눈질하며
메에 메에, 울고 지고

─『예술원보』66호(대한민국예술원, 2023. 3)

조용한 서울

너나들이 시인들아
하고한 잘난 제자들아
다들 뭐 하고 자빠졌냐
한 마니 해주넌 넛나냐!

맘먹고
열 한번 째 시집을 냈더니
서울이
아주 조용해졌네, 나, 참!

배 고픈 건
참아도
배 아픈 건 뭇 침넌디?
설마?

꿈

올봄에
열한 번 째 시집
『비백』을 내고 나서
꿈을 꾸었는데

은하수 물녘에서
나부끼는
글씨 한 줄이 보였다
─탁뻐나 탁뻐나……

꿈을 깬 막내는
새벽 내내
눈물로 간을 한 미음을 먹으며
울었다

눈물로 간을 한 마음

시집『비백』을 내면서
맨 앞에 '시인의 말'을 쓰는데
'눈물로 간을 한 미음'이라고 치면
자꾸 '미음'이 '마음'이 된다
동냥젖으로 눈물로 간을 한 미음으로
어머니가 나를 살리셨다는 사연인데
다시 쳐도 또 '마음'이 된다

'눈물로 간을 한 마음'?
그렇다마다!
그 미음이
바로 어머니의 마음이라는 걸
노트북은 어찌 알았을까
글자판에 바짝 붙어있는
ㅏ 와 ㅣ 가
나를 비아냥하는 것도
다 그윽한 뜻 아닐까 몰라

곰곰 생각에 겨워
눈을 감으면
은하수 건너 캄캄한 하늘

희끗희끗 흩날리는

어머니의 백발

—『2022 대한민국예술원 문학분과 연간작품집』

(대한민국예술원, 2022, 11)

4. 속삭임

속삭임 1

2022년 세밑부터 속이 더부룩하고
옆구리가 아프고
명치가 조여온다
소리를 보듯
한 달 내내 한잔도 못 마시고
그냥 물끄러미 술병을 바라본다
무슨 탈이 나기는 되게 났나 보다
부랴사랴
제천 성지병원 내과에서
위 내시경과 가슴 CT를 찍고
진료를 받았는데
마른하늘에서 날벼락이 떨어진다
(참신한 비유는 엿 사 먹었다)

췌장, 담낭, 신장, 폐, 십이지장에
혹 같은 게 보인단다
아아, 나는 삽시간에
이 세상 암적 존재가 되는가 보다
그런데 참 이상하다
1초쯤 지났을까
나는 마음이 외려 평온해진다
갈 길이 얼마 남았는지도 모르고

무작정 가는 것보다야
개울 건너 고개 하나 넘으면
바로 조기, 조기가 딱 끝이라니!
됐다! 됐어!

— 2023. 01. 05.

속삭임 2

나는 오늘
(다시 오지 않을 오늘아!)
진료의뢰서, 검사 결과서, CD 들고
서울 큰 병원으로 납신다
(머잖아 귀신 될 귀한 몸이니
 이젠 존대법으로 말하마)

눈물 흘리는 가혜한테 말한다
―아빠는 아주 평온해
20년 전 여름
야크똥 바른 낮은 울 너머
오디빛 손 흔들던
티베트 아가씨와
은근슬쩍 눈흘레한 적 있는데
그런 찰나 있었는데

그 아가씨 다시 만나
은하수 물녘으로 소풍 가서
짬짜미할 때
가혜야
사진 한 장 팍 박아라

속삭임 3

아무렴, 1만분의 1 가능성은 있다
서울 큰 병원 의사가 말할지도⋯⋯
─암이 아니고⋯⋯
내가 나한테 아뢴다
─꿈 깨시와요!

오냐 오냐
오래 살았는데, 뭘
죽음아
어서 온나
쌍! 내가 한턱 쏘마!

─ 2023. 01. 05.

속삭임 4

의심 가는 종양이 있어
CT, MRI에 조직검사 받았다고 하면
옆엣 사람들 다 의사가 된 듯
특효약 처방전까지 쓱쓱 내린다
한술 더 떠
암 걸렸대, 소문낸다
―식사를 잘 하셔야 하는데!
분에 넘치는 친절한 걱정에
나는 안 우는데
핸드폰이 삑삑 운다
나는 그냥
눈 감을 밖에!
잠깐, 눈 감는다는 건
내 손으로 죽는다는 게 아니고
그냥 사람 일 다 이러루하니
잠깐 눈을 붙인다는 뜻이다
―자살했대
괜한 소문 날라

― 2023. 01. 05.

속삭임 5

S병원에 간담췌내과에 가서
오전 10시 진료를 받았다
오후 1시 PET CT
오후 7시 흉부 CT
MRI는 열흘 뒤
설 연휴 끝나는 날 예약한다
초음파 내시경 조직검사는
입원 대기기간이 5주!
암병원 로비는 인산인해!
간, 담낭, 췌장의 종양은
발견되면 바로 4기란다
다들 암에 걸린 줄 깜깜 모른다

며칠 후 CD 들고
그리운 K병원으로 옮겨
위, 대장내시경, 췌장, 간 조직검사를 했다
이제 간이냐 담낭이냐 췌장이냐
판가름이 나겠지 했는데
아니다
의사는 살짝 고개를 든다
림프관도 시커멓고 폐도 깜깜하니
뇌 MRI도 찍어봐야 한단다

속삭임 6

무균입원실에서 4일 만에 퇴원해서
암 확진 판정이 나왔나 했더니
뇌 MRI를 또 찍어서
발암원을 찾아야 한단다
1주일 후 진료 예약하고
원서헌으로 탈출하듯 돌아온
나의 첫 마디!
—아, 살 것 같다!
아니, 뭐라고?
죽고 싶은 게 아니라
살 것 같다고?
나는 앞말 뒷말 다른 놈이 됐다
지금 눈 덮인 미늘밭에서는
마늘싹이 봄맞이 숨을 쉬고 있을까
이런 생각에
눈물을 글썽였는지 아닌지
나도 잘 모르겠다

— 2023. 02. 04.

속삭임 7

삼동을 견디는 마늘싹이 너무 궁금해
이랑 덮은 비닐을 살짝 들춰 보고
카톡과 문자를 보낸다

―아직도 조직검사 결과가 다 나온 건 아니나, 아주 안 좋
다고 해요. 간·담·췌 검사, 폐 검사, 위장, 대장 내시경, 뇌
MRI 찍고 최종 판단 앞두고 있음. 무슨 치료 방법을 찾는 게
아니고요. 마감 방법을 찾는 것. 통증 완화시켜서 고이 잠들
게 하는 것 아닐까? 무념무상이오. 오탁번.

문자를 보내고 나니
일순간 지구가
자전을 멈춘 듯!
(과대망상은 생애 종점 증후군)
둥근 지구 위에
나 혼자 올라앉은 듯
주접을 떤다

내가 평소 하는 말투가 있다
―암, 그렇다마다!
Oh, cancer, of course!

― 2023. 02. 03.

속삭임 8

정월 대보름은 온다
올 쥐불놀이는 없다
1주일 후 2월 9일
목요일 오후 3시 반
주치의 앞에 선다
징역 80년 만기 출소!

암, 그렇다마다!
Oh, cancer, of course!
살든 죽든, 밸 꼴리네
To be or not to be, that's not the question.

— 2023. 02. 04.

속삭임 9

피하면 또 죽는다
찰나에 꼴깍이다

평생 뜬 데드 마스크
말벌집에 걸어두어라

독 바른 창, 탁鐸을 들고
휘장 친 수레, 번藩을 탄다?

떼 쓰지 마!
땡 쳤다!

— 2023. 01. 06

마지막 속삭임

고형진(문학평론가, 고려대 교수)

    이 유고 시집은 오탁번 선생이 지난 2023년 2월 14일 세상을 떠나기 직전 당신 손으로 직접 정리한 것이다. 그의 유족에 의하면 선생은 병이 온몸으로 퍼져 회복하기 어려운 상황임을 인지한 2월 초부터 거처인 제천의 원서헌에서 이 시집을 엮기 시작했다고 한다. 작품의 배치와 각각의 장에 붙은 제목, 그리고 '속삭임'이란 시집 제목 모두 선생이 직접 쓴 것이다. 작품마다 끝에 게재지와 창작 일자도 적어놓았다. 선생은 작품을 송고하고 아직 책이 발간되지 않은 상태의 것도 이곳에 적어 놓았다. 게재지가 적혀 있지 않은 것은 발표나 송고하지 않은 작품이다. 선생은 죽음을 앞에 두고 자신의 문학적 삶을 스스로 완벽히 정리해 놓은 것이다.

    유고 시집엔 한 편을 제외하곤 2022년 4월 열한 번째 시집 『비백』을 발간한 이후에 발표한 시들이 모여 있다. 2023년 2

월 세상을 떠나기까지 10개월 동안 발표한 시들로서 모두 42편이다. 선생은 시와 소설이 신춘문예에 당선되고 1973년 첫 시집『아침의 예언』을 간행한 이후 10년간 소설 창작에 몰두하다 1985년 두 번째 시집『너무 많은 가운데 하나』를 간행하면서 본격적으로 시업에 매진하였다. 선생은 그 후 쉬지 않고 평균 3년 간격으로 시집을 펴냈는데, 그러한 창작 주기가 마지막 일 년까지 그대로 이어졌다. 유고 시집에 기록된 선생의 마지막 작품 창작 날짜는 2023년 2월 4일로 세상을 떠나기 10일 전이다. 선생은 생이 끝나기 직전까지 시를 썼다.

유고 시집의 제일 첫머리엔 시「옛말」이, 마지막엔 시「속삭임 9」가 놓여 있다.「옛말」은 선생이 태어난 집과 유년 시절 가족에 대한 추억을 담은 시다. 그리고「속삭임 9」는 암을 선고받고 마지막 순간이 임박해 왔음을 인지한 후 생을 마감하는 심정을 드러낸 시이다.「옛말」엔 선생이 태어난 주소가 또렷이 명기되어 있다. 선생은 자기 삶의 시작과 끝의 세부를 마지막 시집에서 시로 남겨 놓았다. 시는 선생의 삶과 완전히 하나가 되어, 끝내는 시로서 자기 삶을 정리하였다.

유고 시집은 선생의 마지막 10개월의 삶과 내면을 생생히 전해준다. 제천의 원서헌에서 지낸 선생은 주로 그곳 고향 마을의 풍경과 동네 사람들의 생활, 그리고 자신의 처지를 그려 나갔다. 최근의 시골 인구분포가 다 그렇듯이 그의 고향 제천에도 남아 있는 사람들은 대부분 노인이며, 그도 같은 연령대이다. 선생은 그들과 이웃하며 그들의 삶을 시로 옮기고 있는데, 노인들의 원숙하고 근엄한 삶의 태도 따위엔 전혀 관심을 보이지 않는다. 선생은 그렇게 덧씌워진 인격이 아니라 나이를 먹어도 변하지 않는 인간의 원초적인 마음을 순수한 마음으로 꿰뚫어 낸다. 또 어쩌면 선생의 마지막 시집이 될지 모를 『비백』의 간행 후에 보인 독자들의 반응, 그리고 그에 대한 소감을 어린아이와 같은 순수한 마음으로 드러낸다. 또 선생의 노부부 생활에 담긴 애환을 꾸밈없이 드러낸다. 이 시집에 등장하는 인물들은 주로 노인들이지만, 시에 흐르는 감정들은 젊고 싱싱하여 마치 청년의 내면을 노래하고 있는 것 같다. 선생은 늙어서도 변하지 않는, 어쩌면 늙어서 더 옛 시절로 회귀하는 인간 내면의 본질적 속성을 보여주고 있는 것이며, 그것을 그렇게 시로 옮길 수 있는 것은 그만큼 그의 마음과 언어가 푸르기 때문이다.

그리하여 선생은 이 시집에서 젊은 패기의 언어 실험을 감행하기도 한다. 그는 [독빽]이란 시에서 시를 소리 나는 대로 적고 있다. '독백'이 한글의 올바른 맞춤법이지만 '독빽'이라고 의도적으로 소리 나는 대로 적은 것이다. 한글맞춤법의 기본 원칙은 소리기 이닌 형데 위주로 적는 깃이다. 이 짐에서 그의 시 표기법은 규범에 대한 반속이다. 반속 정신은 젊음의 표시이기도 하다. 그런데 이러한 표기법에서 주목되는 것은 '독빽'이란 제목의 양옆에 붙은 기호 '[ ]'이다. '[ ]'는 국어사전에서 발음을 표시할 때 쓰는 기호이다. 시인은 국어사전에 나와 있는 단어의 발음과 기호를 그대로 옮겨 온 것이다. 그의 언어 실험은 국어사전을 토대로 하고 있다. 선생은 국어사전의 신봉자로서 남들이 눈여겨보지 않는 사전의 기호까지 시에 끌어들인 것이다.

유고 시집엔 두 편의 축시가 있다. 하나는 '대한민국 건국

60주년 축시'이고, 또 하나는 '문학사상 창간 50주년 축시'이다. 선생은 행사 시에 일가를 이루고 있다. 그는 이미 고려대학교 재학 시절 학생 신분으로 고려대 응원가를 작사하여 학생들이 가장 사랑하는 노래의 하나로 전파 한 바 있고, 고려대학교 교우회관 건립 때에는 준공기를 써 건물 로비에 새겨넣기도 하였다. 그 외에도 중요한 기념일에 부치는 시를 많이 썼는데 모두 기존의 행사 시 틀을 벗어 나 '예술 작품'의 반열에 올라 있다. 그의 행사 시 솜씨는 말년에도 전혀 녹슬지 않고 있음을 두 편의 시가 잘 보여준다. 특히 후자는 시인의 행사 시 특유의 감성적이며 박력 넘치는 언어와 호명 어법이 고스란히 나타나 그가 시의 젊음을 유지하고 있음을 엿보게 된다. 이 시는 2022년 10월에 발표된 것으로 작품 끝에 명기되어 있다. 이때까지도 선생은 시뿐 아니라, 몸도 매우 건강한 상태를 유지하고 있던 것이었다.

그러다 얼마 지나지 않아 선생은 갑자기 몸이 불편하였고, 그래서 제천의 근처 병원에서 진찰받고 가슴 CT를 찍어 보니 장기의 여러 곳에서 혹이 발견되었고, 그 후 큰 병원에서 진찰과 검사를 받으며 투병 생활을 이어가다 세상을 떠나게 되었다. 이 모든 일이 2022년 말에서 2023년 초 사이의 불과 두 달 사이에 벌어진 것이다. 놀라운 것은 이 기간에도 그가 시를 쓴 점이다. 그리고 더 놀라운 건 이때 쓴 시에도 그가 평소대로 유머를 잃지 않은 점이다.

> 췌장, 담낭, 신장, 폐, 십이지장에
> 혹 같은 게 보인단다
> 아아, 나는 삽시간에

이 세상 암적 존재가 되는가 보다

그런데 참 이상하다

나는 마음이 외려 평온해진다

갈 길이 얼마 남았는지도 모르고

무작정 가는 것보다야

개울 건너 고개 하나 넘으면

바로 조기, 조기가 딱 끝이라니!

됐다! 됐어!

— 「속삭임 1」(2023. 01. 05.)

　　암이 온몸에 퍼진 걸 처음 인지하고 돌아와서 쓴 시이다. 건강하게 지내다 갑자기 닥친 청천벽력 같은 일이었지만, 그 놀랍고 당황스러운 순간에도 시인은 이 상황을 이렇게 유머로 승화하여 시로 적고 있다. 이 시에는 평소 선생의 순박한 말투도 고스란히 나타나 있다. 선생이 기록해 놓은 날짜에 의하면 그는 이날 세 편의 시를 썼는데 모두 이 시와 유사한 유머가 구사되어 있고, 시 「속삭임 3」에는 자기에게 찾아온 죽음에게 한턱 쏘겠다는 호기가 드러나 있기도 하다. 선생은 한 달 남짓에 이른 갑작스러운 죽음과의 대면 기간에 아홉 편의 시를 썼다. 그는 이 연작시에서 병원에서의 진찰과 검사 과정, 그리고 이를 통해 드러나는 진단명 등을 가감 없이 그대로 적고 있다. 선생의 그 리얼한 병상 일기는 읽는 이의 가슴을 찢어지게 만들며, 그 절체절명의 상황에도 시편마다 박혀 있는 유머러스하고 오연한 시구를 대하며 우리는 선생의 그 가늠할 길 없는 정신의 높이에 한없이 숙연해진다. 선생은 죽음 앞에서도 한결같은 마음으로 시를 쓰다 세상을 하직하였다.

선생이 죽음을 앞에 두고 정리하였던 이 시집을 일주기에
맞춰 발간한다. 생전의 선생의 '속삼임'이 시집 곳곳에서 들
려온다.

1943년   충북 제천군 백운면 평동리 169번지에서 아버지
         오재경과 어머니 김태순 사이의 4남 1녀 중 막내
         로 태어남.

1945년   부친이 사망함. 빛 바랜 병풍 아래 꽃무늬 이불을
         덮고 누운 아버지가 손을 내어밀며 오라고 했으나
         울면서 가지 않았던 것이 아버지에 대한 유일한
         기억임.

1951년   겨울에 전쟁으로 온 식구가 피난 갔다가 해동 무
         렵에 돌아옴. 백운초등학교 입학.

1957년   백운초등학교 졸업. 원주중학교 입학.

1960년   원주고등학교 입학.

1962년   학원문학상 수상(시「걸어가는 사람」).

1964년   고려대 영어영문학과 입학.

1965년   고대신문사 기자로 일함.

1966년   『동아일보』신춘문예에 동화「철이와 아버지」당
         선.

1967년   『중앙일보』신춘문예에 시「순은이 빛나는 이 아침
         에」당선. 고대신문 편집국장으로 임명됨. 고려대
         학생처장의 요청으로 고대 응원곡인「응원의 노
         래」작사함. 고대신문 문화상 수상.

1968년   '현대시' 동인으로 가담함.

1969년   『대한일보』신춘문예에 소설「처형의 땅」당선. 고

려대학교 대학원 석사과정 국문학과 입학.

1970년   10월 28일 김은자와 결혼

1971년   고려대학교 대학원 국어국문학과 졸업(학위논문: 지
용시 연구―그 환경과 특성을 중심으로). 육군 중위로 임
관하여 육군사관학교 교수부 국어과 교관으로 부
임.

1973년   육관 대위로 승진하여 육군사관학교 교수부 전임
강사로 승진. 첫 시집『아침의 예언』(조광) 간행.

1974년   아들 정록 출생. 육군사관학교에서 전역하여 수도
여자사범대학교 전임강사로 부임. 첫 창작집『처
형의 땅』(일지사) 간행.

1976년   딸 가혜 출생. 평론집『현대문학산고』(고려대 출판
부) 간행. 고려대학교 대학원 국문학과 박사과정
입학.

1977년   창작집『내가 만난 여신』(물결) 간행.

1978년   고려대학교 국어교육과 조교수로 부임. 창작집『새
와 십자가』(고려원) 간행.

1979년   모친이 사망함

1981년   창작집『절망과 기교』(예성) 간행.

1983년   고려대학교 대학원 국문학과에서 문학박사 학위
취득(학위논문: 한국현대시사의 대위적 구조). 가을부터
이듬해 여름까지 국비 파견으로 하비드대학교 힌
국학연구소 객원교수를 지냄.

1985년   제2시집『너무 많은 가운데 하나』(청하) 간행. 창작
집『저녁연기』(정음사) 간행.

1987년   한국문학작가상(소설「우화의 땅」) 수상. 소년소설

『달맞이꽃 피는 마을』(정음사)간행. 창작집『혼례』(고려원)간행.

1988년　논문집『한국현대시사의 대위적 구조』(고려대 민족 문화연구소) 간행. 창작집『겨울의 꿈은 날 줄 모른 다』(문학사상) 간행.

1990년　시론집『현대시의 이해』(청하) 간행.

1991년　제3시집『생각나지 않는 꿈』(미학사) 간행. 산문집 『시인과 개똥참외』(작가정신) 간행.

1992년　문학선집『순은의 아침』(나남) 간행.

1994년　제4시집『겨울강』(세계사) 간행. 동서문학상 수상.

1996년　고려대 교우회관 준공기 지음.

1997년　정지용문학상(시「백두산 천지」) 수상.

1998년　계간 시지『시안』창간. 평론집(개정판)『현대시의 이해』(나남) 간행. 시화집『오탁번 시화』(나남) 간 행.

1999년　제5시집『1미터의 사랑』(시와시학사) 간행.

2002년　제6시집『벙어리장갑』(문학사상사) 간행.

2003년　『오탁번 시전집』(태학사) 간행. 오세영·김현자 외 『오탁번 시읽기─시적 상상력과 언어』(태학사) 출 간. 한국시인협회상(시집『벙어리장갑』) 수상.

2004년　충북 제천시 백운면 애련리에 '원서문학관' 개설.

2006년　제7시집『손님』(황금알) 간행.

2008년　한국시인협회장 취임. 평론집『헛똑똑이의 시 읽 기』(고려대 출판부) 간행. 고려대 교수 정년퇴임.

2009년　활판 시선집『사랑하고 싶은 날』(시월) 간행. 국보사랑시집(공저)『불멸이여 순결한 가슴이여』(홍영사) 간행.

2010년	제8시집『우리 동네』(시안) 간행. 김삿갓문학상(시집 『우리 동네』) 수상. 은관문화훈장 수훈.
2011년	기행시집(공저)『티베트의 초승달』(시안) 간행. 고산 문학상 수상.
2012년	육필시선집『밥냄새』(지식을만드는지식) 간행.
2013년	시선집『눈 내리는 마을』(시인생각) 간행.
2014년	제9시집『시집보내다』(문학수첩) 간행.
2015년	기행시집(공저)『밍글라바 미얀마』(시로 여는 세상) 간행. 산문집『작가수업－병아리시인』간행.
2018년	기존에 발표한 소설들을『굴뚝과 천장－오탁번 소설 1』(태학사),『맘마와 지지－오탁번 소설 2』(태학사),『아버지와 치악산－오탁번 소설 3』(태학사),『달맞이꽃－오탁번 소설 4』(태학사),『혼례－오탁번 소설 5』(태학사),『포유도－오탁번 소설 6』(태학사) 등 6권으로 정리하여 간행.
2019년	제10시집『알요강』(현대시학) 간행. 기행시집(공저)『나자르 본주』(시로여는세상) 간행. 목월문학상(시집 『알요강』) 수상.
2020년	산문집『두루마리』(태학사) 간행. 공초문학상(시「하루해」) 수상. 유심작품상 특별상 수상. 대한민국예술원 회원.
2022년	제11시집『비백』(문학세계사) 간행.
2023년	2월 14일 안암병원에서 별세. 충북 제천시 송학면의 개나리추모공원에 안치.

오탁번(1943~2023)

1943년 충북 제천 출생.

백운초, 원주중·고, 고려대 영문과, 대학원 국문과 졸업.

1966년『동아일보』(동화), 1967년『중앙일보』(시), 1969년『대한일보』(소설) 신춘문예.

시집『아침의 예언』,『너무 많은 가운데 하나』,『생각나지 않는 꿈』,『겨울강』, 『1미터의 사랑』,『벙어리장갑』,『오탁번시전집』,『손님』,『우리 동네』,『시집보 내다』,『알요강』,『비백』.

한국문학작가상, 동서문학상, 정지용문학상, 한국시협상, 고산문학상, 김 삿갓문학상, 목월문학상, 공초문학상, 유심문학상 특별상, 은관문화훈장 (2010) 수상.

한국시인협회 평의원. 고려대 명예교수. 대한민국예술원 회원.

서정시학 시인선 211

속삭임

2024년 2월 14일 초판 1쇄 발행

지 은 이 · 오탁번
펴 낸 이 · 최단아
편   자 · 고형진
편집교정 · 정우진
펴 낸 곳 · 도서출판 서정시학
인 쇄 소 · ㈜ 상시사
주 소 · 서울시 서초구 서초중앙로 18, 504호 (서초쌍용플래티넘)
전 화 · 02-928-7016
팩 스 · 02-922-7017
이 메 일 · lyricpoetics@gmail.com
출판등록 · 209-91-66271

ISBN 979-11-92580-23-4 03810

계좌번호: 국민 070101-04-072847 최단아(서정시학)
값 13,000원

서정시학 시인선